図　説

日本の証券市場

2024年版

公益財団法人　日本証券経済研究所

は　し　が　き

　『図説　日本の証券市場』は，わが国の証券市場の仕組み，機能などを一般向けにわかり易く解説した概説書である。本書は2000年の刊行開始より，類書が少ないこともあって各方面から好評をもって迎えられ，2年毎に内容を改訂して刊行を続けている。

　ところで，この2年間のわが国証券市場を顧みると，かなり大きな変化の兆しが見られる。まず，わが国企業の経営効率改善への期待から，海外投資家のわが国株式市場に対する関心が著しく高まっている。また，債券市場では金利ある世界への回帰の見通しから，市場取引等が活発化している。政府においても，資産所得倍増プラン，資産運用立国などわが国証券市場の活性化に資する政策を企画，実施している。本年1月からは新NISAがスタートしており，こうしたことから，総じてわが国証券市場への内外からの関心は確実に高まっている。

　今回の2024年版では，各項目において，2年間の市場の進展に応じて記述，統計をアップデートしたほか，新しい項目を数多く追加して内容の充実を図ったところである。具体的には，「東京証券取引所における資本効率の改善要請」，「国家戦略としての金融経済教育」，「ESG投資の隆盛と課題」の各項目を追加したほか，IPO制度，非上場株取引，投資信託，取引所外取引などについても項目を追加して最新の動向をカバーするように努めた。

　本書は英語版についても，海外から強い需要があることから各年版を発刊しており，2024年版も本年中に刊行，公表する予定である。

　なお，当研究所では日本の証券市場以外にも各国の証券市場の成り立ちや特徴を解説した『図説　アメリカの証券市場』，『図説　ヨーロッパの証券市場』，『図説　アジアの証券市場』などを刊行し，数年毎に改訂している。

　本書2024年版は従来と同様，当研究所研究員のほか日本証券業協会，日本取

i

引所グループ（JPX），日本証券金融，野村総合研究所及び日本投資顧問業協会の専門家が分担して執筆した（iiiページ参照）。なお，全体の取りまとめは，本研究所の頭士研究員，高研究員が担当した。

　本書2024年版が，わが国証券市場に関心を持つ多くの方々に利用され，幅広く役立つことが出来れば幸いである。

　2024年3月

公益財団法人　日本証券経済研究所

理事長　森本　学

第1章　若園　智明　当研究所理事・主席研究員

　　　　高　　逸薫　当研究所研究員

　　　　グエン ティ フォン タン　当研究所研究員

第2章　深見　泰孝　駒澤大学経済学部教授・当研究所特任研究員

第3章　頭士奈加子　当研究所研究員

　　　　甲賀　豊規　日本証券業協会　自主規制本部　エクイティ市場部課長

第4章　小林　陽介　東北学院大学経済学部准教授・当研究所客員研究員

　　　　二田　朋幸　日本証券金融株式会社　業務開発部課長

第5章　若園　智明　前出

第6章　矢口　　翔　日本証券業協会　自主規制本部

　　　　　　　　　　公社債・金融商品部上席調査役

第7章　金子　　久　株式会社野村総合研究所エキスパート研究員

　　　　　　　　　　金融デジタルビジネスリサーチ部ナビゲーショングループ

第8章　吉川　真裕　当研究所客員研究員

第9章　田代　一聡　当研究所研究員

第10章　緒方　大輔　株式会社日本取引所グループ　総合企画部調査役

　　　　礒貝　周平　株式会社東京証券取引所　上場部調査役

　　　　小原　京華　株式会社東京証券取引所　株式部調査役

　　　　坂爪　　亮　株式会社日本証券クリアリング機構　清算企画部調査役

　　　　池田　雄介　株式会社日本取引所グループ　IT企画部

第11章　呉竹　真帆　日本証券業協会　自主規制本部　エクイティ市場部主任

　　　　長田ことね　日本証券業協会　自主規制本部　エクイティ市場部

　　　　滝口　圭佑　株式会社東京証券取引所　上場推進部課長

　　　　小原　京華　前出

第12章　二上季代司　当研究所特任研究員

第13章　川崎　勝彦　一般社団法人日本投資顧問業協会　法務部次長

第14章　山田　直夫　当研究所主任研究員

第15章　宮野　　満　日本取引所自主規制法人　売買審査部課長

目　　次

はしがき

第1章　証券市場と国民経済

第2章　日本の証券市場の歴史

第3章　株式発行市場

第9章　証券化商品市場

第10章　金融商品取引所等（1）

第11章　金融商品取引所等（2）

第12章　金融商品取引業（証券業）

第13章　資産運用業

図　　説

日本の証券市場

第1章　証券市場と国民経済

1．証券とは　　金融市場は，一国経済において，資金余剰部門（貸手）から資金不足部門（借手）へと資金が融通される場であり，仲介手段の観点から間接金融と直接金融に分類される。間接金融は，金融機関が貸手に対して間接証券（預金証書，保険証書等）を発行することによって調達した資金を基に，借手が発行した本源的証券（借用証書，手形等）を取得するという形で資金仲介を行うことである。一方，直接金融とは，借手が貸手に対して直接に本源的証券（株式，債券等）を発行することによって，資金仲介がなされることである。この直接金融が行われる場が証券市場であり，発行市場（証券の発行・取得が行われる場）と流通市場（証券の売買が行われる場）に分けられる。

　一般に有価証券とは無形の権利の譲渡を容易にするため当該権利を表した証券をいい，権利と証券とが結びついている点に特徴がある。具体的には，会社が発行する株券や社債券，手形，小切手や船荷証券，国が発行する国債証券や地方自治体が発行する地方債証券など様々なものがある。その中で，証券市場で取引される証券は「金融商品取引法上の有価証券」であり，同法2条1項で掲げるとともに2項で規定している。1項では権利を表す証券・証書が発行されている有価証券を規定しており，右表に示したものが列挙されている。

　2条2項はみなし有価証券について定めている。その前段では，1項に掲げた有価証券に表示されるべき権利について，有価証券が発行されていない場合でも当該権利を有価証券とみなすとしている。2項の後段は，証券・証書に表示されるべき権利以外の権利を有価証券とみなすための規定であり，右表に示したものが掲げられている。この規定は旧法より大幅に拡充され，特に5号は各種のファンドに金融商品取引法を適用するための包括規定になっている。なお，金融商品取引法の適用範囲には，有価証券の外に市場・店頭・外国市場に係る各デリバティブ取引が含まれている。

　同法2条3項に加えられた電子記録移転権利とは電子プラットフォームを用いて移転可能な財産的価値に表示される2条各項の権利であり，第一項有価証券となる。さらに内閣府令により，電子プラットフォームで移転されるみなし有価証券等を含めた財産的価値は電子記録移転有価証券表示権利等とされた。

金融商品取引法2条1項・2項で定義される「有価証券」

[2条1項] 有価証券

1. 国債証券
2. 地方債証券
3. 特殊法人債券
4. 資産流動化法上の特定社債券
5. 社債券
6. 特殊法人に関する出資証券
7. 協同組織金融機関の優先出資証券
8. 資産流動化法上の優先出資証券・新優先出資引受権証券
9. 株券・新株予約権証券
10. 投資信託・外国投資信託の受益証券
11. 投資法人の投資証券,新投資口予約証券・投資法人債券,外国投資法人の投資証券
12. 貸付信託の受益証券
13. 資産流動化法上の特定目的信託の受益証券
14. 信託法上の受益証券発行信託の受益証券
15. コマーシャルペーパー
16. 抵当証券
17. 外国証券・証書で1号から9号または12号から16号までの性質を有するもの
18. 外国貸付債権信託の受益証券
19. (金融) オプション証券・証書
20. 外国預託証券・証書
21. 政令指定証券・証書

[2条2項] みなし有価証券

柱書(前段):2条1項(有価証券)で証券が発行されていない場合

(以下後段)

1. 信託の受益券
2. 外国信託の受益券
3. 合名会社・合資会社の社員権(政令で定めるもの),合同会社の社員権
4. 外国法人の社員権で上記3号の性質を有するもの
5. 集団投資スキーム持分<包括定義>
6. 外国集団投資スキーム持分
7. 政令指定権利

〔出所〕 上柳敏郎・石戸谷豊・桜井健夫『新・金融商品取引法ハンドブック ― 消費者の立場からみた金商法・金販法と関連法の解説』日本評論社,2006年,黒沼悦郎『金融商品取引法入門』日本経済新聞社,2006年,e-Gov の法令データ提供サービスに掲載の「金融商品取引法」から作成

2. 企業の資金調達　　金融業を除く法人企業（以下，企業）は，財やサービスの生産・販売など多様な活動を通じて利潤獲得を目的とする経済主体である。企業は継続的に生産・販売活動をするために設備や在庫製商品といった実物資産への投資を行うが，それに必要な資金を様々な手段で調達している。

　企業が調達した資金は，その調達方法によって内部資金（通常の生産・販売活動を通じて生み出した資金）と外部資金（外部から調達した資金）とに分けられる。会計上，内部資金には内部留保等と減価償却とが含まれ，これらの資金は返済や利子・配当金の支払いが必要ないことから企業財務上は最も安定的な調達手段とされている。しかし，実際には内部資金だけで企業の資金需要は賄いきれず，その多くは外部資金に依存している。外部資金は，その調達方法によって主に借入れ，株式，社債の3つに大別される。借入れは主として金融機関からの資金調達であり，間接金融方式による調達手段と言われる。株式は企業設立時のほか，業容拡張時などに追加発行（増資）され，株式発行によって調達された資金は返済および利子の支払いが不要であることから外部資金の中で最も安定的な資金である。社債発行も株式と同様に資本市場からの調達手段だが，償還期限の定めがあり，確定的な利子の支払いが必要となる。社債は普通社債，新株予約権付社債，仕組み債に大別することができる（後二者については第5章を参照）。なお，株式または社債の発行は直接金融方式による調達手段と言われている。

　企業の外部資金調達の推移を金融負債残高の構成比で見ると，借入れは金融の自由化・国際化を受けて株式・社債市場における取引が活発化した結果，1980年代から趨勢的に低下した後に安定している。00年代以降は有価証券が借入れを超過しており，わが国の資金調達構造は直接金融が主体となっている。調達額の合計額は，08年の金融危機により一時的に低下したが増加傾向にあり，有価証券による調達は全体の約6割となっている。特に株式による調達額が近年は過半を占める。社債による調達は新型コロナ禍下の金融緩和により増加した後，金融政策修正の思惑により23年7月から活発になっている。

　新興市場の充実や社債諸規制の緩和・撤廃により，大企業のみならず中小規模の企業に対しても資本市場を通じた資金調達ルートが整備されたため，有価証券発行による資金調達の優位性は今後も安定的に推移すると予想される。

企業の資金調達手段

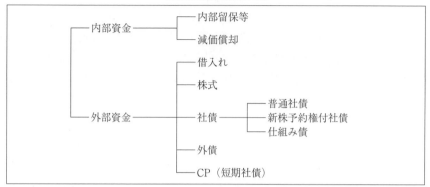

(注)　内部留保等とは，企業の税引後利益から配当金，役員賞与等を除いたもの。また，減価償却費は，
　　　建物・機械などの有形固定資産について，その経済価値の年々の減少分を費用として計上した
　　　ものであり，わかりやすく言えば設備更新のための積立金である。

法人企業部門の資金調達・運用の構成比（残高ベース・年度末）

	1980	1985	1990	1995	2000	2005	2010	2014	2016	2018	2020	2021	2022
[運用]													
現金・預金	10.0	7.6	6.6	9.1	13.3	15.5	18.4	15.4	14.8	15.9	19.2	19.1	18.6
定期性預金	14.5	14.8	12.8	10.8	7.7	4.1	6.3	5.0	6.0	4.3	5.4	5.5	0.2
CD	0.1	1.2	1.1	2.6	3.3	1.5	1.8	1.3	1.5	1.2	1.3	1.1	5.3
信託	1.3	1.4	0.7	1.3	0.3	0.3	0.3	0.3	0.4	0.5	0.6	0.5	0.5
投資信託	0.1	0.6	0.2	0.4	1.0	0.7	1.8	0.5	1.2	0.1	0.2	0.2	0.2
有価証券	15.7	25.9	30.9	24.2	22.9	36.4	19.4	32.1	32.3	34.3	31.9	29.3	29.8
（株式）	13.5	23.5	28.1	22.6	19.6	33.4	16.3	30.2	30.3	32.4	29.5	26.9	27.4
（債券等）	2.2	2.3	2.8	1.6	3.3	3.0	3.1	1.9	2.0	1.9	2.3	2.4	2.3
企業間信用	45.5	35.2	30.5	35.3	33.5	24.4	27.1	20.2	19.4	20.1	17.1	18.5	18.1
その他	12.7	13.2	17.2	16.3	18.2	17.1	24.9	25.2	24.4	23.5	24.4	25.7	27.4
合計額	312.4	483.5	835.7	783.2	738.9	950.3	792.6	1,110.9	1,146.1	1,192.0	1,229.6	1,256.3	1,363.1
[調達]													
借入れ	42.2	39.5	36.5	40.2	36.2	22.4	31.3	22.7	24.4	23.6	24.5	25.3	25.0
有価証券	27.1	38.1	43.1	38.6	42.0	58.2	42.5	58.1	54.8	58.2	60.0	58.6	59.2
（株式）	23.1	33.9	37.3	32.7	35.2	52.9	35.2	52.9	50.0	53.3	54.7	52.9	53.7
（社債等）	2.2	2.6	2.3	3.8	5.3	4.1	5.8	3.8	3.6	3.9	4.4	4.6	4.4
（外債）	1.8	1.6	2.6	1.5	0.6	0.8	0.8	1.0	1.1	0.7	0.6	0.7	0.7
（CP）	–	–	0.8	0.6	0.9	0.4	0.7	0.4	0.1	0.2	0.3	0.4	0.3
企業間信用	24.3	17.0	14.6	15.4	16.2	12.8	15.4	11.1	11.9	12.2	9.8	11.0	11.0
その他	6.4	5.5	5.8	5.8	5.6	6.6	10.8	8.1	8.9	6.0	5.7	5.1	4.8
合計額	477.4	760.6	1,358.7	1,351.7	1,198.0	1,421.8	1,056.7	1,521.3	1,658.8	1,748.5	1,871.5	1,853.1	1,955.6

(注)　1．構成比の単位は％，合計額の単位は兆円。
　　　2．定期性預金には外貨預金を含む。
　　　3．カッコ内は有価証券の内訳。株式には出資金を含む。
　　　4．株式評価は［運用］では時価ベース，［調達］では90年度以前は資本金＋資本準備金ベース，95年度以
　　　　降は時価ベース。
〔出所〕　日本銀行ホームページ掲載の統計（資金循環表）から作成

3．証券市場と財政　　財政とは政府（国や地方公共団体）が行う経済活動のことであり，具体的には，租税等による収入（歳入）に基づき，警察，教育など行政サービスの提供や公共投資（歳出）を行う。現実の財政運営では，景気動向に応じた財政政策が行われ，その結果，歳出が歳入を上回る場合には，その不足額は主として公債（国債や地方債）の発行によって賄われる。

　わが国の中央政府部門について公債残高と公債依存度の推移を見ると，1965年度の補正予算で不況対策として戦後初の特例国債（赤字国債）が発行され，66年度以降は建設国債が継続して発行されるようになったが，70年代前半までは公債依存度，公債残高ともに低水準に止まっていた。しかし，70年代後半からの経済成長率鈍化に伴い税収が伸び悩んだことから，政府は国債の大量発行を余儀なくされ，発行残高も80年度末には71兆円へと急増した。この結果，証券市場において国債が重要な地位を占めるに至り，政府の財政政策がそれにおよぼす影響も大きくなった。こうした財政状況を改善すべく81年度以降「財政再建」路線が打ち出され，一旦は公債依存度が低下し公債残高の増加が抑制されたものの，90年代以降の長期不況に応じた景気対策や08年の金融危機への対応は公債発行を増加させた。その後公債依存度は低下したが，新型コロナ対応の財政出動を受けて20年の53.8％まで急上昇した。21年より依存度は低下基調にあるものの公債残高の急激な増加は続き，23年度末で約1,068兆円に達する見込みである。

　次に右下表でわが国における国債等の保有構造をみると，かつては主たる保有者であった銀行等（ゆうちょ銀行を含む）の保有比率は減少傾向にあったが，13年4月に導入された日本銀行の量的・質的金融緩和（異次元緩和）より顕著に減少している。対して日本銀行の保有比率は大きく増加し，22年末時点で46.3％を占める突出した保有主体となっている。

　長期投資を前提する安定的な保有者であった公的年金は，年金積立金管理運用独立行政法人（GPIF）が14年10月に運用資産構成を見直し，国内債券への投資比率自体を引き下げた結果，公的年金の保有比率は減少し22年末で3.7％となっている。その一方で，海外投資家の保有比率は近年増加傾向にあり22年末では13.8％となった。日本の財政赤字問題を考えるにあたり，海外投資家の日本国債の保有動向は無視できない水準となっている。

公債残高と公債依存度の推移

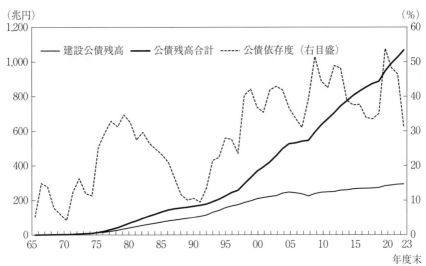

(兆円)　　　　　　　　　　　　　　　　　　　　　　　　　　　　(%)

凡例：
—— 建設公債残高　　━━ 公債残高合計　　---- 公債依存度（右目盛）

(注)　1．2023 年度は見込み。
　　　2．普通国債ベース。
〔出所〕　財務省資料から作成

国債及び国債短期証券の保有者別保有比率内訳の推移

(単位：%)

保有者	2009年度末	2011年度末	2013年度末	2015年度末	2017年度末	2018年度末	2019年度末	2020年度末	2021年度末	2022年12月末
一般政府(除く公的年金)	1.9	1.9	2.4	0.4	0.3	0.3	0.3	0.2	0.2	0.1
公的年金	9.2	7.9	7.0	4.9	4.0	3.8	3.3	3.3	3.7	3.7
財政融資資金	0.2	0.1	0.1	0.0	0.0	0.0	0.0	0.0	0.0	0.0
日本銀行	8.8	9.6	20.0	33.8	41.8	43.2	44.2	44.4	43.3	46.3
銀行等	47.2	45.4	35.5	24.6	18.4	15.6	15.2	16.6	17.3	14.6
生損保等	18.0	19.1	19.6	20.5	19.6	19.5	19.5	18.0	17.6	17.0
年金基金	3.4	3.2	3.3	3.0	2.7	2.8	2.6	2.4	2.5	2.5
海外	5.6	8.3	8.2	10.3	11.0	12.7	12.9	13.2	13.6	13.8
家計	4.0	2.9	2.0	1.1	1.1	1.2	1.2	1.1	1.0	1.1
その他	1.9	1.6	1.8	1.4	1.0	0.9	0.9	0.7	0.7	0.8

(注)　1．2022年12月末は速報値。
　　　2．「国債」は「財投債」を含む。
　　　3．「銀行等」には「ゆうちょ銀行」,「証券投資信託」および「証券会社」を含む。
　　　4．「生損保等」には「かんぽ生命」を含む。
　　　5．「その他」は「非金融法人企業」および「対家計民間非営利団体」。
〔出所〕　財務省『債務管理リポート2023』, 日本銀行「資金循環統計」

4．家計の金融資産保有　　わが国の家計が保有する金融資産は2023年6月末時点で2,115兆円まで積み上がっている。家計部門の資金余剰（貯蓄超過）を資金循環でみると，1990年代半ばをピークに低下した後に比較的安定に推移していたが，20年の新型コロナ禍において家計が流動性の確保に動いた結果，現金・預金での保有が急増した。その後，22年度にかけて資金余剰は平年並みまで減少しているが，現金・預金の保有は依然として高い水準にある。

　　家計の金融資産運用の推移を見ると，次のような特徴が指摘できる。第1に，現金・要求払預金の構成比は上昇する一方で，かつて最大の比重を占めていた定期性預金は80年代以降趨勢的に低下傾向にある。この構成比の基調は，日本銀行の低金利政策や量的・質的金融緩和（異次元緩和）などによるものであろう。第2に，保険・年金の構成比は00年度末までほぼ一貫して上昇したあと比較的安定している。これは，わが国が高齢化社会に入っていることを反映したものであろう。第3に有価証券の構成比は，バブル経済の崩壊による株式市場の低迷や08年の金融危機による株価急落を受けて株式を中心にその構成比を大幅に低下させていた。しかしながら，20年前半期は新型コロナ禍を受けた株式市場の乱高下があったものの，12年末からの市場の回復傾向もあり，22年度末には12.8％まで回復している。

　　次に，23年3月末時点での家計の金融資産運用を国際比較すると（日本は対家計民間非営利団体を含まない），依然として資産選択の内容（選好）に大きな差があることがわかる。わが国の場合，現預金で54.2％の資産が運用され，投資信託を含めた有価証券による運用比率は16.7％に過ぎないのに対して，アメリカでは資産の12.6％を前者で，56.2％を後者で運用している。また欧州ではそれぞれ35.5％と33.3％である。社会保障制度などの違いを考慮する必要があるが，わが国の家計は資産選択で元本保証型を好む傾向にあり，アメリカの家計は運用成果型を好み，欧州は中間的な傾向にあると言えよう。

　　しかしながらわが国でも，確定拠出型年金制度や，個人型確定拠出年金制度（iDeCo）の加入対象の拡大，2024年からのNISA（少額投資非課税制度）の抜本的拡充・恒久化などで家計と証券市場との直接的な結びつきは強くなっている。投資信託やETF（上場投資信託）の充実なども合わせて，家計向けの良質なサービスの提供とともに，有用な金融知識の普及啓発が求められよう。

個人部門の金融資産残高の構成比（年度末）

	1980	1985	1990	1995	2000	2005	2010	2015	2020	2021	2022
現金・預金	9.8	7.7	7.2	8.2	11.6	21.0	23.6	26.0	33.2	34.6	35.4
定期性預金	48.7	44.9	40.2	41.9	42.5	29.7	31.6	26.4	21.1	19.6	18.4
信託	4.5	4.0	3.7	3.4	1.5	0.4	0.2	0.2	0.2	0.3	0.3
保険・年金	13.4	16.3	20.8	25.4	27.2	25.8	28.4	29.6	27.4	26.8	25.9
投資信託	1.2	2.3	3.4	2.3	2.4	3.4	3.6	4.2	4.3	4.5	4.4
有価証券	16.1	19.7	19.6	13.9	9.7	15.3	8.6	11.0	11.1	11.3	12.8
（株式）	13.2	16.0	16.9	11.5	7.7	13.0	6.2	9.8	10.0	10.3	11.7
（債券等）	2.8	3.7	2.6	2.5	2.0	2.3	2.4	1.2	1.1	1.0	1.0
その他	6.3	5.2	5.2	4.9	5.1	4.4	4.1	2.7	2.7	2.8	2.8
合計額	372.0	626.8	1,017.5	1,256.5	1,388.8	1,516.6	1,480.6	1754.4	1945.8	2,004.5	2,055.9

（注）　1．構成比の単位は％，合計額の単位は兆円。
　　　　2．定期性預金には譲渡性預金および外貨預金を含む。
　　　　3．カッコ内は有価証券の内訳。株式には出資金を含む。
　　　　4．株式は時価ベース。
〔出所〕　日本銀行ホームページ掲載の統計（資金循環表）から作成

家計資産構成の日米欧比較（2023年3月末）

	日本	アメリカ	ユーロエリア
現金・預金	54.2%	12.6%	35.5%
債券	1.3%	4.9%	2.2%
投資信託	4.4%	11.9%	10.1%
株式等	11.0%	39.4%	21.0%
保険・年金	26.2%	28.6%	29.1%
その他	2.9%	2.7%	2.1%

〔出所〕　日本銀行『資金循環の日米欧比較2023年8月25日』から作成

5．外国人の投資行動（対内証券投資）　　戦後の長期間，資金・資本の国際取引は原則禁止されていた。しかし，1980年12月の「外国為替及び外国貿易法」改正（新外為法）により，海外との資金・資本取引が基本的に認可制から事前届出制に変わり，原則自由となった。さらに，98年4月には日本版ビッグバンの第1弾として改正外為法が施行されたことにより，外為取引の事前届出制度も廃止され，海外との直接的な金融取引が完全に自由化された。

　近年の対内証券投資の動向を見ると，株式投資については02年の株安期以降は買い越しが続いていたが08年の金融危機時に売り越しとなり，12年末からの大幅な株価上昇を受けて買い越しとなったものの，14年以降は比較的小幅な買い越しもしくは売り越しが続いていた。ただし，取得額および処分額の水準は99年以降急上昇し，その結果として両者の差額である純増減額の振れも大きくなっている。特に20年から22年にかけては，新型コロナの感染拡大による株価急落後に大幅な財政出動を受けた株価回復があり，取得額および処分額はともに過去最高額を更新している。

　一方で債券（中・長期債）投資は，有価証券取引税撤廃（99年），円安（02・03年）や金融不安（08・09年）による海外投資家の裁定解消等，13年の日本銀行の異次元緩和の実施などの年で売り越しとなっている。中期国債（2・5年利付国債）の充実化などの制度的な要因の他に，海外のファンド等による裁定取引の活発化などを背景に債券売買は高い水準で推移し，14年以降は買い越し基調が続いていた。株式と同様に債券取引も20年からは取得額および処分額が急増するとともに純増減額の振幅も非常に大きくなっている。

　ストック（負債）の動向を見ると，まず株式については03年から市場の回復を背景に06年末には約149兆円まで増加したものの，金融危機の影響から10年から12年まで低迷した。新型コロナ後の株式市場の回復を受けて，22年末には約226兆円まで増加している。債券（中・長期債）の対内投資残高も順調に増え，22年末で約129兆円となっている。次に，地域別の保有構成比を見ると，株式ではアメリカが22年末で52.3％と高い水準を維持している。一方の債券は，アメリカが22年末時点で27.4％であるが，ヨーロッパは50.5％と過半を占めている。アジアの債券保有は，かつてはアメリカに近い構成比であったが徐々に低下し，22年末時点では13.6％に留まっている。

対内証券投資の状況

(単位：億円)

暦　年	株式・投資ファンド持ち分			公社債等（短期証券を除く）			ネット計
	取　得	処　分	ネット	取　得	処　分	ネット	
2000	835,593	837,932	▲2,339	571,013	470,246	100,767	98,429
01	779,015	741,061	37,954	522,905	504,878	18,027	55,981
02	644,372	657,039	▲12,667	582,775	618,928	▲36,153	▲48,819
03	790,641	692,870	97,771	619,163	641,269	▲22,106	75,666
04	1,161,630	1,056,357	105,273	727,773	683,161	44,612	149,885
05	1,675,176	1,548,934	126,241	873,775	811,451	62,324	188,565
06	2,671,452	2,590,472	80,981	1,035,501	970,532	64,969	145,950
07	3,371,648	3,330,228	41,419	1,123,120	1,023,179	99,941	141,360
08	2,640,366	2,714,152	▲73,786	895,747	933,021	▲37,274	▲111,060
09	1,453,977	1,453,694	283	504,203	574,104	▲69,900	▲69,617
10	1,736,099	1,717,710	18,389	695,100	688,976	6,125	24,513
11	1,974,084	1,971,556	2,528	884,363	838,985	45,379	47,906
12	1,867,789	1,846,517	21,272	811,683	790,007	21,676	42,948
13	3,942,020	3,783,603	158,416	838,677	873,965	▲35,288	123,128
14	4,115,951	4,089,468	26,483	762,694	676,154	86,540	113,022
15	5,231,108	5,228,502	2,606	802,426	727,168	75,258	77,865
16	4,955,097	5,011,755	▲56,658	965,053	921,289	43,764	▲12,894
17	5,167,744	5,162,228	5,515	803,430	761,290	42,140	47,655
18	5,817,386	5,877,281	▲59,896	841,269	817,331	23,938	▲35,958
19	4,776,114	4,779,757	▲3,643	1,081,377	981,491	99,886	96,243
20	5,712,328	5,805,004	▲92,676	1,043,869	1,069,475	▲25,607	▲118,283
21	6,267,370	6,252,711	14,659	1,290,942	1,166,715	124,227	138,886
22	6,884,092	6,892,983	▲8,891	1,713,749	1,821,620	▲107,871	▲116,762

(注)　2004年までは「対内及び対外証券投資の状況（決済ベース）」，05年以降は「対外及び対内証券売買契約と
　　　の状況（指定報告機関ベース）」に基づいている。
〔出所〕　財務省ホームページに掲載の資料より作成

対内証券投資残高と関連指標

年末	株　式 (10億円)		債　券 (10億円)		TOPIX	金利 (％)	円／ドル
2000	63,222	(30.4)	32,981	(15.8)	1,283.67	1.640	114.90
01	49,563	(24.7)	33,546	(16.7)	1,032.14	1.365	131.47
02	40,757	(21.4)	27,799	(14.6)	843.29	0.900	119.37
03	60,085	(28.2)	27,108	(12.7)	1,043.69	1.360	106.97
04	77,393	(31.2)	33,846	(13.6)	1,149.63	1.435	103.78
05	132,842	(40.8)	41,428	(12.7)	1,649.76	1.470	117.48
06	149,277	(43.5)	49,579	(14.5)	1,681.07	1.675	118.92
07	142,031	(39.4)	60,203	(16.7)	1,475.68	1.500	113.12
08	68,625	(23.4)	50,650	(17.3)	859.24	1.165	90.28
09	76,372	(26.6)	42,236	(14.7)	907.59	1.285	92.13
10	80,537	(26.4)	42,877	(14.0)	898.80	1.110	81.51
11	65,841	(20.7)	45,730	(14.4)	728.61	0.980	77.57
12	83,556	(23.2)	49,504	(13.8)	859.80	0.740	86.32
13	152,323	(32.3)	50,168	(10.6)	1,302.29	0.740	105.37
14	169,144	(29.2)	64,434	(11.1)	1,407.51	0.320	119.80
15	186,919	(30.7)	72,623	(11.9)	1,547.30	0.265	120.42
16	181,530	(28.0)	83,001	(12.8)	1,518.61	0.040	117.11
17	219,841	(32.1)	95,167	(13.9)	1,817.56	0.045	112.65
18	176,300	(26.1)	102,615	(15.2)	1,494.09	▲0.005	110.40
19	209,923	(28.6)	118,340	(16.1)	1,721.36	▲0.025	109.15
20	219,657	(27.8)	117,051	(14.8)	1,804.68	0.020	103.33
21	243,602	(29.0)	135,946	(16.2)	1,992.33	0.070	115.12
22	226,339	(24.6)	128,558	(14.0)	1,891.71	0.410	132.14

(注)　1．債券は中長期債のみ。
　　　2．（　）内は海外に対する総負債に占める構成比。単位は％。
　　　3．金利は長期国債（10年）新発流通利回り。
　　　4．為替は東京・スポットレートの終値。
〔出所〕　財務省および日本銀行資料から作成

本邦株式と債券の地域別保有構成比

(単位：％)

年末	アメリカ	ヨーロッパ	アジア	ケイマン諸島	その他
【株式】					
2014	47.4	36.9	5.4	0.6	9.8
15	49.1	36.0	5.7	0.7	8.4
16	49.9	34.9	6.2	1.0	8.1
17	50.2	34.0	7.3	0.9	7.5
18	52.6	32.5	6.4	0.9	7.6
19	54.2	30.9	6.7	0.9	7.3
20	51.7	33.1	7.1	0.7	7.5
21	52.0	32.9	7.0	0.6	7.5
22	52.3	33.3	6.9	0.7	6.8
【債券】					
2014	21.9	33.7	21.6	6.1	16.6
15	22.6	40.0	19.3	6.2	11.9
16	20.4	40.7	22.0	5.8	11.2
17	22.9	44.2	22.3	4.1	7.8
18	23.1	47.9	17.8	4.3	7.0
19	21.3	50.1	16.9	4.2	7.5
20	23.7	54.0	12.7	3.2	6.4
21	25.5	53.6	12.2	3.1	5.6
22	27.4	50.5	13.6	1.1	7.4

(注)　株式は株式および投資ファンド持分，債券は中長期債。
〔出所〕　財務省資料から作成

6．東京証券取引所による資本効率の改善要請　2022年4月に実施された東京証券取引所の市場区分の見直しは，18年12月に金融審議会市場ワーキング・グループが公表した報告書が必要性を指摘した①市場区分のコンセプトの明確化とともに，②上場会社への持続的な企業価値向上の動機付けが目的であった。後者に関して，資本金10億円以上の大企業に利益配分の使途を尋ねた右上図をみると，かつては成長への投資よりも将来のリスクに備えた内部留保を重視する企業が多かったことがわかる。新たな市場区分の発足後を検証すべく22年7月より計10回開催された東証「市場区分の見直しに関するフォローアップ会議」では，中長期的な企業価値の向上に向けた取組の動機付けとして，①上場企業のPBR（株価純資産倍率）1倍割れの改善，②上場企業が自律性をもってバランスシート（BS）経営およびキャッシュフロー経営へと移行する必要性とともに，③東証に対して経営者の資本コストや株価に対する意識改革・リテラシー向上を促す等の提言が出された。

　フォローアップ会議の議論を踏まえて東証は，23年1月に「中長期的な企業価値向上に向けた取組の動機付け」を公表し，プライム市場とスタンダード市場に株式を上場する企業の経営陣や取締役会に対して，同年春に資本コストや資本収益性の的確な把握と改善に向けた方針や具体的な取組や進捗状況などの開示を求め，特にPBRが1倍を割れている企業には強く要請した。さらに東証は，同年3月に公開した「資本コストや株価を意識した経営の実現に向けた対応について」において，プライム市場の約半数，スタンダード市場の約6割の上場会社がROE8％未満，PBR1倍割れであり資本収益性や成長性の観点から課題があると指摘し，要請内容として①取締役会での現状分析（資本コスト・資本収益性），②計画策定・開示（取締役会で検討した具体的な取組み等），③取組の実行（資本コストや株価を意識した経営の推進や投資者との対話）を求めている。金融商品取引所（証券取引所）は，新規上場基準や上場維持基準などにより取引される有価証券の品質を確保しているが（第10章），今回の資本効率の改善要請は流通市場の機能からみて異例と言えよう。このような東証の要請を受けて，増配や自社株買いなどにより株主還元を積極化させている上場企業が増えているようにみえるが，今回の要請が中長期的な資本効率の向上に繋がるかは不明である。

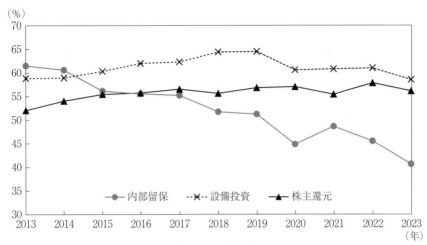

大企業（資本金10億円以上）（全産業）の利益配分のスタンス

（注）　10項目中3項目以内の複数選択。数値は回答者数構成比。
〔出所〕　財務総合政策研究所「法人企業景気予測調査」

資本コストや株価への意識改革・リテラシー向上

	対応	実施期間	対象の市場区分
a	経営陣や取締役会において，自社の資本コストや資本収益性を的確に把握し，その状況や株価・時価総額の評価を議論のうえ，必要に応じて改善に向けた方針や具体的な取組，その進捗状況などを開示することを要請 ➤ 継続的にPBRが1倍を割れている会社には，開示を強く要請 ※コーポレートガバナンス・コード原則5－2の趣旨を踏まえたプリンシプルベースの対応として，上場会社に通知（注） （注）　グロース市場上場会社については，その特性を踏まえて今後議論	2023年春	プライム・スタンダード
b	企業行動規範等について，資本コストへの意識や株主の権利の尊重，とりわけ少数株主の権利保護など，上場会社の責務を明確化するとともに，実効性確保などの観点から全体的に点検を行い，必要な見直しを実施	2023年度中	全市場
c	その他，経営者（上場会社）の意識づけに資するため，株式報酬制度に関する理解の促進や推奨，資本市場やコーポレート・ガバナンスに関するeラーニングなどの研修コンテンツの点検・アップデート，事例の取りまとめ・公表など	2023年春から順次実施	全市場

〔出所〕　東証証券取引所「論点整理を踏まえた今後の東証の対応」（2023年1月30日）

7．国家戦略としての金融経済教育　　わが国では，2005年のペイオフ解禁の拡大を機として金融経済に対する社会的関心が高まったことから，政府・日本銀行は2005年を「金融教育元年」と定めた。同年はいわゆるライブドア事件などもあり，金融リテラシーの向上が社会的に重要な課題として台頭していた。金融教育の重要性が改めて認識され，内閣府，文部科学省，金融庁等の関係官庁をはじめ，日銀の金融広報中央委員会，日本証券取引所，日本証券業協会等の金融関係団体，民間の金融機関等による幅広い金融教育活動が展開されている。

その一方で，これまでの金融経済教育活動は互いの連携関係も構築されているものの，金融・資本市場関係諸団体や民間の金融機関等が独自のアイデアやカリキュラムをもって金融経済教育の普及に臨んでいた。このような活動では，包括的な教育の推進は容易ではなく，また，人的・物的資源も限定されているため，十分な教育の効果が発揮できていないとの指摘もあった。

現岸田政権が2020年に掲げた「金融所得倍増プラン」では，家計の労働所得に加えて金融資産所得を増やしていくとの考えの下で，2024年の少額投資非課税制度（NISA）の拡充・恒久化などを実施している。また，現金や預貯金に偏重する家計保有資産を有効な投資に活用することで，わが国の経済成長を高めることも期待されている。この金融所得倍増プランが提示する7本の柱の1つが「安定的な資産形成の重要性を浸透させていくための金融経済教育の充実」であり，政府が金融経済教育を国家戦略として認識し，国が主導して金融経済教育を充実していくことを表明している。この政権の方針を受けて金融庁は2023年度の「金融行政方針」において，金融経済教育を重点課題として盛り込むとともに，第212回国会で成立した「金融商品取引法等の一部を改正する法律案」において，「金融サービスの提供に関する法律」を「金融サービスの提供および利用環境の整備等に関する法律」に改称し，①国民の安定的な資産形成の支援に関する施策を総合的に推進するための基本的な方針を策定（82条1項）し，②2024年に金融経済教育を中立的な立場で戦略的に推進する「金融経済教育推進機構」を設立（86条）することを定めた。この金融経済教育推進機構は，真に官民一体による金融経済教育を統括するわが国初の認可法人として期待されている。

金融経済教育に関する金融商品取引法等の一部を改正する法律案の概要

金融リテラシーの向上

■資産形成の支援に関する施策を総合的に推進するため，「基本方針」を策定

■利用者の立場に立って，金融経済教育を広く提供するため，「金融経済教育推進機構」を創設

〔業務〕　金融経済教育の教材・コンテンツの作成，学校や企業等への講座の展開，個人に対する個別相談　等

〔形態〕　認可法人

〔役員〕　理事長（1人），理事（3人以内）等

〔ガバナンス〕　運営委員会（委員，理事長，理事）を設置，金融庁が認可・監督

〔参考〕　上記のほか，機構は，資産形成等に係る相談・助言を容易に受けられる環境を整備

〔出所〕　金融庁「金融商品取引法等の一部を改正する法律案説明資料」（2023）

金融庁の金融経済教育に関する取組み

■中立的な組織として金融経済教育推進機構を設立する。
　（関連法案の成立・施行を前提に，2024年中の設立を目指す。）
■国全体として総合的かつ計画的に推進すべく，国家戦略としての「基本的な方針」を策定する。

(注)　金融経済教育推進機構の設立や「基本的な方針」の策定については，関連法案が参議院で継続審議中。

＜課題＞
・官民による様々な取組みが行われているが，資産形成に関する金融経済教育が国民の隅々まで行き届いていない。
・中心的な担い手である業界団体は，販売目当てと思われ敬遠。
・政府一丸となって，省庁横断的に，家計の安定的な資産形成を実現するための施策を総合的に推進していくとが重要

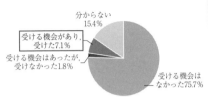

分からない 15.4%
受ける機会があり，受けた7.1%
受ける機会はあったが，受けなかった1.8%
受ける機会はなかった75.7%

(出典)　金融広報中央委員会「金融リテラシー調査2022年」

＜金融経済教育の充実＞
・中立的な立場から金融経済教育を提供する「金融経済教育推進機構」を，法律に基づき設置（2024年中）。
・その際，金融広報中央委員会（事務局：日本銀行）の機能を移管・承継するほか，運営体制の整備や設立・運営経費の確保に当たっては，政府・日銀に加え，全銀協・日証協等の民間団体からの協力も得る。
・適切な役割分担の下，官民一体となって，金融経済教育を戦略的に実施。
・機構の具体的な業務としては，以下などを想定。
　①金融経済教育の教材・コンテンツの作成
　②学校や企業等への講座の展開
　③個人に対する個別相談
　④資産形成等に係る相談・助言を容易に受けられる環境整備
　　（顧客の立場に立ったアドバイザー）

＜省庁横断的な取組みの推進＞
・資産形成支援に関連する施策を関係省庁や地方自治体・民間団体等が連携して，国全体として総合的かつ計画的に推進すべく，国家戦略としての「基本的な方針」を策定する。

〔出所〕　金融庁「資産所得倍増プランと資産形成支援に関する取組み」（2023）

8．ESG 投資の隆盛と問題 2006年に国連が機関投資家に対して提唱した「責任投資原則（PRI）」を契機として，国際的に環境・社会・ガバナンスの要素を資産配分やリスクの決定に組み込み，持続可能で長期的な財務リターンを生み出す投資アプローチである ESG 投資が始まった。例えば，わが国の年金積立金管理運用独立行政法人（GPIF）は15年に投資原則の改訂とともにPRI に加盟し，ESG 投資を増加させている。ESG 投資は，投資形態や戦略によって，社会的責任投資（SRI），統合投資，テーマ投資，インパクト投資などに分類され，GPIF が保有する ESG 投資債も右図のように様々である。

世界的にみて ESG 投資は増加傾向にあったが，わが国も含めて21年夏頃をピークとして ESG 投信の設定などが減少したことが報告されている。その理由の１つが「グリーン・ウォッシュ」の問題である。グリーンを標榜しながらもその投資実態が ESG にそぐわないファンド等の存在が問題視された。背景にあるのは，ESG に関する発行体の開示に必ずしも明確な基準が整備されていないことがある。また、投資判断に用いる ESG 格付けの問題もある。各格付けプロバイダーが独自の格付けフレームワーク，尺度，主要指標，測定基準を用いて企業を格付けするため，格付けの一貫性に欠けている。

これらの問題に対応すべく，金融庁は22年12月に「ESG 評価・データ提供機関に係る行動規範」を公表し，ESG 格付け等の品質を確保するための６つの原則を提示し，ESG 評価・データ提供機関に行動規範の受け入れを求めた。また23年３月には，ESG 投信に関する「金融商品取引業者等向けの総合的な監督指針」の一部改正を公表した。この監督指針の改定では，「ESG 投信に関する留意事項」が追加され，ESG 投資として認められるための要件を明記するとともに，ESG のチェック事項が記載された。さらに発行体のサステナビリティ情報等の開示に関して，金融庁は23年１月に企業内容等の開示に関する府令を改正し有価証券報告書におけるサステナビリティ情報の「記載欄」において，TCFD 提言に沿って全ての企業に「ガバナンス」および「リスク管理」の開示を求めるとともに，「戦略」および「指標及び目標」については，各企業が重要性を判断して開示することを求めた。25年までにサステナビリティ基準委員会（SSBJ）による新たなサステナビリティ開示基準も公開予定である。

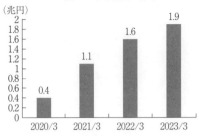

ESG 債への投資額の推移

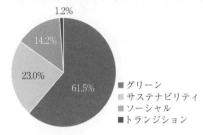

GPIF が保有する ESG 債の内訳（種類別）

〔出所〕　年金積立金管理運用独立行政法人『2022年度 ESG 活動報告』

ESG 債への投資額の推移

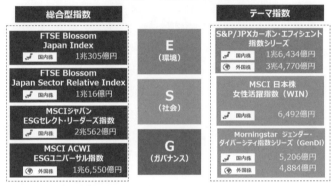

〔出所〕　年金積立管理運用独立行政法人ホームページより

金融庁の行動規範が示す６つの原則

原則１：品質の確保 　ESG 評価・データ提供機関は，提供する ESG 評価・データの品質確保を図るべきであり，このために必要な基本的手続き等を定めるべきである。
原則２：人材の育成
原則３：独立性の確保・利益相反の管理 　ESG 評価・データ提供機関は，独立して意思決定を行い，…… 利益相反に適切に対処できるよう，実効的な方針を定めるべきである。 利益相反については，自ら，業務の独立性・客観性・中立性を損なう可能性のある業務・場面を特定し，潜在的な利益相反を回避し，又はリスクを適切に管理・低減するべきである。
原則４：透明性の確保 　ESG 評価・データ提供機関は，透明性の確保を本質的かつ優先的な課題と認識して，評価等の目的・基本的方法論等，サービス提供に当たっての基本的考え方を一般に明らかにするべきである。また，提供するサービスのの策定方法・プロセス等について，十分な開示を行うべきである。
原則５：守秘義務
原則６：企業とのコミュニケーション

〔出所〕　金融庁「ESG 評価・データ提供機関に係る行動規範」（2022年12月）

第2章　日本の証券市場の歴史

1．戦前の証券市場　　日本の証券市場の起点は，初めての証券発行時点にそれをおけば，ロンドンで9分利付外国公債が発行された1870年となり，条例に基づく流通市場の誕生におけば，東京と大阪に株式取引所が設立された1878年となる。いずれにせよ，わが国に証券市場が誕生してから，約150年の歴史がある。開業当初の取引所は，旧公債や新公債，秩禄公債などの公債取引の場としてスタートした。その後，取引所株，銀行株が上場されるが，売買の大部分は公債という時代がしばらく続いた。しかし，1886年頃から鉄道業，紡績業を中心に企業勃興期を迎え，ようやくこの頃から株式売買が活発化した。

　わが国での株式会社の成立は，重化学工業の発展による設備投資需要の巨大化を前提とするのではない。わが国では，株式会社そのものが重化学工業とは無関係に，資本蓄積の低位性をカバーするものとして導入された。それゆえ，資本金の払込を容易にする仕組み（株金分割払込制度や銀行による株式担保金融）も具備されていた。明治期に設立された株式会社は，軽工業を中心とした株式会社とは名ばかりの小規模な企業ばかりであった。それが転機を迎えたのは，第一次世界大戦を契機とする産業構造の重化学工業化であり，ようやく，財閥系企業を中心に資本金500万円を超える大企業の設立が急増した。

　流通市場に目を転じると，財閥が傘下の優良企業株を排他的に保有しており，取引所には優良企業株の上場がほとんどされなかった。加えて，戦前期の株式取引は，投資資金や銀行による信用供与が不十分であったため，定期取引あるいは清算取引と称された先物取引中心に発展し，その主たる取引銘柄である取引所株も投機対象にされた。それゆえ，戦前期の株式市場は投機的であったことが特徴として挙げられる。また，戦前期の証券市場を振り返る上でもう一つの特徴は，戦時統制の実施である。政府は昭和恐慌以後，通貨切り下げによる輸出振興，軍事費を中心とする財政支出膨張によるインフレ政策によって景気回復を志向した。日中戦争勃発後，戦時体制の本格化とともに証券市場に対する統制が始まり，不要不急産業の証券発行が抑制され，起債の計画化，株価統制，証券業者に対する免許制が導入された。そして，全国に11カ所にあった株式取引所も，1943年に日本証券取引所へ統合された。

株価（東京株式取引所長期先限）の推移（1878－1920年）

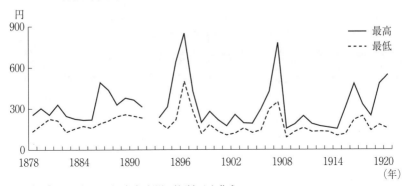

〔出所〕　『東京証券取引所20年史　規則・統計』より作成

株価（東株株価大指数）の推移（1921－1944年）

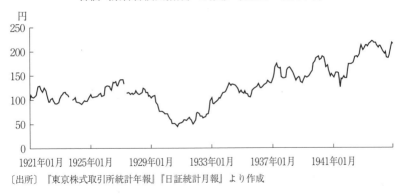

〔出所〕　『東京株式取引所統計年報』『日証統計月報』より作成

東京株式取引所上場銘柄（1878年末）

債券：新・旧公債，秩禄公債，金禄公債，起業公債
株式：東京株式取引所，第一国立銀行，東京兜町米商会所，東京蛎殻町米商会所

〔出所〕　『東京株式取引所五十年史』より作成

日本証券取引所業種別株式上場銘柄数（1945年5月末日）

出資証券2　銀行・信託・保険64　投資・拓殖・証券28　取引所2　鉄道・電鉄62
運・通信28　瓦斯・電気43　鉱業86　造船・造機232　鉄鋼・金属・製練81
繊維工業58　精糖・製粉18　食品工業・水産29　化学工業65　窯業25
製紙・印刷・皮革26　諸工業31　護謨・煙草23　土地・建物・倉庫17　諸商業46

〔出所〕　日本証券取引所

2．復興期（昭和20年代）　戦後の日本は，連合国軍最高司令官総司令部（GHQ）の占領下に置かれた。終戦直後から，証券界では市場再開の動きが起き，大蔵省も1945年10月 1 日からの市場再開を一旦は決定した。しかし，GHQ が取引所の再開を認めず，市場再開は実現しなかった。その後も証券界は熱心に取引所再開運動を続けたが，GHQ は経済改革（農地改革，財閥解体，労働改革）と政治・社会改革を優先し，取引所再開を時期尚早として認めなかった。その結果，取引所再開には 4 年弱の歳月を要し，その間に日本証券取引所も閉鎖された。こうして証券史上唯一の「取引所空白時代」が現出した。

　しかし，正規の流通市場である取引所市場での立会は停止していたが，戦後の混乱期にも，証券取引に対する需要がなくなったわけではない。そのため，証券会社の店頭での取引が自然発生的に開始された（＝店頭売買）。そして，取引所の早期再開の見通しがなくなると，店頭売買と併行して取引の場所や時間を決め，店頭売買を組織化した集団取引（または集団売買）も行われるようになった。集団取引は，1945年末に東京，大阪で始まり，名古屋，新潟，京都，神戸，広島，福岡などへ広まった。

　その一方で，取引所市場の再開は，戦前の取引所機構，証券法制を存続させたままでは困難であった。したがって，証券民主化を図るために，政府は証券法制の整備に着手し，1947年にアメリカの証券諸法を参考にした証券取引法を公布した。ただ，この法律は，SEC に倣った証券取引委員会に関する規定以外は施行されず，1948年に全面改正された改正法が公布された。改正法では，証券業者を免許制から登録制にし，銀証分離規定なども規定され，戦後の新たな証券市場の法律的基盤が確立された。

　こうして，1949年 5 月以降，東京，大阪，名古屋などで証券取引所が設立された。しかし，取引所再開直前，GHQ は「取引の時間優先」，「取引所集中原則」，「先物取引の禁止」という「証券取引三原則」の厳守を証券取引委員会に命じた。各取引所もこれらの厳守を誓約し，取引所再開がようやく実現した（取引銘柄と参加者は，集団取引のそれを移行させ，実物取引のみで再開）。ただ，実需給だけでは売買の出合いがつき難いため，証券界では仮需給導入を目的に清算取引復活運動が起きた。これには，東証首脳や GHQ が否定的で，1951年にアメリカの証拠金取引を範とした信用取引制度が導入された。

株価の推移（1949−1954年）

〔出所〕『証券統計要覧』より作成

各取引所設立時の会員数と上場銘柄数

	立会開始日	会員数（設立当時）	上場銘柄数
東京証券取引所	1949年5月16日	正会員116名，才取会員12名	681
大阪証券取引所	1949年5月16日	正会員76名，仲立会員11名	523
名古屋証券取引所	1949年5月16日	正会員50名，才取会員8名	268
京都証券取引所	1949年7月4日	会員41名	217
神戸証券取引所	1949年7月4日	会員34名	189
広島証券取引所	1949年7月4日	会員28名	119
福岡証券取引所	1949年7月4日	会員29名	181
新潟証券取引所	1949年7月4日	会員24名	176
札幌証券取引所	1950年4月1日	会員17名	103

〔出所〕『証券取引委員会報告書』より作成

東京証券取引所設立時会員証券会社（1949年4月1日）

日興証券，玉塚証券，山一証券，八千代証券，田口証券，丸宏証券，日東証券，山崎証券，金十証券，入丸証券，
山吉証券，藍澤証券，国際平和証券，丸水証券，遠山証券，明和証券，關谷証券，大和証券，關東証券，新光証券，
野村証券，松屋証券，德田証券，三興証券，山加証券，金万証券，木德証券，成瀬証券，大福証券，六鹿証券，
大東証券，小田証券，東京第一証券，二宮証券，山叶証券，大澤証券，小布施証券，丸三証券，田林証券，
角丸証券，小柳証券，筑波証券，千代田証券，日本勸業証券，立花証券，丸杉証券，三重証券，原忠証券，
丸ヤ証券，福山証券，入中証券，一光証券，六甲証券，日本産業証券，東洋証券，東短証券，東光証券，
東京昭和証券，東京神榮証券，東京自由証券，中外証券，丸國証券，い（カナガシラ）証券，加賀証券，角萬証券，
吉川証券，吉村証券，大平証券，太陽証券，田中証券，高井証券，大七証券，大成証券，内外証券，中原証券，
中島証券，八洲証券，上野証券，小野証券，大阪商事，織田証券，山二証券，山和証券，福利証券，山丸証券，
山文証券，山幸証券，山三証券，丸豊証券，丸和証券，丸山証券，丸寿証券，松井証券，扶桑証券，更榮証券，
恵比壽証券，安藤証券，ヤマタ証券，三伸証券，三成証券，堺井証券，共和証券，協同証券，三澤屋証券，
三木証券，清水証券，新榮証券，十字屋証券，十全証券，上一証券，城南証券，日出証券，日山証券，平原証券，
セントラル証券，丸五証券，
才取会員：第一〜第十二実栄証券

〔出所〕『東京証券取引所10年史』より作成

3．第1次高度成長期（昭和30年代）　　1956年の経済白書で，「もはや戦後ではない」と記述されたことからも分かるように，昭和30年代前半の日本は，戦後復興を終え，「神武景気」，「岩戸景気」に代表される第一次高度成長時代を迎えた。好調な企業業績を背景に，株価は1955年後半以降1961年7月まで，ほぼ一貫して上昇を続けた。同時に「投信ブーム」もその一因となった。

　戦後の新たな証券投資信託制度は1951年に創設された。株式投信は，1955年頃まで不調だったが，1956年以降，株価の上昇とともに残存元本を大幅に増やし，「池の中の鯨」と言われるほど，株式市場での存在も大きくなった。もう一つ，株価上昇を支えたのは「運用預かり」であった。運用預かりとは，証券業者が受託販売していた金融債（主に割引金融債）を，一定の品借料を払って不特定多数の顧客から預かる制度で，証券業者は預かった金融債を担保に，中小金融機関やコール市場などから資金を調達し，株式や公社債の自己売買資金に充てていた。こうした経済規模の拡大や取引所市場の盛行を背景に，店頭売買高も急増し，店頭売買新規承認会社数は新興，成長企業中心に急増した。このため，東京，大阪，名古屋の各取引所に，市場第2部が創設された。

　しかし，当時の経済運営は経常収支均衡が貫かれ，国際収支が赤字になると，金融は引き締められた。1961年7月以降，国際収支赤字改善のため金利が引き上げられると，法人の換金売りが始まるとともに，増資の集中が相まって，株式の需給関係が悪化した。これに伴う株価下落は，投信ブームを終焉に追い込み，これまでの株価高騰を支えたメカニズムは反転し，株価をさらに下落させた。また，公定歩合の引き上げは，法人を中心に公社債投信の解約も増加させた。信託財産から外された公社債は，証券業者が買い取らざるを得ず，証券業者の負担を大きくさせた。そして，これらが証券恐慌の一因となった。

　このため，市場では増資調整（計画増資，増資繰延べ）や，市中銀行から公社債投信4社への公社債担保融資が行われた。しかし，ケネディ・ショックもあり，株価低落は続いた。そこで，株式買入機関が設立された。1964年1月には，銀行と証券会社が出資した日本共同証券が，1965年1月には証券界が出資した日本証券保有組合が設立された。両者は市場への買い出動や投信保有株の肩代わりを行い，株式市場の需給改善を目指した。ところが，1965年5月下旬，山一証券の経営危機が報道されると，証券市場は恐慌状態に陥った。

株価（東証修正平均）の推移（1955−1964年）

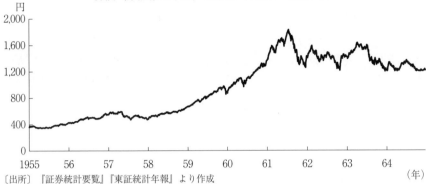

〔出所〕　『証券統計要覧』『東証統計年報』より作成

株式投信および公社債投信の資産増減状況（元本ベース）

（単位：百万円）

	株式投信計					公社債投信計				
	設定額 (A)	解約額 (B)	償還額 (C)	年末 元本額	資金増減額 (D=A−(B+C))	設定額 (A)	解約額 (B)	償還額 (C)	年末 元本額	資金増減額 (D=A−(B+C))
1955年	26,381	31,792	13,640	59,519	▲ 19,051					
1956年	51,431	27,163	16,039	67,748	8,229					
1957年	92,544	16,178	7,199	136,915	69,166					
1958年	106,412	25,741	7,890	209,695	72,780					
1959年	182,480	58,876	3,219	330,081	120,385					
1960年	362,066	87,945		604,202	274,120					
1961年	588,205	155,751	9,810	1,026,845	422,643	244,490	88,470	−	156,020	156,020
1962年	347,116	229,174	14,161	1,130,627	103,781	83,819	107,160	−	132,679	▲ 23,341
1963年	331,873	274,226	17,884	1,170,388	39,761	109,857	71,021	−	171,515	38,836
1964年	330,158	293,573	45,415	1,161,558	▲ 8,829	122,332	84,811	−	209,036	37,521
1965年	196,829	349,502	42,556	966,328	▲ 195,229	120,665	110,132	−	219,569	10,533

〔出所〕　『証券投資信託三十五年史』より作成

運用預り有価証券の種類および運用状況の推移

（単位：百万円）

		種類			運用区分	
	運用総額	特殊債		社債	差入担保	その他
			うち割引金融債			
1958年9月	62,701	61,984	61,384	568	53,812	5,283
1959年9月	108,347	107,602	105,381	673	88,793	19,420
1960年9月	146,076	144,875	141,666	969	116,061	30,015
1961年9月	139,833	138,552	134,794	1,239	116,988	22,845
1962年9月	154,284	152,127	143,946	2,005	129,030	25,254
1963年9月	209,197	205,337	196,967	3,386	156,319	52,877
1964年9月	249,079	244,685	235,557	3,714	195,891	53,189

〔出所〕　『大蔵省証券局年報』より作成

4．第2次高度成長期（昭和40年代）　昭和40年代は証券恐慌で幕を開けた。1964年9月期決算で，全国証券業者は264億円の赤字を計上していた。特に山一証券は経営が悪化しており，1965年3月末の赤字は，資本金80億円に対して282億円にのぼった。1965年5月21日，ついに山一証券の経営危機が明らかになる。政府は信用不安の発生を回避するため，5月28日深夜，日本銀行法第25条を初めて発動して，無担保，無制限の日銀特融を山一証券へ行うことを発表した（実際は，担保が徴求されていた）。その後もしばらく，株価は下落を続けたが，政府が戦後初の赤字国債発行方針を明らかにすると，株価は回復に転じた。一方で，証券恐慌は，証券業界再編の基因ともなった。政府は証券取引法を改正し，証券業に免許制を導入した。証券界では，証券恐慌前後の登録取消や自主廃業に加え，免許制に備えた証券業者の合併，統合などが行われた。その結果，証券業者の数は1963年末の593社から，免許制移行時には277社へと半減した。

　昭和40年代には，証券市場の国際化も進んだ。1964年，日本はIMF8条国へ移行，OECDにも加入し，資本取引の自由化を公約した。このため，1967年7月以降，5度に分けて資本自由化措置が講じられた。これによって，外国人の株式取得制限は徐々に緩和され，最終的には一部の業種を除いて自由化された。資本取引の自由化とは，海外投資家だけでなく，海外の発行者や仲介者を受け入れることでもある。1970年にはアジア開発銀行が円建て外債を発行し，1972年には外国株式の国内販売も開始され，1973年には東京証券取引所に外国部が設けられた。そして，外国証券会社の日本進出も始まり，1972年にはメリルリンチ証券東京支店へ，外国証券会社初の証券業免許が付与された。

　こうした資本取引の自由化は，外国企業による日本企業の乗っ取りも可能にすることを意味した。そのため，上場会社は安定株主工作で対抗した。企業が相互に株式を持ち合えば，相対的に市場に供給される株式は少なくなり，乗っ取りからの防衛を容易にする。この時期の株式持ち合いは，乗っ取り防衛の観点から行われた。その後，増資の形態が従来の株主割当額面発行から，公募時価発行へ移行すると，発行会社は時価発行に備える観点からも高株価を歓迎し，株式の持ち合いを推進した。その結果，法人の株式保有比率が高まる一方，個人の株式保有が減少するといった株式保有構造上の変化が見られた。

株価（東証修正平均，TOPIX）の推移（1965－1974年）

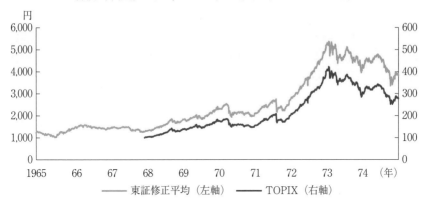

—— 東証修正平均（左軸）　　■■■ TOPIX（右軸）

〔出所〕『証券統計要覧』「日本経済新聞」『東証統計年報』より作成

証券業者数の推移

年度	会社数増減		年度末会社数	営業所数	資本金 （単位：100万円）	1社当たり資本金 （単位：100万円）
	増加	減少				
1948	959	11	948			
1949	292	113	1,127	1,889	3,014	2.7
1950	18	209	936	1,601	3,454	3.7
1951	11	109	838	1,642	3,767	4.5
1952	71	73	836	1,794	6,683	8.0
1953	52	52	836	2,105	10,115	12.1
1954	11	83	764	1,997	10,713	14.0
1955	2	66	700	1,901	10,826	15.5
1956	7	55	652	1,848	12,022	18.4
1957	7	77	582	1,904	18,062	31.0
1958	7	32	557	1,984	19,569	35.1
1959	15	26	546	2,233	29,221	53.5
1960	36	30	552	2,565	39,094	70.8
1961	48	10	590	2,841	74,991	127.1
1962	23	12	601	2,934	78,114	130.0
1963	8	16	593	2,893	100,573	169.6
1964	0	82	511	2,424	126,118	246.8
1965	0	86	425	2,109	125,599	295.5
1966	2	30	397	2,009	118,632	298.8
1967	0	113	284	1,869	119,955	422.4
1968	0	7	277	1,572	119,904	432.9

（注）　1959年度以前の営業所数・資本金は年末時点
〔出所〕『大蔵省証券局年報』より作成

株式保有状況の変化

所有者別＼年度		1965	1966	1967	1968	1969	1970	1971	1972	1973	1974	1975
政府・地方公共団体		0.3%	0.2%	0.3%	0.3%	0.3%	0.3%	0.2%	0.2%	0.2%	0.2%	0.2%
法人	金融機関	26.8%	29.8%	30.6%	32.0%	31.9%	32.3%	33.9%	35.1%	35.1%	35.5%	36.0%
	証券会社	5.4%	5.4%	4.4%	2.1%	1.4%	1.2%	1.5%	1.8%	1.5%	1.3%	1.4%
	事業法人等	21.0%	18.6%	20.5%	21.4%	22.0%	23.1%	23.6%	26.6%	27.5%	27.1%	26.3%
	外国法人	1.9%	1.7%	1.7%	2.1%	3.1%	3.0%	3.4%	3.4%	2.8%	2.4%	2.5%
	法人計	55.1%	55.5%	57.2%	57.6%	58.4%	59.6%	62.4%	66.9%	66.9%	66.3%	66.2%
個人	個人・その他	44.4%	44.1%	42.3%	41.9%	41.1%	39.9%	37.2%	32.7%	32.7%	33.4%	33.5%
	外国人	0.2%	0.2%	0.2%	0.2%	0.2%	0.2%	0.2%	0.1%	0.1%	0.1%	0.1%
	個人計	44.6%	44.3%	42.5%	42.1%	41.3%	40.1%	37.4%	32.8%	32.8%	33.5%	33.6%

（注）　金融機関の中には，投資信託分も含む
〔出所〕『株式分布状況調査』より作成

5. 石油ショックへの対応（昭和50年代）　　昭和40年代末には，日本経済を揺るがす大きな出来事が相次いで起きた。それはニクソンショック（1971年）であり，変動相場制の導入（1973年）や第1次石油ショック（1973年）である。石油ショックは，1979年にも再び起きた。二度に亘る石油ショックを，企業は「減量経営」で，政府は財政拡張政策で乗り切ろうとした。この財政拡張政策を裏付けたのが，赤字国債の「大量」発行であった。

　戦後，わが国の国債発行は，前項で述べたとおり1965年度から始まる。その特徴は，市場実勢を無視した低金利で国債を発行し，それを引受シ団金融機関の資力に応じて強制的に割り当てたことである。このような人為的に低利固定された相場を維持するには，金融機関に国債を自由に市中売却させてはならない。当時の国債発行額は，日銀の成長通貨供給量の範囲内であったため，日銀は金融機関の保有する国債を，発行後1年を経過したものはほぼ全額買い取った。しかし，石油ショック後の国債発行が，「大量」発行と言われるのは，1975年以降の国債発行額が，成長通貨供給量を上回ったためである。

　大量の国債が発行されると，従来の流動化政策では限界に達し，国債の市中消化が不可避となった。そこで政府は，1977年に制限付ながら国債の市中売却を認めた。その後，売却制限は段階的に緩和され，国債流通市場の自由化が実現した。他方，国債の応募者利回りは，規制金利体系の基準金利でもあり，これの自由化は人為的規制金利政策の転換を迫るものであった。そのため，国債発行市場の自由化は，政府内にも根強い反対があり，遅々として進まなかった。しかし，1981年6月のシ団金融機関による国債引受拒否を契機に，国債発行条件の自由化，各種長期金利の自由化が進んだ。

　また，この時期には，もう一つの「コクサイ」化も進展した。昭和50年代には日本の対米貿易黒字が大幅に拡大し，これが両国の貿易，経済摩擦問題へと発展した。アメリカは，日本の金融，資本，サービス市場の閉鎖性こそが問題の真因であるとして，経済構造全般に対する改革を求めた。この一連の過程で「日米円ドル委員会」が開催された。この委員会でアメリカは，市場メカニズムが機能する自由化された金融，資本市場こそが，最適な資源分配を可能にするとして，日本政府にそれを妨げる種々の規制の撤廃を強く求めた。こうした「二つのコクサイ化」が金融自由化の基因となった。

株価（東証修正平均，日経ダウ平均，TOPIX）の推移（1975－1984年）

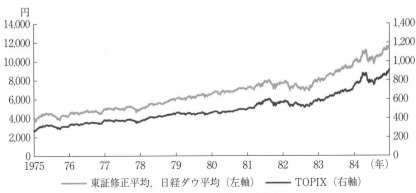

東証修正平均，日経ダウ平均（左軸）　　TOPIX（右軸）

〔出所〕『日本経済新聞』『東証統計年報』『証券統計年報』より作成

国債発行額および国債残高の推移（～2022年度末時点）

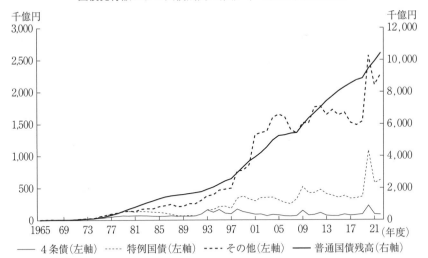

―― ４条債（左軸）　‥‥‥ 特例国債（左軸）　---- その他（左軸）　―― 普通国債残高（右軸）

※国債発行額は収入金ベース
※特例国債の中には，臨時特別公債，減税特例公債，震災特例公債を含む
※その他は，年金特例債，復興債，財投債，借換債の合計

〔出所〕　財務省ホームページより作成

6．バブル経済前後の発展（昭和60年－平成元年）　1984年に出された「日米円ドル委員会報告書」で，アメリカは日本に金融，資本市場の自由化，円の国際化を強く要求した。これを受けて日本政府は，預金金利の自由化をはじめとする国内金融市場の自由化，外国証券会社への東証会員権の開放など，外国金融機関による対日アクセスの改善，ユーロ円市場の自由化を実施に移した。東証の会員権開放を巡っては，東証が政府の要請を受けて，1985年，定款に定められた会員定数を改定して，第一次開放が行われた（以後，第三次開放まで行われ，外証25社の会員加入が承認された）。

　そして，金利の自由化は，1985年に大口預金金利の自由化が行われ，これ以後，預金金利の自由化が進展した。その結果，全国銀行の自由金利調達比率は，1984年度末の7.5％から1989年には53％へと急増し，銀行の資金調達コストを上昇させた。他方，大企業の資金調達は，銀行融資から証券発行へと変化し，大手銀行は主要取引先（重化学工業企業）への融資を縮小させていた。そのため，大手銀行は，融資対象の拡大（不動産，建設業など），国際業務への進出とともに，証券業務への参入を企図し，証券界との業際問題が本格化した。

　また，1985年には「プラザ合意」が行われた。プラザ合意後，円ドル相場では円が急上昇し，輸出依存度の高い日本経済は円高不況が懸念された。そのため日銀が，1986年1月以降，相次いで公定歩合を引き下げ，日本経済は景気回復過程に入った。ところが，1987年10月19日にアメリカでブラック・マンデーが起き，各国で不況回避のために金融緩和が行われ，景気回復過程にあった日本でも，公定歩合が低利のまま据え置かれた。このため，地価や株価は上昇を続けた。資産価格の上昇を背景に，企業は銀行借入や証券発行で調達した資金で，金融収益の拡大を目指して財テクを行い，融資先減少に悩む金融機関も，証券投資を積極化した。証券投資の活発化を受けて日経平均株価は，プラザ合意前（1985年9月末）の12,716円52銭から，1989年末には38,915円87銭へと上昇し，史上最高を記録した。

　この時期には，新たな取引手法も導入された。1985年の債券先物取引を皮切りに，1987年には株価指数先物取引，1989年には株価指数オプション取引が開始された。こうして，日本市場は現物，先物，オプション取引を完備する市場となった。

株価（日経ダウ平均，日経平均，TOPIX）の推移（1985－1989年）

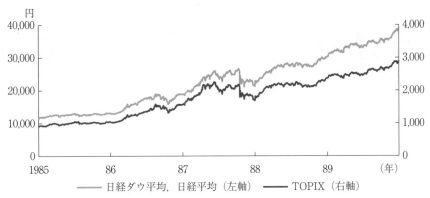

〔出所〕「日本経済新聞」『証券統計年報』より作成

円相場と公定歩合の推移

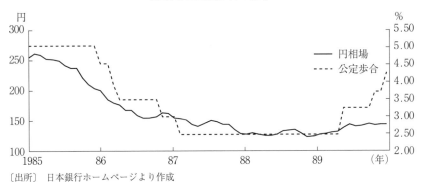

〔出所〕　日本銀行ホームページより作成

委託者別株式売買構成比

（単位：億株）

	総合証券委託売買高	個人	外国人	生損保	銀行	投資信託	事業法人	その他
1983年	1,250.7	59.5%	15.9%	1.3%	3.5%	4.4%	9.3%	6.1%
1984年	1,344.5	54.6%	17.3%	1.2%	5.3%	4.4%	11.5%	5.7%
1985年	1,615.6	49.5%	15.4%	1.2%	10.6%	5.0%	11.6%	6.6%
1986年	2,772.0	41.7%	13.8%	1.1%	16.1%	5.4%	15.4%	6.5%
1987年	3,683.4	36.8%	12.4%	1.0%	21.5%	5.6%	17.0%	5.8%
1988年	3,979.2	34.8%	9.1%	1.2%	24.7%	6.8%	17.7%	5.7%
1989年	3,395.1	32.3%	10.8%	1.2%	25.4%	10.0%	14.6%	5.7%

※総合証券の委託売買高は，各社の売り，買いを合計したもの。
※三市場第一部，第二部合計
〔出所〕『東証要覧』より作成

7．証券不祥事と金融制度改革（平成2年－7年）　　世界的な金融自由化
の流れや大企業の資金調達方法の変化に伴い，1980年代半ばから日本でも金融
制度改革の議論が始まった。この議論では金融制度調査会が先行し，戦後の金
融制度の根幹にあった長短分離，信託分離，銀証分離といった専門金融機関制
度の見直しが検討された。銀行の証券業務参入に積極的な金融制度調査会は，
業態別子会社方式による相互参入を望ましいと結論づけ，証券取引審議会に銀
証分離制度の見直しを要請した。これに対し，証券取引審議会は，銀行の証券
業務参入を警戒し，両者には温度差があった。ただ，証券取引審議会もこれに
伴う弊害防止措置（当分の間，孫会社の場合も含めた株式ブローカー業務の禁
止など）の実施を条件に，相互参入を容認したため，1992年6月に金融制度改
革関連法が制定され，業態別子会社による相互参入が実現した。

　金融制度改革の議論が一段落した頃，金融，証券界に激震が走った。金融・
証券不祥事の発覚である。証券不祥事は，バブル期に大手証券が，法人顧客な
どの大口顧客に対し，損失を補填していたことが税務調査から明らかになり
（1991年8月時点のそれは，四大証券および準大手，中堅の17社合計で約1,720
億円とされた），その他にも暴力団関係取引や，相場操縦疑惑なども発覚し，
社会問題化した。損失補填の多くが，営業特金勘定（特定金銭信託の運用を一
任勘定取引で委任されていたもの）での損失に対して行われた。その手法は債
券取引を装った利益提供や，決算期の異なる顧客に，損失が出ている証券を簿
価で一時的に引き取らせる「飛ばし」の斡旋などが用いられた。

　当時，事後の損失補填は，法律で禁じられておらず，即座に証券取引法が改
正され，一任勘定取引の禁止と事前事後の損失補填が禁じられた。この問題に
対して，「業者の保護，育成的な行政と固定手数料制によって，過剰利益を得
られたことが損失補填を可能にした」や，「損失補填の禁止や証券会社を罰す
るだけでなく，金融制度改革の実現こそが問題解決には必要」などの批判が相
次いだ。また，1991年9月には「臨時行政改革推進審議会」が，再発防止策と
して手数料自由化，新規参入の促進，検査監督機関の大蔵省からの分離を答申
した。この答申を受け，1992年7月に証券取引等監視委員会が創設された。臨
時行政改革推進審議会による他の答申内容は，後に実施される金融ビッグバン
の下地となり，新たな金融，資本市場の枠組み作りに生かされた。

株価（日経平均，TOPIX）の推移（1990－1995年）

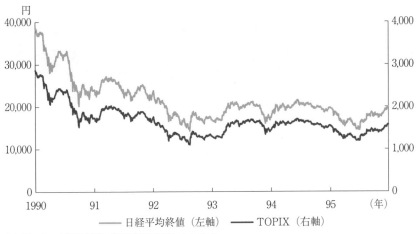

〔出所〕「日本経済新聞」『証券統計年報』より作成

金融機関の証券子会社一覧

年月	新規営業開始会社
1993年7月	興銀証券（現：みずほ証券），長銀証券（現：UBS 証券），農中証券（現：みずほ証券）
1993年11月	住友信証券（2000年清算），三菱信証券（現：三菱 UFJ モルガン・スタンレー証券）
1994年7月	あさひ証券（1999年解散）
1994年8月	安田信証券（現：みずほ証券）
1994年11月	さくら証券（現：大和証券），三和証券（現：三菱 UFJ モルガン・スタンレー証券），第一勧業証券（現：みずほ証券），富士証券（現：みずほ証券），三菱ダイヤモンド証券（現：三菱 UFJ モルガン・スタンレー証券），住友キャピタル証券（現：大和証券）
1995年3月	東海インターナショナル証券（現：三菱 UFJ モルガン・スタンレー証券）
1995年4月	北海道拓殖証券（1998年解散）
1995年5月	三井信証券（1999年廃業）
1995年10月	東洋信証券（1999年清算）
1996年11月	しんきん証券，横浜シティ証券（1999年清算）
1997年8月	トウキョウフォレックス証券（現：ICAP 東短証券），日短ブローカーズ証券（現：セントラル東短証券）
1997年11月	上田短資証券（2001年解散）
1998年10月	日立クレジット証券（現：DBJ 証券）

〔出所〕「日本経済新聞」『大蔵省証券局年報』『金融監督庁の1年』『金融庁の1年』より作成

8．金融システム改革法の議論と実施（平成8年－12年）　　バブル経済の崩壊は，大きな爪痕を残した。株価の下落は証券不祥事，地価の下落は不良債権処理問題として現出した。特に，不良債権処理問題は抜本的な解決策を打ち出せないままに時間だけが経過し，その後，金融界は10年近い歳月を不良債権処理に追われ続けた。他方で，その間に，日本市場から外国企業や投資家，金融取引が撤退する，いわゆる「金融の空洞化」が現実的問題となっていた。そこで1996年，当時の橋本首相が打ち出したのが「金融ビッグバン構想」であった。この構想では，2001年までに不良債権処理の進展とともに，フリー，フェアー，グローバルを原則に，日本の金融市場をニューヨーク，ロンドンと並ぶ国際金融センターに再生することが目指された。

　この議論は，証券取引審議会，金融制度調査会，保険審議会，外国為替審議会，企業会計審議会の各審議会で行われ，従来の銀行を介した資源分配（＝間接金融体制）から，市場機能を活用した資源分配を可能とする金融システム（＝直接金融体制）への転換が打ち出された。1998年10月の「金融システム改革法」では，資産運用手段の充実，活力ある仲介を通じたサービスの提供，特色ある市場システム整備，利用者が安心して取引を行うための枠組み作りが提起された。なかでも，株式売買委託手数料の自由化，証券業の登録制への移行は，証券会社にビジネスモデルの変革を迫るものであり，一方，取引所集中義務の撤廃は市場間競争を促すものであった。

　金融ビッグバン構想提起とほぼ同時期に，大規模金融機関が経営危機や，破綻に至った金融危機も発生した。銀行では拓銀，長銀，日債銀が，証券会社では準大手の三洋証券や，四大証券の一角を占めた山一証券が破綻した。従来であれば，大手金融機関が破綻金融機関を吸収，合併して救済が図られたが，もはやこの時点ではその余力のある金融機関はなく，金融機関の不倒神話は崩壊し，護送船団行政も終焉を迎えた。また，この危機を契機に，大手金融機関は，従来の企業集団の枠を超えて再編され，4大金融グループへ集約された。さらに，4大金融グループは，系列証券の再編にも乗り出し，準大手，中小証券の再編も進んだ。また，証券業の登録制移行や株式売買委託手数料の自由化と同時期に，IT革命も起こり，ネット証券をはじめとする新たなビジネスモデルをもった業者の新規参入が相次ぎ，証券業務の担い手にも変化が見られた。

株価（日経平均，TOPIX）の推移（1996-2000年）

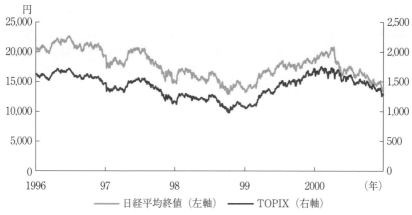

〔出所〕 「日本経済新聞」『証券統計年報』より作成

ビッグバンでの証券市場に関わる改革項目およびスケジュール

	1997年度	1998年度	1999年度	2000年度	2001年度
Ⅰ．投資対象（魅力ある投資対象）					
(1)　新しい社債商品の導入					
(2)　証券デリバティブの全面解禁					
(3)　投資信託の整備					
○証券総合口座の導入					
○銀行等の投信窓販の導入					
○私募投信の導入					
○会社型投信の導入					
(4)　有価証券定義の拡大	------------------->				
(5)　企業活力の向上と資本の効率的利用の促進					
Ⅱ．市場（信頼できる効率的な取引の枠組み）					
(1)　取引所取引の改善と取引所集中義務の撤廃					
(2)　店頭登録市場の流通面の改善					
(3)　未上場・未登録株の証券会社による取扱いの解禁					
(4)　貸株市場の整備					
(5)　証券取引・決済制度の整備	------------------->				
(6)　検査・監視・処分および紛争処理体制の充実	------------------->				
(7)　ディスクロージャーの充実	------------------->				
Ⅲ．市場仲介者（顧客ニーズに対応した多様なサービス）					
(1)　株式委託手数料の自由化					
(2)　証券会社の専業義務の撤廃と業務の多角化					
(3)　持株会社の活用					
(4)　資産運用業の強化					
(5)　証券会社の健全性チェックの充実					
(6)　仲介者の参入規制の改革					
○免許制から登録制への移行					
○相互参入の促進（業態別子会社の業務制限の撤廃）					
(7)　破綻処理制度の整備					
○分別管理の徹底					
○寄託証券補償基金の充実					
証券税制の見直し					
新金融行政体制への移行					

〔出所〕 『証券市場の総合的改革～豊かで多様な21世紀の実現のために～』から引用

9．ビッグバン以降（平成13年－20年）　　2000年代になると不良債権処理問題は転機を迎えた。構造改革を訴えた小泉政権は，不良債権処理を最優先課題に位置づけ，「金融再生プログラム」（2002年10月）に基づく不良債権の最終処理を進めた。その際，銀行財務に著しい資本不足の発生や企業倒産，失業者増加の恐れもあるため，前者には金融システムの安定維持に向けた公的資金が，後者には企業再建の仕組み（民事再生法の制定や整理回収機構，産業再生機構などによる企業再生）が準備され，これらの抑制が企図された。

　一方，2001年6月の「骨太の方針」や同年8月の「証券市場の構造改革プログラム」，翌年8月の「証券市場の改革促進プログラム」では，「貯蓄から投資へ」のスローガンの下，証券市場をわが国金融システムの中心にし，幅広い投資家の参加する真に厚みのある，市場機能を中核とした市場型金融システムへの転換が推進された。これらでは，販売チャネルの拡充（銀行証券共同店舗の解禁や証券仲介業制度の導入など）や金融商品・金融サービスの多様化（ラップ口座の実質的解禁など），公正性，透明性確保（情報開示の徹底や監査法人に対する監督強化など）などが提起され，これらにより，幅広い投資家が参入する信頼される市場作りが目指された。こうした改革の実施に伴い，株式，債券，投資信託などのリスク性資産への家計金融資産の配分は，2006年まで増加傾向にあった。他方で，こうした改革に伴い，複雑な金融商品，金融取引も増え，利用者保護ルールの徹底，多様化した投資商品に対する包括的な規制も求められた。そこで，証券取引法が改正され，「金融商品取引法」が施行された。

　また，金融ビッグバン以後，リテール証券ビジネスの変革と各取引所間の市場間競争が本格化した。前者では，株式委託売買手数料の自由化後，委託手数料収入が伸び悩んだ。そのため，大手証券を中心にブローカー業務中心のビジネスから，預かり資産残高を重視する「資産管理型営業」へ転換し，市況依存からの脱却が図られている。他方，後者では市場間競争には上場誘致競争と取引誘致競争があり，前者に関しては，2000年頃から各取引所に新興市場が次々と創設され，新興，成長企業の上場が相次いだ。後者に関しては，東証が市場間競争に先駆けて，株式売買の電子化や立会外取引の導入などを行い，その地位を強固にした。しかし，株式取引の東証一極集中は，地方証券取引所の地盤沈下を顕著にし，2000年頃にはそれの再編が相次いだ。

株価（日経平均，TOPIX）の推移（2001－2008年）

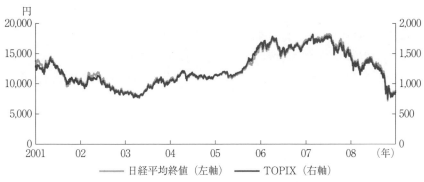

〔出所〕「日本経済新聞」『東証統計月報』『証券統計年報』東京証券取引所ホームページより作成

家計の金融資産と種類別構成比の変化（各年度末時点）

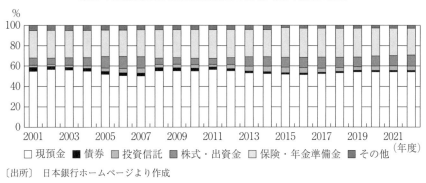

〔出所〕　日本銀行ホームページより作成

東証売買代金と委託手数料収入の推移（2022年度末時点）

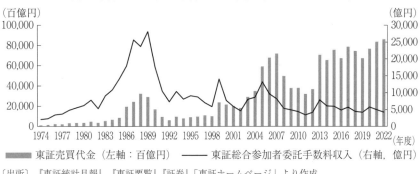

〔出所〕『東証統計月報』，『東証要覧』『証券』「東証ホームページ」より作成

10.　リーマンショック後の変化（平成20年以降）　リーマンショック後の世界経済は，ギリシャ債務問題に端を発する欧州債務危機，米中貿易摩擦，さらには新型コロナウィルス感染症のパンデミックなど，不確実性を増している。こうした危機のたびに，各国は財政出動や金融緩和を行った。

　日本銀行はこれらに加えて，デフレ脱却も目的として2013年から大胆な金融緩和を実施し，国債のみならずETFやREITの購入も行っている。これに伴って日本銀行の資産は2013年3月末時点の164兆円から，2022年末時点で704兆円へ急拡大した。しかも日本銀行の購入資産には，海外の中央銀行が購入していないETFやREITも含まれ，その額は約37兆円に達し，2020年11月時点で，日本銀行が事実上の筆頭株主となっている企業が100社を超えていると報道された。こうした大量の国債やETFの購入によって，市場での日本銀行の存在感の高まりによる市場機能低下が懸念されている。ただ，こうした世界的な金融緩和は2022年から修正が始まり，日本でも10年に及んだ金融緩和政策の出口が意識され始めている。

　また，企業の収益力向上に向けたコーポレートガバナンス改革も行われた。この改革では，上場企業が守るべき規範を示したコーポレートガバナンスコードや責任ある機関投資家としての諸原則をまとめた日本版スチュワードシップ・コードが導入され，中長期的な企業価値，リターンの向上が目指された。これらのコード導入後，機関投資家による議決権行使結果の開示や投資先企業とのエンゲージメントも行われ，社外取締役や女性取締役の選任，株式持ち合いの解消が進み，近年は資本コストを意識した経営の実現も求められている。

　もう一つの変化として，高頻度取引（HFT）やロボ・アドバイザーに代表される証券取引へのITの活用が挙げられる。2010年に東証が売買システムを更新したことが契機となってHFTの参入が本格化し，金融庁によれば2021年3月にはコロケーションを経由した注文件数が80％に達している。そして，日本でもHFTの本格参入，信用取引の開始によってPTSの利用も増加を始め，全取引額に占めるシェアは約10％へと拡大している。一方で，個人の資産運用にも変化が見られ，2016年にはAIを用いて資産運用を自動で行うロボ・アドバイザーのサービスが日本でも開始され，2，30代を中心に利用者が増え，2022年度末の預かり資産は専業業者のみで1兆3,000億円を超えている。

株価（日経平均，TOPIX）の推移（2009年以降）

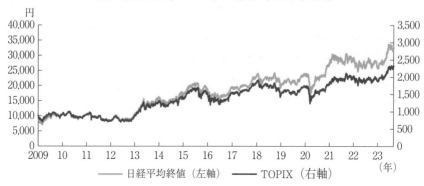

〔出所〕「日本経済新聞」東京証券取引所ホームページより作成

日銀保有資産の推移（2022年度末時点）

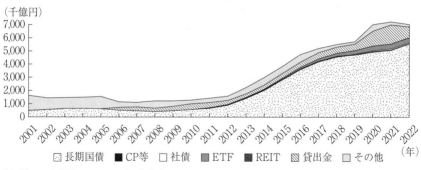

〔出所〕　日本銀行ホームページより作成

PTSでの取引の推移（2023年7月末時点）

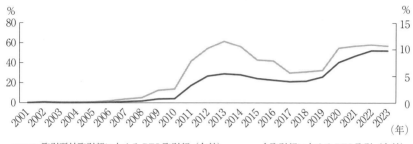

〔出所〕　日本証券業協会ホームページより作成

第3章　株式発行市場

1．株式会社と株式　　現行の会社法において，会社は株式会社，合名会社，合資会社または合同会社に分類される。株式会社は，①出資単位が株式の形で細分化され，②株式を転売することにより容易に出資金を回収でき，③出資者は出資金以上の責任を負わない（有限責任）等の優位性を持つ。これらの優位性により，多様な出資者から多くの資本を集めることが容易となる。

　株式会社が発行する株式は，出資者の地位や権利を意味する資本証券（狭義の有価証券）である。株主は株式保有の対価として資金を出資することで，①経営参加権（株主総会へ参加し持ち株数に応じた議決権を行使する権利等），②剰余金配当請求権，③残余財産分配請求権，④代表訴訟提起権などの権利を有する。その一方で，発行された株式は，自社株買いや会社が解散されるケースを除き償還されることがない。このため，株主は会社から出資の払い戻しを受けることはできず，保有する株式の換金を望む場合，株式市場で保有株式を売却する必要がある。そこで流動性を高めるために，株式は1株を単位とする代替的単位に細分化され，有価証券である株券の形態をとっている。一方で，同じ資本証券である社債の償還価値は発行会社によって保証される。

　株式制度は，2001年以降の商法改正によって大きく変化した。10月1日施行の法改正で，額面株式制度が廃止され無額面株式に一本化されるとともに，単位株制度が廃止され単元株制度が導入された。また，2002年4月1日施行の法改正では，①新株予約権制度の創設，②ストック・オプション制度の規制緩和，③種類株式に関する規制緩和などが行われている。2004年に公布された「株式等の取引に係る決済の合理化を図るための社債等の振替に関する法律等の一部を改正する法律」（商法改正）により，株券不発行制度が導入された。会社法の改正により，2009年1月から公開会社の株式は無券面化されている。また，譲渡制限株式の全株への適用や全部取得種類株式の導入（2006年5月施行）や特別支配株主の株式等売渡請求（キャッシュ・アウト）制度が新設された（2015年5月施行）。2019年の会社法の改正では，自社株対価による企業買収の手法として株式交付制度が新たに導入された（2021年3月施行）。

株主の主な権利

自益権（財産的利益に関する権利）		共益権（経営への参加に関する権利）	
・剰余金配当請求権	・新株引受権	・総会議決権	・代表訴訟提起権
・残余財産分配請求権	・名簿名義書換請求権	・総会招集権	・取締役の違法行為差止請求権
・株式買取請求権		・株主提案権	・解散請求権
		・役員解任請求権	・閲覧等請求権

株式制度に関する最近の商法改正および会社法の主な内容

2001年の法改正（2001年10月1日施行）
自己株式の取得，保有制度の見直し（金庫株の解禁） 額面株式の廃止（無額面株式に一本化）と純資産額規制（最低5万円以上）の撤廃 単位株制度の廃止と単元株制度の導入 法定準備金制度の緩和等
2001年の法改正（2002年4月1日施行）
新株予約権制度の整備とストック・オプション制度の制限撤廃 会社関係書類の電子化 種類株式規制の見直し（トラッキング・ストック(注)の解禁）等
2002年の法改正（2003年4月1日施行）
種類株式制度の整備 株券失効制度の創設 資本減少手続の合理化等
2003年の法改正（2003年9月25日施行）
定款規定に基づく取締役会決議による自己株式の取得 中間配当限度額の計算方法の見直し等
2004年の法改正（2005年10月1日施行）
株券不発行制度の導入 電子公告制度の導入等
2005年の会社法制定（2006年5月1日施行）
株式の譲渡制限の柔軟化 株式の消却制度の合理化 株券発行に係る規定整備 端株制度の廃止等
2014年の法改正（2015年5月1日施行）
支配株主の異動を伴う新株発行手続きの見直し 特定支配株主による株式売渡請求（キャッシュ・アウト）制度の導入等
2019年の法改正（2021年3月1日施行）
株式交付制度の創設

（注）　トラッキング・ストックとは，利益配当等が企業全体の業績ではなく特定の事業部門や子会社の業績に連動して決定される株式のことをいう。

2．株式発行の形態　　株式発行は，まず株式会社設立の際に行われる。会社設立は大きく発起設立と募集設立に分類される。少数の発起人の出資だけで会社を設立する発起設立の場合には，株式の発行を確実に行えるという利点があるが，発行額が発起人の資力の範囲内に限定される。反対に不特定多数に株式の取得を募集して会社を設立するのが募集設立である。募集設立は大量の資本を集中できる一方で，募集完了まで時間がかかり満額に達しない時には会社を設立出来ないというデメリットを持つ。なお，かつては会社設立時の株式発行価額を５万円以上とする規制が存在したが，2001年の商法改正により撤廃・自由化された。

　会社設立後も，株式会社は資金調達，支配権の移動，株式の流動性向上等のために新株を発行するのが一般的である。新株の発行は，通常，有償増資と株式分割等（無償）に分けられる。払い込みを伴う新株の発行が有償増資と呼ばれ，これによって会社は自己資本を調達することができる。有償増資は，対象とする投資者によって公募，第三者割当，株主割当等に分類される。対照的に株式分割は，例えば１株を２株に分割するように株式を細分化することであり，それだけでは会社の資産や資本が増えるわけではない。しかし，株式数が増えた分だけ新株が発行され，１株当たりの株価を引き下げることによって株式の流動性を高め，将来の資金調達を容易にするという役割を果たす。かつては，株式分割を行う際に，分割後の１株当たり純資産額が５万円を下回ってはならないとの制約が存在したが，2001年の商法改正により撤廃された。これは，ベンチャー企業など純資産は小さいながら成長期待が強く株価が高い企業から，株式分割ができないために株式の流動性を高められないとの批判が強まったためである。ただし，株式分割の基準日（新株の割当て株主を確定する日）から効力発生日（株主に新株の権利が発生する日）までに株券が品薄となり，需給バランスが崩れて株価が乱高下するのを防止することを目的に，2006年１月以降，基準日の翌日が効力発生日とされた。

　新株が発行されるその他の場所として，新株予約権（2002年４月施行の商法改正により整理）の行使，株式交換による子会社株式との交換，株式移転による子会社株主への割当ての他，新たに導入された株式交付が挙げられる。

新株発行の形態

払込有り	公募増資
	第三者割当増資
	株主割当増資
	新株予約権の権利行使
払込無し	株式分割
	吸収合併
	株式交換
	株式移転
	株式交付

株式による資金調達額

(単位：億円)

年	株主割当		公　募		第三者割当		新株予約権の権利行使		優先株式等		合　計	
	件数	調達額	件数	調達額	件数	調達額	件数	調達額	件数	調達額	件数	調達額
1998	0	0	8	2,782	32	6,880	28	864	5	4,710	73	15,236
1999	0	0	28	3,497	75	23,473	62	2,529	25	69,894	190	99,393
2000	2	82	24	4,941	46	9,228	87	1,056	4	1,073	163	16,381
2001	3	320	18	12,015	57	4,772	85	374	5	2,161	168	19,642
2002	0	0	19	1,533	62	4,844	78	2,763	36	9,968	195	19,107
2003	2	15	35	5,672	84	2,232	121	366	74	25,322	316	33,607
2004	1	27	78	7,502	129	5,726	228	995	50	13,626	486	27,877
2005	2	37	74	6,508	150	7,781	336	1,669	45	11,678	607	27,673
2006	0	0	69	14,477	145	4,165	371	1,513	26	5,597	611	25,751
2007	1	81	60	4,570	117	6,621	347	1,650	12	7,955	537	20,877
2008	1	1	27	3,417	93	3,958	240	209	9	5,937	370	13,523
2009	0	0	52	49,668	115	7,146	169	188	28	4,740	364	61,743
2010	1	7	50	33,089	88	5,356	159	246	10	736	308	39,433
2011	0	0	45	9,678	66	3,952	171	261	7	693	289	14,584
2012	1	4	53	4,518	71	1,593	174	218	17	12,755	316	19,088
2013	1	10	114	11,137	151	3,719	350	1,904	3	1,200	619	17,970
2014	0	0	129	13,780	190	3,928	412	1,087	14	2,242	745	21,037
2015	1	1	131	9,620	187	1,635	437	815	6	7,513	762	19,583
2016	1	2	95	2,577	151	6,230	483	901	7	1,480	737	11,191
2017	2	1	116	4,242	238	8,816	526	1,926	7	613	889	15,599
2018	0	0	129	4,016	303	2,146	597	2,277	6	595	1,035	9,034
2019	0	0	93	2,198	307	9,104	572	1,431	10	1,508	982	14,241
2020	1	4	108	7,328	342	4,042	624	2,203	11	1,947	1,086	15,524
2021	1	2	159	13,692	467	17,791	709	2,235	36	1,612	1,372	35,332
2022	1	1	85	1,293	440	2,733	665	1,239	18	630	1,209	5,895

〔出所〕　東京証券取引所ホームページ

3．新株発行の手続き　　投資者からの払い込みを伴う新株発行の方法としては，株主割当，公募増資，第三者割当の3つがある。株主割当は，原則として一定の基準日における株主に対して所有株数に応じて新株引受権を与える方法である。公開会社の場合，株主への新株引受権の付与および株主以外への新株等の割当は取締役会の決議によって決定される。会社法上は未公開会社が株主割当を行う場合は原則として取締役会の特別決議が必要となるが，定款に定めのある場合は通常の決議のみで発行出来る。既存株主への株主割当は，持ち株比率を維持するため経営権に移動を生じさせない増資方法とも言える。かつての新株発行は額面での株主割当が中心であったが，2001年の商法改正により株式の額面制度が廃止されたこともあり，現在では株主割当による新株発行は少ない。公募増資は，不特定多数の者に新株引受権を与える方法である。発行会社からすると，額面制度が存在した当時の株主割当額面増資に比べ同じ株数でプレミアム分だけ多くの資金を調達できるが，投資者からするとプレミアム取得の機会が奪われることになり，払い込みは不確実となる。公募増資は1990年代に減少したが，現在では有償増資の主要な手段として活用されている。第三者割当は，新株引受権を特定の第三者，例えば，発行会社と縁故関係にある銀行や企業，当該発行会社の取締役などの特定の者に与えて行う増資である。純粋な資金調達というよりも，業績不振に陥った企業の支援，取引先との関係強化や業務・資本提携を目的として使用される。また現在では敵対的買収防衛策の一環として利用される事例も目立つ。第三者割当は既存株主にとっては持ち株比率の低下を招く。通常は取締役会の決議で発行が可能であるが，時価に対して特に有利な価格で割当を行う場合（有利発行）には既存株主の利益を損なうことになるため，株主総会における特別決議が必要となる。第三者割当増資を行う発行会社は，その合理性や必要性を有価証券届出書において説明する義務を負う。

　会社法では，2014年の改正（2015年施行）以降，公開会社の新株発行が支配株主（議決権の2分の1以上）の異動を伴う場合，既存株主に当該引受人の氏名等を通知しなければならない。さらに議決権の10%以上の反対があった場合，取締役会決議だけでなく株主総会決議が必要となり，新株発行に伴う株主の関与が強められた。

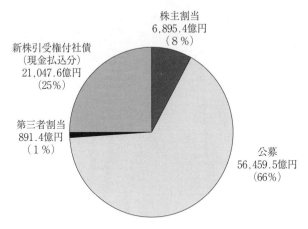

1989年東証上場会社資金調達額（株式）
合計資金調達額　85,293.9億円

株主割当
6,895.4億円
（8％）

新株引受権付社債
（現金払込分）
21,047.6億円
（25％）

第三者割当
891.4億円
（1％）

公募
56,459.5億円
（66％）

〔出所〕　東京証券取引所『東証統計月報』

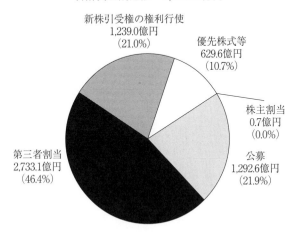

2022年東証上場会社資金調達額（株式）
合計資金調達額　5,895.0億円

新株引受権の権利行使
1,239.0億円
（21.0%）

優先株式等
629.6億円
（10.7%）

株主割当
0.7億円
（0.0%）

第三者割当
2,733.1億円
（46.4%）

公募
1,292.6億円
（21.9%）

〔出所〕　東京証券取引所ホームページ

4．新株発行の状況　　日本における新株の発行は，①有償（公募，第三者割当，株主割当，新株引受権の権利行使等），②株式分割（無償），③会社合併時等の新株発行等で行われる（株式数減少のケースとしては自己株式の消却がある）。上場会社の株式数ベースで見た場合，2022年で最も株数が増加したのは無償の株式分割による発行（52.0億株の増加）であり，次いで有償の優先株・転換社債型新株予約権付社債の株式転換等（5.9億株），新株予約権の行使（5.2億株），と続く。かつては新株発行時に投資者からの払い込みが無い株式配当，無償交付，額面超過額の資本組み入れ等があったが，これらは1991年の商法改正により株式分割へと統一された。

現在の日本では有償増資が主流であり，東証上場会社が株式を発行して調達した資金は2022年で約0.6兆円であった。対照的にアメリカやイギリスでは，有償増資は株主持分の希薄化をもたらし株価の引き下げ要因となるため，新規株式公開時を除くと少ない。ただし，日本における増資の形態は時代によって変化しており，高度成長期には株主割当額面増資（額面株式は2001年に廃止）が中心であった。これは，当時は投資者の金融資産の蓄積が不十分で，発行会社は慢性的な資金不足状態にあったためである。また，当時の企業の資金調達は主に銀行借入の形で行われており，株式市場は限定的な資金調達の場にすぎなかった。その後，石油危機を境に低成長期に入ると，企業の資金需要は後退し，株主安定化工作ともあいまって公募時価発行が定着した。株主割当も額面発行から中間発行へと移行した。1980年代後半になると，起債市場の規制緩和も進んで，転換社債，新株引受権付社債の発行が増え，これに伴う株式転換，権利行使が増えた。特に銀行は，バーゼル規制をクリアするために自己資本拡充を迫られており，当時のエクイティ・ファイナンスのおよそ半分を占めていた。

1990年代は株価低迷により公募増資は著しく減少し，その後も公募増資の低迷は続いていたが，2008年からの金融危機を受け，弱体化した財務基盤を強化すべく企業の公募増資が2009年に活発化した。近年は新株予約権の行使や株式分割が活発な一方で，自己株式消却などにより，2015年以降は全体の発行済株式数の減少傾向が続いている。

上場会社発行済株式増減状況

(単位：1,000株)

年	有償	株主割当	公募	第三者割当	優先株・転換社債型新株予約権付社債の株式転換等	新株予約権の権利行使	株式分割	その他	合計
82	4,919,006	1,932,416	1,760,389	111,822	1,102,860	11,519	4,265,996	318,347	9,503,352
83	4,231,828	1,005,145	513,645	589,154	2,006,283	117,601	4,208,030	24,857	8,464,718
84	5,312,713	1,170,322	778,686	319,665	2,835,670	208,370	4,033,612	169,830	9,516,159
85	5,580,645	909,635	590,696	118,126	3,514,706	447,179	4,390,653	93,169	10,064,468
86	4,503,842	371,191	346,883	78,308	2,831,297	876,161	3,939,802	621,924	9,065,569
87	8,600,184	547,900	718,177	314,650	4,753,694	2,265,611	3,300,518	510,942	12,411,644
88	9,052,096	849,464	1,286,177	169,633	4,623,233	2,123,587	4,004,200	96,212	13,152,509
89	12,467,106	803,396	3,558,558	94,151	5,522,653	2,488,346	5,906,047	44,848	18,418,003
90	4,733,374	758,546	1,284,250	252,593	1,859,145	578,839	8,283,600	1,632,879	14,649,854
91	1,604,596	420,553	39,850	182,776	600,930	360,485	3,451,047	1,581,058	6,636,703
92	766,227	244,895	2,180	190,340	139,205	189,605	1,584,403	414,121	2,764,752
93	1,605,059	87,091	4,150	479,440	347,764	686,612	901,948	1,147,000	3,654,008
94	1,530,474	24,152	33,360	543,846	445,479	483,635	2,330,679	1,190,447	5,051,602
95	1,433,831	249,876	10,400	490,557	343,684	339,311	1,015,654	359,334	2,808,819
96	2,546,611	455,200	200,883	583,427	506,753	800,348	847,835	1,873,163	5,267,610
97	3,093,475	204,686	93,250	1,493,319	1,034,959	267,261	551,076	251,712	3,896,265
98	3,641,490	7,707	97,337	2,380,126	1,079,024	77,295	168,263	22,696	3,832,450
99	9,627,895	—	54,599	8,402,531	976,593	194,170	742,946	61,952	10,432,793
2000	3,709,565	87,140	84,200	2,621,987	835,744	80,492	1,599,465	1,158,762	6,467,792
01	4,526,944	143,051	49,760	3,328,896	935,912	69,324	624,199		
02	4,260,986	—	238,268	2,719,749	546,153	756,815	692,917	1,412,881	6,366,784
03	4,541,171	20,352	431,517	2,995,729	679,841	413,729	333,448	5,931,549	10,806,168
04	5,659,174	18,193	516,166	1,586,466	2,404,691	1,133,656	2,975,260	24,497	8,658,931
05	11,393,111	53,120	616,574	2,957,298	6,241,871	1,524,246	3,051,215	△13,967,015	477,311
06	7,459,697	—	1,638,972	850,680	4,450,694	519,349	6,713,875	△1,201,938	12,971,634
07	5,341,133	80,862	409,532	1,521,236	2,928,468	401,032	11,749,106	△3,504,021	13,586,219
08	3,542,021	6,998	687,868	1,549,130	1,119,159	178,863	120,552	△542,754	3,119,819
09	22,418,250	—	12,049,714	3,192,219	6,846,482	329,833	16,193,816	238,890	38,850,955
10	10,464,418	68	7,548,008	1,935,650	835,992	144,697	877,229	△860,938	10,480,708
11	6,391,284	—	2,947,644	2,283,962	839,211	320,465	1,842,238	625,267	8,858,789
12	4,309,521	34,504	2,341,349	663,776	1,024,399		3,759,441	576,904	8,645,867
13	5,226,016	613	1,244,084	2,058,111	1,400,302	522,905	27,099,251	△8,996,091	23,329,176
14	4,624,642	—	1,422,172	627,019	1,933,058	642,391	8,841,942	△6,101,224	7,365,361
15	3,717,412	1,560	679,898	767,728	1,797,390	470,834	7,060,155	△12,958,857	△2,181,288
16	5,403,536	3,699	140,825	4,152,569	798,326	308,115	2,232,113	△29,020,941	△21,385,291
17	4,747,915	1,312	320,095	2,934,439	606,854	885,214	4,836,899	△71,033,038	△61,448,223
18	2,380,544	—	251,482	572,821	323,032	1,233,208	4,567,464	△26,497,834	△19,549,824
19	4,691,381	6,155	110,331	3,895,668	59,353	626,026	6,495,653	△5,056,466	6,130,569
20	2,955,070	1,131	338,199	1,380,132	214,293	1,016,292	7,360,701	△25,389,212	△15,073,440
21	3,209,240	1,131	731,719	838,352	310,522	1,327,515	18,870,342	△2,441,419	19,638,164
22	1,683,949	269	457,458	479,437	594,731	522,053	5,199,521	△4,241,371	2,642,099

[出所]　東京証券取引所「証券統計年報」および「東証統計月報」

5．株式の引受　　株式の発行方法は，直接募集と間接募集，公募と私募に分けることができる。直接募集（自己募集）は，発行会社自らが発行に関する事務手続きを行い，投資者に株式を販売する発行方法である。仲介業者に対する手数料を節約できる一方で，発行会社が不特定多数に証券を販売するなど専門的な事務手続きを行うことは容易ではない。それに対して，間接募集は発行会社が専門的な仲介業者に募集を委託する発行方法である。仲介業者は，株式発行に関する様々なアドバイスを行うとともに，投資者への販売，事務手続きの代行，売れ残りリスクの負担等を行う。現在では，株式発行のほとんどは，間接募集の方法で行われている。公募とは，不特定多数の投資者を対象に新株の勧誘を行うことであり，私募は特定少数者に勧誘を行うことを指す。公募の場合，証券会社が引受業者となる間接募集が原則的である。

　間接募集の場合，発行会社は証券会社と引受契約を結ぶ。引受契約は，売れ残り分について証券会社が買い取ることを約束する残額引受け，より一般的な形式である発行される証券を証券会社が最初からすべて買い取る買取引受け（総額引受け）の2つに分類される。発行額が大きくなると，証券会社1社では引受リスクのすべてを負担しきれないため，複数の証券会社が集まって引受シンジケートを組織することが多い。シンジケートメンバーを代表して発行会社との契約にあたるのが主幹事である。引受リスクを負担せずに証券の販売のみを行う証券会社の一団を販売団と呼ぶ。

　株式の募集や売出し時には，市場における需給を安定化させる施策が必要となる。オーバーアロットメント・オプションとは，主幹事証券会社が既存株主から株式を借受け，需要動向に応じて当初の予定売出株式数を超過して売出すことが出来る制度であり，2002年1月31日以降に主幹事証券会社と元引受契約を締結する発行から利用が可能となった。オーバーアロットメントによる追加の売出数量は，公募および売出しの予定数量の15％を上限とする。オーバーアロットメントの実行にともなう主幹事証券会社のショートポジションは，公開後の流通市場における当該株式の株価が売出時を下回った場合には，市場からの買付け（シンジケートカバー取引）により解消され，上回った場合にはグリーンシューオプション（発行会社または貸株人から引受価額と同条件で追加的に株式を取得する権利）の行使によって解消される。

証券会社の主幹事獲得件数（株式）

（取引所既存市場・取引所新興市場：2022年）

証　券　会　社	プライム		スタンダード		グロース		本則市場		マザーズ		JASDAQ	
	会社数 (社)	比率 (%)	会社数 (社)	比率 (%)	会社数 (社)	比率 (%)	会社数 (社)	比率 (%)	会社数 (社)	比率 (%)	会社数 (社)	比率 (%)
Ｓ Ｍ Ｂ Ｃ 日 興	2	100	2	20	17	28	1	25	2	20	－	－
み　ず　ほ	－	－	2	20	10	17	2	50	2	20	1	100
大　　　　和	－	－	1	10	14	23	－	－	1	10	－	－
Ｓ　　Ｂ　　Ｉ	－	－	－	－	9	15	－	－	2	20	－	－
野　　　　村	－	－	3	30	6	10	－	－	1	10	－	－
東　海　東　京	－	－	－	－	1	2	1	25	－	－	－	－
い　ち　よ　し	－	－	1	10	1	2	－	－	－	－	－	－
岡　　　　三	－	－	－	－	1	2	－	－	1	10	－	－
三菱UFJモルガン・スタンレー	－	－	1	10	1	2	－	－	－	－	－	－
エ イ チ・エ ス	－	－	－	－	－	－	－	－	1	10	－	－
合　　　　計	2	100	10	100	60	100	4	100	10	100	1	100

〔出所〕　プロネクサス『株式公開白書』

新規株式上場におけるオーバーアロットメントによる追加売出しから
シンジケートカバー取引までの流れ

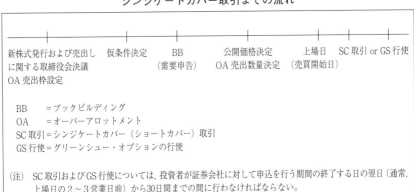

6．公開価格設定プロセスの見直し　新規株式公開（IPO）時の公開価格の設定プロセスの一般的な流れは，まず，取引所における上場承認のタイミングで有価証券届出書の提出，想定発行価格の設定が行われ，次に，主に機関投資家を対象とするロードショーが実施された後，仮条件（通常は一定の範囲で示される）が設定される。その後，仮条件に基づき行われたブックビルディングの結果を踏まえ，最終的な公開価格が設定されるものであった。

2021年6月に閣議決定された「成長戦略実行計画」において，スタートアップ育成の観点から，公開価格の設定プロセスのあり方について実態把握を行い，見直しを図る旨が示された。これを受け，公正取引委員会では実態把握が行われ，2022年1月，IPOにおける取引に係る競争政策・独占禁止法上の考え方を示した実態把握報告書が公表された。

日本証券業協会では，「公開価格の設定プロセスのあり方等に関するワーキング・グループ」を設置し，投資者保護を図るとともに，公正な価格発見機能の向上や発行会社の公開価格の算定根拠等に対する納得感の向上につなげることに主眼を置いた検討が行われた。2022年2月には，ワーキング・グループ報告書が取りまとめられるとともに，同報告書で示された改善策の実施に向けて検討が進められた。

まず，報告書で示された「価格設定の中立性確保」，「発行会社への公開価格等の納得感のある説明」などの改善策を先行して実施するため，2022年6月に規則改正等が実施された。幅広い関係者の実務に影響する「仮条件の範囲外での公開価格の設定」，「売出株式数の柔軟な変更」，「上場日程の期間短縮・柔軟化」などの改善策については，日本証券業協会において規則改正等が行われるとともに，金融庁による開示府令等の改正など市場関係者における必要な検討が行われ，2023年10月から実施された。

このほか，証券取引所ではIPOに関する上場制度等の見直しが行われた。東証においては，2023年3月に有価証券上場規程等を一部改正し，新規上場プロセスの円滑化（新規上場申請時の監査報告書の提出を不要とすること，初値決定日までの成行注文の禁止など），グロース市場におけるダイレクトリスティングの導入，純資産の額に関する上場維持基準の見直しなどが行われた。

日本証券業協会が実施した主な改善策

改善策	概要
価格設定の中立性確保 （2022年6月改正，7月施行）	想定発行価格，仮条件又は公開価格の提案に際し，その根拠を発行会社に説明することを規則において明示的に求める
発行会社への公開価格等の納得感のある説明 （2022年6月改正，7月施行）	主幹事証券会社が，価格の根拠を発行会社へ説明することを規則化するとともに，主幹事証券会社の引受割合を発行会社と十分に協議した上で決定されるよう規則化
国内，海外並行募集時のオーバーアロットメントの上限数量の明確化 （2022年6月改正，7月施行）	国内募集等と海外募集等を並行して行う案件において，国内募集等と海外募集等を合算した予定数量の15%をオーバーアロットメントの合計数量の上限とするよう規則を改正
機関投資家への割当及び開示 （2022年6月改正，7月施行）	発行会社の指示によりコーポレートガバナンス向上や企業価値向上に資すると考えられる機関投資家に割当てることが可能となる場合を明確化するようガイドラインを改正
主幹事証券会社別の初期収益率等の公表 （2022年7月より公表）	日本証券業協会が必要な情報を収集し，ウェブサイトで公表
仮条件の範囲外での公開価格設定，売出株式数の柔軟な変更 （2023年2月改正，10月施行）	一定の範囲※内であれば，ブックビルディングのやり直しをせずに仮条件の範囲外での公開価格の設定，売出株式数の変更が可能であることを規則で明確化 ※「一定の範囲」とは，以下の①～③を全て満たす場合をいう ①　公開価格が仮条件の下限の80%以上かつ上限の120%以下の範囲内で決定されること ②　「公開価格決定時の売出株式数」が「仮条件決定時の売出株式数」の80%以上かつ120%以下の範囲内であること ③　「公開価格決定時のオファリングサイズ（株式数（募集株式数と売出株式数の合計）×公開価格）」が，「仮条件下限×仮条件決定時の株式数×80%以上かつ仮条件上限×仮条件決定時の株式数×120%以下」の範囲内であること
プレ・ヒアリングの改善・明確化 （2023年2月改正，10月施行）	一定の要件の下，子会社上場等に係るプレ・ヒアリングも可能とするよう規則を改正
実名による需要情報等の提供 （2023年2月改正，10月施行）	主幹事証券会社は，原則として，ロードショーにおけるフィードバックやブックビルディングにおける需要情報等について，実名により発行会社に対して提供するよう規則を改正
上場日程の期間短縮・柔軟化 （2023年10月実施）	・上場承認日に提出している有価証券届出書を上場承認前に提出し，必要な手続きを早期化する実務（承認前提出方式）を整理。発行会社は従前の上場方式と承認前提出方式のどちらかを選択可能 ・上場承認後の市場環境等の変化を踏まえて上場日を柔軟に変更する実務を整理

7．未公開株市場　　公募発行などで広く一般の投資者を対象に増資を行うのは主に取引所に上場する公開会社だが，未公開会社の増資が法律で制限されているわけではない。むしろ法律上は未公開会社の方がより緩やかな規制であると言えよう。例えば，有価証券通知書は有価証券届出書と異なり投資者への情報開示を目的としないため，会社の営業や経理に関する情報を記載する必要がない。現行の金融商品取引法・内閣府令等では，未公開会社が新規の株式発行などを行う際に，勧誘対象が50人以上であっても，株式（有価証券）の発行額（新規発行・既発行の売出し）が1億円未満であれば原則として有価証券届出書の提出は必要なく，より簡易な有価証券通知書で足りる。また，勧誘対象が50人未満または発行額が1,000万円以下であれば，原則として有価証券通知書の提出も必要ない。その一方で投資者からすると，未公開株式は開示されている情報も少なく，当該株式への投資はリスクが高い。また，市場取引で適切な株価が形成される公開会社と異なり，未公開株の株価算定には会社の純資産を基に算定する純資産方式や，キャッシュフローを基にする収益方式，将来予測される配当を基にする配当還元方式など様々な方式があり適正な株価の把握が難しい。加えて，投資資金の回収が容易ではない流動性の問題が付随する。このため，投資先企業が公開されるまで資金の回収は難しく，未公開株投資はベンチャーキャピタルなどのハイリスクかつ長期の投資に耐えられる少数の投資者に限られ，起業活動の活性化やベンチャー企業の育成のために未公開段階での資金調達手段の整備が求められていた。日本証券業協会が1997年7月に発足させた気配公表銘柄制度（グリーンシート銘柄制度）は，一定の情報開示などの情報を満たした銘柄（店頭取扱有価証券）について，証券会社が気配の提示を行い，未公開株投資の勧誘を行うことを可能とした。同制度は2018年3月末で廃止となったが，2015年5月から株主コミュニティ制度が発足した。また，2015年5月には株式投資型クラウドファンディング（CF）制度が導入された。同制度は，2022年1月の金商法施行令及び金商業等府令の改正により，発行総額（1億円未満）の算定対象を投資型CFでの発行額のみに限定し，特定投資家（プロ投資家）の投資上限額（50万円）を撤廃するなどの制度緩和がなされた。また，2022年7月には，証券会社を通じた非上場株式等の特定投資家向け発行・流通を可能にする特定投資家向け銘柄制度（J-Ships）が導入された。

金融商品取引法，内閣府令等上の有価証券届出書・通知書提出の要否

		投資家数[注]	
		50人未満	50人以上
発行額	1億円以上	不要	有価証券届出書
	1千万円超1億円未満	不要	有価証券通知書
	1千万円以下	不要	

(注)　1．現行の金融商品取引法および内閣府令等において，勧誘対象者等が50人
　　　　　未満の場合でも，6ヵ月以内に発行された同一種類の有価証券の勧誘対
　　　　　象者が通算で50名以上となる場合などでは，発行価額の総額により有価
　　　　　証券届出書又は有価証券通知書の提出が必要となる。
　　　　2．2003年4月1日施行の政令改正により，以下の通り，発行の規制が緩和
　　　　　された。
　　　　　①当該適格機関投資家が250名以下であること等一定の要件のもとで50人
　　　　　　のカウントから証券投資のプロである適格機関投資家の数を除く。
　　　　　②適格機関投資家のみを相手方とする有価証券取得の申し込みの勧誘で適
　　　　　　格機関投資家以外の者に譲渡されるおそれの少ない場合いわゆる「プロ
　　　　　　私募」の対象に株券等エクイティ関連商品を加える。この場合，投資家
　　　　　　の数にかかわらず，発行額1億円以上についてのみ，有価証券通知書の
　　　　　　提出が義務づけられる（50人未満の場合は（注1）を参照）。

未公開企業の株価算定方法の例

1．純資産方式
（1）簿価純資産法 　　　1株の価格＝簿価純資産／発行株式総数 （2）修正簿価純資産法 　　　1株の価格＝含み損益を反映した簿価純資産／発行株式総数 （3）時価純資産法 　　　1株の価格＝時価純資産額／発行株式総数
2．収益方式
（1）収益還元法（直接還元法） 　　　1株の価格＝（将来予測される税引後純利益／資本還元率）／発行済株式総数 （2）DCF法 　　　1株の価格＝将来予測される収益の割引現在価値の合計／発行済株式総数
3．配当還元法
（1）配当還元法 　　　1株の価格＝（将来予測される年間配当金額／資本還元率）／発行済株式総数 （2）ゴードン・モデル法 　　　1株の価格＝将来予測される年間配当金／（資本還元率－投資利益率×内部留保率）

第4章　株式流通市場

1．株式流通市場の構造（1）—— 取引所取引　既に発行された株式が投資家間で売買される市場を株式流通市場という。その中心は，証券取引所が開設する取引所市場であり，東京，名古屋，福岡，札幌に計4つの取引所がある。証券取引所は，かつては証券会社の会員制組織であったが，2000年の証券取引法改正により株式会社組織の取引所が認められるようになった。現在では東京証券取引所を傘下に持つ日本取引所グループと名古屋証券取引所が株式会社組織となっている。

　証券取引所における取引は，(1)一定の上場基準を満たした上場銘柄の取引を，(2)定められた立会時間に，(3)オークション取引によって行う。(4)証券取引所は取引の公正性を図るために，取引や証券会社の業務内容について自主規制機関として管理・監督にあたっている。

　2013年1月に東京証券取引所と大阪証券取引所とが合併して日本取引所グループが発足した。同年7月に現物株式市場が東京証券取引所に集約され，東証には市場第1部，市場第2部，マザーズ，JASDAQ（「スタンダード」と「グロース」）という4つの市場区分が開設された。しかし，①各市場区分のコンセプトが曖昧であり，多くの投資者にとっての利便性が低い，②上場会社の持続的な企業価値向上の動機付けが十分にできていないといった課題が指摘され，2018年秋から市場区分の見直しに向けた検討が開始された。2022年4月からは，「プライム」「スタンダード」「グロース」からなる新しい市場区分での取引がスタートしている。

　証券取引所では，取引参加者のニーズや売買制度の変化などに対応するため，取引システムの高度化が進められている。東証では，台頭しつつあるアルゴリズム取引等への対応から2010年1月に世界レベルの高速性能を有する現物取引の新システムである「アローヘッド」が導入された。その後，注文件数の増加，短時間での注文集中，投資家の新しいニーズといった株式市場の環境変化に対応するため，15年9月と19年11月にシステムのバージョンアップが実施され，処理性能の向上が図られた。24年11月には4回目のシステム更改が予定されている。

日本の市場間競争

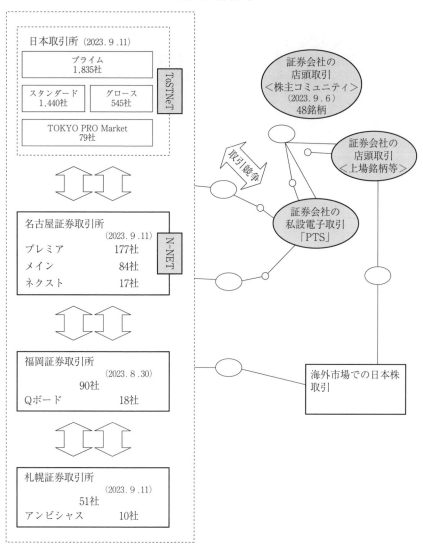

２．株式流通市場の構造（２）── 取引所外取引　　株式流通市場には，取引所取引のほかに，証券取引所の外で売買を行う取引所外取引がある（場外取引もしくは店頭取引とも呼ばれる）。その代表が1998年の証券取引法改正によって認められるようになった民間業者による取引システム（いわゆるPTS（私設取引システム））である。これは証券会社が運営するコンピュータ・システムを使用して，取引所を経由することなく売買取引を行うシステムである。わが国おいても一部の証券会社が独自にPTSを開設し，主として取引所の時間外に注文の付合せを行っている。

　取引所外取引には，他にも東証上場銘柄の立会外取引（ToSTNeT）がある。これも98年に取引所集中義務が撤廃されたことによって可能になった。上場株式の大口取引やバスケット取引を相対交渉やクロス取引によって成立させる「ToSTNeT－1」，一日数回，終値などの特定の価格で成立させる「ToSTNeT－2」，自己株式取得を対象にした「ToSTNeT－3」から構成され，投資家の多様なニーズに応えることを目的としている（なお，わが国における取引所外取引の動向については「証券取引システムの多様化」右頁のデータを参照）。

　取引所外取引においては，非上場銘柄の取引も行われる。わが国では1997年に創設されたグリーンシート市場があったが，適時開示義務を課したことなどから取引が低調となり，2018年3月末で廃止された。

　グリーンシート市場に代わる非上場株式の流通取引の制度として整備されたのが株主コミュニティ制度である。証券会社が店頭有価証券の銘柄ごとに株主コミュニティを組成し，これに自己申告により参加する投資者に対してのみ投資勧誘を認める仕組みである。地域に根差した企業等の資金調達を支援する観点から，非上場株式の取引・換金ニーズに応えることを目的として2015年5月に創設された。創設後は，証券会社の投資勧誘できる範囲が株主コミュニティの中に限定されるといった点などの課題の指摘を受けて，制度の利活用を促進するための取組みが進められている。2022年には，特定投資家（金融商品取引法に規定されている投資に関する専門知識のあるプロ投資家）に対する株主コミュニティへの参加勧誘の解禁等，制度の使い勝手を高めるような改革が行われた。制度創設後，株主コミュニティの取引実績は年々増加し，2023年2月には累計の売買代金が50億円を突破した。

株主コミュニティ制度における運営銘柄数および運営会員数の推移

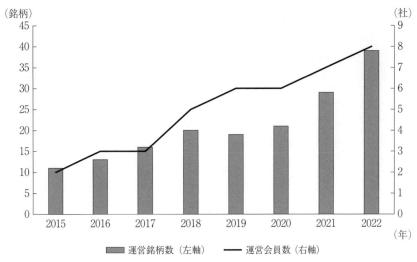

〔出所〕　日本証券業協会

株主コミュニティ制度における約定金額とその累計額の推移

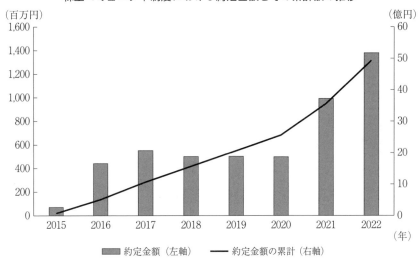

〔出所〕　日本証券業協会

3．株式流通市場の取引規模　　2022年末現在，全国証券取引所の上場会社数（重複上場を含む）は3,962社を数え，上場株式数は3,323億株である。同年の売買高は4,254億株であり，売買代金は872.6兆円に達する。このうち東京証券取引所上場3,863銘柄の上場株式数は3,310億株，売買高は4,251億株，売買代金は872.5兆円であり，東証は上場銘柄数の大部分を占め，売買高および売買代金でみてもほとんどが東証で行われている。このようにわが国における証券取引所での株式取引は，東証への集中度が極めて高い。

東証への一極集中が進んでいるのは，株式市場が東証のプライム市場を頂点としたヒエラルキーの構造になっており，プライム市場への上場を経営目標とする企業が多いことを指摘できる。また，売買高が高く流動性の高い市場は取引が成立しやすいため，ますます取引が集中するという「オーダーフローの外部性」が働くことも指摘できる。

グルーバルな投資家との建設的な対話を中心に据えた企業向けの市場であるプライム市場では，22年末で上場銘柄が1,837，時価総額が676兆円，売買高が2,518億株，売買代金が606兆円であった。これに対して，スタンダード市場は公開された市場における投資対象として十分な流動性とガバナンス水準を備えた企業向けの市場と位置付けられる。スタンダード市場では，22年末で上場銘柄が1,449，時価総額が22兆円，売買高が419億株，売買代金が15.5兆円であった。東証には他にも高い成長可能性を有する企業向けの市場としてグロース市場がある。22年末で上場銘柄が513，時価総額が7兆円，売買高が245億株，売買代金が25.3兆円であった。

名古屋証券取引所には，プレミア市場，メイン市場，ネクスト市場の3市場があり，合計で278社が上場している（2023年9月末時点）。22年は売買高が1.6億株，売買代金が857億円であった。

福岡証券取引所には，本則市場と新興企業向け市場の「Q-Board」があり，合計で108社が上場している（2023年8月末時点）。22年は売買高が1,200万株，売買代金が113億円であった。

札幌証券取引所には，本則市場と新興企業向け市場の「アンビシャス」があり，合計で61社が上場している（2023年9月末時点）。22年は売買高が6,000万株，売買代金が123億円であった。

東証の各市場区分における株式売買高の推移

<table>
<tr><th colspan="2"></th><th>2022年4月</th><th>2022年7月</th><th>2022年10月</th><th>2023年1月</th><th>2023年4月</th><th>2023年7月</th></tr>
<tr><td rowspan="3">売買高
（千株）</td><td>プライム</td><td>24,354,567</td><td>24,988,075</td><td>29,433,788</td><td>24,178,785</td><td>24,266,922</td><td>32,034,184</td></tr>
<tr><td>スタンダード</td><td>3,962,616</td><td>4,074,580</td><td>4,753,693</td><td>4,015,809</td><td>4,830,580</td><td>5,969,726</td></tr>
<tr><td>グロース</td><td>2,335,720</td><td>2,636,496</td><td>2,179,310</td><td>3,190,986</td><td>2,843,346</td><td>2,800,841</td></tr>
</table>

〔出所〕　日本証券業協会，日本取引所グループ

東証の各市場区分における株式売買代金の推移

<table>
<tr><th colspan="2"></th><th>2022年4月</th><th>2022年7月</th><th>2022年10月</th><th>2023年1月</th><th>2023年4月</th><th>2023年7月</th></tr>
<tr><td rowspan="3">売買代金
（百万円）</td><td>プライム</td><td>57,651,017</td><td>59,972,739</td><td>71,085,575</td><td>57,255,026</td><td>59,496,350</td><td>78,046,611</td></tr>
<tr><td>スタンダード</td><td>1,366,865</td><td>1,676,745</td><td>1,703,020</td><td>1,416,845</td><td>2,791,520</td><td>2,516,403</td></tr>
<tr><td>グロース</td><td>2,878,334</td><td>2,213,516</td><td>2,632,552</td><td>3,258,339</td><td>3,549,073</td><td>3,307,708</td></tr>
</table>

〔出所〕　日本証券業協会，日本取引所グループ

上場株式の売買高および売買代金とその構成比（2022年）

取引所	売買高（百万株）	構成比	売買代金（百万円）	構成比
東京	425,149	99.945%	872,531,257	99.987%
名古屋	159	0.037%	85,651	0.010%
福岡	12	0.003%	11,268	0.001%
札幌	60	0.014%	12,317	0.001%
合計	425,382	100%	872,640,494	100%

〔出所〕　日本取引所グループ

4．株式の保有構造　　戦後，財閥解体により財閥の持株が市中に放出され，個人消化が進められた結果，取引所が再開された1949年（昭和24年）の個人持株比率は69.1％に達した。しかし，いうまでもなく国民は資金に余裕があって株式を購入した訳ではなかったから，直後から売却され，個人持株比率はその後急速に低下した。これらの株式の一部が買い占められたこともあり，旧財閥系の企業集団による結束強化を目的として株式の相互持合いが進んだ。

　60年代には，戦後復興を経て資本自由化が行われたが，それを契機に日本企業は外国企業による乗取りを恐れて「安定株主政策」を進め，事業法人，金融機関の保有比率が上昇した。その後も，時価発行への移行により増資資金の調達を有利に進めるためにも株価の高値維持が必要になったため，1975年頃まで事業法人の持株比率は上昇した。他方，金融機関は右肩上りの相場を背景に80年代末のバブル期まで持株比率を上昇させた。

　このような株式所有構造の法人化は，株価形成に重大な影響を及ぼす。個人や機関投資家による株式保有が利潤証券として利回りを基準に株式投資を行うのに対して，事業法人あるいは金融機関の自己勘定での取引は企業の系列化や業務提携などを目的とした，広い意味での支配証券としての保有の場合が多い。このため，これらの法人の株式保有は長期的，固定的であり，利回りを無視したものになる傾向が強いため，株式の利回りは低下する。その結果，株価は利回り採算で投資する個人投資家には手の届かない水準にまで上昇し，個人投資家の持株比率は一層低下することになった。また，このような状況でも投資利回りを高めようと思えば，売買差益狙いにならざるをえないから，個人投資家の売買回転率を高めることになった。このような背景から，わが国では個人投資家が最も投機的な行動を繰り返す株式市場の構造が形成されたのであった。

　しかし，法人投資家にとっても，バブル崩壊後の株価の低迷により含み益が大幅に低下し，株式保有はもはや有利な投資ではなくなった。近年では，企業統治指針（コーポレートガバナンス・コード）において持ち合い株の削減が促されていること，プライム市場の上場基準の一つとして流通株式比率35％以上が求められていることなどを背景に持ち合い株の削減が広がっている。さらに，コロナ禍において手元資金を確保したいという事情も企業による株式売却の動きを後押ししている。

主要投資部門別株式保有比率の推移

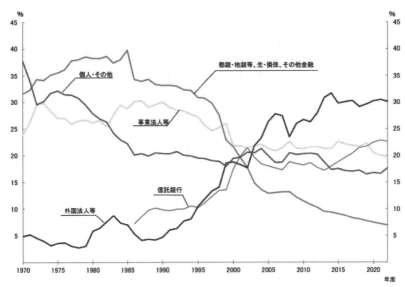

（注）　1．1985年度以前の信託銀行は，都銀・地銀等に含まれる。
　　　　2．2004〜2021年度までは JASDAQ 上場銘柄を含む。2022年度以降は，その時点の上場
　　　　　　銘柄を対象。
〔出所〕『株式分布状況調査』2022年度

上場企業の株式持ち合い比率の推移

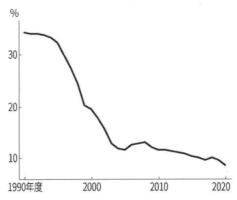

（注）　野村資本市場研究所調べ。上場事業法人（金融除
　　　　く）と上場銀行が保有する持ち合い株の時価総額
　　　　に占める割合。
〔出所〕『日本経済新聞』電子版，2022年10月16日

5．株式価格と投資指標（1）　　株式のように定期的に収益を生む資産の理論価格は，配当を一定の資本還元率（利子率にリスク・プレミアムを加えたもの）で資本化したものになるとされる。しかし，実際の資産価格は，様々な思惑を持った買い手と売り手の投資行動によって変動する。投資家による株式取引の活発さは，売買高や売買代金の日々の動きに現れる。

　証券取引所において実際に取引されるのは，上場された株式のごく一部に過ぎない。そのため，時価総額は，成立した取引でついた価格をもとに発行済み株式の全体を評価して算出される。例えば，2023年9月11日の東証プライム市場の時価総額は約836兆円であるが，売買代金は3.1兆円程度であった。このことは，3.1兆円程の売買金額によって形成された株価によって既発行の全株式が評価されたものが時価総額であることを示している（実際には，各銘柄の時価総額を集計して市場全体の時価総額を算出するが，簡単化のためにこのように説明しておく）。

　株式流通市場の動向は，株価指数の動きによって表現される。わが国における株価指数としては，日本経済新聞社が算出・公表する日経平均株価（日経225）が有名である。これは東証上場銘柄のうち各業種の代表的な225銘柄の株価を合計して，その平均をとったものである（ダウ式修正株価）。その際の除数は225ではなく，株式分割や株式配当の度に，あるいは銘柄を入れ替える際に，修正されたものを用いており，現在（2023年9月11日時点）では29.509が用いられている。

　このように修正された除数を用いるのは，第1に株式分割や株式配当の影響を除くためである。例えば，株式分割が行われると理論的には株価が低下し，株価指数としての連続性が損なわれてしまう。そこで，除数を小さくすることで調整が行われる。第2に銘柄入れ替えの影響を取り除くためである。株価が大きく異なる銘柄間で入れ替えが生じると指数としての連続性が損なわれてしまうからである。

　ダウ式修正株価については，単純株価平均の騰落を数倍に増幅して表示したり，非加重平均指数であることから品薄株や値嵩株の騰落の影響を受けやすいといった欠点の指摘がある。こうした欠点を回避する株価指数としては，時価総額を指数化したものがあげられる。

東証プライム市場における売買高および売買代金の推移

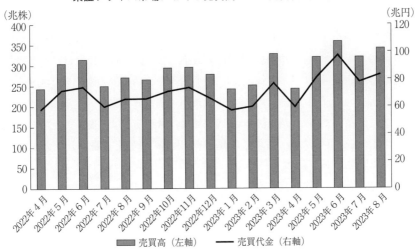

（注）　内国株式のデータ。内国優先株式，出資証券，外国株式等は含まれない。
〔出所〕　日本取引所グループ

東証市場における時価総額の推移

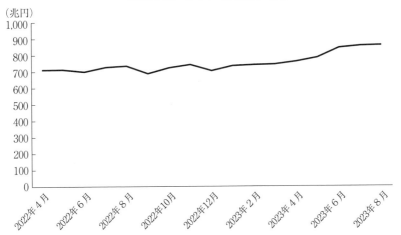

（注）　東証市場全体には，プライム市場のほか，スタンダード市場，グロース市場，TOKYO PRO
　　　　Market 市場のデータを含む。
〔出所〕　日本取引所グループ

6．株式価格と投資指標（2）　わが国における株価指数としては，TOPIX（東証株価指数）も有名である。これは，基準日（68年1月4日）の市場第一部の時価総額を100として現在の時価総額がいくらになるかを計算したものであり，69年7月1日より東証が算出・公表している。TOPIXには，①市場第一部の全銘柄を対象にしているため，産業構造や相場動向の変化を反映する指標になっている，また銘柄の入替えによる不連続性の発生を避けることができる，②時価総額でみた市場規模の動向が簡単に分かる，③各銘柄の上場株式数をウエイトしているため，品薄株や値嵩株の騰落の影響を必要以上に受けない，といった特徴がある。

　TOPIXは多くの機関投資家のベンチマークとして長らく重要な役割を担ってきた。一方，市場第一部の全銘柄で構成されることから投資対象としての機能性に欠けるといった課題が指摘された。東証では，指数としての連続性の確保を考慮しつつ，投資対象としての機能性を高めるためのTOPIXの見直しが進められている。まず，TOPIX構成銘柄に関して，22年4月の新市場区分施行後も選択市場に関わらず継続採用する一方，流通株式時価総額100億円未満の銘柄については「段階的ウエイト低減銘柄」とし，2022年10月末から2025年1月末まで，四半期ごと10段階で構成比率を低減させていくこととされた。

　また，浮動株比率の算定方法に関して，政策保有株式を固定株に加えることでより実態を反映したものに変更する一方，パッシブファンドによる調整売買の市場への影響を軽減するためにその変更は段階的に行われることとされた。そのほか「指数コンサルテーション」や「指数アドバイザリー・パネル」などの市場関係者から幅広く意見を募る仕組みが導入され，指数ガバナンスの強化が図られている。

　株価指数には他にも東証と日本経済新聞社が共同で2014年1月から発表している「JPX日経インデックス400」がある。これは上場銘柄のうち，資本の効率的活用や投資家を意識した経営の観点などグローバルな投資基準に求められる諸要件を満たした銘柄の選定をねらいとして開発された指数である。また，東証とS&P社は2018年9月から共同で「S&P/JPXカーボン・エフィシェント指数」を発表している。これは環境情報の開示状況や炭素効率性の水準に着目して構成銘柄のウエイトを決定する指数である。

株価の推移

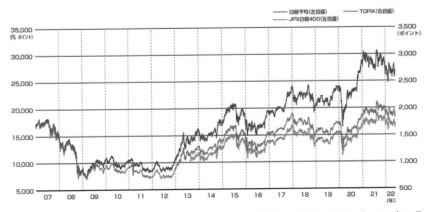

（注）　JPX 日経400は，2013年 8 月30日を起算日としている（基準値：10,000ポイント）。2022年 6 月
　　　30日時点。
〔資料〕　ブルームバーグ
〔出所〕　日本証券業協会

TOPIX の見直しのイメージ

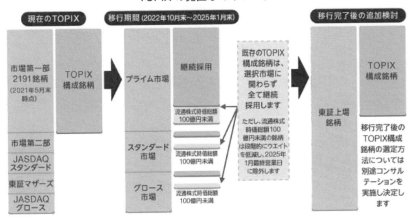

〔出所〕　日本取引所グループ

7．株式価格と投資指標（3）　　投資家が売買の意思決定を行うにあたって，各種の投資指標が参考にされる。代表的な指標として配当利回りがある。これは，年間の配当金額を購入時の株価で除した指標であり，市場金利という客観的指標と比較され，その高低が判断される。しかし，配当せずに利益を内部留保して再投資するような財務政策を行う企業が多ければ，配当利回りの投資指標としての指標性は小さくなる。このような状況では，株価の水準を何らかの形で収益の成長性に関連させる必要がある。

現在，広く使われている投資指標として株価収益率（PER）があげられる。PER は 1 株当たりの利益を株価で除したもので，利益の何倍まで買われているかを示す指標である。個別銘柄の PER を業種平均あるいは他の銘柄と比較し，割高，割安の指標として使用される。PER が高い銘柄は，市場で将来の成長性が期待されている銘柄だと解釈される。しかし，配当利回りが市場金利という客観的指標と較べて高低を判断できるのに対して，PER はあくまで相対的な比較しかできないという限界がある。

他に良く言及される投資指標としては，純資産というストックと株価の関係に注目した株価純資産倍率（PBR）がある。PBR は株価を 1 株当たり純資産で割って求める。純資産は資本金，剰余金などの合計で株主資本と呼ばれるが，貸借対照表（B/S）の借方の資産総額から借入金などの負債を引いたものに等しい。言い換えれば，ある時点で会社を解散して資産を売り払い，その代金で負債をすべて返済した後に残るのが純資産である。したがって，PBR は株価を解散価値と比較した指標であり，PBR が 1 倍未満で解散価値を下回っていれば，割安と判断されることが多いようである。しかし，PBR を投資指標として利用するには，帳簿価格（簿価）が実態を表していることが前提であり，土地や保有株式の含み損により実際の資産価値が簿価を下回っている場合には，たとえ PBR が 1 倍を下回っていても割安とは判断できないことには注意が必要である。

2023年 3 月，東証は PBR が長期にわたって 1 倍を下回る上場企業（プライムおよびスタンダード）に対して改善策を開示・実行することを要請する通知を発出した。資本コストや株価を意識した経営に取り組むことを促し，投資家にとっての東京市場の魅力を高めることが企図されている。

東証上場企業の配当利回り（単純平均）

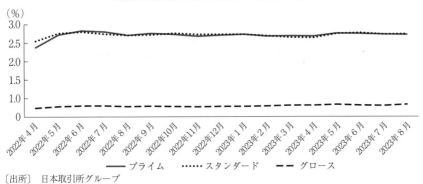

〔出所〕　日本取引所グループ

東証上場企業（連結）の PER（単純平均）

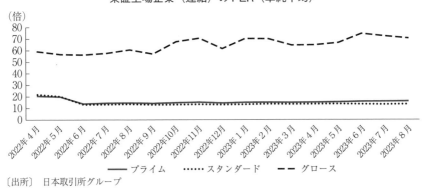

〔出所〕　日本取引所グループ

東証上場企業（連結）の PBR（単純平均）

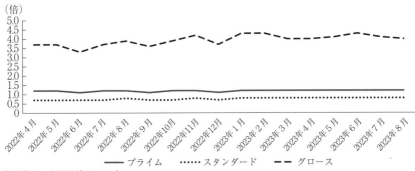

〔出所〕　日本取引所グループ

8．信用取引制度（1）　　信用取引は，証券市場に仮需給を導入する目的で
アメリカのマージン取引（証拠金取引）に範をとり，1951年6月に導入された
制度である。信用取引は投資者が金融商品取引業者（証券会社）から信用の供
与を受けて行う売買取引である。投資者は買付資金または売付株式を所有せず
とも一定の委託保証金を差し入れれば資金または株式を借りて株式の売買を行
うことができる。他方，これを受託した金融商品取引業者は決済日に当該資金
または株式を立て替えて決済しなくてはならない。当時の日本では金融市場と
証券市場の結合が十分でなかったので，金融商品取引業者に対して信用供与に
必要な受渡資金・株式を供給しようと生まれたのが証券金融会社（以下，証金）
の「貸借取引」である。

　貸借取引は，証金が金融商品取引所等の取引参加者である金融商品取引業者
に対して制度信用取引の決済に必要な受渡資金・株式を金融商品市場の決済機
構を通じて貸し付ける制度である。証金はこれに要する資金・株式の調達につ
いて，まず内部で同一銘柄の融資と貸株申込を相殺することにより，つまり売
方（買方）から担保として徴求した株式売付代金（買付株式）を，買方（売方）
に貸すことにより，その調達量を少なくする。次に当該相殺後に残った，融資
申込に対しては，金融機関借入のほかコール市場，日本銀行から資金調達し，
貸株申込に対しては，金融商品取引業者のほか，機関投資家等から入札により
株式調達する（右頁図）。なお，金融商品取引所等が選定する制度信用銘柄は，
証金の貸借取引を融資および貸株とも利用できる「貸借銘柄」と，融資のみ利
用できる「貸借融資銘柄」に区分される。貸借銘柄の選定基準では，流入する
仮需給の規模に足りうる流動性確保の観点から，流通株式数および株主数等の
基準が設定されているほか，一定の貸株調達可能量が確保されていることが求
められている。

　証金は，1950年に発足した証券市場における専門金融機関であり，1951年6月
の信用取引制度の導入に合わせて貸借取引業務を開始した。その後，信用取引
の拡大に伴い市場での証金の役割が増したため，その機能強化が図られるとと
もに，1956年4月以降，証金は大蔵大臣（現在は内閣総理大臣）の免許が必要
とされた。各地の取引所ごとに設立された証金は，その後統廃合が進み，2023
年9月末現在，貸借取引業務を運営しているのは，日本証券金融1社である。

信用取引および貸借取引の概要

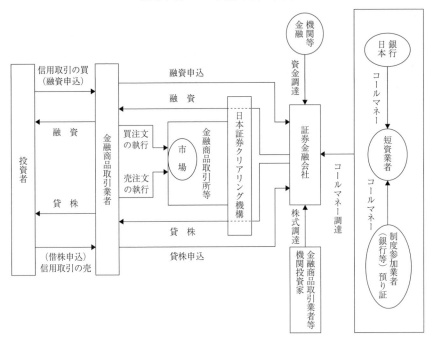

◎制度信用取引（投資者・金融商品取引業者間）

　担保：買付株式（又は株式売付代金）

　委託保証金：買付株式（又は売付株式）の時価30％以上（有価証券で代用可能，株式の場合の掛目は80％以内）ただし最低30万円以上

◎貸借取引（金融商品取引業者・証券金融会社間）

　担保：買付株式（又は株式売付代金）

　貸借担保金：融資残高（又は貸株残高）の30％以上（有価証券で代用可能，株式の場合の掛目は80％以内）

◎短資取引担保株式預り証制度（証券金融会社，短資業者，預り証制度参加業者，金融商品取引所，日本銀行が本制度に参加）

　証金が貸借取引等の担保として受け入れた株式（日本銀行が適当と認めた銘柄に限る）を金融商品取引所が㈱証券保管振替機構に開設した口座に振り替え，この株式に基づき金融商品取引所が発行する預り証を担保として証金がコール・マネーを取り入れる制度である。つまり，証金が貸借取引に必要な資金を，実質的には株式を担保として調達する仕組みが整えられている。この預り証は短資業者を通じて日本銀行から資金を借り入れる場合の付随担保にもなる。

（注）　上記の委託保証金率，掛目は信用取引規制により変更されることがある。

9. 信用取引制度（2）　　1998年の証券取引法改正により，金融商品取引業者による，証金を通じない借株および業者間の株券貸借取引（いわゆる貸株市場）が解禁された。また，同時に金融商品取引業者が，顧客との間で品貸料や弁済期限を自由に決めることができる「一般信用取引」も認められた。これを機に，貸借取引を裏付けにしたこれまでの信用取引は，金融商品取引所等が品貸料および弁済期限等を決定することから「制度信用取引」と呼ばれることになった（右表参照）。一般信用取引は，インターネット取引での利用が開始された2003年以降普及が進み，近年は信用取引買い残の3割程度を占めている。

　制度信用取引買い残に占める貸借取引融資残の比率をみると，金融商品取引業者の内部留保増加などにより，1988年までほぼ一貫して低下した。ところが，1990年以降，バブル崩壊による金融商品取引業者の財務体力の低下，ネット証券の台頭や1999年からの相場回復による信用取引買い残の急増等に伴い貸借取引の利用が増加し，2005年には貸借取引の利用率は5割を超えた。その後は，金融商品取引業者の資金調達の多様化などから再び低下している。他方，貸借取引貸株残をみると従来は信用売りそのものが少なかったものの，1990年代後半からの株式市場の機関化の進展につれ，金融商品取引業者が証金から貸株を受けて，買注文に自己勘定で向かうケースが増え，2000年には貸借取引の利用率は8割に達した。最近では概ね5割を上回る水準で推移している。

　信用取引制度は，証券市場の発展とともに変化・多様化してきた。市場活性化策として，信用取引制度の拡充が度々行われるなか，1997年10月にはJASDAQ市場，2019年8月にはPTS（私設取引システム）に信用取引制度が導入された。証金では，1995年10月に貸借銘柄以外の銘柄を対象に融資を行う「貸借融資銘柄」制度を導入し，2004年4月にJASDAQ市場向け貸借取引，2019年8月にPTS向け貸借取引をそれぞれ開始したほか，一般信用取引による信用買いの決済に必要な資金を，金融商品取引業者へ融資する業務も行っている。

　なお，証金には，免許業務である貸借取引のほか，①金融商品取引業者やその顧客に資金を貸し付ける一般貸付，②貸借取引以外で株式を貸し付ける一般貸株，③債券貸借・現先取引の仲介などの業務がある。

制度信用取引と一般信用取引との比較

	制度信用取引	一般信用取引
委託保証金	約定価額の30％以上	約定価額の30％以上
品貸料（逆日歩）	金融商品取引所等が発表する率	各金融商品取引業者が決定
弁済期限	最長6ヵ月	各金融商品取引業者が決定
対象銘柄	金融商品取引所等が選定	各金融商品取引業者が選定
権利処理	金融商品取引所等が定める方法	各金融商品取引業者が定める方法
貸借取引	利用できる	利用できない

〔出所〕　日本取引所グループ資料から作成

二市場信用買残高と貸借融資残高

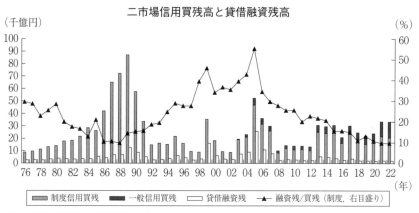

（注）　2012年までは大阪市場分を含む。
〔出所〕　日本取引所グループ資料から作成

二市場信用売残高と貸借貸株残高

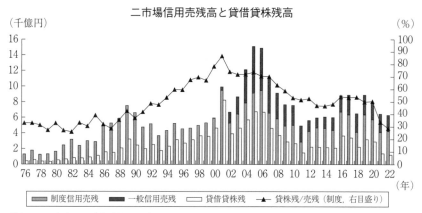

（注）　2012年までは大阪市場分を含む。
〔出所〕　日本取引所グループ資料から作成

10. 証券取引システムの多様化　　株式市場の基本的な機能は，社会に存在するすべての需給が均衡する価格を見出し，効率的な資金配分を実現することである。情報通信技術が十分に発達していない段階では，こうした目的を達成するためには，取引が1カ所に集中することが必要である。実際，かつてはそれぞれの地域に取引が1カ所に集中できる範囲で多数の取引所が設立され，上場証券の取引について取引所集中義務が課せられた。情報の流布，注文の伝達・処理にコストがかかり，かつ迅速に行えない状態では，たとえ取引所間で価格の不均衡が存在し利益をあげる機会が存在しても，その不均衡を解消させる役割を果たす裁定取引は充分には起きない。「市場の分裂」という事態の発生を阻止するためには取引所集中義務が必要であった。

　しかし，情報通信技術の発達によって，証券市場はコンピュータ・ネットワーク上に移っており，世界的にみても立会場を持ち人手で注文を処理している取引所は珍しくなっている。言い換えれば，情報的な統合，注文回送，執行，受渡し・清算，保管という証券取引を構成する各要素がコンピュータ・ネットワークにより統合され，リアルタイムに処理されていれば，取引の場が複数存在する分散型のネットワークによっても均衡価格が発見されうる環境が実現したといえる。このような証券取引のインフラ整備を前提にした市場運営哲学が「市場間競争」という概念である。他方，証券市場における機関化の進展に伴い，執行コストを低下させるために，匿名性の保証やマーケット・インパクト・コストの発生を最小限に防ぐための取引システムへのニーズが高まり，また大口取引やバスケット取引などの特殊な取引形態が増加してきた。コンピュータ・システム上の取引では複雑な取引ルールの設定が容易であるため，こうしたニーズに応える取引システムを安価に提供することができる。

　こうなってくると，伝統的な取引所と民間業者の提供する取引システムを機能上区別することは困難である。アメリカの SEC は両者の機能の同一性を認める ATS（Alternative Trading System）規制を採用し，その一種である ECN（Electronic Communication Network）が証券取引所になることを認めている。日本でも，取引所外取引の解禁に伴って，民間業者が相対で上場証券を取引することが認められ，PTS（Proprietary Trading System）業務として証券業務の1つに加えられた。

取引所取引と取引所外取引の売買代金

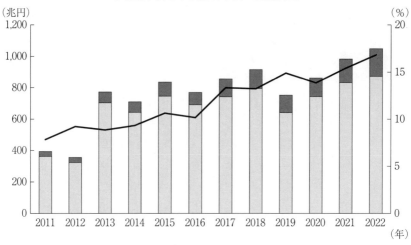

凡例：
■ 取引所外取引　　□ 取引所取引　　── 全取引に占める取引所外取引の割合（右軸）

〔出所〕　日本証券業協会より作成

取引所外取引の内訳

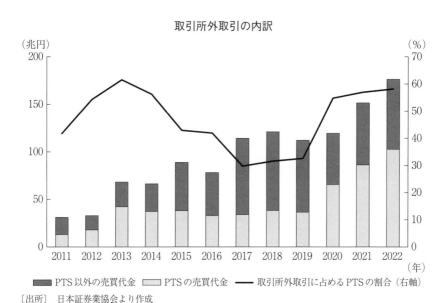

凡例：
■ PTS以外の売買代金　　□ PTSの売買代金　　── 取引所外取引に占めるPTSの割合（右軸）

〔出所〕　日本証券業協会より作成

第5章　公社債発行市場

1．公社債の種類　　公社債とは公的機関の発行する債券（公共債）と民間団体の発行する債券の総称である。公社債の発行は直接金融による資金調達となるが，株式とは異なり満期には元本を償還しなければならない。発行体別に，国債，地方債，政府関係機関債，金融債，社債（事業債），外国債がある。

　このうち国債とは国が発行する債券で，満期別に短期国債（1年以内），中期国債（2〜5年），長期国債（10年），超長期国債（10年超）に大別される。2002年度からは10年物個人向け国債（変動利付）の発行が開始され，03年1月からは財務大臣が指定する元本部分と利子部分を分離可能な振替国債である分離適格振替国債（ストリップス債）の発行が開始された。さらに，03年度から元本と利子が消費者物価指数に連動する物価連動国債（10年），05年度から5年物個人向け国債（固定利付），07年度から40年固定利付国債，10年度から3年物個人向け国債（固定利付）も発行されている。

　地方債は資金別に公的資金と民間等資金に大別され，前者は財政融資資金と地方公共団体金融機構資金，後者は市場公募資金と銀行等引受資金に分かれる。このうち市場公募資金は，全国型市場公募地方債，共同発行市場公募地方債，住民参加型市場公募地方債（ミニ公募債）に分かれる。また，銀行等引受資金によって起債された地方債を銀行等引受債といい，証券発行と証書借入の方法に分類される。政府関係機関債は独立行政法人などの政府関係機関が発行する債券で，このうち政府保証が付く債券が政府保証債である。他方，政府保証が付かない債券は，公募方式で発行される財投機関債と特定の金融機関が直接引き受ける私募特別債に分かれる。これら3種類を公共債という場合もある。

　金融債は特定の金融機関が特別の法律により発行する債券で，5年物利付金融債と1年物割引金融債が中心である。金融債は，政府関係機関債と合わせて金融商品取引法2条1項3号の「特別の法律により法人の発行する債券」に該当し，「特殊債」と呼ばれることもある。また，社債は民間企業の発行する債券であり事業債とも呼ばれる。非金融法人企業に加え，銀行や消費者金融会社も社債を発行することができる。外国債は外国政府や企業（非居住者）が国内で発行する債券であり，特に円建・円払いで発行されるものを円建外債と呼ぶ。

公社債の種類

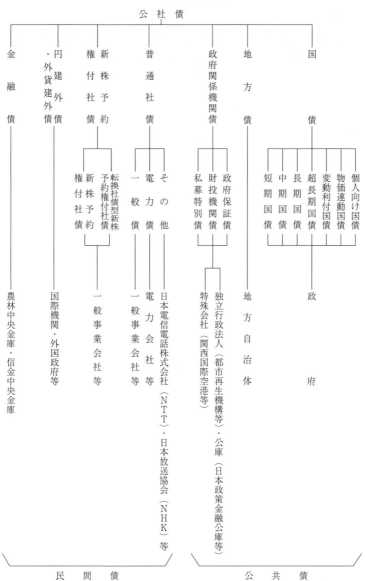

公 社 債

金融債

・円建外債
　外貨建外債

新株予約権付社債

普通社債

政府関係機関債

地方債

国債

新株予約権付社債
　　転換社債型新株
　　予約権付社債
　　新株予約権付社債

その他
　電力債
　一般債

私募特別債
　財投機関債
　政府保証債

短期国債
　中期国債
　長期国債
　超長期国債
　変動利付国債
　物価連動国債
　個人向け国債

農林中央金庫・信金中央金庫

国際機関・外国政府等

一般事業会社等

電力会社等
一般事業会社等

日本電信電話株式会社（NTT）・日本放送協会（NHK）等

特殊会社（関西国際空港等）
独立行政法人（都市再生機構等）・公庫（日本政策金融公庫等）

地方自治体

政府

民 間 債　　　　　　　公 共 債

(注)　地方債は，地方自治法・地方財政法にもとづく債務であるが，公社債に含まれるものは，
　　　市場公募資金によって消化されるものと証券発行形式による銀行等引受債のみである。

２．公社債の発行状況　　2022年度の公社債の発行総額は238兆円となり，20年度をピークとして減少傾向にある。種類別に発行額の内訳をみると，22年度の国債の発行額は213兆円となり公社債全体の89.5％を占めている。20年度の221.4兆円よりは減少しているものの，新型コロナ感染症への対応と22年２月から始まったロシアによるウクライナ侵攻等により高騰したエネルギー価格の緩和策などで依然として発行は高水準であり，特に割引短期国債は新型コロナ以前と比べて３倍の発行額となっている。22年度の国債の内訳をみると，超長期利付国債36.8兆円，長期利付国債37.3兆円，中期利付国債69.2兆円，割引短期国債63.1兆円となっている。また，詳細は第９節を参照願いたいが，23年５月に成立したGX推進法を受けて，23年度より新たな国債として「脱炭素成長型経済構造移行債（GX経済移行債）」の発行が決まった。

　地方債は13年度をピークに減少傾向にあったが19年度から増額に転じ，21年度に7.2兆円のピークをつけた。22年度の発行額は5.5兆円となっている。地方債は，地方自治体の財政悪化を受けて，01年度から住民参加型市場公募地方債，03年度からは公募地方債の共同発行が導入されている。

　普通社債の発行額も15年度までの減少傾向から増加傾向に転じており，近年では銘柄数と発行額がともに高い水準で推移している。19年に入り長期金利が低下したことを受けて大型の社債発行が続き，20年４月からの新型コロナ禍に対応した更なる金融緩和も受けて社債の発行は活発化したが，高水準の発行は継続しており，22年度も579の銘柄で12.9兆円の社債が発行されている。

　金融債はすべて利付金融債で22年度に1.0兆円が発行されているが，95年度の43兆円の発行額をピークに大幅に減少している。この背景には，長期産業資金供給源としての長期信用銀行が事実上消滅したこと，東京三菱銀行（現三菱東京UFJ銀行）の金融債発行終了（02年３月），みずほコーポレート銀行による財形型以外の金融債発行終了（07年３月），あおぞら銀行の金融債発行終了（11年９月）などがある。この他，22年度の政府関係機関債は，政府保証債0.9兆円，財投機関債等3.5兆円となっている。特に財投機関債は，財政投融資制度の改革に伴い2000年度に初めて住宅金融公庫が500億円発行した後，高い水準での発行が継続している。また22年度の円建非居住者債の発行額は1.1兆円であった。

公社債発行額

(単位：10億円)

年度	公社債合計 銘柄数	発行額	国債 銘柄数	発行額	内, 利付国債 超長期 銘柄数	発行額	内, 利付国債 10年 銘柄数	発行額	内, 利付国債 5年 銘柄数	発行額	内, 利付国債 4年・2年 銘柄数	発行額	内, 短期割引 国債 銘柄数	発行額	内, 個人向け 利付き国債 銘柄数	発行額
1998	3,531	142,467	64	95,843	3	2,398	8	16,259	0	0	18	6,555	24	39,518	0	0
1999	2,672	141,307	80	99,807	5	2,897	10	16,920	2	1,639	18	14,487	36	48,799	0	0
2000	5,386	148,356	78	105,392	10	5,894	9	18,019	9	11,755	17	20,015	24	42,841	0	0
2001	4,651	181,531	68	144,493	11	7,392	8	20,600	7	20,425	12	19,663	24	39,596	0	0
2002	9,608	181,109	73	147,298	15	10,589	10	21,800	7	22,979	12	20,731	24	43,595	1	384
2003	13,827	196,008	79	157,797	17	12,986	11	23,000	10	23,189	12	22,185	24	47,998	4	2,967
2004	19,252	223,796	79	185,101	18	16,753	10	23,000	9	25,007	12	21,742	24	47,195	4	6,821
2005	24,485	221,001	84	180,692	20	19,579	9	23,100	10	25,718	12	22,338	24	41,907	5	7,271
2006	19,433	204,033	79	170,432	17	19,331	8	23,959	9	26,038	12	22,789	22	36,799	8	7,138
2007	12,926	173,003	63	136,504	13	17,343	5	23,533	7	25,773	12	22,041	14	22,796	8	4,662
2008	2,140	156,867	68	123,867	12	16,787	9	24,354	11	25,039	12	23,126	14	21,000	8	2,293
2009	1,507	188,807	63	156,023	11	23,141	7	28,880	7	29,621	12	29,397	18	32,899	8	1,360
2010	1,601	192,981	67	160,411	12	25,926	7	30,856	7	30,288	12	33,001	12	29,999	17	1,028
2011	1,500	196,954	72	167,283	12	26,136	8	31,360	8	31,036	12	34,514	12	29,999	20	2,426
2012	1,436	204,091	73	174,957	12	28,068	7	31,872	6	32,421	12	34,008	12	29,999	24	1,875
2013	1,458	210,040	72	180,171	10	29,349	5	33,727	8	35,216	12	36,176	12	29,999	24	3,349
2014	1,397	204,622	82	176,065	9	31,776	5	33,607	6	35,158	12	33,177	12	26,700	36	2,633
2015	1,280	199,414	78	173,670	9	34,787	4	35,519	4	32,128	12	30,766	12	25,800	36	2,137
2016	1,377	197,142	78	168,001	9	33,040	4	35,172	4	30,878	12	29,654	12	25,000	36	4,556
2017	1,409	183,344	78	155,903	9	33,172	4	33,029	4	29,336	12	28,360	12	23,800	36	3,449
2018	1,478	177,678	74	148,696	7	31,686	3	33,275	3	26,115	12	27,109	12	21,600	36	4,693
2019	1,503	174,024	78	142,985	9	30,956	4	30,195	4	25,343	12	25,775	12	21,600	36	5,248
2020	1,525	253,115	90	221,416	9	34,701	4	35,347	4	30,003	12	34,442	24	80,899	36	3,029
2021	1,407	244,462	88	215,409	9	37,638	4	36,369	4	31,307	12	37,227	22	66,899	36	3,092
2022	1,307	237,980	86	213,029	9	36,779	4	37,320	6	32,773	12	36,491	18	63,100	36	3,418

〔出所〕　日本証券業協会

(単位：10億円)

年度	地方債 銘柄数	発行額	政府保証債 銘柄数	発行額	財投機関債等 銘柄数	発行額	普通社債 銘柄数	発行額	資産担保型 社債 銘柄数	発行額	転換社債型新株 予約権付社債 銘柄数	発行額	金融債 銘柄数	発行額	円建 非居住者債 銘柄数	発行額
1998	69	1,754	35	2,610	0	0	635	10,453	59	378	15	214	712	24,474	76	393
1999	72	2,061	40	3,325	0	0	437	7,788	126	441	23	434	688	23,304	68	1,037
2000	86	2,269	67	5,141	1	50	367	7,637	140	342	18	283	696	21,043	89	2,618
2001	90	2,225	55	4,315	24	731	333	8,172	127	394	17	283	755	16,867	41	1,308
2002	151	2,837	55	4,446	63	2,565	312	7,318	85	517	13	205	666	12,023	30	671
2003	226	4,621	95	6,898	86	2,663	353	6,993	82	200	9	77	667	9,271	39	943
2004	262	5,660	94	8,752	105	3,019	307	5,895	46	187	19	191	598	7,960	45	1,677
2005	312	6,189	94	7,002	115	4,722	335	6,904	28	354	13	113	563	8,756	47	1,592
2006	334	5,860	77	4,301	101	4,399	335	6,830	25	143	10	495	446	6,730	25	798
2007	365	5,721	79	4,298	125	4,941	425	9,401	5	153	3	30	407	6,505	78	2,647
2008	375	6,346	69	4,752	123	4,159	313	9,605	8	181	1	150	384	5,517	28	2,082
2009	418	7,361	78	4,667	164	4,735	388	10,300	2	100	3	249	347	4,180	40	1,192
2010	412	7,482	64	4,197	172	5,063	459	9,933	2	120	3	78	352	3,777	70	1,919
2011	394	6,663	61	3,331	212	5,735	394	8,277	5	200	2	33	284	3,438	71	1,994
2012	392	6,577	71	4,722	206	5,312	416	8,152	4	200	3	29	220	3,000	51	1,142
2013	421	7,069	69	5,060	212	4,678	462	8,142	1	50	10	77	121	2,618	90	2,174
2014	407	6,943	68	4,220	199	3,997	439	8,715	1	60	5	37	121	2,499	75	2,086
2015	406	6,772	68	3,146	212	4,489	348	6,941	1	50	4	166	91	2,365	72	1,816
2016	360	6,249	79	3,107	184	4,857	546	11,413	2	100	5	55	76	1,738	47	1,622
2017	362	6,101	82	3,956	210	4,814	560	10,063	2	100	1	10	76	1,330	58	1,067
2018	373	6,312	77	3,104	231	5,020	583	10,452	3	270	2	16	76	1,446	59	2,362
2019	371	6,450	49	1,803	209	4,810	704	15,759	0	0	12	9	40	1,116	41	1,092
2020	375	6,991	36	1,419	262	6,170	692	15,613	0	0	6	23	40	1,016	24	467
2021	373	7,240	33	1,129	192	4,030	646	14,860	0	0	4	13	40	989	34	792
2022	339	5,527	33	948	185	3,465	579	12,895	0	0	3	3	40	1,003	42	1,111

(注)　2019年4月分より国債以外の一般債の数値は，証券保管振替機構（ほふり）の統計データを用いた作成へと変更されている。

〔出所〕　日本証券業協会

3．公共債の発行　　国債の発行の方式は市中発行方式，個人向け発行方式，公的部門発行方式に大別されるが，以下では前二者について説明する。

国債の市中発行に当たっては，2006年度以降シンジケート団（シ団）引受方式が廃止されたため，価格（または利回り）競争による公募入札が基本とされている。これは，財務省が提示した発行条件に対して入札参加者が落札希望価格と落札希望額を入札し，それに基づいて発行価格と発行額を決定する方式である。その際，国債の種類に応じて，各落札者の入札価格が発行条件となるコンベンショナル方式と，入札価格によらず均一の募入最低価格（募入最高利回り）が発行条件となるダッチ方式を使い分けている。競争入札のほかに，主として中小入札参加者に配慮した非競争入札（2・5・10年固定利付国債）と，国債市場特別参加者（21年5月26日以降20社）向けの第Ⅰ・Ⅱ非価格競争入札がある。民間金融機関が募集を取り扱う個人向け販売方式は，個人向け国債と新型窓口販売（2・5・10年固定利付国債）に適用されている。

地方債の発行は，まず計画予算を策定し，地方公共団体議会の承認を経た上で総務大臣または都道府県知事と協議して決定しなければならない（地方債協議制度）。目的も公営企業財源，出資金・貸付金財源，借換財源などの適債事業に限定されている。公募地方債は総務省から指定を受けた41都道府県と20政令指定都市が発行している（2023年9月現在）。この場合，発行体は募集取扱いを行う引受シ団との交渉で発行条件を決定し，売れ残りが生じた場合はシ団が買い取ることが多い。また，03年度から発行されている共同発行市場公募地方債（地方公共団体の共同発行債）も引受シ団方式によるが，02年3月に導入された住民参加型市場公募地方債では，地域金融機関に対し，引受け並びに募集取扱い事務を委託することが一般的である。23年11月より，共同債形式による脱炭素化推進事業債の発行も始まっている。

政府保証債の発行は政府の財政投融資計画の一環として策定され，その発行限度額は毎年度国会の決議を経なければならない。発行方法には引受シ団方式と個別発行方式がある。前者の発行条件は毎月の国債の価格競争入札結果を参考にして決定され，後者は競争入札により発行条件と主幹事証券会社が決められる。財投機関債も利付債であり，その発行は主に発行体が主幹事証券会社を選定して引受シ団を組成する方法が採られる。

国債の種類

償還期間等	短期国債		中期国債	長期国債
	6ヶ月	1年	2年，5年	10年
発行形態	割引国債		利付国債	
最低額面単位	5万円		5万円	
発行方式	公募入札 日本銀行乗換		公募入札 窓口販売 （募集取扱い）	
入札方式	価格競争入札・ コンベンショナル方式		価格競争入札・ コンベンショナル方式	
非競争入札等	第Ⅰ非価格競争入札		非競争入札 第Ⅰ非価格競争入札 第Ⅱ非価格競争入札	
譲渡制限	なし		なし	

償還期間等	超長期国債			物価連動国債	個人向け国債
	20年	30年	40年	10年	固定3年，固定5年， 変動10年
発行形態	利付国債				
最低額面単位	5万円			10万円	1万円
発行方式	公募入札			公募入札	窓口販売 （募集取扱い）
入札方式	価格競争入札・ コンベンショナル方式		利回り競争入札・ ダッチ方式	価格競争入札・ ダッチ方式	－
非競争入札等	第Ⅰ非価格競争入札 第Ⅱ非価格競争入札		第Ⅱ非価格 競争入札	－（注1）	－
譲渡制限	なし			なし	あり（注2）

（注）　1．物価連動国債は2020年5月以降，第Ⅱ非価格競争入札を取り止めている。
　　　　2．個人向け国債は個人（一定の信託の受託者を含む）のみに譲渡可能。
〔出所〕　財務省理財局『債務管理レポート2023』35頁

公募地方債引受機構の一例

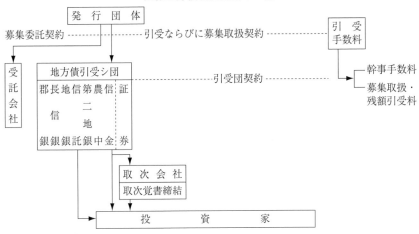

〔出所〕　地方債協会

4．民間債の発行　普通社債の発行については，かつて厳しい規制下に置かれており，その規制の中核が社債受託制度であった。この制度の下では，当時のメインバンク制を背景に，銀行が個別の社債発行に対し強い影響力を保持しており，社債発行市場全体においても，証券会社よりも銀行の発言力が強かった。しかし，メインバンク制の弱体化とともに，この社債受託制度は1980年代に機能を低下させ，93年の商法改正で抜本的な改革がなされた。これにより，社債制度の規制緩和が大きく前進した。

社債発行会社は，引受幹事証券会社，引受シ団，社債管理者または財務代理人などの関係機関を選定し，予備格付けも取得する。準備が整うと，引受幹事証券会社および引受シ団はプレマーケティングに基づく需要予測を行う。これをもとに発行条件が決定され，募集が行われる。この需要予測方式では，主幹事がシ団各社に投資家の需要調査を依頼し，その調査結果を集計した上で発行条件を決定する。その際の発行条件の決定は，発行予定社債と同年限の国債金利もしくはスワップ金利に，需要予測の結果得られた上乗せ幅を加えることで利率を決定するスプレッド・プライシングが一般的であったが，16年1月から日本銀行がマイナス金利政策を導入した影響もあり，現在では利回りの絶対値を提示して需要調査を行う絶対値プライシングも定着している。

発行体の格付けでみた場合，上位の高格付け社債発行が大半を占めており，低格付け社債発行の割合が低いことは日本の特徴である。これは大手機関投資家が主にA格以上の高格付け社債に限定して投資していることが要因である。わが国でも発行が増加傾向にあるSDGs債（ESG債）においても（第9節参照），ICMA（国際資本市場協会）・金融庁・環境省などが設定する発行指針・基準への準拠や外部機関の評価とともに，高い信用格付けが求められている。

この他，23年3月にクレディスイスGが発行したAT1債（Additional Tier 1債）が無価値化する問題が生じたが，それ以降も，三井住友フィナンシャルG，三菱UFJ・FG，みずほFGがAT1債を発行している。また，ソフトバンクが個人向けに発行した1,200億円の社債型種類株式は，議決権や普通株への転換権が無く法的な分類は株式であるが，そのスキームは社債に類似している。この社債型種類株式は，23年11月にわが国で初めて証券取引所（東証プライム市場）に上場された。

主な SDGs 債（ESG 債）の発行例

条件決定日	発行体	発行額	利率	年限	ESG 債区分	信用格付	評価機関
2022年6月	ENEOS ホールディングス	850億円	0.83%	10年	トランジション	AA−(JCR) A+(R&I)	JCR
2022年7月	日本電気	600億円	0.46%	5年	サステナビリティリンク	A（R&I）	R&I
2022年10月	森ビル	500億円	1.36%	35年	グリーン	A−(JCR)	Sustainalytics
2022年10月	KDDI	500億円	0.43%	5年	サステナビリティ	AA−(R&I)	R&I
2023年1月	日産自動車	1,400億円	1.02%	3年	サステナビリティ	A（R&I）	Sustainalytics
2023年4月	SOMPO ホールディングス	700億円	0.48%	5年	ソーシャル	AA+(JCR)	JCR
2023年4月	住友不動産	400億円	0.49%	5.3年	グリーン	AA−(JCR) AA−(R&I)	JCR, R&I
2023年5月	三井不動産	1,000億円	0.81%	10年	グリーン	AA（JCR） AA−(R&I)	Sustainalytics
2023年5月	トヨタ自動車	500億円	0.74%	10年	サステナビリティ	AAA（JCR） AAA（R&I）	Moody's
2023年5月	中国電力	600億円	0.92%	10年	トランジション	A+(R&I) AA（JCR）	JCR

〔出所〕 ESG 債情報プラットフォーム

公募事業債引受機構

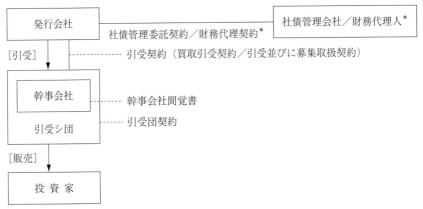

（注）　＊物上担保附社債の場合，受託会社と信託契約を締結する。
〔出所〕 大和証券『債券の常識』

5．格付会社と公社債の格付け　　格付けとは，公社債の元利払いの確実性を測定し，簡単な記号で表示したものであり，通常専門の格付会社が行っている。もともとはアメリカの社債市場で発達してきたものであり，1930年代の大恐慌期に定着したとされている。それがわが国でも80年代に導入され，現在社債発行企業は格付けを取得することが一般的である。

　格付会社は，債券の格付けに当り，担保の有無，財務上の特約，他の負債との優先劣後条件などを踏まえて発行企業の財務・営業状況を分析することで元利払いの安全性を測定し，その結果を記号で表示する。AAA 格は最上位の信用力を有し，元利払いに関する不確実性はほとんどないことを示している。以下，AA，A，BBB と信用力は低下するが，この上位4格付けを通常，投資適格と呼んでいる。これを下回る BB 格以下の債券はジャンク債（投資不適格債）と呼ばれるが，これらの債券は信用度が低いために高利回りが設定されており，高利回り債（ハイ・イールド債）とも呼ばれ，欧米では相当規模の発行市場が定着している。このようなジャンク債の発行市場がわが国に存在しなかったのは，適債基準によりこの種の債券の発行が政策的に排除されていたためである。しかし，96年に適債基準は撤廃され，現在ではジャンク債の発行に関する規制は存在しない。しかしながら，19年に BB 格の発行（アイフル）があったが，BBB 格すら発行は低調のままである。

　現在わが国では，スタンダード＆プアーズ（S&P），ムーディーズ，フィッチといった米系格付会社のほか，日系の格付投資情報センター（R&I），日本格付研究所（JCR）が信用格付業者として活動している。信用格付業者とは，金融商品取引法等の一部を改正する法律の施行（10年4月）により創設された制度であり，従来の指定格付機関制度に代わるものである。また，近年は地方債や財投機関債の格付も行われている。

　米国のサブプライムローン問題発生後，格付けのあり方が大きく問われることとなった。もともと，格付会社は発行体からの格付手数料によって運営されているため，格付けが甘くなりがちであるという批判があると同時に，格付けは参考指標にすぎないという見方もあった。しかし，現在では，格付けはさまざまな金融規制や政策において利用されており，世界的にも格付会社は登録制により行政の監督下におかれることになっている。

格付の記号と定義の例

格付投資情報センター（R&I）	
格付け	定義
AAA	信用力は最も高く，多くの優れた要素がある。
AA	信用力は極めて高く，優れた要素がある。
A	信用力は高く，部分的に優れた要素がある。
BBB	信用力は十分であるが，将来環境が大きく変化する場合，注意すべき要素がある。
BB	信用力は当面問題ないが，将来環境が変化する場合，十分注意すべき要素がある。
B	信用力に問題があり，絶えず注意すべき要素がある。
CCC	信用力に重大な問題があり，金融債務が不履行に陥る懸念が強い。
CC	発行体のすべての金融債務が不履行に陥る懸念が強い。
D	発行体のすべての金融債務が不履行に陥っているとR&Iが判断する格付。

日本格付研究所（JCR）	
格付け	定義
AAA	債務履行の確実性が最も高い。
AA	債務履行の確実性は非常に高い。
A	債務履行の確実性は高い。
BBB	債務履行の確実性は認められるが，上位等級に比べて，将来債務履行の確実性が低下する可能性がある。
BB	債務履行に当面問題はないが，将来まで確実であるとは言えない。
B	債務履行の確実性に乏しく，懸念される要素がある。
CCC	現在においても不安な要素があり，債務不履行に陥る危険性がある。
CC	債務不履行に陥る危険性が高い。
C	債務不履行に陥る危険性が極めて高い。
D	債務不履行に陥っている。

ムーディーズ	
格付け	定義
Aaa	信用力が最も高いと判断され，信用リスクが最低水準にある債務に対する格付。
Aa	信用力が高いと判断され，信用リスクが低い債務に対する格付。
A	中級の上位と判断され，信用リスクが低い債務に対する格付。
Baa	中級と判断され，信用リスクが中程度であるがゆえ，一定の投機的な要素を含みうる債務に対する格付。
Ba	投機的と判断され，相当の信用リスクがある債務に対する格付。
B	投機的とみなされ，信用リスクが高いと判断される債務に対する格付。
Caa	投機的で安全性が低いとみなされ，信用リスクが極めて高い債務に対する格付。
Ca	非常に投機的であり，デフォルトに陥っているか，あるいはそれに近い状態にあるが，一定の元利の回収が見込める債務に対する格付。
C	最も格付が低く，通常，デフォルトに陥っており，元利の回収の見込みも極めて薄い債務に対する格付。

スタンダード&プアーズ	
格付け	定義
AAA	当該金融債務を履行する債務者の能力は極めて高い。スタンダード&プアーズの最上位の個別債務格付け。
AA	当該金融債務を履行する債務者の能力は非常に高く，最上位の格付け（「AAA」）との差は小さい。
A	当該金融債務を履行する債務者の能力は高いが，上位2つの格付けに比べ，事業環境や経済状況の悪化の影響をやや受けやすい。
BBB	当該金融債務履行のための財務内容は適切であるが，事業環境や経済状況の悪化によって当該債務を履行する能力が低下する可能性がより高い。
BB	他の「投機的」格付けに比べて当該債務が不履行になる蓋然性は低いが，債務者は高い不確実性や，事業環境，金融情勢，または経済状況の悪化に対する脆弱性を有しており，状況によっては当該金融債務を履行する能力が不十分となる可能性がある。
B	債務者は現時点では当該金融債務を履行する能力を有しているが，当該債務が不履行になる蓋然性は「BB」に格付けされた債務よりも高い。事業環境，金融情勢，または経済状況が悪化した場合には，当該債務を履行する能力や意思が損なわれやすい。
CCC	当該債務が不履行になる蓋然性は現時点で高く，債務の履行は，良好な事業環境，金融情勢，経済状況に依存している。事業環境，金融情勢，または経済状況が悪化した場合に，債務者が当該債務を履行する能力を失う可能性が高い。
CC	当該債務が不履行になる蓋然性は現時点で非常に高い。不履行はまだ発生していないものの，不履行となるまでの期間にかかわりなく，スタンダード&プアーズが不履行は事実上確実と予想する場合に「CC」の格付けが用いられる。
C	当該債務は，不履行になる蓋然性が現時点で非常に高いうえに，より高い格付けの債務に比べて優先順位が低い，または最終的な回収見通しが低いと予想される。
D	当該債務の支払いが行われていないか，スタンダード&プアーズが想定した約束に違反があることを示す。ハイブリッド資本証券以外の債務については，その支払いが期日通り行われない場合，猶予期間の定めがなければ5営業日以内か，猶予期間の定めがあれば猶予期間内か30暦日以内のいずれか早いほうに支払いが行われるとスタンダード&プアーズが判断する場合を除いて，「D」が用いられる。また，倒産申請あるいはそれに類似した手続きが取られ，例えば自動的な停止によって債務不履行が事実上確実である場合にも用いられる。経営難に伴う債務交換（ディストレスト・エクスチェンジ）が実施された場合も，当該債務の格付けは「D」に引き下げられる。
NR	格付けの依頼がない，格付けを確定するには情報が不十分である，またはスタンダード&プアーズが方針として当該債務に格付けを付与していないことを表す。

6．社債管理　　現在の社債管理者制度の基本機能は，社債受託制度を抜本的に改革した1993年6月の商法改正により明確化された。93年改正は，それまでの「社債募集の受託会社」の名称を「社債管理会社」に改めるとともに，①社債管理会社を原則として強制設置とし，その資格を銀行，信託，担保付社債信託法上の免許を受けた会社等に限定，②社債管理会社の業務を発行後の社債管理に限定，③社債管理会社の権限・義務・責任を明確化，などを行っている。すなわち，従来社債募集の受託会社が行なっていた発行時の事務代行業務は社債管理会社の本来業務とされず，発行後の社債管理業務に限定された。

　この法改正の結果，社債の受託会社が個別の発行会社の社債発行に関与する余地は法律上取り払われ，ここに従来の社債受託制度の個別発行体に対する規制者的な役割は終焉し，次の変化がみられた。①従来，受託銀行が徴収していた手数料は社債管理手数料と改称され，かつ引き下げられた，②社債管理会社の強制設置に例外規定（社債券面が1億円以上の場合など）が設けられたことによって，社債管理会社を設置せず，財務代理人だけを設置するいわゆる「不設置債」が増加し，一般化している。

　さらに05年5月施行の会社法は「社債管理会社」の名称を現在の「社債管理者」に改めるとともに，その責任および権限を拡充している。具体的には，①旧商法上，「社債ノ管理」とは社債管理会社に法律上付与された権限の行使のみを指し，社債管理委託契約等に基づく権限（約定権限）の行使は含まれなかったが，会社法では約定権限の行使が「社債の管理」に含まれ，その行使についても公平誠実義務や善管注意義務を負うこととなる，②社債管理委託契約の定めがあるとき，社債権者集会の決議なく社債の全部について訴訟行為および破産・更生手続等に属する行為を行うことができるようになる，③減資や合併などにおける債権者保護手続では，原則として社債権者集会の決議なく異議を述べることができるようになった。

　21年3月施行の改正会社法では，社債にかかわる事務手続きや債権の保全などの支援を業務とする「社債管理補助者」制度を導入している。この制度は社債管理者不設置債が対象となり，日本証券業協会が16年に創設した「社債権者補佐人」と同様に，金融機関のほかに破産手続等の実務に詳しい弁護士や弁護士法人なども担うことができる。

会社法における社債管理者の選任・権限・責任

項　目	内　　　　容	法　条
【選任と権限】		
選任を要する場合	社債を発行する場合に選任を要するが，各社債の金額が1億円以上である場合その他社債権者の保護に欠ける虞がないものとして法務省令で定める場合は必要ない。	法702条
社債管理者となり得る者	銀行，信託会社あるいはこれに準じる者。	法703条
委託事項	社債権者のために，弁済の受領，債権の保全その他の社債管理を委託する。	法702条
社債管理者の義務	社債権者のために公平かつ誠実に社債の管理を行なわなければならない（公平誠実義務）。社債権者に対し善良な管理者の注意を持って社債管理を行なう義務を負担する（善管注意義務）。	法704条
社債管理者の権限	社債権者のために社債に係る弁済を受け，または社債に係る債権の実現を保全するために必要な一切の裁判上または裁判外の行為をする権限を有する。上記のために必要あるときは，裁判所の許可を得て社債発行会社の業務および財産の状況を調査できる。	法705条 1項，4項
権限に関する特別の規制	以下の行為については，社債権者集会の決議によらなければできない。 ①その社債の全部についてする支払猶予，責任免除，和解 ②その社債全部についてする訴訟行為又は破産手続，更生手続若しくは特別清算に関する手続に属する行為（訴訟手続には裁判上の和解を含む）。 なお，社債管理者との間で社債管理委託契約の定めがあるときは，社債権者集会の決議なく社債管理者はこれらの行為を行なうことができるようになった。	法706条 1項，2項 法676条 8号
債権者保護手続における社債管理者の権限	社債権者が異議を述べる場合には社債権者集会の決議を要することが原則だが，社債管理者は社債権者のために異議を述べることができる。ただし，社債管理委託契約に別段の定めをすることができる。	法740条 1項，2項
【責任】		
責任（損害賠償）	社債管理者が会社法又は社債権者集会決議に違反する行為をしたときは，社債権者に対し連帯して損害賠償責任を負う。	法710条 1項
法定の特別責任（損害賠償）	①社債発行会社が社債の償還若しくは利息の支払を怠り，若しくは社債発行会社について支払の停止があったときの前3ヵ月以内に，社債管理者がその債権に係る債務について社債発行会社から担保の供与又は債務の消滅に関する行為を受けた場合。 ②社債管理者の債権につき，社債発行会社から担保の供与又は弁済の受領を受けること。 ③社債管理者との間で支配会社と被支配会社との関係その他特別な関係を有する者に対して，社債管理者の債権を譲渡すること。 ④社債管理者が社債発行会社に対し債権を有する場合に，相殺の目的を持って社債発行会社の財産の処分を内容とする契約を社債発行会社と締結すること，又は社債発行会社に対して債務を負担する者の債務を引き受ける契約を締結して相殺すること。 ⑤社債管理者が社債発行会社に対して債務を負担する場合に，社債発行会社に対する債権を譲り受けて相殺をすること。	法710条 2項
免責	社債管理者が誠実にすべき社債の管理を怠らなかったこと，又はその損害が社債管理者の行為によって生じたものではないことを証明したとき。	法710条 2項但し書き
社債管理者の辞任と責任	①社債発行会社および社債権者集会の同意を得て辞任することができる（但し，予め事務を承継すべき社債管理者を定める必要がある）。 ②やむを得ない事由がある場合に裁判所の許可を得て辞任することができる。 ③社債管理委託契約に定める事由が生じた場合にも辞任することができる（但し，社債管理委託契約の中に事務を承継する社債管理者の定めがなければならない）。 なお，社債発行会社の社債の償還若しくは利息の支払を怠り，若しくは社債発行会社について支払の停止があった後，又はその前3ヵ月以内に社債管理委託契約に定める事由により辞任した社債管理者は710条2項に基づく損害賠償責任を免れない。	法711条 法712条

〔出所〕　佐藤彰紘『新会社法で変わった会社のしくみ』，日本法令，2005年，179，181頁から作成

7．新株予約権付社債・仕組み債　　新株予約権とは，権利者（新株予約権者）が一定期間内に権利を行使した時に，会社が新株予約権者に対し一定価額で新株を発行するか，保有する自己株式を移転する義務を負うものをいう。

　新株予約権付社債とは新株予約権を付した社債であり，実態的には従来の転換社債に相当するものと非分離型の新株引受権付社債に相当するものとに分けられる。転換社債に相当する転換社債型新株予約権付社債とは，①新株予約権を社債と分離して譲渡することができず，②社債の発行価額と新株予約権の行使に際して払い込むべき金額を同額とした上で，③新株予約権を行使すると必ず社債の現物出資により新株予約権が行使されるものをいう。その多くは株式分割などの場合を除いて株式への転換価格が発行時に決定され，固定される。しかし，株価の下落に伴い転換価格が下方修正されるものもあり，中でも転換価格が6カ月に1回を超える頻度で修正される条項付のものは，「転換価格の修正条項付き転換社債型新株予約権付社債（MSCB）」と呼ばれるが，株価下落懸念のため，最近はほとんど発行されていない。一方，従来の新株引受権付社債のうち，分離型のものは会社が社債と新株予約権を同時に募集するものとみなされるため，新株予約権付社債の範晴に含まれるものは非分離型のみである。この場合は，従来と同様，新株予約権が行使された際に払込金が別途支払われ，社債部分は残る。

　仕組み債とは，一般にデリバティブを組み込んだ債券の俗称であるが，近年様々なタイプが発行されている。株式の他にも金利や為替，クレジットリスクを組み込んだ仕組み債などがある。このうち株式のリスクを組み込んだ仕組み債として，日経平均オプション取引を組み込んだ日経平均連動社債があり，一般に日経平均株価が上昇すれば高利回りを享受できるが，下落するとオプションが行使され損失が発生する。他社株転換条項付社債（EB債）は，対象企業の個別株オプションを組み込んだものであり，一般に対象企業の株価が上昇すればオプション料が取得できるため投資家は高利回りを享受できるが，株価が下落するとオプションが行使され当該株式をその価格で引き取らなければならない。第8節で記すように，一部の金融機関等による仕組み債の不適切な販売が社会的な問題ともなり，日本証券業協会は投資勧誘や顧客管理に関する新たな自主規制を2023年7月から適用している。

仕組み債の種類

【変形キャッシュフロー債】

ステップ・アップ債

　当初のクーポンは実勢金利よりも低いが，一定期間経過後からクーポンが高くなっていく債券。その仕組み上，発行体が任意での償還権（コールオプション）を付けている場合が多い。

ステップ・ダウン債

　当初のクーポンは実勢金利よりも高いが，一定期間経過後にはクーポンが低くなる債券。

ディープ・ディスカウント債

　クーポン部分は全期間を通じて実勢金利よりも低いものの，発行価格自体がアンダーパーで設定されていて，クーポンの低さを償還益で補完する債券。

リバース・フローター債

　金利が上がればクーポンが低下し，下がればクーポンが上昇する債券。金利スワップを用いたデリバティブ債。

【インデックス債】

株価，金利，債券インデックス債

　償還元本が日経平均に連動するもの，クーポンが日経平均に連動するもの，クーポンが金利スワップレートに連動するもの，償還元本が日本国債先物価格に連動するもの等がある。

為替インデックス債

　払込金とクーポンが円貨，償還金が外貨のデュアル・カレンシー債と，払込金と償還金が円貨，クーポンが外貨のリバース・デュアル・カレンシー債が中心。通常はクーポンよりも元本の額が大きいため，デュアル・カレンシー債の方が為替変動リスクが大きい。

【オプション付随債】

他社株転換条項付社債

　発行体の任意で，償還金の支払いを予め決められた株数の他社株式によって行うことができる債券。購入者にとっては，プット・オプションの売りを行っていることになり，オプション・プレミアムの分，クーポンが高くなる。

その他のオプション付随債

　発行体の選択で期限前償還のできる「コーラブル債」，逆に投資家の選択で期限前償還ができる「プッタブル債」，デュアル・カレンシー債に為替オプションを付けた「ノック・イン・デュアル債」等がある。

〔出所〕　Hephaistos Investment Researchのホームページ（http://hephaistos.fc2web.com/bond_guide/shikumi_sai.html），金融広報中央委員会HPなどから作成

8．仕組み債の販売問題　　前節で述べたように，仕組み債はデリバティブを組み込んだ債券であるため，内在するリスクが複雑となりその把握は容易ではない。従って仕組み債の販売者には，適合性の原則の遵守とともに顧客に対する十分な説明責任が求められる。しかしながら証券・金融商品あっせん相談センター（FINMAC）の仕組み債に関する紛争解決手続事例数（仕組投信を除く）をみると，2015年度に10件であったものが，19年度に33件，20年度69件，21年度25件，22年度41件と顕著に増加している。金融庁は，21年12月の市場制度ワーキング・グループで，仕組み債の販売に関する苦情の増加と，商品性にかかわる情報であるコストの非開示や重要情報シートの非導入を問題視し，22年5月の「資産運用業高度化プログレスレポート」の分析では，EB債の商品性を踏まえた販売時の顧客向け情報の不備を指摘した。さらに金融庁は，同年6月の「投資信託等の販売会社による顧客本位の業務運営のモニタリング結果」を踏まえ，8月に公表した「2022事務年度金融行政方針」において，仕組み債を取り扱う金融機関の経営陣に対して顧客の真のニーズを踏まえた販売であるのかの検討を促した。このような金融庁の姿勢を受けて，一部の機関投資家向けの私募債を除き，多くの金融機関は自主的に公募型の仕組み債の販売を制限した。

　自主規制機関である日本証券業協会は，仕組み債に関連する複数のガイドラインを設置している。23年2月に日証協は「協会員の投資勧誘，顧客管理等に関する規則」等の改正案として，顧客への勧誘前，勧誘・販売時，販売後に適用される①勧誘開始基準ガイドライン，②合理的根拠適合性ガイドライン，③広告指針，④投資勧誘規則，⑤重要事項説明ガイドラインならびに⑥販売勧誘体勢の見直しの改定を表明した。今回の自主規制規則の見直しで最も注目されるのは，仕組み債等の複雑でリスクが高い商品の販売プロセスにトップマネジメントの直接関与を求めた点であろう。このような商品を販売する合理性の検証，取引や苦情等の把握，販売勧誘体勢の検証や見直しなどが新たな関与の対象とされた。また，合理的根拠適合性を中核とする適切な顧客選別の必要性や，説明資料等における商品の複雑性やリスクの表示方法の見直し，顧客の理解度を示す確認書の記載の見直しなども中核となる。これら新たな規則の改定は23年7月から適用されている。

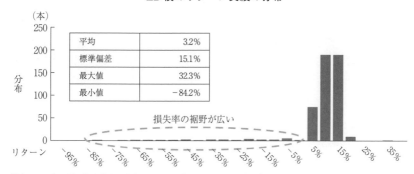

EB 債のリターン実績の分布

平均	3.2%
標準偏差	15.1%
最大値	32.3%
最小値	−84.2%

（注）　2019年4月に個人向けに販売されたEB債のサンプル856本のうち，クーポンリターンが算出可能な固定利付債（364本）のみを抽出して算出。21年12月末時点で未償還のものは当該時点の時価から算出。リターンは年率。
〔出所〕　金融庁「資産運用業高度化プログレスレポート2022」

仕組み債の販売実績

（単位：百億円）

	証券会社	主要銀行等	地域銀行
2017年度	343	152	50
2018年度	214	91	34
2019年度	197	106	49
2020年度	261	114	72
2021年度	244	107	64

〔出所〕　金融庁「投資信託等の販売会社による顧客本位の業務運営モニタリング結果について」（2022年6月）

仕組み債に関連する日本証券業協会のガイドライン

関係ガイドライン
勧誘開始基準ガイドライン（協会員の投資勧誘，顧客管理等に関する規則第5条の2の考え方）
仕組債等の販売の勧誘を行うに当たっては，勧誘開始基準を定め，適合した者でなければ勧誘を行ってはならないとする投資勧誘規則第5条の2の考え方を示したガイドライン
合理的根拠適合性ガイドライン（協会員の投資勧誘，顧客管理等に関する規則第3条第3項の考え方）
新たな有価証券等の販売に当たっては特性やリスクを十分に把握し，適合する顧客が想定できないものは販売してはならないとする投資勧誘規則第3条第3項の考え方を示したガイドライン
注意喚起文書ガイドライン（協会員の投資勧誘，顧客管理等に関する規則第6条の2の考え方）
仕組債等の販売に係る契約を締結しようとするときは，あらかじめ，顧客に注意喚起文書を交付しなければならないとする投資勧誘規則第6条の2の考え方を示したガイドライン
広告等に関する指針
協会員の広告等に関する法定記載事項や留意事項を示すもの。債券全般の広告等に係る表示事項及び留意事項に加え，仕組債など個別銘柄の広告等に係る留意事項についても記載
重要事項説明ガイドライン（協会員の投資勧誘，顧客管理等に関する規則第3条第4項の考え方）
有価証券の売買等においては重要な事項について顧客に十分な説明を行うとともに，理解を得るよう努めなければならないとする投資勧誘規則第3条第4項の考え方を示したガイドライン

〔出所〕　日本証券業協会「仕組債の販売勧誘に関するガイドライン等改定のポイント」（2023年2月）

9．脱炭素成長型経済構造移行債（GX 経済移行債）の発行　わが国でも，2020年前後よりグリーンボンドやソーシャルボンドを中心としたSDGs 債（ESG 債）の発行が顕著となってきた（右図表）。16年のパリ協定（気候変動）に象徴される国際的な取り組みの増進を背景として，ICMA（国際資本市場協会）が定めるグリーンボンド原則やソーシャルボンド原則，金融庁のソーシャルボンドガイドラインや環境省のグリーンボンドラインなどの発行指針や基準，さらには SASB スタンダードや GRI スタンダードなどの開示基準の整備が SDGs 債の発行の後押しをしていると言えよう。

　21年10月に発足した岸田政権は，新しい資本主義に向けた重点投資分野としてグリーントランスフォーメーション（GX）への投資を掲げている。22年6月に公表した「経済財政運営と改革の基本方針」において，50年のカーボンニュートラル実現を見据えて「成長志向型カーボンプライシング構想」の具現化が示されるとともに，今後10年間で150兆円超の官民による投資を先導するために十分な規模の政府資金を「脱炭素成長型経済構造移行債（GX 経済移行債）」の発行により調達することが検討課題として記された。22年7月に設置された岸田総理を議長とする GX 実行会議における議論・検討を経て，23年2月に「GX 実行に向けた基本方針：今後10年を見据えたロードマップ」が閣議決定されるとともに，「脱炭素成長型経済構造への円滑な移行の推進に関する法律（GX 推進法）」が5月12日に可決・成立している。

　この GX 推進法に基づき，GX の実現に向けて23年度より10年間で20兆円ほどの政府支出が認められた。この資金を調達すべく，カーボンプライシングの導入により得られる将来の財源を裏付けとする GX 経済移行債が新規に発行されることとなった。この GX 経済移行債は，産業競争力強化・経済成長と排出削減の両立に貢献する分野への投資等を目的に発行される。国会の議決を経た金額の範囲内で発行され，その発行限度額は，特別会計予算総則で規定される。23年度は最大1.6兆円の債券発行が予定されている。GX 経済移行債は国債の一種であるが，その調達資金はエネルギー対策特別会計で区分して経理され，その発行においては資金使途等を明記したフレームワークの開示とともに第三者機関による外部認証を受ける。

国内で公募された SDGs 債（ESG 債）の発行額と発行件数

（単位：億円）

		2016年	2017年	2018年	2019年	2020年	2021年	2022年	2023年6月末
グリーン	発行額	100	660	2,363	5,650	7,754	10,958	10,856	7,107
	（発行件数）	(1)	(6)	(26)	(47)	(74)	(84)	(93)	(42)
ソーシャル	発行額	350	1,231	2,521	5,119	9,150	11,642	19,608	12,847
	（発行件数）	(2)	(9)	(10)	(22)	(47)	(53)	(97)	(50)
サステナビリティ	発行額	–	–	–	1,370	4,435	5,210	7,010	4,760
	（発行件数）	–	–	–	(14)	(25)	(42)	(50)	(20)
サステナビリティ・リンク	発行額	–	–	–	–	200	1,100	2,940	1,730
	（発行件数）	–	–	–	–	(2)	(7)	(16)	(9)
トランジション	発行額	–	–	–	–	–	200	4,212	1,500
	（発行件数）	–	–	–	–	–	(2)	(27)	(8)
グリーン＆サステナビリティ・リンク	発行額	–	–	–	–	–	160	0	0
	（発行件数）	–	–	–	–	–	(2)	0	0

〔出所〕 日本証券業協会「SDGs 債の発行状況」

GX 実現に向けた基本方針

1．エネルギー安定供給の確保を大前提とした GX の取組	2．「成長指向型カーボンプライシング構想」等の実現・実行
①徹底した省エネの推進 ②再エネの主力電源化 • 次世代太陽電池（ペロブスカイト）や浮体式洋上風力の社会実装化 ③原子力の活用 ④その他の重要事項 • 水素・アンモニアと既存燃料との価格差に着目した支援 • カーボンリサイクル燃料（メタネーション，SAF，合成燃料等），蓄電池等の各分野において，GX に向けた研究開発・設備投資・需要創出等の取組を推進	①GX 経済移行債を活用した，今後10年間で20兆円規模の先行投資支援 産業競争力強化・経済成長と排出削減の両立に貢献する分野への投資等を対象とし，規制・制度措置と一体的に講じる。 ②成長志向型カーボンプライシングによるGX 投資インセンティブ ⅰ．排出量取引制度の本格稼働 【2026年度〜】 ⅱ．発電事業者に有償オークション導入 【2033年度〜】 ⅲ．炭素に対する賦課金制度の導入 【2028年度〜】 ※上記を一元的に執行する主体として「GX推進機構」を創設 ③新たな金融手法の活用 ④国際戦略・公正な移行・中小企業等の GX

〔出所〕 GX 経済移行債発行に関する関係省庁連絡会議（第１回）資料（2023年６月）

第6章　公社債流通市場

　1．公社債の売買　　公社債の流通方法には，①金融商品取引所が開設する市場での売買と②投資者と証券会社等の市場仲介者との相対売買の二つが存在する。このうち，前者を取引所取引，後者を店頭取引という。公社債流通市場における取引の大部分は店頭取引により行われているという特徴がある。

　公社債の流通市場の売買高（2018年5月以降の国債バスケット取引を含む。以下1．において同じ。）は1975年度には58兆円に過ぎなかったが，その後拡大を続け2007年度には1京円の大台を突破した。リーマンショックの影響等により，2010年度には7,700兆円台まで減少したものの，最近では現担レポから現先レポへの移行により大幅に増加し，2022年度には5京円弱の水準となっている。

　公社債の売買高をその種類別にみると，国債の売買が全体の99％超を占めていることから，わが国においては，国債が大量に発行され，その残高が大きく増加してきたことが公社債流通市場拡大の大きな要因と考えられる。

　この傾向は近年においても同様であり，2010年度と2022年度を比較すると，公社債全体の売買高の増加額4京730兆円に対して，国債の売買高は4京787兆円増加している。このように，国債が他の公社債よりも活発に売買される背景には，発行額・現存額の多さもさることながら，わが国においてはリスクフリーの資産として取り扱われること等から，様々な運用ニーズの資金が集まりやすく，その結果として高い流動性が保たれていると考えられる。

　今後のわが国の公社債流通市場の発展のためには，国債以外の公社債も活発に売買されることが重要である。中でも，企業金融の重要な一翼を担っている社債市場の活性化が必要との認識のもと，2009年に日本証券業協会（日証協）は，「社債市場の活性化に向けて」とする報告書の中で，わが国社債市場が抱える課題を整理するとともに，一層効率的で，透明性と流動性の高い社債市場の実現のための具体的な取組みを提示した。その上で，わが国社債市場の活性化は，今後，わが国経済の新たな成長戦略の重要な要素の一つとして，官民挙げた積極的な取組みが期待されるとしている。

　これを受けた日証協の具体的な取組みの一部については，本章後段を参照されたい。

年度別の公社債売買代金（額面ベース）及び店頭売買シェアの推移

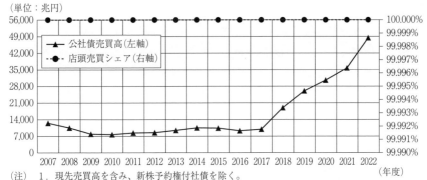

（注）　１．現先売買高を含み、新株予約権付社債を除く。
　　　　２．売買代金は原則額面ベースだが、2018年５月以降の国債バスケット取引は約定金額ベース
〔出所〕　日本証券業協会ホームページ掲載の統計（公社債店頭売買高、公社債種類別店頭売買高）及び日本取引所グループホームページ掲載の統計（売買高・売買代金）より作成

公社債種類別売買高

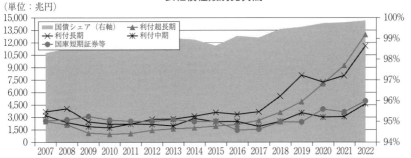

（注）　現先売買（2018年５月以降の国債バスケット取引を除く。）を含み，新株予約権付社債を除く。
〔出所〕　日本証券業協会ホームページ掲載の統計（公社債店頭売買高，公社債種類別店頭売買高）より作成

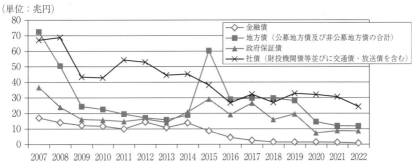

（注）　現先売買を含み，新株予約権付社債を除く。
〔出所〕　日本証券業協会ホームページ掲載の統計（公社債店頭売買高，公社債種類別店頭売買高）より作成

２．公社債売買の主体　　公社債の店頭取引の主体を業態別に見ると，証券会社等の「債券ディーラー」が大きな割合を占めている。公社債の店頭取引においては，投資者の取引ニーズに即座に応えることが求められるが，公社債は銘柄数が膨大であり，取引形態も多様であることから，そのニーズに合致した相手方を速やかに見つけることは容易ではない。このため，証券会社やディーリング業務を行っている金融機関が，投資者の取引ニーズに対して買い向かい，あるいは売り向かうことによって，円滑な取引を実現しているのである。このほかに，証券会社等は自らの相場観に基づいた売買を行い，「債券ディーラー」の売買規模を大きくしている。次いで多いのが「その他」の分類であるが，ここには日本銀行が含まれており，同行を経由して入札発行される国債や，同行の各種債券オペによる売買が計上されている。「非居住者」による売買もこの数年は増加傾向にあるが，債券投資というよりは「円への投資」の意味合いが強く，長期・超長期のほか，国庫短期証券などの短期国債の売買も積極的に行っていることによるものである。また，「都市銀行」については，運用難の状況が続くなかで収益を得るため，相場観に基づく自己売買を積極的に行っているほか，引き受けた地方債等の売却などを行っている。「信託銀行」については，受託している年金等の資産の運用対象として公社債を積極的に取り込んでいることがうかがえる。

　次に，売りと買いとをその差額で見ると，2018年度及び2019年度には，「その他」を除くすべての業態において公社債を買い越す動きが見られた。また，「その他」が恒常的かつ大幅に売越しとなっているのは，入札発行される国債が日本銀行による売却として計上されるためであるが，2020年度は新型コロナ対策に係る2度の補正予算編成に伴い，国債発行額が大幅に増加したことから，「その他」の売越し額が大幅に増加しただけでなく，「都市銀行」や「非居住者」をはじめとする多くの業態において買越し額が大きく増加する要因となった。2020年度よりも減額されているものの，国債発行額は2021年度以降も歴史的に高い水準で推移しており，2023年度の国債発行計画においても同様のため，「その他」以外の業態が買越しとなる傾向は継続すると見られる。

公社債の投資家別売買状況

（上段は売りと買い合計，下段は売りと買い差額で▲は売越し）（単位：100億円）

	2013年度	2014年度	2015年度	2016年度	2017年度	2018年度	2019年度	2020年度	2021年度	2022年度
都市銀行	18,599 〈▲2,837〉	25,407 〈▲2,630〉	12,709 〈▲973〉	6,085 〈1,064〉	10,231 〈2,209〉	9,135 〈352〉	10,077 〈158〉	12,401 〈3,259〉	17,232 〈2,179〉	16,090 〈1,143〉
地方銀行	4,140 〈482〉	4,550 〈303〉	3,480 〈51〉	2,525 〈▲80〉	1,640 〈▲60〉	1,560 〈16〉	1,476 〈304〉	1,604 〈517〉	1,809 〈278〉	2,073 〈▲36〉
信託銀行	16,800 〈5,478〉	14,175 〈1,298〉	10,861 〈561〉	10,000 〈299〉	10,074 〈516〉	10,581 〈422〉	12,231 〈881〉	13,788 〈1,964〉	15,544 〈3,290〉	17,520 〈2,142〉
農林系金融機関	1,764 〈779〉	1,307 〈486〉	1,000 〈232〉	975 〈240〉	980 〈325〉	1,026 〈230〉	1,040 〈288〉	1,245 〈408〉	1,346 〈178〉	1,596 〈121〉
その他金融機関	3,475 〈2,016〉	2,636 〈790〉	2,128 〈806〉	1,631 〈578〉	733 〈155〉	613 〈109〉	545 〈140〉	706 〈244〉	1,108 〈530〉	697 〈55〉
生保・損保	4,256 〈1,387〉	2,704 〈908〉	1,956 〈507〉	1,555 〈404〉	1,507 〈371〉	1,701 〈406〉	1,880 〈564〉	2,256 〈728〉	2,418 〈653〉	2,886 〈581〉
投資信託	4,318 〈3,165〉	4,372 〈3,045〉	3,961 〈2,284〉	2,139 〈416〉	2,159 〈240〉	2,499 〈381〉	2,915 〈519〉	3,639 〈733〉	3,943 〈945〉	5,003 〈1,000〉
官庁共済	210 〈151〉	114 〈54〉	115 〈15〉	84 〈5〉	86 〈7〉	82 〈3〉	65 〈5〉	109 〈▲32〉	73 〈11〉	76 〈▲5〉
事業法人	1,281 〈1,104〉	696 〈630〉	320 〈256〉	81 〈40〉	98 〈75〉	144 〈94〉	180 〈109〉	160 〈120〉	135 〈80〉	145 〈115〉
非居住者	34,799 〈16,300〉	35,730 〈20,103〉	37,609 〈21,575〉	36,466 〈21,814〉	34,992 〈21,208〉	40,444 〈24,486〉	45,434 〈23,937〉	54,653 〈27,909〉	56,933 〈27,534〉	75,656 〈29,633〉
その他	62,355 〈▲26,367〉	60,975 〈▲23,756〉	61,742 〈▲24,673〉	56,869 〈▲22,866〉	48,849 〈▲24,303〉	46,837 〈▲26,216〉	44,075 〈▲26,870〉	70,883 〈▲37,612〉	56,716 〈▲36,974〉	59,952 〈▲34,956〉
債券ディーラー	162,073 〈▲661〉	187,339 〈▲223〉	142,679 〈▲446〉	116,243 〈▲465〉	117,185 〈28〉	111,706 〈34〉	111,933 〈10〉	101,576 〈▲135〉	100,652 〈▲274〉	109,423 〈▲22〉
合計（他の投資家を含む）	318,446 〈2,222〉	344,034 〈1,984〉	281,281 〈557〉	236,550 〈▲1,490〉	230,135 〈881〉	228,532 〈474〉	233,583 〈336〉	265,029 〈▲799〉	259,940 〈▲520〉	293,128 〈305〉

（注）　現先売買を除き，新株予約権付社債の売買を含まない

〔出所〕　日本証券業協会ホームページ掲載の統計（公社債店頭売買高，公社債投資家別売買高）より作成

3．公社債の店頭市場取引　　公社債の流通は，取引がどこで行われるかにより，「取引所取引」と「店頭取引（「OTC取引」と呼ばれる。）」に大別することができる。

取引所取引と店頭取引における公社債の売買高をみると，圧倒的に店頭取引の方が多い。これは，①公社債は発行銘柄が非常に多く，これらを全て取引所に上場することは事実上困難であること，②公社債の取引においては，売方・買方の売買内容が複雑で多岐に亘ることが多く，そのようなニーズを充足する取引相手を取引所で瞬時に見つけることは困難であること，③公社債の取引の多くを占める法人投資家による売買は取引単位が大きく，複数銘柄を組み合わせた複雑な取引も多いこと，④公社債の利子に対する課税方式が，保有者の属性に応じて異なっていたこと，などがその理由として挙げられる。一般的に，公社債の取引は，取引形態を標準化する必要がある取引所取引には馴染みにくいことから，相対の話し合いをベースに取引条件を決めながら売買を成立させる店頭取引による方が円滑に進むことになる。

店頭取引は，取引所取引のように一定の場所に投資者の取引ニーズを集中することなく，各証券会社等の店頭において行われる「当事者間の話し合いにより決定される自由な取引」であり，その意味では，各証券会社等のそれぞれの店頭が市場であることから，店頭市場は無数に存在するといえる。

店頭取引は投資者と証券会社等が合意すれば成立することから，取引の内容や対象商品は多岐に亘っている。店頭市場では，公募債だけでなく，非公募債の取引も可能であり，公社債の受渡し方法も売方と買方との合意で自由に設定できる。また，その取引価格は，他の金融商品と比較考量するなどして，当事者間で決定できることになる。

店頭市場においては，証券会社等が，顧客による公社債の売り注文を一旦受けて買い取り，その後，他の顧客に転売することになる。また，顧客による公社債の買い注文に対しては，手持ちの在庫や他のブローカーからの調達などで応じることになる。このように，証券会社等が，一旦顧客の相手方になって売買を行うことを「仕切り売買」といい，公社債市場における主要な売買形態となっている。

公社債の市場別売買高等

(単位：100億円)

		国　債	新株予約権付社債	その他
2013年度	取　引　所	0	27	0
	店　　　頭	936,753	24	9,230
2014年度	取　引　所	0	8	0
	店　　　頭	1,039,157	11	11,273
2015年度	取　引　所	0	30	0
	店　　　頭	1,025,087	20	14,432
2016年度	取　引　所	0	18	0
	店　　　頭	921,027	31	7,335
2017年度	取　引　所	0	6	0
	店　　　頭	983,609	13	8,717
2018年度	取　引　所	0	4	0
	店　　　頭	1,889,240	11	8,141
2019年度	取　引　所	0	3	0
	店　　　頭	2,596,532	8	7,979
2020年度	取　引　所	0	4	0
	店　　　頭	3,052,768	7	5,090
2021年度	取　引　所	0	1	0
	店　　　頭	3,566,258	1	5,426
2022年度	取　引　所	0	1	0
	店　　　頭	4,840,739	1	4,506

(注) 　1．取引所の売買高＝取引所出来高×2
　　　　2．店頭売買高には現先売買（2018年5月以降の国債バスケット取引（約定金額ベース）を含む）を含む
〔出所〕　日本証券業協会ホームページ掲載の統計（公社債店頭売買高，公社債種類別店頭売買高）及び日本取引所グループホームページ掲載の統計（売買高・売買代金）より作成

主要公社債種類別現存額・銘柄数

		国　債	地方債（公募）	政保債・財投機関債	普通社債	新株予約権付社債	金融債（利付・割引）
2013年度末	銘柄数	476	2,805	1,916	2,823	18	900
	現存額	848	57	69	60	0	12
2014年度末	銘柄数	493	2,917	2,021	2,863	22	789
	現存額	873	58	69	59	0	12
2015年度末	銘柄数	497	3,008	2,151	2,828	24	526
	現存額	901	59	69	57	0	11
2016年度末	銘柄数	506	3,059	2,244	2,961	26	428
	現存額	927	60	68	60	0	10
2017年度末	銘柄数	512	3,100	2,370	3,070	23	366
	現存額	948	60	68	60	0	9
2018年度末	銘柄数	516	3,152	2,505	3,269	17	364
	現存額	966	61	68	62	0	8
2019年度末	銘柄数	520	3,193	2,475	3,556	25	235
	現存額	978	62	67	70	0	7
2020年度末	銘柄数	536	3,261	2,624	3,769	23	223
	現存額	1,065	62	68	76	0	6
2021年度末	銘柄数	538	3,375	2,657	3,993	18	215
	現存額	1,096	64	65	82	0	5
2022年度末	銘柄数	539	3,462	2,670	4,161	16	206
	現存額	1,127	64	62	86	0	5

(注) 　現存額の単位は兆円。2019年4月より集計方法が一部変更されている。
〔出所〕　日本証券業協会ホームページ掲載の統計（公社債発行額・償還額）より作成

4．公社債店頭売買参考統計値(1)　　公社債の店頭市場での取引は，各証券会社等と顧客との間の相対で行われるものであり，第三者がそこで取引される価格を把握することは困難である。一方，公社債の取引の大半を占める店頭取引の価格などの情報を広く知らしめることは，公社債の取引の円滑化，公正な価格形成の実現，最良価格での執行機会の提供に資することになるなど，投資者保護の観点からも重要な事項であり，公社債市場の発展のためには欠かせない要件である。

　これに関して，日証協では，投資者及び証券会社等が公社債の店頭売買を行う際の参考に資するため，「公社債店頭売買参考統計値発表制度」を創設し，公募公社債のうち一定の要件を満たす銘柄についての気配値（売り気配と買い気配の仲値）を毎営業日公表している。この制度は，1965年8月に当時の公社債引受協会が「事業債店頭気配」の発表を開始し，また，1966年3月には日証協の前身である東京証券業協会が「公社債店頭気配」の発表を開始したことに始まる。当時は戦後の国債の発行が開始された時期であり，公益及び投資者保護に資するため，国債の適正な価格形成と円滑な流通を図るべきという社会的な要請に応える形で本制度が開始されることとなった。その後，公社債市場を取り巻く情勢の変化などに合わせ，逐次の改善・見直しが図られており，公表銘柄数も制度開始当初の約300銘柄から，現在は約11,700銘柄と大幅に増加している。2002年8月には，本制度が公社債の店頭売買の参考に資するためのものであることを明確にするため，その名称を，従前の「公社債店頭基準気配」から「公社債店頭売買参考統計値」に改めるとともに，提供する情報を充実させることとし，平均値のみを発表する方法を改め，平均値，最高値，最低値及び中央値を発表することとした。

　本制度は，その公表開始以来約60年を経ているところであるが，本来の目的である公社債の店頭売買の際の参考情報としての役割のほか，近年では，企業会計や税務会計における時価評価，各種取引における担保評価等に幅広く活用されるようになっている。こうした利用方法の拡大を背景に，本制度については，より一層の信頼性の向上が求められており，2013年には社債に係る公社債店頭売買参考統計値制度を中心に見直しが行われ，2015年11月より見直し後の新制度の運用を開始した。

公社債店頭売買参考統計値発表制度

1．概要

（1）目的

日本証券業協会協会員が顧客との間において行う公社債の店頭売買に際し，協会員および顧客の参考に資するため，協会が指定した協会員からの報告に基づき公表。

(注)　1965年8月に公社債引受協会が「事業債店頭気配」を発表開始。その後1966年3月に東京証券業協会が「公社債店頭気配」を発表開始し，その後数次の改善・見直しが図られる。

（2）公社債店頭売買参考統計値の算出

指定報告協会員（2023年12月末現在，証券会社12社）から当日の午後3時現在における額面5億円程度の売買の参考となる気配の報告を受けて，このうち5社以上から気配報告のある銘柄について算術平均等して参考統計値を算出。

公社債店頭売買参考統計値発表制度の沿革

	選定対象銘柄の種別等	選定銘柄数
1966年3月 店頭気配発表 ・制度開始（毎週1回（木曜日）発表）	国債，地方債，政府保証債，利付金融債，事業債，加入者引受利付電信電話債券及び同割引電信電話債券，その他協会が適当と認めたもの	発表銘柄数…280銘柄 （1966年5月12日現在）
1977年1月 ・指標気配及び標準気配の発表（指標気配は，毎日（土曜日を除く。）発表。標準気配は，毎週1回（木曜日）発表。）	①指標気配（機関投資家向け）公社債のうち売買量が多く市場動向を的確に反映する銘柄から選定 ②標準気配（小口投資家向け）上記以外の銘柄のうち，国債，地方債，特殊債，金融債，社債及び円建外債の種類毎に償還年別，利率別に各1銘柄を選定	①指標気配 発表銘柄数…14銘柄 （1977年1月31日現在） ②標準気配 発表銘柄数…77銘柄 （1977年1月27日現在）
1978年8月 ・指標気配の発表方法変更（売り気配，買い気配の発表）。（指標気配は，毎日（土曜日を除く。）発表。標準気配は，毎週1回（木曜日）発表。）	同上	①指標気配 発表銘柄数…19銘柄 （1978年8月31日現在） ②標準気配 発表銘柄数…137銘柄 （1978年8月31日現在）
1992年1月 ・公社債店頭基準気配を毎日発表	非上場債のうち国債，地方債，政府保証債，金融債，社債，円建外債の種類毎に償還年限別，利率別に各1銘柄を選定	発表銘柄数…298銘柄 （1992年1月31日現在）
1997年4月 ・対象銘柄数の大幅拡大（新システム稼働）	非上場の公募債である公社債（残存期間1年超）のうち，利率が発行から償還まで一定であって，最終償還日に一括して償還される銘柄から選定	発表銘柄数…1,746銘柄 （1997年5月1日現在）
1998年12月 ・市場集中義務の撤廃等	公募債である公社債（払込元本，利金及び償還元本の全てが円貨である債券に限る。）から選定	発表銘柄数…2,867銘柄 （1998年12月1日現在）
2002年8月 ・「公社債店頭売買参考統計値」に名称変更。平均値に加え，最高値，最低値，中央値を発表。	同上	発表銘柄数…4,198銘柄 （2002年8月1日現在）
2013年12月 ・社債等の算出方法の見直し及び公表時間の繰下げ等を決定。	同上	発表銘柄数…7,931銘柄 （2013年12月2日現在）
2015年11月 ・見直し後の制度運用開始	同上	発表銘柄数…8,257銘柄 （2015年11月2日現在）
2018年5月 ・国債取引に係る決済期間の短縮（T＋1）化に伴う最終発表日の変更	同上	発表銘柄数…9,345銘柄 （2018年5月1日現在）
2020年7月 ・一般債取引に係る決済期間の短縮（T＋2）化に伴う最終発表日の変更	同上	発表銘柄数…10,423銘柄 （2020年7月13日現在）

(注)　2002年8月5日報告分から公社債店頭売買参考統計値制度へ移行

　5．公社債店頭売買参考統計値（2）　　公社債店頭売買参考統計値は，日証協が指定する協会員（以下「指定報告協会員」という。）からの午後3時現在における額面5億円程度の売買の参考となる気配の報告に基づき，日証協が毎営業日発表する価格情報であり，広く投資者，市場関係者に利用されている重要なインフラである。そのため，本制度に対しては，高い信頼性と安定性が求められることから，日証協では社債関連部分を中心に本制度の見直しを行い，2015年11月から新制度の運用を開始した。

　新制度における見直し内容のうち，主なものは次のとおりである。

　①指定報告協会員の指定基準の厳格化：社債に係る公社債店頭売買参考統計値の信頼性を向上させるためには，社債マーケットの動きを反映した適切な気配値を報告できる協会員を指定報告協会員とする必要があることから，社債等の売買高が上位20位以内であること等を指定報告協会員の指定基準に加えることとした。

　②日証協における指導・管理態勢の充実・強化：指定報告協会員から適切な報告がなされるよう，日証協が（1）毎営業日の報告気配値に適正でない値が含まれていないかについてチェック等を行う（2）指定報告協会員の報告態勢に問題が生じていないかについてチェックを行うこととした。

　③公社債店頭売買参考統計値の算出方法の見直し：社債については，報告気配値のバラつきが比較的大きく，マーケットが大きく動いた場合には，平均気配値から大きく乖離した気配値の方がより適切な値である場合も考えられること，及び，異常値は②で排除されることから，従来機械的に実施していた報告気配値の上下カットを行わないこととした。

　④報告時限及び公表時間の繰り下げ：社債の気配値報告を行っていない協会員から，報告を行うためには報告時限の繰り下げが必要であるといった声があったことを考慮し，報告時限を1時間15分繰り下げ，これに応じて公表時間を1時間程度繰り下げることとした。

　⑤公社債店頭売買参考統計値に対する理解の促進：公社債店頭売買参考統計値は売り気配と買い気配の仲値であり，実際の取引価格とは乖離が生じることがある等，公社債店頭売買参考統計値の性質等についてのわかりやすい説明を日証協ホームページ等において充実させることとした。

公社債店頭売買参考統計値の発表までの流れ（イメージ）

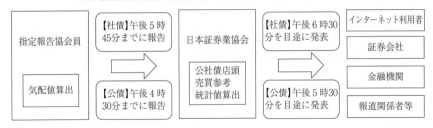

指定報告協会員の指定について

日本証券業協会は，指定報告協会員になろうとする協会員について，次の各号に掲げる指定基準につき審査し，指定報告協会員を指定するものとする。
（1）公社債店頭売買参考統計値発表制度の趣旨を理解し，指定報告協会員になる意思を有していること
（2）公社債店頭売買業務等に精通していること
（3）気配報告業務の適確な遂行に必要な組織体制，人員構成が確保されていること
（4）その他本協会が定める事項
※基準のより詳細な内容については日本証券業協会ホームページを参照。

公社債店頭売買参考統計値の見直し策

見直し策	概要	見直しの対象債券
①指定報告協会員の指定基準の厳格化	「公社債店頭売買業務等に精通していること」の具体的な基準として以下を追加した。 ・社債等に係る気配の報告を行う指定報告協会員にあっては，社債等の売買高ランキングが20位以内であること ・ただし，自社が主幹事となっている社債等についてはランキングを満たしていない場合であっても報告可能	社債，特定社債，円建外債
②日証協における指導・管理態勢の充実・強化	・毎営業日の報告気配値のチェック（指定報告協会員への注意喚起を含む）の導入 ・指定報告協会員の報告態勢のチェックの導入 ・指定報告協会員間における気配水準に係る情報交換等の禁止を自主規制規則化	すべての債券
③売買参考統計値の算出方法の見直し	・報告された気配値の上下カットを取止め	社債，特定社債，円建外債
④報告時限および公表時間の繰り下げ	・報告時限を1時間15分繰り下げ午後5時45分 ・公表時間を1時間程度繰り下げ午後6時30分	社債，特定社債，円建外債
⑤売買参考統計値に対する理解の促進	・取引価格と乖離が生じるといった売買参考統計値の性質等について日証協HP等におけるより分かりやすい説明	すべての債券

6．社債の取引情報の報告・発表制度　　社債市場の更なる活性化を図るためには，社債の取引情報を公表することにより社債の価格情報の透明性を高め，市場の信頼性を確保することが重要であることから，日証協では，2015年11月より，社債の店頭取引における実際の取引価格等を公表することとした。

この新しい取組みは，証券会社から日証協に対する取引価格等の報告と，日証協による報告された取引価格等の公表により成り立っている。

（1）社債の取引情報の報告制度：日証協の自主規制規則において，取引当事者の一方となる証券会社（日証協の会員）に対して，社債の取引を行った場合の日証協への報告を義務付けた。報告対象となる社債は，①国内で募集又は売出しが行われたものであること，②国内発行であること，③払込元本，利金及び償還元本の全てが円貨であること等の全ての要件を満たす社債（ただし，短期社債，新株予約権付社債を除く。）である。また，報告対象となる取引には，①毎営業日報告されるもの（取引数量が額面1億円以上）と，②日証協への届出により月次の報告が可能なもの（取引数量が額面1億円未満。ただし，取引数量が額面1,000万円未満の取引は報告を省略可能）がある。

（2）社債の取引情報の発表制度：日証協では，対象となる社債の取引情報を証券会社から報告を受けた翌営業日に日証協ホームページにおいて発表しており，発表項目は，①約定年月日，②銘柄コード，③銘柄名，④償還期日，⑤利率，⑥取引数量（額面5億円以上か否かの別），⑦約定単価（額面100円当たりの約定単価），⑧売買の別（証券会社の取引相手方における売りと買いの別）となっている。また，対象となる社債は「銘柄格付がAA格相当以上であるもの」のほか，2021年4月からは「銘柄格付がA格相当（Aマイナス相当を除く。）で，発行額が500億円以上であるもの（劣後特約付きのもの及び残存年数が20年以上のものを除く。）」が追加されている。

なお，取引情報の発表基準を満たす社債であっても，公社債店頭売買参考統計値に異常な変動がみられるなどの一定の要件にあてはまる場合には，当該社債の取引情報の発表を停止する措置が設けられている。

（3）定期的な検証：日証協は社債の取引情報の発表制度の実施後，本制度が社債の流動性に与える影響等について定期的に検証を行い，必要に応じて本制度の見直しの検討を行うこととしている。

社債の取引情報の報告・発表の流れ（イメージ）

（※１）前営業日午後３時～当日午後３時にシステムにおいて処理（又は承認）されたもの
（※２）前営業日午後４時45分～当日午後４時45分に決済照合システムに送信された売買報告データ

発表される情報

○2021年12月１日発表分
約定年月日：2021年11月30日

銘柄コード	銘柄名	償還日	利率	売買の別	取引数量(額面金額ベース)５億円以上	取引数量(額面金額ベース)５億円未満	約定単価(円)	【参考】売買参考統計値(平均値)
000039023	○○工業3	2027/9/20	1.9	売り	＊		102.△△	102.09
000039023	○○工業3	2027/9/20	1.9	買い		＊	102.××	102.09
000039023	○○工業3	2027/9/20	1.9	売り		＊	102.●●	102.09

発表停止と発表停止解除の例

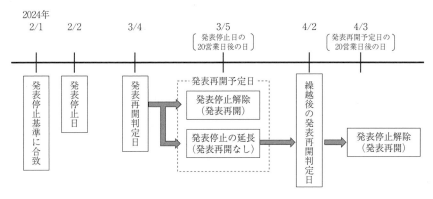

7．公社債の振替決済制度　　投資者が公社債を保有する形態としては，以前は，証券（券面）が発行される「現物債」や，証券は発行されず公社債毎に設けられた登録機関の登録簿に銘柄名や債権者の氏名等が登録される「登録債」のほか，国債に限っては，現物国債を日本銀行に寄託し，その取引に伴う受渡しは各証券会社等（口座管理機関）の帳簿上で管理する「振替国債」（1980年に創設）が存在していた。

　しかしながら，公社債の取引がより大量に行われるようになったことで，証券自体の引渡しを必要とする現物債や，特定の登録簿への記載等を要する登録債により保有者を管理することには決済処理の面から限界があり，また，振替国債についても制度上不十分な面があったこと等から，公社債の決済制度の見直しの必要性が高まってきた。更に，わが国の証券市場全体の国際競争力を左右する制度的基盤ともいえる証券決済システムを，より安全で効率性の高いものに改革していくことが急務であるとの認識が高まってきた。このような状況を背景として，2002年6月に成立した通称「証券決済システム改革法」により，証券の完全ペーパーレス化，決済の迅速化，決済リスクの低減等を目的として，「社債等の振替に関する法律」が改正され，公社債の振替決済制度が措置された。2003年1月より，国債について新たに日本銀行による国債振替決済制度が開始され，2006年1月より，国債以外の公社債について㈱証券保管振替機構による一般債振替決済制度が開始された。

　本振替決済制度は，「振替機関」（国債については日本銀行，その他の公社債については㈱証券保管振替機構）の下に複数の「口座管理機関」（振替機関に口座を有する証券会社等）がぶら下がり，更にそれぞれの「口座管理機関」の下に口座を有する証券会社等や投資者がぶら下がる多層階層構造を有しており，振替機関及び口座管理機関が管理する「振替口座簿」へ記載又は記録する方法により，その公社債の所有権等を管理する仕組みとなっている。振替決済制度の対象となる公社債は，原則として発行時に本制度に取り込まれ，償還までの期間を通じて現物債や登録債への転換が不可となり，完全ペーパーレス化が図られている。

　なお，既述の「証券決済システム改革法」の施行により，本振替決済制度の創設と併せて，従来の「社債等登録法」は廃止されることとなった。

公社債の振替決済制度の構成

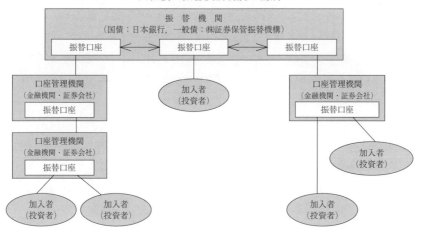

一般債振替制度の利用状況

(単位：件，100万円)

		引　受	償還・買入消却	振　替	(取扱銘柄数) 口座残高
2013年度	件数	26,726	31,642	437,387	55,595
	金額	34,446,614	34,030,438	135,561,923	253,200,196
2014年度	件数	25,761	32,082	465,813	54,294
	金額	33,410,427	34,831,065	158,293,806	251,779,558
2015年度	件数	25,722	30,604	524,130	53,825
	金額	31,146,061	32,462,918	204,529,981	250,462,702
2016年度	件数	27,401	28,040	349,226	58,288
	金額	41,737,175	35,052,475	131,163,539	257,147,401
2017年度	件数	28,345	27,238	287,072	63,087
	金額	34,276,788	34,479,534	140,831,156	256,944,654
2018年度	件数	28,885	26,163	289,272	68,826
	金額	36,439,329	31,520,591	145,921,506	261,863,392
2019年度	件数	26,765	26,564	318,896	74,569
	金額	37,743,822	31,844,372	146,798,435	267,762,842
2020年度	件数	21,821	25,775	300,113	77,900
	金額	41,438,860	31,240,061	127,984,617	277,961,641
2021年度	件数	21,625	26,606	279,406	79,698
	金額	34,443,264	30,376,651	135,203,174	282,028,255
2022年度	件数	19,853	27,238	278,021	79,759
	金額	29,526,381	30,182,012	120,348,438	281,372,624

(注)　2006年1月10日より制度を開始。
〔出所〕　㈱証券保管振替機構ホームページ掲載の統計（一般債振替制度）より作成

公社債の決済制度の改革

年　　月	事　　項
1994年4月	日銀ネットによる国債DVP取引開始
1997年4月	T＋3の国債ローリング決済開始
1999年10月	T＋3の一般債ローリング決済開始
2000年1月	国債取引のRTGS（即時決済）開始
2003年1月	社債等の振替に関する法律（公社債のペーパーレス化等を規定）施行
〃　　〃	国債のペーパーレス化による発行・取引開始
2004年5月	国債以外の公社債のDVP取引開始
2005年5月	国債について清算機関を通した取引を開始
2006年1月	国債以外の公社債のペーパーレスによる発行・取引開始
2012年4月	国債取引に係る決済期間の短縮（T＋2）化
2018年5月	国債取引に係る決済期間の短縮（T＋1）化
2020年7月	国債リテール取引及び一般債取引に係る決済期間の短縮（T＋2）化

8. 公社債の流通利回りと発行条件　　公社債を発行する者（資金調達者）は，できる限り低いコストでの調達を希望するが，公社債を購入する者（資金運用者）は，許容できるリスクの範囲内で，できる限り高い収益を期待する。理論的には，新発債の発行条件（応募者利回り）は，当該公社債と同質な既発債の流通利回り（最終利回り）と裁定関係が働き，一定の水準で均衡が達成される。この均衡点で発行条件を設定すると，「流通実勢を十分に反映した発行条件の設定が行われた」といわれるが，そのためには，既発債の残高及び売買高が十分に大きく，かつ新発債が継続的に発行され，新発債の発行条件決定に際して，既発債の流通利回りを参照することが可能であることが重要な要件となる。わが国の公社債市場においては，発行額及び売買高の拡大につれて公社債の発行条件の市場実勢化が進展してきたといえる。

　例えば国債については，従来は安定消化に重点を置き，引受シンジケート団による引受け（シ団引受け）により発行してきたものを，市場との対話を重視する国債管理政策の運営等により，徐々に既発国債の実勢利回りの変動に即した競争入札による発行の割合を増加させ，現在では，全ての国債（個人向け国債を除く。）の発行は入札によることが原則となっている（シ団制度は2006年3月をもって廃止された。）。

　公社債の発行条件の実勢化は，信用度の異なる公社債間の比較においても進展してきた。例えば，政府保証債及び地方債の発行条件は，同月発行される10年長期国債の発行条件を参考にして決定されるが，過去には，これら3つの公社債間での発行条件格差が，そのときの流通実勢格差を反映しない状態があった。しかし，近年は投資者の間で，3つの公社債の信用度の違いを重視する動きが強まってきたこと等から，3つの公社債の発行条件の格差が流通実勢における格差を反映するようになってきたと言える。実勢化の進展は，近年，例えば政府保証債における競争入札（個別発行方式）による発行割合が増加していることからも窺われる。また，社債についても，投資者は格付機関による格付の違いやESGへの取組みなどを重視して各社債への投資判断を行う傾向が強まってきており，発行企業は，予め投資者の需要予測（いわゆるプレマーケティング）を実施し，その状況等を踏まえて発行条件を設定する場合が多い。

公社債発行条件（利回り）の推移

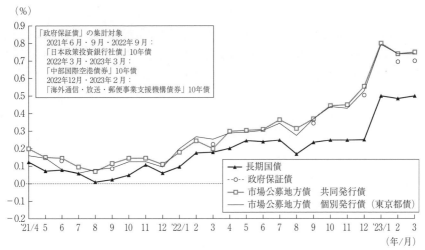

〔出所〕　財務省ホームページ掲載の統計（国債の入札結果）及び日本証券業協会ホームページ掲載の
　　　　　統計（公社債発行銘柄一覧）より作成

共同発行地方債と国債の発行条件格差・流通利回り格差の推移

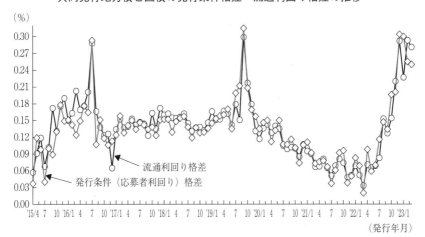

（注）　　1．流通利回り格差は，共同発行地方債及び政府保証債（10年最長期もの）のそれぞれの条件
　　　　　　　決定日前日の公社債店頭売買参考統計値（平均値：単利）の差
　　　　　2．発行条件（応募者利回り）格差は，共同発行地方債－政府保証債（各10年債）
〔出所〕　日本証券業協会ホームページ掲載の統計（公社債発行銘柄一覧）及び公社債店頭売買参考統
　　　　　計値より作成

9．公社債の現先取引(1)　　公社債の現先取引は条件付売買とも呼ばれ，公社債を一定期間後に買い戻し，又は売り戻すことを条件にして，その公社債を売却し，又は購入する取引である。その保有者が買戻条件付きで公社債を売却（売り現先）すれば，一時的な資金調達をしたことになる。逆に，売戻条件付きで公社債を購入（買い現先）すれば，手許の余裕資金を短期間運用したことになる。証券会社等による現先取引は，証券会社等が保有債券を元手に資金を調達したい売方と資金を運用したい買方とを仲介する役割を担う「委託現先」と，証券会社等が自己の資金繰りのために，保有する公社債を買戻条件付きで売却する「自己現先」とに区分できる。通常，現先取引の買戻し又は売戻しにおける公社債の価格は，買方と売方の双方の合意により運用又は調達利回りに相当する金額を上乗せして決定されるため，買戻し又は売戻し時点の市場価格とは一致しない。

　現先取引高は，年度によって増減はあるものの，短期の資金調達・運用手段としてのニーズを中心に，一定規模を維持している。現先取引残高は，1980年代後半には7兆円程度であったが，2007年度末には約50兆円まで増加した。その後，世界的な金融危機の影響等から減少する場面も見られたが，2010年以降は上昇傾向にある。なお，2018年5月の国債取引に係る決済期間の短縮（T＋1）化以降，現担レポから現先レポへの移行に伴って現先取引高及び現先取引残高は急激に増加しており，2022年度の現先取引高は約4京5,000兆円，2022年度末時点の現先取引残高は210兆円を超える規模となっている。

　現先取引は，以前は短期の国債（TB：短期国債，FB：政府短期証券）を利用するものが圧倒的に多く，これには，期間や信用度の点から，より現先取引に適している短期の国債の流通拡大等が大きく寄与してきた。具体的には，1986年から，市中消化を原則としたTBの公募入札発行が開始されたことや，同年より，日本銀行が発行時に取得したFBを市中に売却する方法が現先方式に改められたこと，1999年からは，FBについても市中消化を原則とした公募入札発行が行われるようになり，その後もTB及びFBが恒常的かつ大量に発行されてきたこと等があげられる。このような短期の国債の市場拡大等を背景に現先市場は発展してきたが，近時においては国債全体の大量発行の影響もあり，利付国債の取引が主体となっている。

債券現先売買の仕組み

［自己現先］

| 証券会社 | 債券 → 購入
〈一定期間後〉
債券買戻し ← 債券 | 投資者 |

［委託現先］

| 売方投資者 | 債券売却→
〈一定期間後〉
債券買戻し← | 証券会社 | 債券購入→
〈一定期間後〉
←債券売戻し | 買方投資者 |

公社債現先売買高・残高

（単位：100億円，％）

年度	公社債売買高 （A）	うち現先売買高 （B）	B／A	現先残高
2013	946,008	627,538	66.3	2,641
2014	1,050,441	706,429	67.3	3,079
2015	1,039,539	758,277	72.9	3,053
2016	928,393	691,841	74.5	3,344
2017	992,339	762,223	76.8	4,024
2018	1,897,393	1,668,849	88.0	11,642
2019	2,604,641	2,370,929	91.0	15,635
2020	3,057,865	2,792,828	91.3	14,841
2021	3,571,685	3,311,744	92.7	17,846
2022	4,845,247	4,552,117	94.0	21,462

（注）　1．2018年5月以降の国債バスケット取引を含む。
　　　　2．残高は年度末（3月末）時点
〔出所〕　日本証券業協会ホームページ掲載の統計（公社債店頭売買高，公社債種類別店頭売買高，公社債投資家別条件付売買（現先）月末残高）より作成

主要投資家別公社債現先売買残高

（単位：100億円）

	2013年度末		2014年度末		2015年度末		2016年度末		2017年度末		2018年度末		2019年度末		2020年度末		2021年度末		2022年度末	
	売残	買残	売残	買残	売残	買残	売残	買残	売残	買残	売残	買残	売残	買残	売残	買残	売残	買残	売残	買残
信託銀行	0	0	0	2	0	0	0	0	0	0	1,715	1,396	1,895	1,537	1,638	1,386	1,943	1,658	2,263	1,785
その他金融機関	0	56	3	4	0	0	0	5	0	0	1,843	776	2,179	1,136	2,423	1,035	3,596	851	4,688	616
投資信託	0	84	0	33	0	0	0	0	0	0	0	27	0	14	0	26	0	21	0	21
事業法人	0	31	0	25	0	4	0	3	0	3	0	2	0	2	0	1	0	1	0	1
非居住者	588	1,759	865	1,951	754	2,228	572	2,373	882	2,988	1,175	2,995	1,818	4,254	1,329	3,888	1,271	4,952	1,271	5,948
その他	55	122	99	188	66	46	384	55	151	119	820	1,392	1,731	1,844	1,731	2,256	1,952	2,336	2,515	3,225
債券ディーラー	1,998	588	2,111	876	2,233	774	2,383	914	2,991	913	6,088	5,054	8,012	6,846	7,719	6,250	9,084	8,027	10,726	9,867
合計	2,641	2,641	3,079	3,079	3,053	3,053	3,344	3,344	4,024	4,024	11,642	11,642	15,635	15,635	14,841	14,841	17,846	17,846	21,462	21,462

〔出所〕　日本証券業協会ホームページ掲載の統計（公社債投資家別条件付売買（現先）月末残高）より作成

10. 公社債の現先取引（2）　　わが国における短期金融市場の拡充や国際的競争力確保を目的として，債券と資金を相互に融通する現先取引の機能向上を図るため，2001年4月に，いわゆる「新現先取引」が導入された。それまでの現先取引は，欧米市場で一般的に行われているレポ取引と同じ売買形式であったが，取引期間中の各種リスク管理手法や，取引相手先がデフォルトを起こした場合の取扱いの仕組みが未整備である等の改善すべき課題を抱えていた。そこで，従来の現先取引をベースに，各種のリスク管理手法等の仕組みを整備・拡充し，グローバル・スタンダードに則った新現先取引を導入する措置が講じられたのである。

　新現先取引の導入に際し，新たに盛り込まれたリスク管理手法等（契約書上の条項）は，次のとおりである。

　（1）リスク・コントロール条項：取引期間中の債券価格の変動によって担保の過不足が生じないよう，担保の額を機動的に調節する。

　①ヘアカット条項の導入（売買金額の算出比率）：取引契約に使用する単価が約定時点の債券の時価を一定率下回る仕組みを採用し，取引期間中に債券の時価が多少下落した場合でも，担保価値が不足することを回避する。

　②マージンコール条項の導入（担保の管理等）：取引期間中の取引対象債券の時価の変動に応じて担保の受渡しを行う仕組み（例：債券の時価が下落した場合には，買手が売手に対して担保を請求する権利を有する。）を採用し，取引当事者間の与信額を調整する。

　③リプライシングの導入（再評価取引）：債券の時価が取引開始時点から大きく変動した場合には，取引当事者間の合意により，その取引を解消し，改めて，その時点の時価を用いて当初の条件による取引を約定する。

　（2）サブスティテューションの導入（取引対象債券の差換）：債券の売手が買手の同意を得て，取引対象債券を差し換える仕組みを採用することで，急遽，売手の別の取引に係る受渡しにより取引対象債券が必要となった場合であっても，当該債券を利用することができる。

　（3）一括清算条項：一方の当事者に倒産等の事由が発生した場合には，当事者間における基本契約書に基づく全ての取引を倒産時の時価に引き直して，債権・債務の差額を清算する。

新現先取引の仕組み

1. 取引開始（スタート時）

・債券の買手の買入代金
〔取引時点の債券時価÷（1＋ヘアカット率)〕×取引数量

2. 取引期間中の信用リスクのコントロール

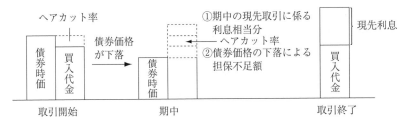

・債券の買手（資金の出手）の債券の売手に対する信用供与額＝①＋②
・上記の場合，債券の買手は債券の売手に対し信用供与額相当の担保
（現金・債券等）を要求することができる（マージンコール）

3. 取引終了（エンド時）

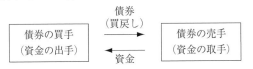

・債券の売手の取引終了時における債券買戻代金
取引開始時点における債券の買手の買入代金＋現先利息

11．公社債の貸借取引　債券の貸借取引は，債券の空売り（債券を保有せずに売却すること）等を行い，その受渡しまでに当該債券の買戻しを行わない場合に，受け渡すべき債券を手当て（借入れ）するために行われる。また，債券の貸借取引の担保として現金を利用する場合は，現先取引と同様に短期の資金調達・資金運用のために行われるものもある。また，貸借取引を利用することにより，債券を保有していない状態でも売却（空売り）の約定が可能となるため，公社債市場の流動性の向上が見込まれることになる。

　債券の貸借取引は，1989年の債券の空売りの解禁に伴い制度化されたものである。従来，債券の空売りは，証券会社の経営の健全性や債券相場形成への影響等を考慮して自粛されていたが，現物債のマーケット・メイクや，現物債と先物の間の裁定取引の活発化等を意図して容認され，その際に，受渡しに用いる債券の調達手段の一つとして，債券の貸借取引制度が導入されることとなった。当初は，現先取引との競合等を勘案して現金担保付の貸借取引が制限されたため，無担保の貸借取引が中心であったが，金融不安の高まり等を背景に，無担保取引における信用リスクの問題や，取引の活性化が課題となり，1996年には「現金担保付債券貸借取引」が実質的に可能となった。

　債券の貸借取引の法律上の性格は消費貸借とされているため，対象物の消費を目的として借入れを行い，返済時には借り入れた債券そのものではなく，同種・同量の債券を返済すればよい取引である。債券の貸借取引は，その担保の有無により「有担保取引」と「無担保取引」とに区分でき，更に有担保取引は，担保の種類によって「現金担保付取引」と「代用有価証券担保付取引」とに区分できる。また，現金担保付取引には，債券の貸借に主眼を置き銘柄を特定するSC取引（特定銘柄取引）や，資金調達に主眼を置き銘柄を特定しないGC取引（非特定銘柄取引）等がある。債券の貸借取引の市場規模（借入残高ベース）は，現金担保付取引が実質的に可能となった1996年以降，長く拡大傾向を示してきており，1996年度末の34兆円程度（うち現金担保分約17兆円）から，2017年度末には約139兆円（うち現金担保分約129兆円）まで増加したが，足下では現先取引への移行が進んだため，2022年度末には約80兆円（うち現金担保分約71兆円）に減少している。

債券貸借（現金担保）取引の仕組み

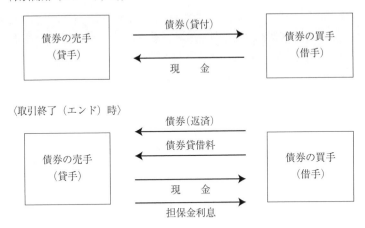

〈取引開始（スタート）時〉

債券の売手
（貸手）

債券（貸付）

現　金

債券の買手
（借手）

〈取引終了（エンド）時〉

債券の売手
（貸手）

債券（返済）

債券貸借料

現　金

担保金利息

債券の買手
（借手）

債券貸借取引の担保別取引残高（受渡し・額面ベース）

(単位：100億円)

	債券貸付				債券借入			
	有担保取引	うち現金担保取引	無担保取引	計	有担保取引	うち現金担保取引	無担保取引	計
2013年度末	10,085	9,984	267	10,352	10,085	9,984	267	10,352
2014年度末	10,483	10,310	322	10,805	10,483	10,310	322	10,805
2015年度末	9,680	9,454	450	10,130	9,680	9,454	450	10,130
2016年度末	12,316	12,178	428	12,744	12,316	12,178	428	12,744
2017年度末	13,093	12,903	806	13,899	13,093	12,903	806	13,899
2018年度末	5,536	5,370	846	6,382	5,536	5,370	846	6,382
2019年度末	5,589	5,419	1,160	6,749	5,589	5,419	1,160	6,749
2020年度末	5,232	5,041	1,040	6,273	5,232	5,041	1,040	6,273
2021年度末	5,630	5,413	919	6,549	5,630	5,413	919	6,549
2022年度末	7,316	7,101	760	8,077	7,316	7,101	760	8,077

（注）　債券貸借取引の内訳は，1997年1月より公表。2009年1月より集計方法が一部変更されている。
〔出所〕　日本証券業協会ホームページ掲載の統計（債券貸借取引残高等状況（一覧））より作成

第7章　投資信託

1．概　説　　投資信託は，複数の投資者から資金を集めて大きな基金をつくり，投資の専門機関が株式や債券など様々な資産で運用し，その収益を投資額に応じて投資者に分配する仕組みの商品である。

投資者からみれば，自身の投資資金が少額でも他の投資者の資金と集合して運用されるために規模の経済性が得られ，間接的に様々な資産に投資されることによる分散投資の効果や専門家の運用による情報や投資手法の優位性等を享受できるメリットがある。収益は運用成績に応じて変動するため元本は保証されないが，運用対象や運用方法の違いにより預貯金に近い商品性のものから，リスクをとって大きな収益を狙う派生商品的なものまで様々な種類がある。

日本の投資信託制度の全体的な枠組みは「投資信託及び投資法人に関する法律」で規定されている。また投資信託の運営において中心的役割を果たす投信委託会社の行為規制等については「金融商品取引法（金商法）」において定められており，さらに同法上の自主規制機関である投資信託協会が定めた自主ルールにより投資者保護が図られている。

投資信託は，国民の有力な投資代行の機能を営むものであるとともに，大衆の資金を証券市場に導入することにより，企業の資金調達に資するという国民経済的な意義をもっている。また，機関投資家として証券市場において合理的な価格形成に寄与するという機能も担っている。

わが国の公募証券投資信託の過去20年間の残高推移は右図のとおりである。2000年代前半から中頃にかけて超低金利下での国民の運用意識の高まり，また株式市況の回復などを受けて一たん拡大した。2008年には世界金融危機により前年比35％減少した後，2009年1月を底に回復し，2015年5月に史上初めて100兆円の大台を超えた。2022年に欧米の急速な利上げを受けて国内株式の値下がり等により純資産残高は減少したが，2023年に入ると純資産残高は再び増加に転じている。なお，世界全体の公募オープンエンド型投資信託の残高は2022年末現在で60.1兆ドル（7,886兆円）であるが日本のシェアは3.4％に過ぎない。今後，投資信託は「貯蓄から資産形成へ」の流れを牽引する商品として期待される。

投資信託の概念

〔出所〕「わかりやすい投資信託ガイド」（投資信託協会）

公募投信残高と個人金融資産に占める比率の推移

（注）　23 年は 6 月末現在（家計金融資産に占める比率は 3 月末速報）
〔出所〕　投資信託純資産残高は投資信託協会，家計金融資産に占める投信の比率は日本銀行資金循環統計より筆者作成

2．投資信託の歴史　集団投資スキームとしての投資信託は，19世紀後半にイギリスで始まって以来，世界各国で様々な形態で普及が進んでいる。

わが国の投資信託は，戦前においても存在したが，現行の制度は1951年6月の「証券投資信託法」施行により，信託の形態をとる契約型の単位型株式投信として始まった。欧米のように投資者のニーズに基づいて始まったものではなく，財閥解体で大量に放出された株式の需給調整（証券民主化）や戦後の資金不足時代の産業資金の調達等のために政策的に導入された商品であった。

証券投資信託法は証券恐慌後の1967年に一部改正され，投信委託会社の受益者に対する忠実義務（信認を受けて他人の事務を処理する者は，その他人の利益のためにのみ行動しなければならない義務）の明確化，禁止行為に関する規定の強化・新設など投信委託会社の行為準則が設けられた。1995年には規制緩和とディスクロージャーの強化を主要テーマとする大規模な改革が行われた。

そして1998年には「金融システム改革法」施行に伴う大改正が行われた。商品面では，契約型投信だけが存在していたわが国でも，欧米で主流となっている会社型投信の制度が導入されるとともに，ファンドの設立が承認制から届出制に規制緩和され，投信委託会社のファンド運用指図の外部委託も可能になった。また銀行等の金融機関による窓口販売が認められるなど販売チャネルの拡大も実現した。さらにディスクロージャーについても証券取引法にもとづく開示の強化が図られた。

次いで2000年には投資対象が有価証券以外のものにまで拡大されて「不動産投資信託」の設定が可能となり，法律名は「証券」の字が取れて「投資信託及び投資法人に関する法律」と改められた。また投信委託会社の行為準則に善管注意義務（善良な管理者の注意をもって信託財産の運用の指図を遂行しなければならない義務）が追加されるなどの改正が行われた。

そして2006年には金商法の制定（2007年9月末施行）にともない，投信委託会社の行為準則に関わる部分を同法に移管する法改正が行われ，また2014年には運用財産についてのリスク規制の導入等も実施された。

近年，NISA（少額投資非課税制度）やiDeCoなど確定拠出年金，投信ラップ口座などの整備が進められている。一方で販売業者に「顧客本位の業務運営」を求めるなど投資信託の健全な活用・発展が期待されている。

日本の投資信託の歴史（戦後）

制　　度	商　　品	販　　売	運　　用
証券投資信託法施行 (1951)	単位型株式投信でスタート (1951)	証券会社で販売	国内株中心
	追加型株式投信発足 (1952)		
委託会社の証券会社からの分離 (1960営業開始)	公社債投信発足 (1961)		国内債組入れ本格化 (1961)
投資信託法改正，「委託会社の受益者への忠実義務，ディスクロージャー義務」などを規定 (1967)		外国投信の国内販売自由化 (1972)	外国証券組入れ開始 (1970)
委託会社が投資顧問業務に進出 (1984)	中期国債ファンド発足 (1980)		
外資系が投信委託業務に進出 (1990)	MMF 発足 (1992)		
銀行系が投信委託業務に進出 (1993)		委託会社の直接販売開始 (1993)	
投信改革決定 (1994)　　　1995年に実施	日経300上場投信発足 (1995)		デリバティブのヘッジ目的以外への利用など運用規制緩和 (1995)
金融システム改革法施行 (1998)		銀行，保険等が本体で販売参入 (1998)	
	私募投信発足 (1999)		
投資信託及び投資法人に関する法律施行 (2000)	会社型投信発足 (2000)		運用対象を不動産を含めた幅広い資産に拡大 (2000)
公社債投信も時価評価へ移行 (2001)	不動産投信発足 (2001)		
確定拠出年金制度開始 (2001)	現物拠出型 ETF 上場 (2001)	金融商品販売法施行 (2001)	一部の MMF が元本割れ (2001)
投資顧問業法の改正により証券会社によるファンドラップ等投資一任業務が解禁 (2004)		郵便局での投信販売開始 (2005)	
金融商品取引法施行 (2007)	毎月分配型投信が人気		運用対象資産として商品が加わる (2008)
NISA 開始 (2014)			日銀ETF買い開始(2010) 信用リスク規制の導入 (2014)
つみたて NISA 開始 (2018)	公募株式投資信託に占めるインデックス型のシェアが5割を超える(2020)	金融庁が顧客本位の業務運営を推進 (2017)	マイナス金利で MMF 残高ゼロに (2017)
2024年以降の NISA の拡充・恒久化・無期限化を決定 (2022)	確定拠出年金向け投資信託の残高が10兆円を超える (2021)	重要情報シートの導入 (2021)	

〔出所〕　杉田浩治氏及び明田雅昭氏作成資料に筆者が加筆

3．投資信託の形態　　投資信託の形態は大別すると契約型と会社型がある。

契約型（投資信託）　契約型には信託形態や組合形態があるが，わが国では信託形態が採用され，委託者指図型と委託者非指図型がある。

委託者指図型は，わが国では一般的な形態で，委託者，受託者および受益者の三者で構成される。委託者は金融庁に登録した資産運用業者（投信委託会社）であり，商品企画，信託約款の作成・当局への届出，受託者への運用指図（運用指図権限の外部委託が可能）等を行う。受託者は信託会社または信託業務を行う銀行であり，信託契約に基づき投資信託財産を保管・管理する。投資者は，受益証券を取得することによって受益者となり，運用の成果を分配金・償還金として受け取る。以上の仕組みを図示すれば右上図のとおりである。

委託者非指図型は，受託者が委託者兼受益者である複数の投資者との間で個別に信託契約を結び，その資金を合同して一つの信託財産としたうえで，自らが（委託者の指図に基づかずに）主として有価証券以外の特定資産で運用するとともに，信託財産の保管・管理も行うものである。

会社型（投資法人）　会社型は株式会社に近い形で運営される。わが国の会社型は法人格を持つ投資法人が設立され，ファンドの運営は投資主総会で選任された役員が行うが，資産運用・保管・一般事務・募集の業務を全て外部に委託しなければならない。投資者は投資法人の発行証券（投資証券）を取得して投資主となり，運用益の分配を受ける。以上の仕組みを図示すれば右下図のとおりである。

なお，世界における投資信託の形態の区分として，契約型と会社型のほかに，発行証券の買取請求権の有無によりオープンエンド型とクローズドエンド型がある。オープンエンド型は投資者からの買取請求に対して，時価により信託財産を取り崩して応じるタイプであり，クローズドエンド型は買取請求に応じないタイプである。後者の場合，発行証券の取引所上場などにより投資者の換金性が図られる。わが国の契約型は原則としてオープンエンド型であり，不動産投信に代表される会社型はクローズドエンド型により運営されている。

委託者指図型投資信託の運営の仕組み

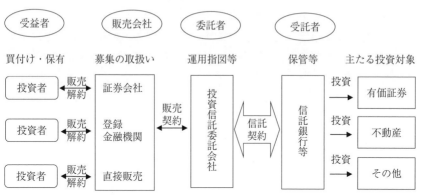

〔出所〕　投資信託協会『日本の投資信託2014』掲載図を一部修正

投資法人の運営の仕組み

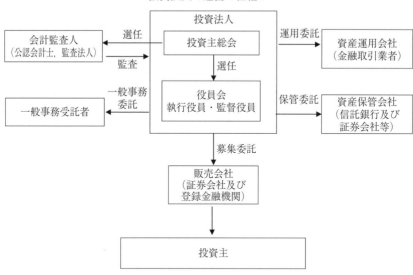

〔出所〕　投資信託協会『日本の投資信託2014』

4．投資信託の商品　わが国における広義の投資信託の全体像は右図の様に整理され，以下のような分類により区分される。

公募投信と私募投信　販売対象により，50名以上の不特定多数に販売されるファンドが公募投信であり，金商法で定める適格機関投資家・特定投資家または50名未満の少数に販売されるファンドが私募投信である。私募投信は1998年の投信法改正により設定が可能となった。公募投信に比べて運用規制が緩やかなため，投資者の合意さえ得られれば自由な商品設計が可能となることから機関投資家を中心に大口投資家のニーズをとらえるとともに，変額年金保険の運用対象ファンド等としても規模を拡大している。

株式投資信託と公社債投資信託　わが国の税法において，株式を若干でも組み入れることができるファンドを株式投信，株式を一切組み入れずに公社債等だけで運用するファンドを公社債投信と規定して，それぞれの取り扱いが異なっている。このため，債券を投資対象とする投資信託を株式投信として設定し，投資家が株式投信の長所を享受できるようにするケースも多い。このようなこともあり，株式投信の運用対象は様々で，多様なファンドが含まれている。公社債投信の中には長期債中心に運用するものと，短期金融市場の商品で運用するMRF（マネー・リザーブ・ファンド）などがある。

単位型と追加型　ファンド発足前の募集期間のみに元本価格で資金を受け入れ，その後は追加資金を受け入れないタイプのファンドが単位型（ユニット型とも呼ばれる）である。一方，ファンド発足後も引き続き時価で追加資金を受け入れるファンドが追加型（オープン型とも呼ばれる）である。わが国の投資信託は1951年に貯蓄商品に近い単位型でスタートしたが，現在は諸外国と同様に追加型が主流となっている。

投資対象による分類　投資者のファンド選択を容易にするため，投資信託協会はファンドの投資対象等に応じた商品分類を定めており，各ファンドの目論見書には当該ファンドがどの分類に属するかを記載することとなっている。

ETF（上場投資信託）　追加型投信のうち，その受益証券が取引所に上場され株式と同様に売買できるファンドをETF（Exchange Traded Fund）と呼んでいる。ETFについては次節で詳しく説明する。

広義の投資信託の全体像（純資産総額，ファンド本数）
2023年６月末

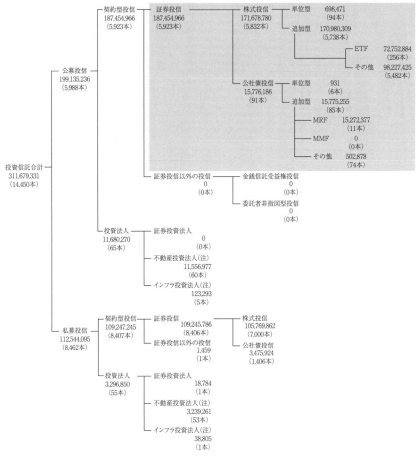

上段：純資産総額（単位：百万円）
下段：ファンド本数
網掛け部分は証券投資信託

投資信託合計
311,679,331
(14,450本)

公募投信
199,135,236
(5,988本)

契約型投信
187,454,966
(5,923本)

証券投信
187,454,966
(5,923本)

株式投信
171,678,780
(5,832本)

単位型　698,471
(94本)

追加型　170,980,309
(5,738本)

ETF　72,752,884
(256本)

その他　98,227,425
(5,482本)

公社債投信
15,776,186
(91本)

単位型　931
(6本)

追加型　15,775,255
(85本)

MRF　15,272,377
(11本)

MMF　0
(0本)

その他　502,878
(74本)

証券投信以外の投信
0
(0本)

金銭信託受益権投信
0
(0本)

委託者非指図型投信
0
(0本)

投資法人
11,680,270
(65本)

証券投資法人
0
(0本)

不動産投資法人(注)
11,556,977
(60本)

インフラ投資法人(注)
123,293
(5本)

私募投信
112,544,095
(8,462本)

契約型投信
109,247,245
(8,407本)

証券投信
109,245,786
(8,406本)

株式投信
105,769,862
(7,000本)

公社債投信
3,475,924
(1,406本)

証券投信以外の投信
1,459
(1本)

投資法人
3,296,850
(55本)

証券投資法人
18,784
(1本)

不動産投資法人(注)
3,239,261
(53本)

インフラ投資法人(注)
38,805
(1本)

(注)　不動産投資法人及びインフラ投資法人は前月（ひと月遅れ）のデータ
〔出所〕　投資信託協会

5．ETF（上場投資信託）　　ETF（Exchange Traded Fund）とは，金融
商品取引所に上場された投資信託のことで上場投資信託とも呼ばれる。ETF
は一般の投資信託とは異なり，市場が開いている間，変動する取引価格にあわ
せてリアルタイムに売買することが可能である。投資家は価格を指定して売買
の発注を行ったり，信用取引を行うことも可能である。また，一般の投資信託
と比較すると，信託報酬が安いことが個人投資家にとって大きな特長といえる。

　ETFの原則的な組成は現物設定・現物交換によって行われる。これは，具
体的には次の様に行われる。投信委託会社が指定する有価証券の現物バスケッ
トを指定参加者と呼ばれる証券会社や銀行，保険会社，年金基金などの機関投
資家が市場で買い付け，投信委託会社に拠出する。投信委託会社はこれをもと
にETFを設定し，ETFの受益証券を拠出された有価証券のバスケットの対価
として指定参加者に引き渡す。逆に指定参加者は保有するETF受益証券を現
物バスケットに交換することもできる。現物バスケットとETF受益証券の交
換が随時可能なものが多い。このため現物バスケットとETF受益証券との間
で裁定が可能で，取引所におけるETFの売買価格と現物バスケットの時価評
価額との乖離が小さく保たれる仕組みになっている。

　わが国では，従来，特定の指標に連動するタイプのインデックス運用型
ETFのみが上場対象となっていた。代表例はTOPIX連動型や日経平均連動
型で，この2つのタイプだけで，ETFの純資産残高の9割近くを占めている。
そのほかには，国内資産ではJリート型やレバレッジ・インバース型があり，
海外資産では米国株式型や外国債券型がある。

　ETFは日本銀行を含む金融機関が大半を保有しており，2022年7月時点で
その割合は93.9％と高い（日本銀行だけでも80％以上を保有しているとみられ
る）。これに比べ個人による保有は少なく2.2％に留まっている。

　ETFの純資産残高は2013年頃から急拡大している。これは日本銀行が金融
緩和策の一環として始めたETFの買い入れが2013年以降本格化されたことが
大きな要因となっている。そのほか一般の銀行による保有も増えたことや株価
の上昇もあり，2023年6月末現在，ETFの純資産残高は73兆円に達している。

　ETFの多様化が進み，2023年9月には連動対象となる指標が存在しないアク
ティブ運用型のETFがわが国にも登場し，7銘柄が上場され取引されている。

現物拠出型 ETF の仕組み（株式拠出型 ETF の例）

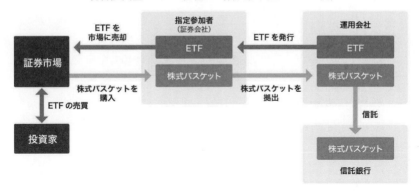

〔出所〕　投資信託協会

ETF の投資部門別保有割合（2022年7月）

（注）　金融機関保有分の中に日本銀行の保有分が含まれている
〔出所〕　日本取引所グループ「ETF 受益者情報調査」

ETF（内国 ETF）の純資産総額

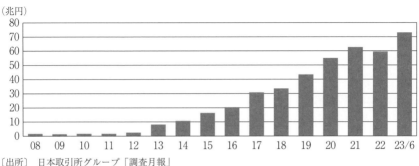

〔出所〕　日本取引所グループ「調査月報」

6. 投資信託の販売　　　日本の投資信託の募集・販売は，1951年の発足以来，証券会社のみによって行われてきたが，1998年から銀行等の金融機関が加わり，2005年10月からは一部の郵便局も参加して急速に販売網が広がった。金融機関経由の公募投信の残高シェアは2000年代後半には一時40％を超えたが2023年6月現在21％に低下している。一方，私募投信の残高シェアは当初から50％近くあり，最近では80％を超えている。投信委託会社による直接販売は，残高シェアでは伸び悩んでいるものの，オンライン取引が一般化する中でネット直販への注目度も高まっている。

　販売方法は販売会社の店頭，販売員を通じる方法が一般的であったが，ネット取引も普及してきている。2021年の日本証券業協会調査によれば，投資信託の購入をインターネットで行う個人は証券会社経由が20.6％，金融機関経由が9.9％と，近年増加している。

　販売会社は「金商法」をはじめ「金融サービスの提供に関する法律」や日本証券業協会諸規則の適用を受け，さらに投資信託協会の販売ルールの遵守が義務づけられている。すなわち，顧客の知識・経験，投資目的および財産の状況に照らして不適当と認められる勧誘を行ってはならないという「適合性原則」を守るほか，市場リスク・信用リスクなどのリスク要因，取引の仕組みのうちの重要な部分等の「説明義務」，断定的判断の提供など販売における「禁止行為」を犯さない義務，「顧客への誠実義務」などを負っている。また銀行など預金取扱い金融機関が投信を販売する場合には，預金保険の対象でないことの説明をふくめ，預金との誤認防止措置を取らなければならないとされている。さらに2007年の金商法施行にあたっては説明義務強化の一環として「契約締結内容の事前書面交付義務」が導入されたが，投資信託については適格な目論見書の交付により条件を満たせることとなっている。2021年からは「顧客本位の業務運営」の進展に向けてリスクのある投資商品全般について内容の比較を可能にするための「重要情報シート」の導入が推進されている。

　なお，日本の投資信託の販売手数料は，以前はファンド毎に定まっていたが，1998年の投資信託協会業務規定の変更により自由化された。現在は同一ファンドであっても販売会社により手数料が異なるケースも多く，手数料引下げや手数料体系の多様化も進んでいる。

公募投信の販売チャネル別残高内訳（2023 年 6 月末現在）

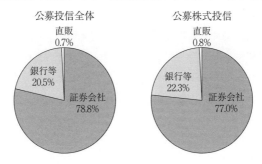

公募投信全体

公募株式投信

公募投信全体の販売チャネル別残高構成の変化

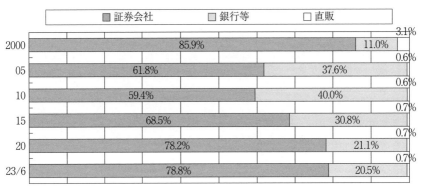

私募投信全体の販売チャネル別残高内訳の変化

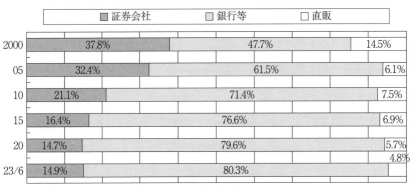

〔出所〕　上掲のいずれも投資信託協会データより筆者作成

7．投資信託の運用　　投資信託の主たる運用対象は「投資信託及び投資法人に関する法律施行令」に定められた「特定資産」（2023年9月現在，有価証券，デリバティブ取引に関する権利，不動産など12種類）である。このうち主として有価証券に投資するファンドは証券投資信託と呼ばれる。

2023年6月現在の公募証券投資信託の運用資産の構成は右最上部の図のとおりである。株式の比率は約6割と高く公社債の比率は1割に満たない。また国内株式の組入業種については電気機器，情報・通信などが中心となっている。

投信委託会社は各ファンドの目論見書に記載された投資方針に沿って運用を行うが，その業務遂行にあたっては金商法の投資運用業に関する特則の適用をうける。すなわち，顧客に対する誠実義務，受益者に対する忠実義務と善管注意義務を負うほか，禁止行為として①自己またはその取締役・執行役との間における取引，②運用財産相互間の取引（一部を除く），③特定の金融商品等について取引に基づく価格等の変動を利用して自己または第三者の利益を図るため正当な根拠を持たない取引を行うこと，④通常の取引と異なる条件で，その条件での取引が受益者の利益を害することとなる取引，⑤運用として行う取引に関する情報を利用して，自己の計算において有価証券の売買その他の取引を行うこと，⑥損失補填・利益追加のため，自己または第三者が受益者または第三者に利益を提供することなどがある。また，弊害防止措置等として，他の業務の利益を図るため，あるいは親法人・子法人等の利益を図るため，運用の方針，運用財産の額，市場の状況に照らして不必要な取引を行うことも禁止されている。このほか，投信法上の制限として，一投信委託会社の運用する全ての委託者指図型投資信託が保有する同一企業の株式が，当該企業の発行株式総数の50％を超えてはならないといった制限がある。また投資信託協会は信用リスク規制のほか，投資対象・投資手法などについての自主ルールを設けている。

一方，組み入れ株式にかかる議決権行使などの株主権等については投信委託会社が行使することが投信法に定められており，各投信委託会社はホームページ等で議決権行使の基本的考え方，議決権行使結果を公表している。このほか，2014年に策定された「責任ある機関投資家の諸原則（スチュワードシップ・コード）」に沿って上場企業に対するエンゲージメント活動も進んでいる。

投資信託の運用資産構成（2023年 6 月末，全公募証券投信合計）

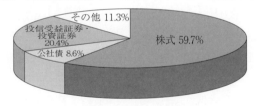

その他 11.3%
投信受益証券・投資証券 20.4%
公社債 8.6%
株式 59.7%

投資信託組み入れ国内株式の業種別内訳（2023年 6 月末，公募株式投信）

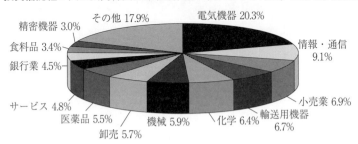

その他 17.9%
電気機器 20.3%
精密機器 3.0%
食料品 3.4%
銀行業 4.5%
サービス 4.8%
医薬品 5.5%
卸売 5.7%
機械 5.9%
化学 6.4%
輸送用機器 6.7%
情報・通信 9.1%
小売業 6.9%

〔出所〕　上掲のいずれも投資信託協会データより筆者作成

投資信託委託会社の株主総会における国内株式の議決権行使状況（2022年 6 月迄の 1 年間）
－会社提案の議案に対する行使状況，国内株式を運用対象としている68社合計－

議案名称		賛成 (A)	反対 (B)	棄権 (C)	白紙委任 (D)	反対棄権計 (E) (B+C)	議案数合計 (F) (A+E+D)	反対等行使比率 (E/F)%
会社機関に関する議案	取締役の選解任	342,203	47,328	221	39	47,549	389,791	12%
	監査役の選解任	30,864	3,998	5	4	4,003	34,871	12%
	会計監査人の選解任	1,392	7	0	1	7	1,400	1%
役員報酬に関する議案	役員報酬（※1）	20,175	1,906	2	1	1,908	22,084	9%
	退任役員の退職慰労金の支給	673	1,457	0	0	1,457	2,130	68%
資本政策に関する議案（定款に関する議案を除く）	剰余金の処分	30,335	1,480	5	6	1,485	31,826	5%
	組織再編関連（※2）	788	83	2	0	85	873	10%
	買収防衛策の導入・更新・廃止	48	1,078	1	0	1,079	1,127	96%
	その他資本政策に関する議案（※3）	1,493	111	0	0	111	1,604	7%
定款に関する議案		46,472	1,492	16	6	1,508	47,986	3%
その他の合計		214	75	1	0	76	290	26%
合　計		471,998	59,019	251	57	59,270	531,325	11%

※1…役員報酬額改定，ストックオプションの発行，業績連動型報酬制度の導入・改訂，役員賞与等
※2…合併，営業譲渡・譲受，株式交換，株式移転，会社分割等
※3…自己株式取得，法定準備金減少，第三者割当増資，資本減少，株式併合，種類株式の発行等
〔出所〕　投資信託協会データより筆者作成

8. 投資信託の顧客層　　日本の投資信託の保有者構成（保有額ベース）は，右最上部の図のとおりである。個人（家計）が3割を，金融機関が4割弱を保有し，これに保険・年金が続いている。米国と比べると個人と保険・年金の保有割合が低い。日本では私的年金による保有が少なく，金融機関は私募投信を中心に多く保有している。日銀のETF買い入れにより中央銀行の比率も高い。

　個人への投信普及率は低く，日本証券業協会による2021年度の調査によれば，成人人口のうち投信保有者の比率は10.1％に過ぎない。なお，この比率はバブル期の1988年に世帯普及率で16％を超えていた状況から大きく後退したが，2003年の6.1％を底に徐々に回復してきたものである。年齢別にみると，55歳以上の男性の保有率は高く概ね15％を超えている。これに比べると20代では10％以下と低いが，NISAやつみたてNISAを利用して新たに投資信託を保有する人が，特に若年層で目立って増えている。なお，米国では投信の世帯普及率は52％と日本より遥かに高く，世代別では若いZ世代（18〜25歳）でも36％で，ベビーブーマー世代（58〜76歳）の場合には57％に達している（2022年現在）。

　2022年の投資信託協会アンケートによれば，保有投資信託の平均購入総額は403万円である。件数では100万円未満が35.2％，100万円から300万円が19.5％を占めるが，1,000万円以上も11.3％である（不明・回答拒否が11.0％）。

　個人投資家の投資信託の購入目的をみると，最近は「老後の生活資金」のため購入する人が増えている。投資信託協会が2022年に実施したアンケートによると54.6％の人が「老後の生活資金」のために投資信託を購入したと回答している。米国では「退職後の資金」にするために投信を購入する個人が日本の現状よりさらに多い。401kなど確定拠出年金を通じて継続的に購入するケースが多いためだ。日本でも，つみたてNISAやiDeCoを含む確定拠出年金を通じて投資信託を購入する人が増えている。「老後の生活資金」などの長期的な目的のために投資信託を購入する人が増えていくものと考えられる。

投資信託の保有者構成（2022年12月末）

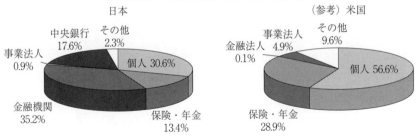

日本

- 中央銀行 17.6%
- その他 2.3%
- 個人 30.6%
- 事業法人 0.9%
- 金融機関 35.2%
- 保険・年金 13.4%

〔出所〕　日本銀行『資金循環統計（確報）』

（参考）米国

- その他 9.6%
- 事業法人 4.9%
- 金融法人 0.1%
- 個人 56.6%
- 保険・年金 28.9%

〔出所〕　FRB, Fund of Funds Accounts

投資信託を保有する個人投資家のプロフィール（2021年）

年齢別投信保有率			年収別投信保有率	
	男性	女性		
20〜24歳	2.9%	2.3%	100万円未満	5.7%
25〜29歳	7.3%	4.7%	100〜200万円未満	8.5%
30〜34歳	10.6%	7.5%	200〜300万円未満	9.4%
35〜39歳	12.8%	7.2%	300〜400万円未満	11.7%
40〜44歳	12.1%	10.4%	400〜500万円未満	13.1%
45〜49歳	11.5%	8.3%	500〜700万円未満	16.8%
50〜54歳	6.9%	6.0%	700〜1,000万円未満	20.4%
55〜59歳	18.6%	12.0%	1,000万円以上	32.7%
60〜64歳	15.1%	11.0%		
65〜69歳	17.0%	10.2%		
70〜74歳	14.3%	11.4%		
75〜79歳	15.2%	7.8%		
80〜84歳	15.2%	5.6%		
85〜89歳	3.2%	5.3%		
90歳以上	0.0%	3.3%		
全体平均　　10.1%				

（注）　全体の回答者は7,000人。
〔出所〕　日本証券業協会「証券投資に関する全国調査（個人調査）2021年度（令和3年）」

個人投資家の投資信託の購入目的

日本		（参考）米国	
老後の生活資金	54.6%	退職後の資金	80%
資産のリスク分散	29.8%	現在の収入の補完	6%
金融・経済・投資の勉強のため	15.2%	不時に備えて	5%
不測の事態への備え	11.7%	住宅または高額商品購入	3%
結婚資金，住宅資金等，ライフイベントの支払いに備えるため	9.4%	節税	2%
子供又は孫のための教育などの資金	8.3%	教育資金	2%
レジャー資金	6.8%	その他	2%

〔出所〕　投資信託協会「投資信託に関するアンケート調査」2022年，複数回答，上位項目のみ掲載
　　　　米国はICI "Profile of Mutual Fund Shareholders"（2022年），「主たる目的は何か」への単数回答

9．投資信託のディスクロージャー　投資信託についてのディスクロージャー（情報開示）は，1997年までは証券取引法の適用除外とされ投信法の枠組みの中で行われていた。しかし1998年の金融システム改革法の実施により，ファンドの設立が承認制から届出制に規制緩和されたことなどをうけて，株式などと同様に証券取引法（現在は金商法に移行）の適用も受けることとなった。したがって現在は公募証券投資信託のディスクロージャーは金商法と投信法の二つの法の下で行われている。その内容を概説すると次のとおりである。

発行開示　金商法にもとづく募集時の開示は，監督当局向け（公衆縦覧）の「有価証券届出書」の提出と，個別投資家向けの「目論見書」の交付により行われる。目論見書については，投資信託の販売形態の特殊性（株式が新規公開・増資の時だけに募集が行われ，そのほかの時には投資家は流通市場で既発行株式を取得するのに対し，投資信託は常に新規発行証券の募集が行われること）を踏まえ，2004年に投資家に情報を分かりやすく提供する趣旨から，目論見書の2分冊化が実施された。すなわち購入約定をおこなう全ての投資家に事前交付しなければならない「交付目論見書」と，投資者の請求があった場合に交付する「請求目論見書」の2本建てとなっている。

　一方，投信法にもとづく発行開示としては監督当局向けの「約款の内容の届出」と，投資者向けの「約款の内容記載書面の交付」があるが，後者については目論見書に記載することで足りるとされている。

継続開示　ファンド発足後の金商法にもとづく開示は，ファンド決算時における監督当局向け（公衆縦覧）の有価証券報告書の提出（年1回決算の場合は半期報告書も提出）により行われる。

　一方，投信法にもとづく継続開示は個別投資家向けの「運用報告書」の交付により行われる。この運用報告書は，上記の目論見書の2分冊化と同様の趣旨から，2014年に全受益者に交付する「交付運用報告書」と，運用会社ホームページに掲載するとともに受益者の請求があった場合に交付する「運用報告書（全体版）」に2段階化された。

　この他，投資信託協会では自主ルールとして各投信会社がホームページ等に掲載すべき「適時開示」規定を設けており，各ファンドについて月次開示等が行われている。

日本の公募証券投資信託ディスクロージャー制度

	法　定　開　示				自主開示
	監督当局向けと 公衆縦覧開示		投資家向け個別交付開示		投資者向け 公衆縦覧開示
	金融商品 取引法	投資信託法	金融商品 取引法	投資信託法	投資信託協会 規則等
発行開示 （募集時開示）	有価証券届出書 訂正届出書	約款の 内容の届出	目論見書 （交付目論見書） （請求目論見書）	約款の内容記 載書面 （目論見書記載 で可）	「目論見書作成に当 たってのガイドライ ン」を規定
継続開示 （運用中開示）	有価証券報告書 半期報告書 臨時報告書	運用報告書		運用報告書 （交付運用報告書） （運用報告書全体版）	各投信会社のホーム ページに「MMF, MRF の月次開示」 と「適時開示」

〔出所〕　杉田浩治氏作成

公募証券投資信託の交付目論見書（説明書）の主要記載事項

記載項目	記載内容
［表紙等に記載する項目］	
(1)　ファンドの名称および 　　商品分類	有価証券届出書に記載されたファンド名称と，投資信託協会制 定「商品分類に関する指針」における商品分類。
(2)　委託会社等の情報	委託会社名，設立年月日，資本金，運用する投資信託の純資産 総額，ホームページアドレス，電話番号，受託会社名等。
［本文に記載する項目］	
(1)　ファンドの目的・特色	約款の「運用の基本方針」「投資態度」等にもとづくファンド の特色，投資の着目点。また，ファンドの仕組み，運用手法， 運用プロセス，投資制限，分配方針等，ファンドの特色となる 事項。運用の外部委託をする場合は委託先の名称，委託内容。
(2)　投資リスク	基準価額の変動要因，リスクの管理体制，他の資産との比較。
(3)　運用実績	①直近10年間の基準価額・純資産の推移－基準価額は折れ線グ 　ラフ，純資産は棒グラフまたは面グラフ。 ②分配金の推移－直近10計算期間。 ③主要資産の状況－組み入れ上位10銘柄，業種別比率，資産別 　比率など。 ④年間収益率の推移－直近10年間の騰落率を暦年毎に棒グラフ 　により記載。ベンチマークのあるファンドはベンチマークの 　騰落率も併記。
(4)　手続・手数料等	①お申し込みメモ（購入価額・申込手続・信託期間，課税関係 　など）。 ②ファンドの費用（購入時手数料・信託財産留保額・運用管理 　費用（信託報酬）とその配分，その他の費用，税金等。
(5)　追加的情報	ファンドの特色やリスク等をより詳しく説明する必要がある場 合（ファンド・オブ・ファンズ，仕組債やデリバティブを利用 する場合など）は，その内容。

〔出所〕　「特定有価証券等の内容等の開示に関する内閣府令」および投資信託協会「交付目論見書の作
　　　　成に関する規則・細則」より杉田浩治氏作成

10.　投資信託を活用したサービス・商品など

証券総合口座　投資家が証券会社で取引する際に用いる証券総合口座の中で追加型公社債投信である MRF が利用されている。株式の配当金や売却代金など証券総合口座に入金された資金は MRF で運用され，証券を購入する際の資金は MRF の解約により捻出される。MRF は証券取引の代金の決済に用いられるため，信用度が高く残存期間が短い金融商品に投資することなど，安全性・流動性に配慮した運用ルールが定められている。2023年6月現在，証券総合口座で運用されている MRF の残高は15.3兆円である（出所：投資信託協会）。

投信ラップ口座　ラップ口座とは，主として個人を対象にした投資一任サービスで，証券会社等が顧客へのヒアリング等によりリスク許容度を判断し，それに基づき資産配分を決め，組入れ銘柄の選択・入替え，運用実績報告など一括して行う資産運用サービスである。日本では，2004年の投資顧問業法の改正により証券会社による投資一任業務が可能となったことを契機にラップ口座の提供が始まった。投信ラップ口座は投資対象を投資信託に絞ったサービスで，2013年頃より急速に残高が拡大している。投資顧問業協会によると投信ラップ口座の残高は2023年6月現在，15.7兆円に達している。

確定拠出年金制度　確定拠出年金制度は2001年に創設された。確定拠出年金には勤め先がプランを設定し，主として勤め先が掛金を拠出する企業型（従業員による追加拠出も可能）と，個人が自ら金融機関を選択し，主として個人自身が掛金を拠出する個人型（愛称：iDeCo／イデコ）がある。いずれのタイプも個人自らが投資信託や預貯金，保険などの運用対象のなかから自己責任で運用し，それぞれの運用実績により将来受け取る年金額が決まる仕組みになっている。2022年3月現在，確定拠出年金を通じて保有される投資信託は12.6兆円で，同年金資産の58.5％を占めている（出所：運営管理機関連絡協議会）。

変額保険・変額年金保険　変額保険及び変額年金保険は契約者が払い込んだ保険料を投資信託などで運用し，その運用成績により将来受け取る保険金及び年金額が左右される仕組みである。保険会社による直販のほか，証券会社や銀行等が募集代理店として販売している。なお，変額保険・変額年金保険を通じた投資信託への投資は，2022年3月現在，約7兆円と推計される（保険会社各社のディスクロージャー資料を筆者が集計）。

証券総合口座のイメージ

〔出所〕　証券会社のホームページの商品紹介を参考に作成

投信ラップ口座のサービスの流れ（例）

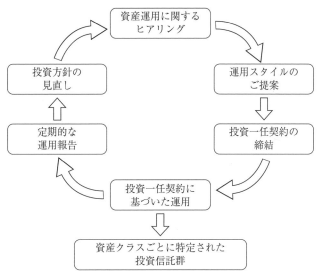

〔出所〕　大和証券ホームページなどを参考に作成

11. 外国投信／外国籍投信　　外国の法令に基づいて外国で設定された外国投信の国内販売は1972年に自由化された。当初は国内投信への影響に対する配慮から，外貨建で運用され，円資産の組入比率は50％以下のものとされるなどの規制が行われていた一方，日本の投信法の適用は受けなかったため，当時日本では認められていなかった私募投信なども持ち込まれていた。

　しかし1998年の投信法改正にともない，外国投信も投信法の対象となって国内投信と同じ規制が適用されることとなった。すなわち，外国投信を国内で販売する場合にはあらかじめ日本の監督当局に国内投信と同様の届出を行うこと，外国投信の運用が著しく適正を欠き国内投資家の利益が阻害されて投資家の損害拡大を防止する緊急の必要がある場合には，日本の裁判所が国内での募集の禁止または停止命令を出せることなどが盛りこまれた。一方で円建てファンドの国内持ち込みも可能となり，税制も現在は国内投信と同一となった。また，目論見書・運用報告書の作成・交付をふくめディスクロージャー制度も基本的には国内投信と同様になっている。なお，日本証券業協会は「外国証券の取引に関する規則」の中で「外国投信選別基準」を設けて，国内で販売できる外国ファンドの要件を定めている。

　最近20年間の外国投信販売残高の推移は右最上部の表のとおりである。基本的に為替動向などの影響を受けて変動してきたが，2000年代前半には，日本の超低金利が継続する中での高利回り外債への投資ニーズの高まりを反映して外国投信の販売は急増した。国内投信と合計した日本の投信市場全体の中での比率で見ても2004年には13％を超えた。その後，国内株ファンドや毎月分配型ファンド等を中心に国内籍の投資信託の残高が拡大していったのに比べ，外国籍ファンドの残高は横ばいが続いている。2023年6月時点の残高は7.4兆円と10数年ぶりの水準となったが，日本の投信市場全体の比率は3.8％にまで低下している。商品別残高の内訳は右中央部の図のとおりで，大きな傾向的として，MMFを含めた広義の債券型ファンドが過半を占めている。なお，設定国別の内訳では従来ルクセンブルグ籍が圧倒的に多かったが，2005年頃からケイマン諸島籍のファンドが増加しており，2023年3月末現在の純資産総額の内訳を見ると，ケイマン諸島籍52.2％，ルクセンブルグ籍34.3％，その他が13.5％となっている。

日本における外国投信販売残高（単位：億円）と投信全体に占める比率（公募分）

年末	外国投信残高（A）	国内投信残高（B）	合計（C）	（A）／（C）
2002	47,146	360,160	407,306	11.6%
03	54,424	374,357	428,781	12.7%
04	62,409	409,967	472,376	13.2%
05	79,669	553,477	633,146	12.6%
06	87,102	689,276	776,378	11.2%
07	79,507	797,606	877,113	9.1%
08	51,473	521,465	572,938	9.0%
09	59,306	614,552	673,858	8.8%
10	58,800	637,201	696,001	8.4%
11	52,358	573,274	625,632	8.4%
12	57,839	640,638	698,477	8.3%
13	59,625	815,232	874,857	6.8%
14	62,893	935,045	997,938	6.3%
15	54,248	977,562	1,031,810	5.3%
16	53,540	966,415	1,019,955	5.2%
17	60,913	1,111,920	1,172,832	5.2%
18	54,143	1,051,592	1,105,735	4.9%
19	62,094	1,231,723	1,293,817	4.8%
20	65,735	1,394,311	1,460,046	4.5%
21	68,886	1,645,000	1,713,885	4.8%
22	63,347	1,571,992	1,460,046	4.5%
23/6	74,093	1,874,550	1,948,643	3.8%

（注）　国内投信残高は証券投資信託の残高である

〔出所〕　外国投信残高は日本証券業協会，国内投信残高は投資信託協会より筆者作成

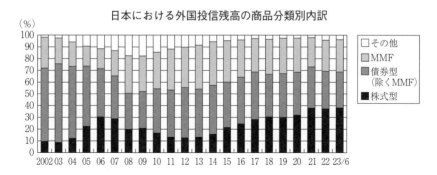

日本における外国投信残高の商品分類別内訳

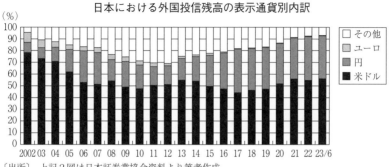

日本における外国投信残高の表示通貨別内訳

〔出所〕　上記２図は日本証券業協会資料より筆者作成

第8章　デリバティブ市場

1．先物取引　　先物取引とは将来の時点での取引価格を現時点で決めて取引する契約を指す。先物取引の歴史は商品取引の歴史と同じくらい古いと言われているが，現在の整備された先物市場の始まりとしては，江戸時代に大阪でおこなわれていた帳合米取引（米相場）が通常上げられる。個々の当事者の相対取引を組織することによって差金決済が可能である仕組みを生み出し，現物の受け渡しを必要としない取引主体の参加を可能にしたことが先物取引所の嚆矢とされている。こうした伝統を受け継ぎ，わが国の株式市場においても戦前は清算取引という形で株式の先物取引が証券取引所においておこなわれていた。戦後は GHQ の指導により，投機的な取引を抑制するために清算取引は禁止されたが，信用取引という形で個人投資家を対象として株式市場では部分的には復活していたとも言える。

　1972年にシカゴ・マーカンタイル取引所で通貨を対象とする先物取引が始まり，1974年にはシカゴ商品取引所で標準物と呼ばれる架空の債券を対象とした債券先物取引が，1982年にはカンザスシティ商品取引所で株価指数を対象とした先物取引が開始され，こうした取引は世界各国に波及し，わが国でも証券を対象とした先物取引が導入されることになった。1985年に東京証券取引所で開始された長期国債先物取引がわが国で最初の金融先物取引であり，1987年に大阪証券取引所で株先50，1988年に大阪証券取引所で日経225先物，東京証券取引所で TOPIX 先物，1989年に東京金融先物取引所で円短期金利先物，ドル短期金利先物，円／ドル通貨先物が相継いで導入された。

　英語では先物契約（Futures Contract）は取引所で取引され，第三者への契約の移転が可能である代わりに取引不履行に備えて証拠金を預託する必要のある取引を指し，先渡契約（Forward Contract）は当事者間の取引で，第三者への移転はできないが，かならずしも証拠金を預託する必要がない取引を指す。通貨や短期金利を対象とする先物取引はしばしば銀行との間で相対契約としておこなわれる先渡契約で，それぞれ FXA，FRA と呼ばれており，スワップ取引とともに1990年代の世界的なデリバティブ市場急拡大の主役となった。

世界の主要な金融先物上場年

	諸外国	日　本
1972年	マルク，円等通貨先物（CME）	
1976年	T ビル先物（CME）	
1977年	T ボンド先物（CBOT）	
1981年	ユーロドル金利先物（CME）	
1982年	S&P500先物（CME），T ノート先物（CBOT），英国債先物・ポンド金利先物（LIFFE）	
1984年	FTSE100先物（LIFFE）	
1985年		長期国債先物（東証）
1986年	仏国債先物（MATIF），日経平均先物（SIMEX）	
1987年	日本国債先物（LIFFE）	
1988年	CAC40先物・PIBOR 先物（MATIF），Bund 先物（LIFFE）	日経225先物（大証），TOPIX 先物（東証）
1989年	ユーロ円金利先物（SIMEX）	ユーロ円短期金利先物（金融取）
1990年	ユーロマルク金利先物（LIFFE），日経平均先物（CME），DAX 先物・Bund 先物（DTB）	
1991年	銀行間金利先物（BM&F）	
1992年	ドル／ルーブル通貨先物（MICEX）	
1996年	ユーロ円金利先物（LIFFE），Nasdaq100先物（CME），KOSPI200先物（KSE）	
1997年	E ミニ S&P500先物（CME）	
1998年	EURIBOR 先物（LIFFE），ユーロ STOXX 50 先物（EUREX）	
1999年	E ミニ Nasdaq100先物（CME）	
2000年	CNX Nifty Index 先物（NSE）	
2001年	個別株先物（LIFFE），FTSE China A50（SGX）	
2004年	VIX 指数先物（CFE）	
2005年	RTS 株価指数先物（RTS）	
2006年		為替証拠金取引（金融取）
2008年	Russell 2000先物（ICE）	日経225mini 先物（大証）
2010年	CSI300先物（CFFEX）	
2019年	マイクロ E ミニ S&P500先物（CME），マイクロ E ミニ Nasdaq100先物（CME）	

（注）　BM&F: Brazilian Mercantile and Futures Exchange（現 BM&F BOVESPA），CBOT: Chicago Board of Trade, CFE: CBOE Futures exchange, CFFEX: China Financial Futures Exchange, CME: Chicago Mercantile Exchange, DTB: Deutsche Terminbörse（現 EUREX），ICE: ICE Futures U.S., KSE: Korea Stock Exchange（現 KRX），LIFFE: London International Futures and Options Exchange（現 ICE Futures Europe），MATIF: Marché à Terme International de France（現 Euronext Paris），MICEX: Moscow Interbank Currency Exchange（現 Moscow Exchange），NSE: National Stock Exchange of India, RTS: Russian Trading System（現 Moscow Exchange），SIMEX: Singapore International Monetary Exchange（現 SGX），東証：東京証券取引所，大証：大阪証券取引所（現 大阪取引所），金融取：東京金融先物取引所（現 東京金融取引所）

2．債券先物取引　　有価証券を対象とした先物取引はGNMA債という債券を対象として1974年にアメリカで始まり，わが国でも国債の大量発行という事態を受けて1985年に長期国債（10年物国債）を対象とした国債先物取引が金融先物取引としては初めて東京証券取引所で開始された。次いで1988年には超長期国債（20年物国債）先物が東京証券取引所に上場され，翌1989年には世界最大の取引高を誇ったTボンド（米国長期国債）先物が東京証券取引所で開始された（超長期国債先物は2002年に休止されたが，2014年に再開）。1996年には中期国債（5年物国債）を対象とした中期国債先物取引が東京証券取引所で始まり，ようやく諸外国並の品揃えがそろうこととなった。

　債券先物取引では一般に標準物と呼ばれる架空の債券が想定されており，その標準物価格がイールド・カーブの水準を表しているものとして取引がおこなわれている。したがって，個々の債券はこのイールド・カーブ上，ないしはこのイールド・カーブと平行なイールド・カーブ上にあるものとして，先物価格が形成されている。受渡決済では売り手が銘柄を選択できるので，その時点での最割安銘柄が選ばれるが，標準物価格から取引所が定めたコンバージョン・ファクターと呼ばれる換算係数に基づいて受渡銘柄の価格は計算される。

　わが国の債券先物取引の特徴の1つは取引単位の額面が1億円と諸外国（シカゴ商品取引所のTボンド先物は10万ドル，ユーレックスのBUND先物は10万ユーロ）に比べて10倍程度大きいことである。これは債券の現物取引において1億円未満の取引が端債扱いされていることによるものであるが，通常は国際比較に契約数が用いられるので，実際よりも過小評価される傾向がある。

　わが国の債券先物市場の特徴は長期国債先物に取引が集中していることにあるが，これも現物国債の発行や流通がかつて10年物長期国債中心となっていたことと関係しているのであろうとはいえ，アメリカやドイツでは中期国債の先物も流動性を持っているのとは対照的となっている。

　1990年代半ばからはわが国固有の現象とされてきた現物国債市場の指標銘柄への取引集中は緩和され，1999年3月末からは指標銘柄という指定もなくなり，10年物長期国債先物は指標銘柄が果たしてきた役割を引き受ける形となった。なお，2009年3月から差金決済のみのミニ長期国債先物も東京証券取引所で導入されたが，取引は長期国債先物の1％にも満たない。

債券先物の取引要綱

	中期国債先物	長期国債先物	超長期国債先物（ミニ）
取引対象	中期国債標準物 （クーポン３％，残存５年）	長期国債標準物 （クーポン６％，残存10年）	超長期国債標準物 （クーポン３％，残存20年）
受渡対象	残存期間４年以上５年３カ月未満の５年利付国債	残存期間７年以上11年未満の10年利付国債	残存期間19年３カ月以上20年未満の20年利付国債
取引限月	３・６・９・12月から３限月	３・６・９・12月から３限月	３・６・９・12月から３限月
受渡期日	３・６・９・12月の20日	３・６・９・12月の20日	３・６・９・12月の20日
取引最終日	受渡期日の５営業日前	受渡期日の５営業日前	受渡期日の５営業日前
取引時間	８：45−11：02 12：30−15：02 15：30−翌日６：00	８：45−11：02 12：30−15：02 15：30−翌日６：00	８：45−11：02 12：30−15：02 15：30−翌日６：00
取引単位	額面１億円	額面１億円	額面1,000万円
呼び値	額面100円当り１銭	額面100円当り１銭	額面100円当り１銭
値幅制限	通常値幅：基準値段±2.00円 最大値幅：基準値段±3.00円	通常値幅：基準値段±2.00円 最大値幅：基準値段±3.00円	通常値幅：基準値段±4.00円 最大値幅：基準値段±6.00円
一時中断措置	先物取引の中心限月取引において，制限値幅の上限（下限）値段に買（売）呼値が提示され（約定を含む），その後，１分間に当該値段から即時約定可能値幅（中期国債先物・長期国債先物では直近約定値段を中心に上下10銭，超長期国債先物では直近約定値段を中心に上下90銭）の範囲外の値段で取引が成立しない場合，10分間取引を中断			

債券先物の取引状況

	中期国債先物		長期国債先物		ミニ超長期国債先物	
	取引数	建玉数	取引数	建玉数	取引数	建玉数
2018年	0	0	10,304,257	110,589	3,434	162
2019年	0	0	9,611,513	78,887	1,957	312
2020年	0	0	7,148,071	68,770	1,648	28
2021年	0	0	8,187,993	102,754	1,055	40
2022年	0	0	8,084,592	129,574	3,327	136

〔出所〕　日本取引所グループ（JPX）ホームページ

3．株価指数先物取引　　株価指数を対象とした先物取引は1982年にアメリカではじめて上場されたが，わが国では1987年に大阪証券取引所で50銘柄の個別株式のパッケージである株先50の取引が始まり，株価指数を対象とした先物取引としては1988年に日経225先物（大阪証券取引所）と TOPIX 先物（東京証券取引所）が上場されている。そして，1994年に日経300先物（大阪証券取引所），1998年にハイテク40・ファイナンシャル25・コンシューマー40の業種別株価指数先物（大阪証券取引所），電気機器・輸送用機器・銀行業の業種別株価指数先物（東京証券取引所），2001年に S&P/TOPIX150株価指数先物（東京証券取引所），2002年に MSCI JAPAN 指数・FTSE 日本指数・ダウ工業株指数（大阪証券取引所），2005年に RN プライム指数先物（大阪証券取引所），2006年に日経225mini 先物（大阪証券取引所），2008年にミニ TOPIX 先物・TOPIX Core30先物・東証 REIT 指数先物（東京証券取引所），2010年に日経平均配当指数先物（大阪証券取引所）・TOPIX 配当指数先物・TOPIX Core30配当指数先物（東京証券取引所），日経平均株価を対象とした証拠金取引（東京金融取引所），2012年に日経225ボラティリティ指数先物・NY ダウ先物（大阪証券取引所），2014年に CNX Nifty 先物・JPX 日経インデックス400先物（大阪取引所），2016年に東証マザーズ指数先物・台湾加権指数先物（大阪取引所），2017年に FTSE 中国50インデックス（大阪取引所），2023年には日経225マイクロ先物も上場された。なお，日経平均株価を対象とした先物取引は1986年にシンガポール国際金融取引所（SIMEX, 現 SGX-DT）でわが国に先駆けて取引が開始され，1992年からシカゴ・マーカンタイル取引所（CME）でもドル建て・円建てで取引がおこなわれている。

　わが国の株価指数先物市場では日経225先物が最も活発に取引されてきたが，複数の株価指数先物が流動性を持つという特徴を有している。

　1989年 6 月からはアメリカにならって満期日の 1 営業日前を取引最終日とし，SQ と呼ばれる満期日の寄付きの各構成銘柄価格から計算される値によって最終清算価格が決められている。また，国内の株価指数先物取引には 3 段階の値幅制限のほか，現物市場には存在しない値幅制限とは異なるサーキット・ブレーカーと呼ばれる取引一時中断措置があり，価格変動の抑制がはかられている。

株価指数先物の取引要綱

	日経225mini 先物	日経225先物	TOPIX 先物
取引対象	日経平均株価	日経平均株価	東証株価指数（TOPIX）
取引限月	6・12月限：直近の10限月 3・9月限：直近の3限月 他の限月：直近の3限月	6・12月限：直近の16限月 3・9月限：直近の3限月	3・6・9・12月の5限月
取引単位	日経平均株価×100	日経平均株価×1,000	TOPIX×10,000円
呼び値	日経平均株価で5円	日経平均株価で10円	TOPIX で0.5ポイント
満期日	3・6・9・12月の 第2金曜日	3・6・9・12月の 第2金曜日	3・6・9・12月の 第2金曜日
取引最終日	満期日の1営業日前	満期日の1営業日前	満期日の1営業日前
取引時間	8：45-15：15 16：30-翌日6：00	8：45-15：15 16：30-翌日6：00	8：45-15：15 16：30-翌日6：00
値幅制限	一次値幅：基準値段±8％ 二次値幅：基準値段±12％ 最大値幅：基準値段±16％	一次値幅：基準値段±8％ 二次値幅：基準値段±12％ 最大値幅：基準値段±16％	一次値幅：基準値段±8％ 二次値幅：基準値段±12％ 最大値幅：基準値段±16％
一時中断措置	先物取引の中心限月取引において，制限値幅上限（下限）で約定又は買（売）気配提示され，1分の間に制限値幅上限（下限）から制限値幅の10％を超えて下落（上昇）して取引が成立しない場合，10分間取引を中断		

株価指数先物の取引状況

	日経225mini 先物		日経225先物		TOPIX 先物	
	取引数	建玉数	取引数	建玉数	取引数	建玉数
2018年	273,327,463	1,279,710	26,193,823	426,448	26,224,277	534,861
2019年	237,577,721	500,550	22,527,189	335,127	26,345,546	561,087
2020年	321,718,519	365,751	27,171,013	304,922	27,702,276	513.177
2021年	224,009,276	331,413	18,073,552	247,648	23,309,732	423,004
2022年	275,463,005	423,184	22,043,528	267,254	25,785,856	425.037

〔出所〕　日本取引所グループ（JPX）ホームページ

4．金融先物取引　　通貨を対象とした先物取引は1972年にアメリカで開始され，銀行間金利を対象とした先物取引も1982年にアメリカでユーロドル短期金利先物が上場されたのが始まりであるが，わが国では1989年に東京金融先物取引所で日本円短期金利先物，米ドル短期金利先物（1998年休止），円／ドル通貨先物（1992年に廃止）が同時に上場された。その後，1991年にドル／円通貨先物，1992年に1年物日本円金利先物（1998年休止），1999年に日本円LIBOR金利先物，2003年に5年円金利スワップ先物と10年円金利スワップ先物（2007年休止），2005年にはドル・ユーロ・ポンド・オーストラリアドルを対象とした取引所為替証拠金取引（くりっく365），2009年には無担保コール O/N金利先物・GC レポ S/N 金利先物，2010年には日経平均株価・FTSE100・DAXを対象とした証拠金取引（くりっく株365）が東京金融取引所で上場された（東京金融先物取引所は2007年に東京金融取引所に改名）。

アメリカでは商品取引所が金融商品を対象とした先物・先物オプション取引を開始し，イギリス・フランス・ドイツといったヨーロッパ諸国では金融商品を対象とした金融先物取引所が新たに設立されたが，わが国では債券や株式といった証券を対象とした先物・オプション取引は証券取引所がおこなっており，銀行間金利や通貨といった銀行が中心の取引を対象とした先物・オプション取引は銀行と一部の証券会社が設立した東京金融取引所でおこなわれている。

東京金融取引所では設立当初から日本円短期金利先物に取引が集中し，他の商品はあまり取引がおこなわれなかった。そこで，1990年には米ドル短期金利先物と円／ドル通貨先物にマーケットメーカー制が導入され，1991年からはドル／円通貨先物，1992年からは日本円短期金利先物オプションにもマーケットメーカー制が導入されたが，流動性の改善はみられなかった。他方，東京金融取引所は1996年にリスクに見合った証拠金計算をおこなう TIFFE-SPAN を導入し，ロンドン国際金融先物・オプション取引所（LIFFE）の日本円短期金利先物とリンクをおこなう一方，取引時間を拡大し，1997年にはドル／円通貨先物に夜間取引制度を導入し，取引の振興に努めてきたが，1995年以降の超低金利状況では1990年代前半に拡大した取引も伸び悩んでいた。

なお，2023年3月に日本円短期金利先物は無担保コールオーバーナイト3ヵ月金利先物（TONA 3ヵ月金利先物）に切り替えられている。

金融先物の取引要綱

	ユーロ円３ヵ月金利先物	米ドル／円証拠金取引	日経225証拠金取引
取引単位	元本１億円	10,000米ドル	日経平均株価×100
表示方法	100から年利率（%，Act/ 360）を差し引いた値	１米ドルあたりの日本円相当額	１株価指数あたりの日本円相当額
呼び値	0.005（1,250円）	0.01（100円）	１円（100円）
取引限月	３・６・９・12月から20限月，その他の限月は直近２限月	なし	なし
取引最終日	限月第３水曜日の２営業日前	なし	なし
最終決済日	取引最終日の翌営業日	なし	なし
決済方法	差金決済（最終決済価格はTIBORの小数点第４位を四捨五入し，100から引いた値）	差金決済	差金決済
値幅制限	なし	なし	なし
取引時間	８：45－11：30 12：30－15：30 15：30－20：00	月曜７：10－翌日６：55 火曜～木曜７：55－翌日６：55 金曜７：55－翌日６：00 （米国サマータイム適用時はそれぞれ１時間繰り上げ）	８：30－翌日６：00 （米国サマータイム適用時は５：00）

金融先物の取引状況

	ユーロ円３ヵ月金利先物		米ドル／円証拠金取引		日経225証拠金取引	
	取引数	建玉数	取引数	建玉数	取引数	建玉数
2018年	1,423,666	102,874	8,363,218	534,564	4,266,773	218,858
2019年	855,250	58,550	5,352,811	523,564	5,254,459	200,762
2020年	263,657	15,656	7,181,607	398,555	11,096,182	167,049
2021年	74,206	6,080	6,326,876	373,916	9,730,043	45,919
2022年	3,263	0	15,061,941	370,826	10,398,917	59,993

〔出所〕　東京金融取引所ホームページ

5．オプション取引　　オプション取引とは将来，定められた価格（権利行使価格）での取引をおこなう権利を取引する契約を指す。将来時点での取引には売り手と買い手の双方がいるわけであり，買い手となる権利はコール・オプション，売り手となる権利はプット・オプションと呼ばれている。

　オプション取引の歴史も古く，ギリシャの哲学者ターレスがオリーブ圧搾機のオプション契約をおこなったことがアリストテレスによって紹介されている。現在の整備されたオプション市場の始まりとしては，1973年にオプション取引所として設立されたシカゴ・オプション取引所（CBOE）が上げられる。個々の当事者の相対取引を組織することによって先物取引と同様に差金決済が可能である仕組みを生み出し，現物の受け渡しを必要としない取引主体の参加を可能にしたことがオプション取引の歴史に画期をもたらしたとされている。

　1973年に CBOE ではじまったオプション取引は他の金融商品にも広まり，1982年には通貨オプション取引，債券オプション取引，債券先物オプション取引，1983年には株価指数オプション取引，株価指数先物オプション取引，1984年には通貨先物オプション取引が開始され，こうした取引は世界各国にも波及した。わが国では1989年4月に債券店頭オプション（選択権付債券売買）が導入され，6月には大阪証券取引所で日経225オプション，10月には東京証券取引所で TOPIX オプション，名古屋証券取引所でオプション25（1998年廃止）がそれぞれ導入され，1990年には東京証券取引所で長期国債先物オプション，1991年には東京金融先物取引所で円短期金利先物オプションが相継いで導入された。さらに，1994年には大阪証券取引所で日経300オプション，1997年には個別株オプションが東京証券取引所と大阪証券取引所で同時に開始され，1998年には大阪証券取引所でハイテク40・フィナンシャル25・コンシューマー40という3つの業種別株価指数オプション，2015年には日経225Weekly 等が導入されている。

　上場オプション取引は取引所で取引され，第三者への契約の移転が可能である代わりに売り手は取引不履行に備えて証拠金を預託する必要があり，店頭オプション取引は当事者間の取引で第三者への移転はできないが，かならずしも証拠金を預託する必要がなく，通貨や金利を対象とするオプション取引の多くは店頭市場で銀行や証券会社との相対契約としておこなわれている。

世界の主要な金融オプション上場年

	諸外国	日　本
1973年	米個別株オプション（CBOE）	
1974年	米個別株オプション（AMEX，PHLX，PCX）	
1978年	英個別株オプション（LTOM）	
1982年	通貨オプション（PHLX），Tボンド先物オプション（CBOT）	
1983年	S&P100オプション・S&P500オプション（CBOE），S&P500先物オプション（CME）	
1984年	通貨先物オプション（CME），FTSE100オプション（LIFFE）	
1987年	ポンド金利先物オプション（LIFFE），仏個別株オプション（MONEP）	
1988年	仏国債先物オプション（MATIF），CAC40オプション（MONEP），Bund先物オプション（LIFFE）	
1989年		（債券店頭オプション），日経225オプション（大証），TOPIXオプション（東証）
1990年	独個別株オプション（DTB），ユーロ円金利先物オプション（SIMEX），ユーロマルク金利先物オプション（LIFFE），DAXオプション・Bund先物オプション（DTB）	長期国債先物オプション（東証）
1991年		ユーロ円短期金利先物オプション（金融取）
1992年	日経平均先物オプション（SIMEX）	
1994年	日本国債先物オプション（SIMEX）	
1997年	KOSPI200オプション（KSE）	証券オプション（東証，大証）
1998年	EURIBOR先物オプション（LIFFE），ユーロSTOXX 50オプション（EUREX）	
2000年	米個別株オプション（ISE）	
2001年	Niftyオプション（NSE），台湾加権指数オプション（TAIFEX）	
2006年	VIX指数オプション（CBOE）	
2013年	Nifty Bankオプション（NSE）	

（注）　AMEX: American Stock Exchange（現 NYSE MKT），BSE: Bombay Stock Exchange，CBOE: Chicago Board Options Exchange，CBOT: Chicago Board of Trade，CME: Chicago Mercantile Exchange，DTB: Deutsche Terminbörse（現 EUREX），ISE: International Securities Exchange，KSE: Korea Stock Exchange（現在は KRX），LIFFE: London International Futures and Options Exchange（現 ICE Futures Europe），LTOM: London Traded Options Market（現 ICE Futures Europe），MATIF: Marché à Terme International de France（現 Euronext Paris），MONEP: Marché des Options Négociable de Paris（現 Euronext Paris），NSE: National Stock Exchange of India，PHLX: Philadelphia Stock Exchange（現 Nasdaq OMX PHLX），PCX: Pacific Exchange（現 NYSE Arca），SIMEX: Singapore International Monetary Exchange（現 SGX），TAIFEX: Taiwan Futures Exchange，東証：東京証券取引所，大証：大阪証券取引所（現 大阪取引所），金融取：東京金融先物取引所（現 東京金融取引所）

6. 債券オプション取引　　債券を対象とした上場オプション取引は1982年に同時に開始されたＴボンドオプション取引（シカゴ・オプション取引所）とＴノートオプション取引（アメリカン証券取引所）が最初であり，債券先物取引を対象とした先物オプション取引では1982年のＴボンド先物オプション取引（シカゴ商品取引所）が最初である。わが国では1989年４月に選択権付債券売買取引という名称で店頭市場での債券オプション取引が開始された。そして，1990年には長期国債先物取引を対象とした長期国債先物オプション取引が東京証券取引所で開始され，2000年には中期国債先物取引を対象とした中期国債先物オプション取引（2002年休止）も東京証券取引所で開始された。

　債券店頭オプション取引は標準物を用いる債券先物取引とは異なって国債・社債・外国債などの個々の債券が対象として取引されており，しかも上場オプションとは違って店頭で取引されているため，その契約は第三者に転売することができないことが特徴になっている（取引の大半は国債）。また，取引単位は国債先物取引と同様に額面１億円であるが，契約日から受渡日まで最長で１年３カ月という制約があり，転売できないという性質もあって通常は６カ月なり，１年なり，かなり先の契約がおこなわれている。

　これに対して，長期国債先物オプション取引は長期国債先物取引を対象とした上場アメリカン・オプション取引（権利行使が毎日可能）であり，取引要綱は長期国債先物取引に類似している。長期国債先物取引は最長９カ月の３限月制であるのに対して，長期国債先物オプション取引は最長６カ月の最大４限月制であり，長期国債先物取引も長期国債先物オプション取引も期近物に取引が集中しているところは債券店頭オプション取引と対照的である。

　オプション取引が古くからおこなわれてきた欧米諸国ではオプション取引に対する馴染みも深いが，わが国ではオプション取引の伝統はなく，先物取引に比べるとオプション取引の利用は少ない。とりわけ長期国債先物オプション取引は長期国債先物取引に比べて取引は著しく少ない。これはオプション取引だけをおこなうアウトライト取引に関心が集まっており，原資産である長期国債先物取引と合わせてカバー取引が十分におこなわれていないためと考えられる。他方，債券店頭オプション取引では原資産と組み合わせたカバード・コールやターゲット・バイイングといった戦略がよく用いられている。

債券オプションの取引要綱

	債券店頭オプション	長期国債先物オプション	中期国債先物オプション
取引対象	転換社債とワラント債を除くすべての債券	長期国債先物を対象としたコール・オプションとプット・オプション	中期国債先物を対象としたコール・オプションとプット・オプション
取引限月	自由	3・6・9・12月から直近2限月とそれ以外から最大直近2限月	3・6・9・12月から直近2限月とそれ以外から最大直近2限月
取引最終日	－	3・6・9・12月の前月の末日	3・6・9・12月の前月の末日
受渡期日	契約日から1年3カ月以内	取引日の翌営業日	取引日の翌営業日
取引単位	額面1億円	長期国債先物1契約	中期国債先物1契約
呼び値	－	額面100円当り1銭	額面100円当り1銭
権利行使価格	自由	50銭刻みで上下10本，先物価格の変動に応じて追加設定	50銭刻みで上下10本，先物価格の変動に応じて追加設定
値幅制限	－	通常値幅：　　　　基準値段±2.10円　最大値幅：　　　　基準値段±3.00円	通常値幅：　　　　基準値段±2.10円　最大値幅：　　　　基準値段±3.00円
一時中断措置	－	先物限月取引において一時中断措置が行われる場合	先物限月取引において一時中断措置が行われる場合
権利行使方法	自由	アメリカン・オプション	アメリカン・オプション

債券オプションの取引状況

	債券店頭オプション		長期国債先物オプション		中期国債先物オプション	
	取引金額	残高代金	取引数	建玉数	取引数	建玉数
2018年	2,145,579	29,494	783,545	7,720	－	－
2019年	2,188,084	17,090	631,807	4,411	－	－
2020年	1,805,445	24,999	323,210	3,710	－	－
2021年	1,447,264	20,158	193,708	1,159	－	－
2022年	1,808,010	35,140	85,960	300	－	－

〔出所〕 日本取引所グループ（JPX）ホームページ，日本証券業協会ホームページ

7．株価指数オプション取引　　株式を対象としたオプション取引は上場物としては1973年に開設されたシカゴ・オプション取引所の個別株オプションから始まっているが，株価指数を対象としたオプション取引は1983年にS&P100オプション（シカゴ・オプション取引所）が導入され，株価指数先物取引を対象とした先物オプション取引はS&P500先物オプション（シカゴ・マーカンタイル取引所）とNYSE総合株価指数先物オプション（ニューヨーク先物取引所）が1983年に上場されている。わが国では株価指数を対象としたオプション取引は1989年6月に日経225オプション（大阪証券取引所），同年9月にオプション25（名古屋証券取引所，1998年休止）とTOPIXオプション（東京証券取引所）が相次いで上場されている。そして，1994年には日経300オプション（大阪証券取引所，2010年休止），1998年にはハイテク40・フィナンシャル25・コンシューマー40という3つの業種別株指数オプション（大阪証券取引所，2002年休止），2001年にはS&P/TOPIX150オプション（東京証券取引所，2002年休止），2015年には日経225オプション（大阪取引所）にウィークリー・オプションが導入され，2023年5月にウィークリー・オプションは取引単位を1/10にした日経225ミニオプションに転換されている。

　わが国の上場オプション市場では大阪証券取引所の日経225オプションが最も活発に取引されており，他の株価指数オプション取引はそれほど取引されていないという点は株価指数先物取引の場合と大きく異なる。

　日経225オプション・TOPIXオプション・SGX日経平均先物オプションの取引要綱を比べると，取引対象は国内の株価指数オプションが現物オプションであるのに対して，SGX日経平均先物オプションはSGX日経平均先物を対象とした先物オプションであり，また日経225オプションとSGX日経平均先物オプションには長期オプションが存在するところが異なっている。他方，証拠金ではシカゴ・マーカンタイル取引所が開発した，リスクに応じて証拠金をネッティングするSPAN（Standard Portfolio Analysis of Risk）システムまたは類似の算出方法を各取引所が採用しており，それほど大きな違いはない。

　また，株価指数先物にサーキット・ブレーカーによる取引一時中断措置が発動された場合，株価指数オプションも取引が中断されることになっている。

株価指数オプションの取引要綱

	日経225オプション	TOPIX オプション
取引対象	日経平均株価を対象としたコール・オプションとプット・オプション	TOPIX を対象としたコール・オプションとプット・オプション
取引限月	6・12月は16限月，3・9月は3限月，他の月は6限月（ミニオプションは第2週を除く毎週の4限月制）	6・12月は直近の10限月，3・9月は直近の3限月，その他の月は直近の6限月
取引単位	日経平均株価×1,000（ミニは1/10）	TOPIX×10,000円
呼び値	50円以下1円 50円以上1,000円以下5円 1,000円超10円	値段が20ポイント以下は0.1ポイント，20ポイントを超えると0.5ポイント
満期日	限月の第2金曜日（ミニは毎週金曜日）	限月の第2金曜日
取引最終日	満期日の1営業日前	満期日の1営業日前
取引時間	9：00−15：15 16：30−翌日5：30	9：00−15：15 16：30−翌日5：30
権利行使価格	当初は250円刻みで上下8本，残存期間が3カ月となる月のSQ日の前営業日から直近の3限月は125円刻みで上下8本	当初は50ポイント刻みで上下6本，残存期間が3カ月となる月のSQ日の前営業日から直近の3限月は25ポイント刻みで上下9本
権利行使方法	ヨーロピアン・オプション	ヨーロピアン・オプション
値幅制限	通常時：基準値段に応じて4・6・8・11% 一次値幅：通常時＋3% 二次値幅：一次値幅＋3%	通常時：基準値段に応じて4・6・8・11% 一次値幅：通常時＋3% 二次値幅：一次値幅＋3%
一時中断措置	日経225先物取引のサーキット・ブレーカー発動に伴う連動中断あり	TOPIX 先物取引のサーキット・ブレーカー発動に伴う連動中断あり

株価指数オプションの取引状況

	日経225オプション		TOPIX オプション	
	取引数	建玉数	取引数	建玉数
2018年	35,502,311	1,909,369	179,262	69,113
2019年	29,763,572	1,546,360	238,318	99,876
2020年	28,666,550	1,253,114	306,978	78,589
2021年	24,187,070	1,107,069	431,916	83,711
2022年	24,034,266	1,407,507	572,592	98,128

〔出所〕　日本取引所グループ（JPX）ホームページ

8．有価証券オプション取引　　個別株を対象としたオプション取引は上場物としては1973年に開設されたシカゴ・オプション取引所でのコール・オプションが最初であり，1977年にはプット・オプションも上場されている。諸外国では個別株オプションがまず上場され，後に株価指数オプションが導入されているが，わが国では株価指数オプションが1989年に導入され，1997年に東京証券取引所と大阪証券取引所で株券オプションが各20銘柄（うち重複上場7銘柄）上場された。その後，両取引所で取引対象が上場証券に拡大されて証券オプションと改名され，2014年3月24日に東京証券取引所のデリバティブ市場は大阪取引所のデリバティブ市場に統合され，大阪取引所の個別証券オプション取引は東京証券取引所の有価証券オプション取引と同日付で統合された。

　シカゴ・オプション取引所の開設後間もなくから，わが国でも証券オプション取引の導入が検討されてきたが，中小証券会社の収入源である信用取引と競合するという心配から証券オプションの導入が20年以上も遅れることになったと言われている。

　有価証券オプションの取引要綱は株価指数オプションの取引要綱と基本的には同じであるが，原資産である証券が受け渡しの対象となっていることと最終清算価格が原資産の終値で決定されるところが株価指数オプション取引とは異なっている。

　信用取引との競合が心配された証券オプションであるが，実際には取引はさほど活発ではない。この原因としては，わが国ではオプション取引の伝統がなく，投資家の馴染みが薄いこと，とりわけ諸外国では活発に取引をしている個人投資家による証券オプションの取引が少ないことが上げられよう。オプション取引は原資産の取引と合わせて複合的におこなわれるものであるが，原資産である株式取引と証券オプション取引のキャピタル・ゲインにはそれぞれ分離課税が認められているが，両者を損益通算することは認められていないことが個人投資家の証券オプション取引を抑制しているとも言われている。また，諸外国では流動性の低い有価証券オプション市場では取引優遇措置と引き替えに値付けをおこなうマーケットメーカーが存在し，わが国でもマーケットメーカー制度（大証）やサポートメンバー制度（東証）を導入したが，取引の大幅な増加に結びついてはいない。

証券オプションの取引要綱

	有価証券オプション（大阪取引所）
取引対象	国内上場有価証券を対象としたコール・オプションとプット・オプション
取引限月	直近の2限月と3・6・9・12月から2限月
受渡期日	権利行使日から5日目
満期日	限月の第2金曜日
取引最終日	満期日の1営業日前
取引単位	原資産株式の売買単位
呼び値	原資産価格に応じて10銭から5,000円まで16段階
権利行使価格	原資産価格に応じて25円から500万円まで16段階で上下2本，その後追加設定
制限値幅	当日の指定市場におけるオプション対象証券の基準値段に100分の25を乗じて得た数値
建玉制限	対象有価証券ごとに設定
取引時間	9：00〜11：35，12：30〜15：15
権利行使方法	ヨーロピアン・オプション

証券オプションの取引状況

	有価証券オプション	
	取引数	建玉数
2018年	914,773	69,923
2019年	1,237,146	77,909
2020年	1,347,612	59,023
2021年	2,032,945	28,011
2022年	2,059,828	46,022

〔出所〕日本取引所グループ（JPX）ホームページ

9．店頭デリバティブ取引　　1990年代の世界的なデリバティブ市場の拡大は取引所市場よりも店頭市場でめざましかった。とりわけ1982年に始まったとされる金利スワップ取引は金融自由化の流れの中で金融機関のみならず，事業法人の間にも広がり，デリバティブ市場の主役となった。取引所市場でのデリバティブ取引は統計が整備されており，状況を把握するのが容易であるが，店頭市場でのデリバティブ取引は統計を作成する機関がなく，状況を把握するのが極めて困難であった。そこで，国際決済銀行（BIS）は店頭デリバティブ市場の状況を把握するために，1986年から3年ごとに実施してきた外国為替市場の調査の際に店頭デリバティブ市場の調査も1995年から合わせておこなうことになった。

　2022年4月におけるわが国店頭金利デリバティブ市場（通貨スワップを含まず）での取引は想定元本ベースで1営業日平均507億ドル（世界全体で5.2兆ドル）であり，2019年4月の前回調査よりも32％減少（世界全体で19％減）しており，商品別内訳をみると，金利スワップは485億ドル（翌日物金利スワップ269億ドル，その他スワップ216億ドル）で30％減（翌日物金利スワップ285％増，その他スワップ65％減），金利オプションは31億ドルで55％減，金利フォーワード2億ドルで76％減であった。また，2022年6月末時点でのわが国金融機関の店頭金利デリバティブ取引の残高は想定元本ベースで53.9兆ドル（世界全体で503兆ドル）であり，2019年6月末時点よりも3％減少（世界全体で4％減）しており，想定元本残高の商品別内訳では金利スワップが5％減少してシェア83.3％，金利オプションが12％増加してシェア15.1％，金利フォーワードが1％増加してシェア1.5％であった。

　2009年のG20ピッツバーグ・サミットにおいて，2012年末までに標準化された全ての店頭デリバティブ契約は中央清算機関（セントラル・カウンターパーティ）を通じて決済されるべきとする合意がおこなわれ，わが国では日本取引所グループ（JPX）傘下の日本証券クリアリング機構（JSCC）が2011年7月からCDS，2012年10月からは金利スワップの清算業務をおこなっており，9割を占める円建て金利スワップでは毎月70兆円から100兆円規模の清算業務が日本証券クリアリング機構（JSCC）を通じておこなわれている。

店頭 CFD 取引残高

	口座数	証拠金等残高	建玉残高（原資産別）			
			個別株関連	株価指数関連	債券関連	その他有価証券関連
2018年3月末	185,131	243	40	285	24	17
2018年9月末	214,272	277	59	366	14	22
2019年3月末	248,497	309	31	390	14	22
2019年9月末	277,426	381	29	487	26	28
2020年3月末	314,097	545	18	440	7	30
2020年9月末	361,471	605	78	690	20	28
2021年3月末	409,729	678	140	805	26	28
2021年9月末	456,123	891	183	1,370	65	29
2022年3月末	551,825	1,067	161	1,341	130	34
2022年9月末	671,089	1,179	113	1,668	119	37
2023年3月末	836,038	1,305	119	1,671	220	33

（注）　取引金額は想定元本ベース（約定価格×取引単位×数量），取引残高は買建玉及び売建玉のグロスの残高としている。

店頭 CFD 取引の状況

	個別株関連		株価指数関連		債券関連		その他有価証券関連	
	取引件数	取引金額	取引件数	取引金額	取引件数	取引金額	取引件数	取引金額
2018年	249,173	1,826	9,165,358	217,005	8,217	981	798,917	1,913
2019年	237,945	1,122	10,550,957	190,759	11,086	1,339	1,401,035	2,160
2020年	884,925	4,581	30,194,537	507,076	14,796	1,572	2,612,288	2,646
2021年	1,221,006	8,374	28,449,829	597,074	42,979	3,563	1,580,413	1,363
2022年	3,250,894	11,724	54,805,536	1,429,909	256,509	23,804	1,486,192	2,267

店頭 CFD 媒介等の状況

	個別株関連		株価指数関連		債券関連		その他有価証券関連	
	取引件数	取引金額	取引件数	取引金額	取引件数	取引金額	取引件数	取引金額
2018年	0	0	0	0	0	0	0	0
2019年	0	0	0	0	0	0	0	0
2020年	0	0	0	0	0	0	0	0
2021年	0	0	0	0	0	0	0	0
2022年	0	0	0	0	0	0	0	0

〔出所〕　日本証券業協会ホームページより作成

10.　クレジット・デリバティブ取引　　クレジット・デリバティブ取引は貸付債権や社債の信用リスクをスワップやオプションの形式で売買する取引の総称であり，従来のデリバティブ取引が市場リスクを取引してきたのに対して，信用リスクが取引対象となっている点が異なる。信用リスクの取引は保証の取引とも言えるが，デリバティブ取引という形態をとることによって，債務不履行に対する保証だけではなく，業績悪化による信用力の低下といった状況を取引の対象とする商品など，多種多様な商品が生み出されている。

　クレジット・デリバティブ取引ではクレジット・デフォルト・スワップ（CDS），トータル・リターン・スワップ（TRS），クレジット・リンク債（CLN）の 3 つが代表的な取引形態である。まず，CDS は貸付債権の信用リスクを保証してもらうオプション取引であり，貸付債権にデフォルト（債務不履行）が起こった際，その損害額が保証されるが，プレミアムの支払いに交換の形式が利用されるところに，この名前は由来している。次に，TRS は債券の生み出す全損益（クーポンと評価損益）と市場金利を交換する取引であり，保有する債券を売却できない場合などに利用される。そして，CLN は信用リスクを異なる発行主体の債券に結びつけた債券であり，CDS の仕組みを債券に取り入れたものと言える。CLN は契約で指定する会社に債務不履行などが発生しなければ満期日に額面で償還されるが，債務不履行などが発生すると期限前に減額した形で償還される。CDS を取引するには保証する側に十分な保証能力が必要だが，CLN は債券を購入するという形で保証をおこなうため，投資家の信用力に関係なく取引が成立するという利点をもつ。

　日本銀行の公表データによれば，わが国のクレジット・デリバティブ取引の想定元本ベースの残高は2003年以降，拡大のペースを速め，2011年 6 月末には2002年12月末に比べると83倍にまで拡大した。しかし，それ以後は縮小に転じており，2015年 6 月末にはピーク時の半分以下にまで縮小している。アメリカでクレジット・デリバティブ取引残高がピークを迎えた2008年から，わが国のクレジット・デリバティブ取引残高は 3 年間で倍増し，2011年 6 月末から2015年 6 月末に半減するという極端な動きを示していた。そして，2017年12月を底としてその後は増加を続けている。

わが国のクレジット・デリバティブ取引

（想定元本ベース残高：100万ドル）

	OTC取引 合計	クレジット・デフォルト・スワップ 合計	買い	売り	トータル・リターン・スワップ 合計	買い	売り	クレジット・スプレッド商品 合計	買い	売り	クレジット・リンク債 合計	購入	発行	その他商品 合計	買い	売り
2013年6月末	1,061,005	1,055,262	536,826	518,436	542	143	399	130	65	65	4,868	1,838	3,030	203	86	68
2013年12月末	853,899	848,494	427,571	420,923	455	119	336	0	0	0	4,815	1,815	3,000	132	75	187
2014年6月末	785,138	778,255	389,898	388,358	367	123	244	0	0	0	5,999	2,316	3,683	514	455	145
2014年12月末	710,060	703,689	356,398	347,292	261	104	157	0	0	0	5,664	2,471	3,193	444	394	133
2015年6月末	563,687	552,855	280,527	272,330	4,415	2,260	2,155	0	0	0	6,144	2,864	3,280	270	221	117
2015年12月末	518,641	507,140	261,156	245,986	4,313	2,101	2,212	0	0	0	6,967	3,591	3,376	223	173	57
2016年6月末	510,693	505,278	255,136	250,141	5,414	2,054	3,360	0	0	0	-9,209	-4,784	-4,425	-384	-384	-59
2016年12月末	441,444	437,525	219,801	217,721	3,918	1,522	2,396	0	0	0	-9,071	-5,340	-3,731	-353	-353	-50
2017年6月末	411,471	406,931	203,595	203,335	4,537	1,804	2,733	0	0	0	-8,862	-6,291	-2,571	-138	-138	-49
2017年12月末	381,682	375,022	187,255	187,769	6,656	2,802	3,854	0	0	0	-9,410	-6,548	-2,862	-159	-159	-50
2018年6月末	382,030	377,141	189,032	188,108	4,812	2,091	2,721	82	82	0	-10,438	-7,465	-2,973	-262	-262	0
2018年12月末	384,498	380,788	189,823	190,965	3,707	1,647	2,060	0	0	0	-10,156	-7,265	-2,891	-342	-342	0
2019年6月末	391,418	387,741	194,000	193,741	3,683	2,174	1,509	0	0	0	-10,133	-7,098	-3,035	-445	-445	0
2019年12月末	416,496	411,549	207,163	204,390	4,947	2,390	2,557	0	0	0	-9,785	-6,691	-3,094	-562	-562	0
2020年6月末	481,306	473,848	241,711	232,137	7,459	2,547	4,912	0	0	0	-9,062	-5,986	-3,076	-620	-620	0
2020年12月末	510,502	506,011	259,276	246,734	4,495	1,950	2,545	0	0	0	-8,469	-5,134	-3,335	-925	-797	0
2021年6月末	534,398	525,860	270,351	255,509	8,546	4,627	3,919	0	0	0	-7,824	-4,710	-3,114	-645	-645	0
2021年12月末	483,199	475,828	239,865	235,962	7,376	5,212	2,164	0	0	0	7,450	4,281	3,169	344	344	0
2022年6月末	512,324	504,532	255,902	248,631	7,794	3,366	4,428	0	0	0	6,585	453	6,132	307	307	0
2022年12月末	575,677	569,641	286,388	283,254	6,037	2,842	3,195	0	0	0	5,928	2,599	3,329	1,104	828	276
2023年6月末	426,437	419,061	208,655	210,408	7,371	4,520	2,851	0	0	0	4,836	1,946	2,890	649	400	249

（注）クレジット・デリバティブに含まれていた「クレジット・リンク債」、「その他商品」は2016年から対象から除外され、参考という扱いになっている。

[出所] 日本銀行「デリバティブ取引に関する定例市場報告」（http://www.boj.or.jp/statistics/bis/yoshi/index.htm/）の時系列係数より作成

11.　中央清算機関（セントラル・カウンターパーティ）　　債権・債務を解消するにネッティングという方法があり，2当事者の間のネッティングはバイラテラル・ネッティング，たくさんの人々を当事者とするネッティングをマルチラテラル・ネッティングと言う。中央清算機関（CCP）はすべての取引の間に割って入って，全員の取引相手となる機関のことで，すべての取引における一方の当事者となる。CCPを導入しておこなうネッティングはCCPとのバイラテラル・ネッティングであるが，通常はマルチラテラル・ネッティングと呼ばれている。CCPを通じておこなうネッティングは銀行間決済や現物取引，取引所でのデリバティブ取引で導入されているが，店頭デリバティブ取引をセントラル・カウンターパーティ抜きにおこなっていたリーマン・ブラザーズの倒産以後，従来は規制のなかった店頭デリバティブ取引でも利用が推し進められている。

　わが国のデリバティブ取引におけるCCPとしては日本取引所グループ傘下の日本証券クリアリング機構（JSCC）があり，取引所取引，店頭デリバティブ取引（CDS取引，金利スワップ取引），国債店頭取引の清算業務を広くおこなっている。なお，2020年7月27日には日本商品清算機構（JCCH）と合併し，JCCHで取り扱っていた貴金属・ゴム・農産物・エネルギー先物取引などの上場商品デリバティブ取引を新たに清算サービスの対象に加えた。

　同一の清算参加者が売り買い両建てでリスクが相殺されている債務負担済みの取引を同時に解約することで，リスク量を変えることなくグロスの取引残高（件数，想定元本）の圧縮をおこなうことをコンプレッション（Compression）と呼ぶ。コンプレッションによって清算参加者は取引残高を圧縮することで取引の管理上の負担の軽減やレバレッジ比率の低減を図ることができる。JSCCでは2015年6月にコンプレッション制度を導入し，2016年3月にはコンプレッションの成立要件を緩和（原取引の相手方の同意不要）し，アドホック・コンプレッション制度を導入している。コンプレッションの実施日はJSCCが清算参加者に通知し，実施頻度は月1回程度であるが，アドホック・コンプレッション制度では清算参加者等よりアドホック・コンプレッションの申込みがなされたもののうち売・買が異なる2つの取引の組合せについてマッチング条件が同一であることが確認できた場合に申込日の翌営業日に解約が成立する。

金利スワップの債務負担件数と債務負担金額

(単位：百万円)

		2018年	2019年	2020年	2021年	2022年
合計	債務負担件数	76,190	85,690	72,772	75,253	117,167
	債務負担金額	993,439,660	999,363,367	760,897,239	784,875,142	1,111,306,941
0－2年	債務負担件数	8,321	6,673	5,404	4,677	5,397
	債務負担金額	374,734,654	323,800,273	237,161,688	210,679,329	218,964,747
2－5年	債務負担件数	8,303	9,623	7,936	8,968	13,043
	債務負担金額	191,777,780	208,972,517	143,914,017	185,013,650	224,320,309
5－10年	債務負担件数	19,781	23,514	19,902	21,200	34,045
	債務負担金額	230,129,503	259,850,668	199,091,532	215,961,736	332,935,063
10－30年	債務負担件数	37,419	42,758	36,733	37,435	60,251
	債務負担金額	192,395,357	201,187,331	175,189,978	167,668,061	326,438,326
30年超	債務負担件数	2,366	3,122	2,797	2,973	4,431
	債務負担金額	4,402,366	5,552,579	5,540,024	5,552,367	8,648,496

〔出所〕　JSCC ホームページより作成

CDS の債務負担件数と債務負担金額

(単位：百万円)

		2018年	2019年	2020年	2021年	2022年
合計	債務負担件数	1,629	1,650	1,409	975	1,426
	債務負担金額	1,294,780	2,341,384	2,854,088	2,099,986	2,273,773
	債務負担残高	1,590,298	2,689,205	4,150,758	5,111,080	6,014,799
インデックス合計	債務負担件数	460	746	696	329	623
	債務負担金額	714,850	1,823,990	2,440,605	1,706,000	1,844,825
	債務負担残高	782,425	1,626,175	2,908,970	3,705,990	4,574,840
シングルネーム合計	債務負担件数	1,169	904	713	646	803
	債務負担金額	579,930	517,394	413,483	393,986	428,948
	債務負担残高	807,873	1,063,030	1,241,788	1,439,959	1,439,959

〔出所〕　JSCC ホームページより作成

第9章　証券化商品市場

1．証券化商品とは　企業等が保有する収益を生み出す資産をプール（集合）し，その資産を所有する企業等のバランスシートから特別目的事業体（SPV）へ譲渡する。そして，SPV が，その資産から生み出されるキャッシュフローを裏付けとする証券を発行し，投資者に対して売却する。このようなプロセスを経て発行された証券を，一般的に証券化商品と呼ぶ。なお，証券化商品の裏付けとなる企業等が保有する資産としては，一般的に自動車ローン，住宅ローン，リース料，企業向け貸付けなどの債権，および商業用不動産等が利用されている。また，法（資産流動化法）解釈上，著作権，特許権などの知的財産権なども，証券化の対象になると想定される。

　資産保有者にとって証券化を行うメリットは，将来にわたって得られるキャッシュフローを，譲渡・売却代金として，発行時点で受け取ることが可能となる点にある。つまり，不確実性のある将来の収益を，確定された現在の資金に変換することが出来るのである。また，商業用不動産など流動性の乏しい資産を裏付けとして証券化を行った場合，事実上の小口の募集となり，投資者層が拡がるために，売却が容易になるという意味での流動性を上昇させることも特長と言えよう。

　一方，投資者にとっての証券化商品は，新たな性格を持つ投資対象として価値を持つ。最初のポイントとして挙げられるのは，不動産の様な少額で購入することが難しかった資産に対し，投資することが可能となったことである。次に，資産を証券化する際，信用リスク等をコントロールすることにより，いくつか差別化した（例えば，優先劣後構造をもつ）証券が同時に発行出来るため，投資者が自分自身のニーズに合致した証券を購入しやすくなった点が挙げられる。右頁図で言えば，証券1から証券Nの発行条件を同一にせず，投資者1から投資者Nの選好に最も合致したものにすれば良いのである。例えば，利子，および償還金の支払いの優先順位について差違をつけること，一部に信用力を高める条件（例えば，信用補完）を付与することなどにより，異なった性格を持った証券が発行し，投資者の選択の幅を広げるのである。よって，投資者は，ポートフォリオをより効率的なものに組み直すことが出来るようになる。

証券化商品の概念図

証券化商品発行時

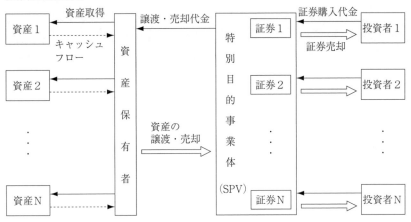

証券化商品発行後

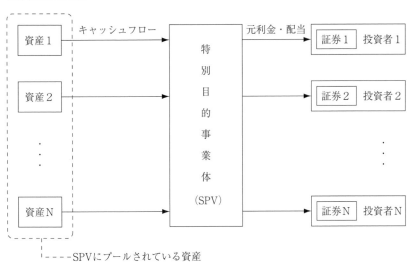

２．証券化商品の基本的な仕組み　　一般的に，多くの証券化商品は以下の仕組みを用いて発行される。まず，証券化の対象になる住宅ローン，売掛債権などの資産の保有者（オリジネーター）が，その資産を SPV へ譲渡する。これにより，オリジネーターの貸借対照表から，当該資産が切り離され，SPV がそれを保有することになる。SPV の形態としては，「組合方式」,「信託方式」,「特別目的会社（SPC）方式」などがある。なお，資産流動化法に基づいて設立される SPC は，特定目的会社（TMK）と呼ばれる。「SPC 方式」を利用する場合，倒産隔離性（SPC を所有する企業等が倒産しても，影響を及ぼさないようにする）を確保するために，英米法に特有の「信託宣言」を用いたチャリタブル・トラスト（慈善信託）が所有する海外 SPC を設立し，その子会社として国内 SPC を設定するのが一般的である。また，オリジネーターに対し，債務を負っているものを原債務者と呼んでいる。

次に行われるのが，SPV により発行される証券化商品の発行条件に関するデザインである。「信託方式」ならば信託会社の信託受益権，「SPC 方式」ならば SPC の発行する定められた種類の有価証券といったかたちで，証券化商品は投資者へ供される。しかし，全てを同一の発行条件にする必要は無い。つまり，利子，および償還金の支払いの優先順位について差違をつける，償還期限に差違をつける，一部に損害保険会社等の信用補完者による保証をつけるなどの手法を用い，異なった性格付けがなされた商品（トランシェ）をデザインすることが出来るのである。これにより，多様な投資者のニーズに対し，より合致させたものを発行することが可能になっている。なお，支払いの優先度の高い順から，優先証券，メザニン証券，劣後証券と呼ばれる。

また，証券化商品の販売に際して，不特定多数を対象とする場合，客観的で，かつ簡潔なリスク評価の指標として格付けを取得することにより，投資者に判断材料を提供し，受け入れ易くしているものがある。なお，他の証券化商品に関与するプレーヤーとして，SPV に譲渡され，証券化に利用されている資産の管理，および資金回収を行う事業者（サービサー），および投資者が購入した証券化商品（社債）を管理する社債管理会社がある。そして，このような証券化の仕組みを，関連する企業に提案し，発行，販売のための調整を行う企業はアレンジャーと呼ばれ，証券会社や銀行が担当することが多い。

一般的な証券化商品の仕組みの一例

（SPCを利用したもの）

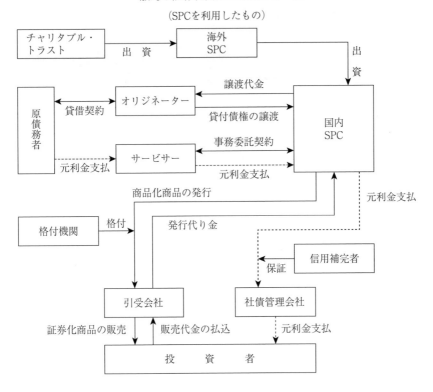

SPV の分類

類型	基本法に基づく SPV	特別法に基づく SPV
会社型	特別目的会社 – SPC ［国内］ ・株式会社（会社法） ［海外］ ・SPC（外国の法律）	特定目的会社 – TMK（資産流動化法） 投資法人（投信法）
信託型	一般的な信託（信託法，信託業法）	特定目的信託 – SPT（資産流動化法） 投資信託（投信法）
組合型	匿名組合（商法），任意組合（民法）	匿名組合，任意組合（不動産特定共同事業法）

〔出所〕　各種資料により筆者作成

3．主な証券化商品の内容　　証券化商品は，担保とする資産の違い，および発行される証券の性格付けの違い等により，いくつかのグループに分類される。まず，不動産，およびそれを担保とする債権を用いた商品のグループに属するものに，住宅ローン担保証券（RMBS），商業用不動産担保証券（CMBS），不動産投資信託（REIT）などがある。RMBS は，個々の住宅ローン債権を束ねポートフォリオを作成（プーリング）した後，それを小口化し発行されるものである。住宅ローン債権の証券化の嚆矢としては，1973年に「住宅ローン債権信託」が挙げられるが，発行者，投資者両者にとって制約が多く，魅力のある商品と言えなかった。しかしながら，その後の SPC 法等の施行により，SPC を利用したスキームが利用可能となったため，99年以降，発行量が拡大している。また，SPC を利用したもので無いが，2001年から発行され始めた貸付債権担保住宅金融支援機構債券も RMBS に含められよう。一方，CMBS は，オフィス・ビル等の商業用不動産を担保とするローン債権に対して証券化を行ったものである。基本的な仕組みは，RMBS とほぼ同じと言って良い。なお，2000年5月に施行された投信・投資法人法により，発行が可能となった REIT は，資金運用先が不動産を中心とする資産に限定された投資信託である。

　次に，不動産ローン以外の売掛金，リース料，クレジット，自動車ローン，消費者ローン等の債権を対象としたものとして，資産担保証券（狭義の ABS）のグループがある。これらは，1993年6月の「特定債権法」の施行後の，90年代後半から拡大し始めた商品である。これらの担保資産は，比較的小口のものの集まりであり，十分に分散しやすいため，証券化に適した性格を持つ。加えて法制面での整備も進んだため，前者と比較して証券化の進んでいるグループである。

　それ以外では，金融機関の保有する一般貸付債権，債券，および債権のクレジット・リスクを裏付けとして証券化を行ったものを債務担保証券（CDO）と呼ぶ。例えば，中小企業に対する債権を証券化したものなどは，CDO の一種と言えるだろう。また，CDO は，ローン担保証券（CLO）と債券担保証券（CBO）に分類される。なお，コマーシャル・ペーパー（CP）の発行者適格基準が撤廃された96年以降，証券化商品の発行形態として資産担保コマーシャル・ペーパー（ABCP）が利用されるようになっている。

主な証券化商品の内容

対象債権	発行される証券	オリジネーター	根拠法令等	基本的な仕組み
住宅ローン	住宅ローン担保証券（RMBS）	銀行 その他金融機関	資産流動化法 信託法，信託業法 金融商品取引法	金融機関が保有する住宅ローン債権をSPCに譲渡し，SPCが債券を発行，あるいは信託銀行に信託し，信託銀行が信託受益権を発行する。
	貸付債権担保住宅金融支援機構債券（RMBS）	住宅金融支援機構	独立行政法人住宅金融支援機構法 金融商品取引法	住宅金融支援機構が保有する住宅ローン債権を信託会社に信託し，その際に発行される信託受益権を担保に債券を発行する。
商業用不動産担保債権，賃貸収入	商業用不動産担保証券（CMBS）	事業会社 銀行 その他金融機関	資産流動化法 信託法，信託業法 金融商品取引法	商業用不動産担保債権，賃貸収入等をSPCに譲渡し，SPCが債券を発行，あるいは信託銀行に信託し，信託銀行が信託受益権を発行する。
不動産	不動産特定共同事業商品	許可・届出業者	不動産特定共同事業法	多数の小口投資者から出資を募り，任意組合や匿名組合，不動産信託の仕組みを利用することによって，不動産に共同投資し，運用収益を分配する。
	不動産投資信託（REIT）	投信が購入した物件の所有者	投信・投資法人法 金融商品取引法	投資法人が投資口を発行し，運用会社の指図に従い，集めた資金で不動産，および不動産担保債権を購入する。
土地・建物または地上権を目的とする抵当権付貸付債権	抵当証券	抵当証券会社	抵当証券法 金融商品取引法	抵当証券会社の抵当権付貸付債権を抵当証券登記することによって抵当証券を交付し，投資者に抵当証券の共有持分権を販売する。
財政融資資金貸付金債権	財政融資資金貸付金証券化商品	国	資産流動化法 金融商品取引法	国が保有する財政融資資金貸付金債権を信託会社に信託し，その際に発行される信託受益権をSPCに譲渡する。SPCはそれを担保に債券を発行する。
リース債権，クレジット債権，割賦債権，売掛・手形債権	資産担保証券（ABS，ABCP）	事業会社	資産流動化法 信託法，信託業法 金融商品取引法	事業会社が保有するリース債権等をSPCに譲渡し，SPCが債券を発行，あるいは信託銀行に信託し，信託銀行が信託受益権を発行する。
一般貸付債権	ローン担保証券（CLO）	銀行	資産流動化法 信託法，信託業法 金融商品取引法	金融機関が保有する一般貸付債権をSPCに譲渡し，SPCが債券を発行，あるいは信託銀行に信託し，信託銀行が信託受益権を発行する。
債券	債券担保証券（CBO）	銀行等債券保有者	資産流動化法 信託法，信託業法 金融商品取引法	複数の債券をSPCに譲渡し，SPCが債券を発行，あるいは信託銀行に信託し，信託銀行が信託受益権を発行する。

4．市場規模　　日本銀行は，2011年から「証券化商品」の残高を2006年度末まで遡及して公表するようになった。それ以前は，「債権流動化関連商品」として，証券化商品内の一部の残高が公表されていた。この統計によると，2022年度末における「証券化商品」の残高は，約47兆円になっている。株式等・投資信託受益証券，民間金融機関の企業・政府向け貸出，事業債の残高がそれぞれ1,658兆円，1,035兆円，99兆円程度であったことを考慮すると，民間の資金調達額全体に占める割合は未だに大きくないと言えるだろう。なお，最も証券化が進んでいるとされる米国における市場規模は，2022年末において残高約2,000兆円（資産担保証券とモーゲージ関連市場の合計値），発行額も350兆円となっており日本とは桁違いの規模となっている。

1989年度末において4,000億円に過ぎなかった市場が，その後の特定債権法（93年施行，04年廃止），SPC法（98年），SPC法を改正した資産流動化法（2000年）などの法制度の整備を背景として，急成長を遂げた。また，裏付となる担保資産についても多様化が進み，証券化が多くの分野に浸透し始めたことが窺われる。歴史的に見れば，特定債権法の施行により可能となった割賦債権等を裏付とした証券が，当初の増加の原動力であった。加えて，これらの資産は，返済期間が短くかつ分散化しやすいため，比較的リスクが低く，証券化しやすいことも増加を後押しした一因として挙げられる。資産流動化法施行後となる2000年に入ると，住宅貸付，企業・政府向け貸出の証券化が急拡大している。この理由は，バーゼル合意により自己資本比率を高める必要性に迫られた銀行が，貸付資産のオフ・バランス化を推進したことに求められよう。そして，2006年度にピークに達した後は，世界金融危機に端を発した景気低迷の影響等から減少に転じた後，回復傾向にあり，証券化商品については，2021年度に世界金融危機前の水準を超えた。

なお，「証券化商品」の定義であるが，「資産担保型債券」と「資産担保コマーシャル・ペーパー（ABCP）」および「信託受益権」の合計値である。資産担保型債券は「宅金融支援機構（旧住宅金融公庫）が発行する貸付債権担保債券（機構MBS）」が8割弱を占めている。残高全体の約半分を占める信託受益権の50％強を「住宅貸付債権」が，約23％を「リース・クレジット債権」が裏づけ資産として用いられている。

証券化商品および債権流動化関連商品残高

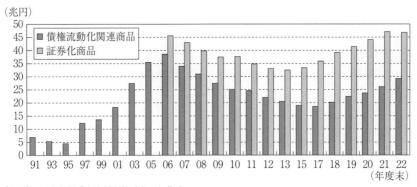

〔出所〕　日本銀行「資金循環統計」より作成

年度	91	92	93	94	95	96	97	98	99	00	01	02	03	04	05	06
資産流動化商品	6.9	5.9	5.3	5	4.5	5.3	12.3	14.2	13.6	14.8	18.3	24.2	27.4	30.1	35.5	38.6
証券化商品	－	－	－	－	－	－	－	－	－	－	－	－	－	－	－	45.6
年度	07	08	09	10	11	12	13	14	15	16	17	18	19	20	21	22
資産流動化商品	34	31	27.4	25.1	24.6	22	20.5	20	19	18	18.6	20.2	22.4	23.7	26.1	29.2
証券化商品	43	39.8	37.5	37.6	34.8	33.1	32.8	32.5	32	33.4	35.9	39.2	41.4	44.1	47.1	46.8

〔出所〕　日本銀行「資金循環統計」より作成

担保資産等による内訳の推移

(単位：兆円)

	2008	2010	2012	2014	2016	2018	2020	2022	構成比
資産担保型債券	13.8	13.9	14.1	14.1	14.9	16.5	18.8	19.8	42.0
機構 MBS	7.6	9	10.6	11	12.1	13.6	15.1	15	31.8
不動産関連債券	4.4	3.4	2.2	1.7	1.8	2.2	2.5	3	6.4
その他の資産担保型債券	1.8	1.4	1.3	1.3	1	0.8	1.2	1.9	4.0
ABCP	3.9	2.4	2.3	1.8	1.7	1.5	1.8	2.2	4.7
信託受益権	25.4	21.2	18.4	16.9	15.4	17.9	20.8	25.1	53.3
住宅貸付債権担保分	9.7	8.6	7.7	7.7	7.6	9.5	11.3	13.4	28.5
一般貸付債権担保分	3.7	2.7	1.9	1.7	1.7	1.5	2.2	3.5	7.4
売掛債権担保分	5.2	5.4	5.1	3.6	1.7	1.2	0.7	0.7	1.5
リース・クレジット債権担保分	5.6	3.8	2.8	2.9	3.6	4.5	5.1	5.7	12.1
合計	43	37.5	34.8	32.8	32	35.9	41.4	47.1	100.0

〔出所〕　日本銀行「資金循環統計」より作成

5．証券化商品の発行市場　証券化商品の発行市場の規模については，当事者間で取引の完結する私募形式で行われるものが多く，全貌を正確に把握することが難しい。しかし，日本証券業協会では全国銀行協会と共同で，証券化商品のアレンジャー等から任意に発行に関する情報を受け付け，それらを取りまとめた上で，「証券化市場の動向調査」として公表している。それによると，わが国における証券化商品の発行額は2022年度には5兆円弱の規模となっている。過去の水準との比較では，ピークとなる2006年度に9.8兆円まで拡大した後，世界金融危機に端を発した景気悪化の影響による低迷期を経て，近年は回復傾向にあり，5兆円前後の規模で推移している。

　担保に供される資産毎に見ると，住宅ローン，ショッピング・クレジットは回復基調が見られるのに対してその他の資産は低迷しており，裏付けとなる債権の違いによって異なる結果となっている。なお，担保に供される資産の全体に占める割合では，住宅ローンの存在感が高く，ここ数年においてこの傾向は変わらない。これは，銀行が自行で貸し付けた住宅ローンの証券化を積極的に行っていること，貸付債権担保住宅金融支援機構債券の発行額が高水準に推移していたためである。また，ショッピング・クレジットは，2012年度から2022年度にかけて，約5倍に急拡大しており，発行額の約3割5分を占めている。

　公募された資産担保型社債の発行についても，日本証券業協会が取りまとめを行っている。これによると，統計が開始された1997年以降，発行額は順調に増加したものの，2002年度にピークである0.52兆円を記録した後に減少へと転じており，2019年度は0.05兆円，2020年度以降は発行がない。私募形式による発行が主流となっている理由としては，投資者保護の枠組み，税金，情報開示のコストなどが考慮されているためであると推察される。

　発行された証券化商品の他の特性を見ていく。償還方法については，約8割5分がパススルー償還となっており，残りを分割償還，満期一括償還という順に占めている。

　また，格付けについては8割強がAAAとなっており，AAやAといった格付や短期格付によっても発行されBBB格付での発行も確認されるが，BB以下の発行は2017年以降確認できない。

証券化商品発行額

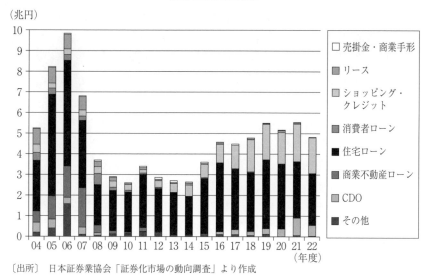

〔出所〕　日本証券業協会「証券化市場の動向調査」より作成

担保資産内訳

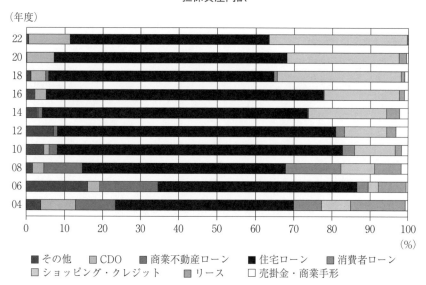

〔出所〕　日本証券業協会「証券化市場の動向調査」より作成

6. 証券化商品の流通市場　証券化商品に関しては，後述する不動産投資信託とインフラファンドを除き，取引所での集中売買が行われていない。公社債流通市場の場合と同様に，商品および取引内容が複雑多岐にわたるため，取引所取引になじまない性格を持っている。その為，店頭における業者間の相対取引のみが流通市場を形成している。ここでは，業者間取引の売買金額が入手可能となっている日本証券業協会が発表する特定社債（資産流動化法に基づき設立された会社が発行する公募社債，なお発行市場の統計の項目である資産担保社債は，資金調達のために会社法により設立された発行体分も加えられている）のデータなどを利用して，証券化商品の流通市場の現状を眺める。

日本証券業協会が会員証券会社の報告に基づき集計した特定社債の売買金額は，1998年以降のデータしか存在しない。これによると，増減を繰り返しながら2014年にピークを記録しているものの，減少傾向となっている。

売買金額を他の債券と比較すると，2022年全体で，特定社債が150億円弱であるのに対して，一般社債，電力債がそれぞれ11.5兆円，3兆円となっている。統計がカバーする範囲が一部であるといえ，流通額は非常に限られている。なお，値付けを行っている証券会社は限定的であり，流動性がかなり低いものと推察される。一方，貸付債権担保住宅金融支援機構債券（機構 MBS，統計上は財投機関債に分類）は，多数の証券会社が値付け業務に従事しており，ある程度の流動性が確保されていると見られる。

次に流通利回りであるが，流通市場が未成熟であるため入手することが難しく，発行利回りで代替する。これによると，最も流動性がある貸付債権担保住宅金融公庫債は，政府保証債と比較して，高利回りで取引されているが，これは想定される償還期間，政府保証の有無に加え繰上償還による再投資リスクを考慮しているためだと見られる。両者のスプレッドは多少の大きくなる時期はあるものの，近年は0.4％程度で安定している。

最後に購入主体であるが，日銀の資金循環統計の金融資産負債残高表によると，証券化商品とみなされる債権流動化関連商品の現在の保有者は，非金融法人と金融機関がほぼ同じ割合で，この両者でほぼ100％となっている。1990年においては家計が主たる保有者であったが，その後一貫して減少しており，現在は0となり，主たる保有者が移り変わったことがわかる。

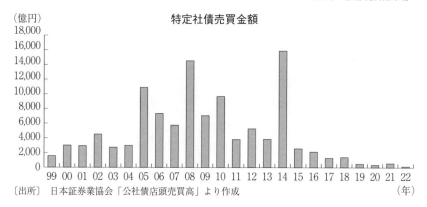

（億円）
特定社債売買金額

〔出所〕　日本証券業協会「公社債店頭売買高」より作成　　　　　　　　　　　（年）

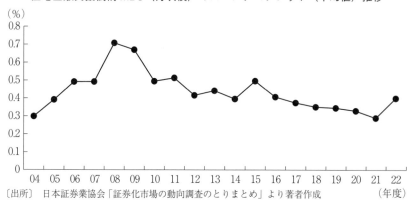

住宅金融支援機構 MBS（月次債）のローンチスプレッド（平均値）推移

（％）

〔出所〕　日本証券業協会「証券化市場の動向調査のとりまとめ」より著者作成　　　　（年度）

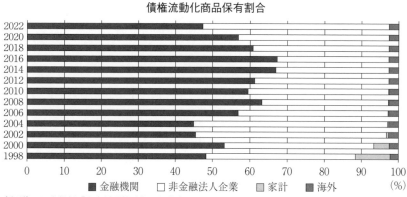

債権流動化商品保有割合

■ 金融機関　□ 非金融法人企業　▨ 家計　■ 海外　　　　（％）

〔出所〕　日本銀行「資金循環統計」より作成

7．不動産投資信託の発行・流通市場　　2001年9月10日，日本における最初の不動産投資信託（REIT）として，「日本ビルファンド投資法人」，「ジャパンリアルエステイト投資法人」の2銘柄が東京証券取引所に上場した。これは，2000年11月に施行された証券投資信託法の改正等により，不動産投資信託のスキームによるファンドの組成が可能となったためである。また，東京証券取引所では，不動産投資信託証券の上場制度を定めた「不動産投資信託証券に関する有価証券上場規程の特例」を新たに作成し，01年3月1日に施行している。なお，2022年3月末現在，上場銘柄数は61社まで拡大している。

　基本的なREITの仕組みは，投資法人と呼ばれる法人または投資信託委託業者と呼ばれる運用会社などが投資者から資金を集め，不動産を中心とする資産に対して投資して運用し，賃料などの運用益を投資者に分配するものである。なお，投資信託法に規定されている信託型の「委託者指図型投資信託の受益証券」，「委託者非指図型投資信託の受益証券」，および会社型の「投資法人の投資証券」の3種類は，不動産投資信託に対しても適用が可能となっている。委託者指図型投資信託は，運用会社が資産を保管する信託会社へ運用指図を行うものである。委託者非指図型投資信託は，信託銀行が独自の判断で運用を行う。会社型は，投資信託法上の法人である投資法人が資産を保有，運用会社へ運用を委託するスキームである。なお，東京証券取引所に上場しているREITは，いずれも「投資法人の投資証券」の形態をとっている。

　REITの投資者にとってのメリットは，不動産投資を小口資金で可能にし，かつ市場で自由に売買出来る流動性を確保出来ることにある。また，REITを加えることで，投資者はポートフォリオ選択の幅を広げられる。なお，REITは配当可能所得の90％超の利益配当を行うなど，一定の要件を満たせば，投資主に対する配当額を損金算入することが可能となる。

　REITの課題として挙げられるのが，外部へ運用を委託するものについて，投資者と運用者間における利益相反が生じる可能性がある点である。つまり，運用会社の株主が保有する不動産を，REITに対し高値で押し付けるなどの問題の発生が懸念されるのである。これに関しては，投資物件等についての積極的な情報開示が望まれよう。また，投資者は，投資主総会を通じて投資法人の経営に関与することも考慮すべきであろう。

東証における上場基準の概略

項　　目	上場基準の内容
資産運用会社の適格性	上場申請銘柄に係る業務の委託を受けた資産運用会社が，㈳投資信託協会の会員であること。
運用資産総額に占める不動産等の額の比率	70％以上になる見込みのあること。
運用資産等の総額に占める不動産等，不動産関連資産および流動資産等の合計額の比率	上場の時までに95％以上になる見込みのあること。
純資産総額	上場の時までに10億円以上になる見込みのあること。
資産総額	上場の時までに50億円以上になる見込みのあること。
監査意見	(a)最近2年間に有価証券報告書等に「虚偽記載」を行っていないこと。 (b)最近2年間の監査報告書に「無限定適正意見」または「除外事項を付した限定的適正意見」等が記載されていること。
上場口数	上場の時までに4,000口以上になる見込みのあること。
大口投資主	大口投資主が所有する総口数に自己投資口口数を加えたものが，上場の時までに，全上場口数の75％以下になる見込みのあること。
投資主数	大口を除き，上場時に1,000人以上になる見込みのあること。

〔出所〕 東京証券取引所のホームページより作成

東証に上場する REIT に関する諸統計

暦　　年	上場銘柄数	出資総額 （億円）	純資産総額 （億円）	負債総額 （億円）	資産総額 （億円）
2009	42	39,624	40,202	40,947	81,514
2010	35	36,239	39,090	41,360	80,842
2011	34	37,925	41,097	44,321	85,636
2012	37	42,444	45,789	47,654	93,679
2013	43	53,762	57,387	57,595	115,252
2014	49	61,521	65,407	64,601	130,328
2015	52	66,287	73,483	70,504	144,336
2016	57	72,797	82,955	77,972	161,431
2017	59	78,199	88,498	82,772	171,889
2018	61	83,928	95,837	89,193	185,544
2019	64	90,001	102,099	94,788	197,499
2020	62	95,595	108,121	101,194	209,891
2022	61	100,032	114,582	107,969	223,148

〔出所〕 投資信託協会『統計データ D. 不動産投資信託』より作成

8．上場インフラファンド　　東京証券取引所は，2015年4月にインフラ施設を投資対象とするインフラファンド市場を創設した。この市場で取り扱うインフラファンドは，インフラ設備を保有し運用者へ賃貸を行うことで生じるキャッシュフローを得られる。このキャッシュフローを裏付けとして発行された証券を取引するのがインフラファンド市場である。

インフラファンドはREITと非常に似通った仕組みを持っている。上場基準についてもREITに準拠しているが，インフラ設備を借り受けて運営を行うオペレーターについての選定方針が上場基準に含まれている点が異なる。

インフラファンド市場は2022年3月末時点で，5銘柄が上場されているに過ぎない。また，上場銘柄全てが太陽光発電設備を裏づけ資産として保有して証券の発行を行っている。これは2011年に電気事業者による再生可能エネルギー電気の調達に関する特別措置法（FIT法）が成立したことにより，太陽光発電の買取価格が固定化されたため非常に安定して収益をあげることが可能となると見込まれたためであろう。

電気・ガス・水道・鉄道・道路などの生活基盤となる設備・施設がインフラファンドの裏付け資産となりうる。インフラファンドが注目される一つの理由として，これらのインフラ設備の収入は比較的景気の変動を受けにくいといわれていることにある。そのため，インフラファンドも安定した収益を上げることが可能となる。日本では現在のところ全て太陽光発電となっているが，今後他のインフラ設備を裏付け資産としたインフラファンドが登場することが期待される。

5銘柄あわせた総発行株式数が167万株程度であり，2023年9月末での時価総額は約1,650億円となっている。市場での取引は2023年8月から9月の1営業日あたりの出来高数は，この時点で上場されている5銘柄で2,600株程度となっている。取引量も増加傾向が見られており，今後のさらなる進展が注目される。

また，インフラ投資においてグリーンフィールド，ブラウンフィールドという言葉が使われる。前者が人間の手のついてない野原を意味しており，何も無いところへの投資を指すのに対して，後者は既に手の入っている状態を意味し，既存のインフラ設備への投資を指している。

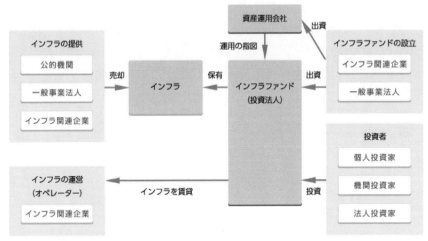

インフラファンドの仕組み

〔出所〕　東京証券取引所グループ HP より

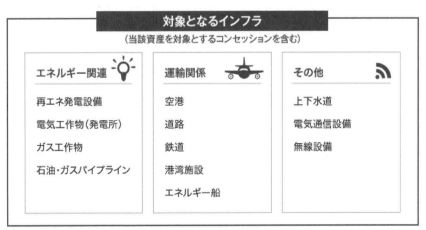

＊公共施設等運営権（コンセッション）は，利用料金の徴収を行う公共施設について，施設の所有権
　を公共主体が有したまま民間事業者に運営を委託するための運営権を指す。
〔出所〕　東京証券取引所グループ HP「インフラファンド特集」より

9．証券化商品のリスクと信用補完　証券化商品は，仕組みが複雑であることから，投資基準の一つとして格付けが重視される。高格付けが得られるような証券化商品を組成するためには，様々なリスクをコントロールする必要がある。原資産の種類やスキームの参加者によってリスクの内容は変わるが，共通するのは，約定通りの元利金の償還を受けられないというデフォルト・リスク（債務不履行リスク）である。証券化商品の場合，デフォルト・リスクは，原債権のキャッシュフローが貸倒れや延滞等によるリスク，債務者を含むSPCやオリジネーターなど関係者が破綻するリスク，という2つのリスクに分類できる。

　原債権のキャッシュフローに関するリスクは，種々の信用補完措置を利用することで軽減できる。証券化商品の格付けは，発行者の信用リスクがベースとなる一般社債と異なり，個別の審査が必要であり，証券化商品の引受・販売を行うアレンジャーとオリジネーターが格付会社と交渉を行い，高格付けを取得する構造になっている。信用補完は証券化商品の発行の仕組みなどによって様々な方法がある。大きく分けると，外部の金融機関等の信用力を活用する外部信用補完，発行する証券の構造に信用補完の機能を持たせる内部信用補完がある。なお，外部信用補完は，間接方式と直接方式に分類される。前者は，原債権のキャッシュフロー，後者は証券化商品のキャッシュフローについて補完を行う。間接方式については，サービサーリスク等を回避できない問題点が指摘されている。また，内部信用補完の手段として，一般的に利用される優先劣後構造であるが，日本では，劣後部分をオリジネーターが自己保有する場合が多い。この背景としては，劣後部分を好んで購入する投資者の不在等，いくつかの理由が挙げられている。

　原債権のキャッシュフローに関するリスクは，信用補完措置により大部分カバーできるが，関係当事者が破綻した場合に顕在化する破綻リスクは現実に大きな問題となる。オリジネーターの倒産処理手続きに譲渡債権や回収金が組み込まれ，投資者が元利金償還を受けられなくなるリスク等が代表的である。関係当事者自身の業務内容にリスクが内在しないか，他の関係当事者のリスクと切り離されているか，が重要になる。リスクは複雑に絡み合うが，代表的なものをまとめたのが右図である。

主な信用補完措置

信用補完（外部）	原債権者のリコース Recourse	原債権者が SPC に対して売却した資産の一定範囲の償還義務（リコース）を負う。リコースの程度によってはオフバランスが認められないケースがある。
	クレジット・デフォルト・スワップ Credit Default Swap	スワップ購入者が一定のプレミアムを支払う代わりに，売却者が特定の債権の信用リスクを負担する。
	金融機関による保証，保険 Financial Guaranty Insurance	銀行による保証契約，信用状の発行，損害保険会社による保険契約を用いて，原債権，あるいは発行証券のデフォルト・リスクを低下させる。
信用補完（内部）	利鞘積立勘定 Spread Account	原債権からのキャッシュフローから，投資者に支払う金額と手数料を差し引いた残余資金をスプレッド勘定に積み立て，貸倒れが発生したときにその補填金として使用する。
	超過担保 Over Collateral	証券発行額以上の裏付資産を SPV に売却することで，発行する証券の信用力を高める。
	優先劣後構造 Senior Subordinate Structure	発行証券の一部を劣後証券とすることで，その他の部分の信用力を高める。

証券化商品の代表的なリスク

ABS 全体に関するリスク	概　要	リスク回避に必要な措置
クレジット・リスク	オリジネーターのデフォルトにより，予定されているキャッシュ・フローが得られなくなるリスク。	信用補完措置の検討。多数の債権を原資産とする場合，十分に分散を図る。
期前償還リスク	償還日前に予期しない償還が発生し，投資者が再運用リスク（プリペイメントリスク）にさらされるリスク。	裏付け資産と発行証券のキャッシュフローの関係を工夫する，CMO 型，据置期間設定型などの技術の開発。
流動性リスク	急速な資金の流出などがあった場合に，証券化商品の流動性が低いために，途中売却できないリスク。	流通市場の整備。劣後部分を購入する幅広い投資者層が存在すること。
関係当事者に関わるリスク	概　要	リスク回避に必要な措置
オリジネーターリスク	オリジネータから SPC へ売却された債権が，倒産したオリジネーターの破産財産の一部と認定されると，投資者が本来の元利金償還を受けられなくなるリスク。	譲渡債権が担保目的でなく，『真正売買（True Sale）』であること。 オフバランス化されていること。 債権譲渡の対抗要件の具備。
サービサーリスク	サービサーが倒産し，回収した資金が SPV に送金される前にサービサー自身の資金と混同されてしまうコミングリングリスク。	超過担保を積む有能なバックアップサービサーの指定。 債権者からの送金を直接 SPV へ入金。 専用別口座管理（Lock box）。
SPC のリスク	証券化のスキームで，SPC 自身が倒産しないこと，他社の倒産処理に巻き込まれないこと，を満たすバンクラブシーリモート（Banklupcy remote：倒産隔離）性を実現しなければならない。	事業内容の限定，チャリタブルトラスト（慈善信託）によりオリジネーターと資本関係にない SPC を設立。 チャリタブルトラストを実質株主とすることで自ら倒産手続開始を制限。

10. 証券化関連立法　　わが国の現行法制は業法中心であり，金融商品が各関係業法によって，業態別に縦割りの状態で規制される体系になっている。そのため，業法規制や禁止規定が多く，証券化などの新しい業務を行う場合，法改正や新法の整備等が必要とされる場合が少なくなかったという指摘がある。

　証券化に関しては，1931年の抵当証券法が嚆矢となり，1993年に特定債権法が独立した形の法律として作られた。特定債権法の施行以降，法制面でのインフラ整備が着実に進展してきている。特定債権法の下で，リース債権など特定債権等に分類される債権の流動化・証券化がはじまった。その後，バーゼル銀行監督委員会の自己資本比率に対する基準，90年代に入り深刻化した不良債権問題への対応などを目的として証券化を促進するための法制が進展した。

　SPC法，および同法を改組した資産流動化法により，SPVを利用して，資産を同法で定められた種類の資産対応証券，特定目的信託の形で証券化することが可能となった。また，SPC法では，投資者保護の観点から，証券取引法（現金融商品取引法）上の有価証券の情報開示制度とは別に，資産流動化計画・個別流動化案件等の情報提供制度が導入されている。

　動産・債権譲渡特例法は，民法の特例法として98年に制定，2005年に改正された。民法では指名債権（債権者が特定している債権）の移転を債務者または第三者に主張するための法律要件（債務者対抗要件と第三者対抗要件）が規定されている。指名債権は譲渡可能な債権であるが，民法の規定が証券化の障害となっていた。同法によって簡易に対抗要件を具備する手段が創設された。

　弁護士法の特例法として，許可を受けた株式会社に債権管理回収業務を行うことを認めたのがサービサー法である。この法律により，弁護士法に抵触せずに不良債権の回収が可能となったため，サービサー法上の債権回収会社を設立できるようになった。ノンバンク社債法は，貸金業者に貸付資金目的の社債・CPの発行，およびABSの発行を条件付きで解禁したものである。

　なお，金融システム改革法に基づく証券取引法の改正，金融商品取引法の施行により，資産流動化法上の資産対応証券や信託受益権，抵当証券法上の抵当証券が有価証券として扱われるようになった。また，改正投信法が施行され，運用対象資産として不動産も含められた。これによって，REITの発行が可能になっている。その後，対象資産が拡大され，インフラファンドが登場した。

証券化関連法制度年表

年	月	事　項
1931年	8月	抵当証券法制定
1973年	6月	住宅金融専門会社等の住宅ローン債権信託による資金調達
1974年	9月	住宅金融専門会社等の住宅抵当証券による資金調達
1988年	1月	抵当証券業の規制等に関する法律施行
1992年	4月	商品投資に係る事業の規制に関する法律（商品ファンド法）施行
1993年	4月	住宅ローン信託受益権を証券取引法上の有価証券に指定
	6月	特定債権等に係る事業の規制に関する法律（特定債権法）施行
	7月	ノンバンクによるCP発行解禁
1995年	4月	不動産特定共同事業法（FTK法）施行
1996年	4月	資産担保証券（ABS，ABCP）の発行が認められ，証券取引法上の有価証券に指定される
1997年	6月	不動産担保ローンを含む一般貸付債権の信託受益権を証券取引法上の有価証券に指定
1998年	2月	証券投資信託法改正（会社型投信，私募投信の解禁）
	4月	土地，債権流動化トータルプラン発表
	9月	特定目的会社による特定資産の流動化に関する法律（SPC法）施行
	10月	債権譲渡の対抗要件に関する民法の特例等に関する法律（債権譲渡特例法）施行
1999年	1月	金融商品に係る会計基準の設定に関する意見書公表（条件付きの金融資産の譲渡について財務構成要素アプローチを採用）
	2月	債権管理回収業に関する特別措置法（サービサー法）施行
	5月	金融業者の貸付業務のための社債の発行等に関する法律（ノンバンク社債法）施行
2000年	5月	SPC法を資産の流動化に関する法律（改正SPC法）へ改正，流動化対象資産が拡大
	11月	改正投信法（投資信託及び投資法人に関する法律）が施行され，不動産等へ運用対象資産が拡大
2001年	9月	改正サービサー法施行
2004年	12月	信託業法が改正され，登録制の管理型信託会社の制度創設
	12月	特定債権法廃止
2005年	10月	債権譲渡特例法が動産・債権譲渡特例法に改正
2006年	5月	会社法施行
	12月	信託法が改正され，新たに事業信託，自己信託，目的信託を導入
2007年	10月	金融商品取引法施行
2011年	11月	改正資産流動化法施行
2018年	4月	改正金融商品取引法施行
2020年	5月	改正金融商品取引法施行（電子記録移転有価証券表示権利等（セキュリティトークン・デジタル証券）が規定

11. デジタル金融化の進展　IT 技術の進展に伴い様々な技術が金融に取り入れられてきた。金融 DX の旗が掲げられている昨今，とりわけブロックチェーンに代表される分散型台帳技術（Distributed Ledger Technology, DLT）は，暗号資産（仮想通貨）を用いた決済や送金などの他，証券や商品などの取引にも活用され始めており，今後その活用範囲は広がっていくことが予想される。

　DLT とは，取引参加者がインターネット上で帳簿を共有することにより資産や権利の移転・所有に関する記録を分散的に管理する仕組みである。証券市場においても，証券の発行・流通・決済等の様々な分野にわたり分散型インフラとして応用が期待されている。その代表例の１つがデジタル・トークンの発行による調達行為であり，例えば米国では2017年から18年にかけてイニシャル・コイン・オファリング（ICO）により多額の資金が調達された。

　このような証券の性格を持ったデジタル・トークンに関して，わが国では改正金融商品取引法が2020年５月に施行され，金融庁は，電子記録移転権利および第一項有価証券の券面が発行されていないものを内閣府令で「電子記録移転有価証券表示権利等」と定め，より幅広い対象をセキュリティ・トークン（ST，有価証券としてのデジタル・トークン）として扱うことを可能とした。

　DLT を用いた ST による証券化は，小口化のコストが低減や，利払いや償還等の自動化が可能など，証券化のコストを引下げ，証券化の活発化が期待される性質が含まれている。現実には，2020年７月にケネディクスが日本初の不動産証券化セキュリティ・トークン・オファリング（STO）を行った。以降，不動産を中心に証券化STO が行われている。証券化が活発になることで，個人投資家にとっては，よりニーズに合った商品と出会える可能性がある。例えば，それまで個人投資家の不動産証券化商品は J-REIT に限られていたが，不動産証券化STO によって，単一不動産を裏付けとする証券化商品にアクセスできるようになった。今後は，不動産信託受益権（不動産）に加えて，航空機や船舶のリース債権，住宅ローン等の金銭債権，知的財産権等のセキュリティ・トークンによる証券化も検討が行われているようである。

　また，事業者側の観点からも，証券化のハードルが下がることで，今まで証券化が困難であった資産についても証券化が期待される。

セキュリティトークン取引の基本スキーム

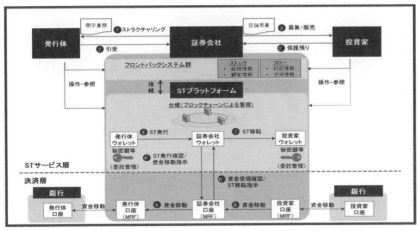

〔出所〕 一般社団法人日本 STO 協会「セキュリティトークンに関する現状等について」

デジタル証券の分類と自主規制機関

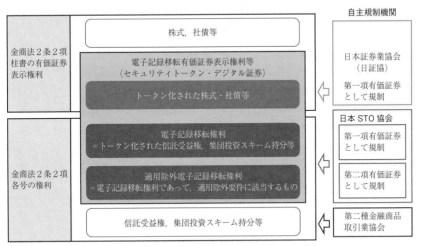

〔出所〕 一般社団法人日本 STO 協会「デジタル証券における流通市場の活性化への提言」

第10章　金融商品取引所等（1）

1. 金融商品取引所等の機能　金融商品取引所の基本的機能は，市場を開設し有価証券等の需給を集中させることによって，その流動性を高め，需給を反映した公正な価格を形成・公示することにある。その目的は，有価証券の売買や市場デリバティブ取引を行うために必要な市場を開設し，公益および投資者の保護に資するための売買等が公正，円滑に行われることを旨として運営することにあり，公正かつ透明で効率的な市場の提供がその基本的な使命である。開設する市場は，金融商品への流動性の付与と公正な価格形成の場の提供という機能を有し，投資者が安心して投資できる環境を提供するとともに，有価証券の発行による円滑な資金調達や市場デリバティブ取引によるリスクヘッジなどを可能にしている。また，取引所で形成された価格は，有価証券の財産価値等の基準となるほか，その価格の指数は，経済動向・景気動向を示す重要な指標ともなっている。このように，取引所の開設する金融商品市場は，国民経済を支える重要な役割を担うことから，その開設には内閣総理大臣の免許を必要とし，その運営に関しても，金融商品取引法に基づく監督下に置かれている。

　従前，証券取引法上，取引所は会員制の組織であったが，2000年の法改正により，株式会社形態も可能となり，2001年の大阪を皮切りに，東京，名古屋，ジャスダックの各取引所が株式会社化した。2007年に施行された金融商品取引法により，取引所持株会社や自主規制法人等の設立が可能となり，同年，取引所と自主規制法人を傘下に置く持株会社である東京証券取引所グループが設立された。持株会社の設立は，自主規制業務の担い手である取引所の公共性と，株式会社としての役割との間に利益相反のおそれがあることを背景に，自主規制業務の独立性を強化する方策として行われた。さらに2013年，国境を越えた市場間競争の激化を背景に，日本市場の魅力と利便性の向上および国際的な競争力強化を目的として，東京証券取引所グループと大阪証券取引所が経営統合し，日本取引所グループ（JPX）が設立された。JPX は，2019年に東京商品取引所等を子会社とし，翌年には，同取引所に上場する貴金属先物取引等を，デリバティブ市場を運営する大阪取引所に移管し傘下の清算機関を統合することで，金融からコモディティまで幅広い商品が取引可能な，総合取引所を実現した。

JPX が運営する金融商品取引所等の機能（概要）

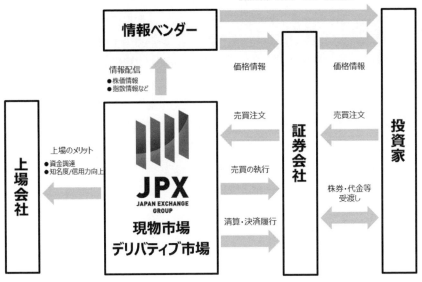

総合取引所の概要

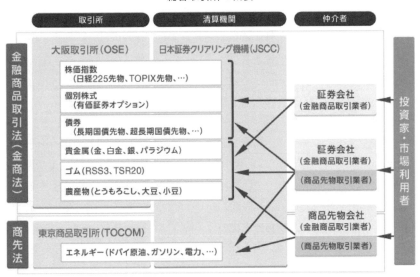

２．市場の歩み　　　戦後，証券取引所が再開した際，取引所市場は単一の市場であった。その後，日本経済が高度成長期を迎え，中小企業の資本調達需要が高まると，取引所外の店頭取引が組織化された集団取引が急速に拡大し，中小企業育成と投資家保護の観点から，集団的店頭取引の組織化の必要性が生じた。これを受けて，1961年に東京，大阪，名古屋の取引所が，従来よりも上場基準を緩和した第二部市場を創設し，店頭売買銘柄の多くが吸収された。これが従来（2022年４月の市場区分の見直し以前）の東証の本則市場である「市場第一部」及び「市場第二部」の創始である。以後，新規上場会社は市場第二部に指定するものとしていたが，1986年，NTT株券の上場に伴い一部指定基準等を改正し，上場株式数が多大で，株式の分布状況が特に良好と認められる銘柄については，新規上場時から市場第一部へ指定できることとした。1996年には明瞭化の観点から市場第一部への直接上場に関する基準を規則化し，一定の上場株式数や一部指定基準相当の株式の分布が求められることとなった。

　また，市場第二部開設後，高度成長を背景に，取引所市場への上場が難しい企業の資本調達の場が再び必要となると，1963年に日本証券業協会が店頭登録制度（株式店頭市場）を創設した。店頭登録制度は，1983年に新店頭市場となり，証券取引所の補完市場（1998年の証券取引法改正後は店頭売買有価証券市場となり取引所と並列する市場）として，ベンチャー企業の資金調達に寄与した。また，2004年には取引所化されてジャスダック証券取引所となり，2010年には大証の運営するヘラクレスと市場統合。2013年７月からは東証と大証の経営統合に伴い，「JASDAQ」として運営されることとなった。

　また，東証では1999年，成長段階の新興企業へ上場機会を提供することを目的に，「マザーズ」が創設された。マザーズでは，情報開示の充実を通じて投資者保護を図ることで，高い成長可能性を有する企業であれば，債務超過や赤字企業も上場が可能とされた。その後，一部の企業による不祥事などを契機に，上場審査基準が厳格化され，投資者保護が強化されている。また，2011年には，マザーズの信頼性向上と活性化の観点から上場制度の見直し（事業計画の合理性を評価することへの上場審査手法の変更など）が行われた。

　その後，2022年４月には，第二部市場の創設以来，約60年ぶりの大規模な改革として，東証において市場区分の見直しが行われている（詳細は次節参照）。

本則市場（市場第一部・市場第二部）の沿革

1949年（昭和24年）	4月	証券取引所再開
1961年（昭和36年）	10月	東京・大阪・名古屋に市場第二部が開設
		市場第一部指定基準，市場第二部への指定替え基準の新設
1986年（昭和61年）	11月	NTTの株券の上場等に係る諸規則の改正
		・上場株式数が多大で，株式の分布状況が特に良好と認められる銘柄について，市場第一部への直接上場を可能に
1996年（平成8年）	11月	明瞭化のため市場第一部の直接上場基準を規則化
		・上場株式数，株式の分布状況（一部指定基準相当）等

JASDAQ の沿革

1983年（昭和58年）	11月	新店頭市場発足
1998年（平成10年）	12月	証券取引法上において「店頭売買有価証券市場」と定義し，取引所と並列する市場となる
2002年（平成14年）	12月	証券取引所免許を取得し，㈱ジャスダック証券取引所へ商号変更
2007年（平成19年）	8月	NEO を創設
	10月	JASDAQ・NEO・ヘラクレスを統合し「新 JASDAQ」を開設
2013年（平成25年）	7月	東証と大証の経営統合に伴い，東証が運営を引継ぎ

マザーズの沿革

1999年（平成11年）	11月	市場開設
2002年（平成14年）	5月	上場制度の見直し
		・売上高に係る上場廃止基準の新設
		・時価総額に係る上場審査基準及び上場廃止基準の新設　など
2006年（平成18年）	12月	上場制度総合整備プログラムに基づく上場制度の整備①
		・新規上場申請時に幹事取引参加者に対して推薦書の提出を義務付け
2007年（平成19年）	11月	上場制度総合整備プログラムに基づく上場制度の整備②
		・本則市場からマザーズへ市場変更の規定を廃止（本則市場へのステップアップ市場としての位置付け明確化）など
2009年（平成21年）	11月	信頼性向上のための上場制度の整備
		・「事業計画の合理性」を上場審査項目として新設
		・株価に係る上場廃止基準の新設　など
2011年（平成23年）	3月	マザーズの信頼性向上・活性化に向けた上場制度の整備
		・上場会社監査事務所による監査の義務付け
		・上場後10年経過後の市場選択制度の新設
		・市場コンセプトに則した上場審査手法（「事業計画の合理性」の確認）の導入

※東証市場区分の見直し（2022年4月）以前の沿革を記載

3．東証市場区分の見直し　　従前，東証は，一般投資者向けに市場第一部・市場第二部・マザーズ・JASDAQ（スタンダード・グロース）という4つの市場を運営していた。この市場構造は，東証と大証が2013年に株式市場を統合した際に，上場会社や投資者に影響が出ないようにそれぞれの構造を維持したことによるものであるが，近年においては改善すべき点も見受けられていた。2018年，東証が，市場構造を巡る諸問題やそれを踏まえた今後の在り方等に関して意見募集を実施したところ，具体的には，①各市場区分のコンセプトが曖昧であり多くの投資者にとって利便性が低い，②上場会社の持続的な企業価値向上の動機付けの点で期待される役割を十分に果たせていない，③投資対象としての機能性と市場代表性を兼ね備えた指数が存在しない，といった課題が市場関係者から指摘された。

東証は，これらの課題を踏まえて，2022年4月4日に，上場会社の持続的な成長と中長期的な企業価値向上を支え，国内外の多様な投資者から高い支持を得られる魅力的な市場を提供するため，従来の市場区分を，プライム市場・スタンダード市場・グロース市場という3つの新しい市場区分へと再編することとした。

新市場区分にはそれぞれ明確なコンセプトが設けられ，そのコンセプトに応じて，流動性やコーポレート・ガバナンスなどに係る定量的・定性的な基準が設定されている。各市場区分における新規上場のための基準と上場維持のための基準は原則として共通化され，上場会社には，上場後においても継続して新規上場基準の水準を維持することが求められる。また，各市場区分はそれぞれ独立している位置づけとされ，従来のような他の市場区分に移る際の緩和された基準は設けられない。よって，上場会社が市場区分の変更を行う場合には，変更先の市場区分の新規上場基準と同等の基準に基づく審査を改めて受け，その基準に適合することが必要となる。

また，以上の市場区分の見直しと併せて，市場第一部の上場会社により構成されるTOPIXについても，市場代表性に加えて投資対象としての機能性の更なる向上を目指して，見直しが行われている。

市場構造を巡る主要な課題

①各市場区分のコンセプトが曖昧であり，多くの投資者にとって利便性が低い
- ✓市場第二部・マザーズ・JASDAQ の位置付けが重複している
- ✓市場第一部は市場コンセプトが明確でなく，パッシブ投資の隆盛により流動性が相対的に低い銘柄の価格形成に懸念が持たれている

②上場会社の持続的な企業価値向上の動機付けの点で期待される役割を十分に果たせていない
- ✓市場第一部へのステップアップ基準が，上場会社の持続的な企業価値向上の動機付けの観点から十分に機能していない
- ✓マザーズ・JASDAQ への機関投資家の参入，新興企業の成長性に係る情報開示が不十分

③投資対象としての機能性と市場代表性を備えた指数が存在しない
- ✓現在，多くの投資者がベンチマークとしている TOPIX は，市場第一部全銘柄で構成
- ✓JPX 日経400や TOPIX500などの指数をベンチマークとする投資者は少ない

我が国経済の持続的成長に向けて，上場会社各社の中長期的な企業価値向上とベンチャー企業の育成が必要かつ不可欠

市場区分の見直しと新たな市場区分のコンセプト

従来の市場区分

市場第一部 流通性が高い企業向けの市場	**JASDAQ** 多様な企業向けの市場 （実績ある企業・新興企業）
	スタンダード
マザーズ 新興企業向けの市場	市場第二部 実績ある企業向けの市場	グロース

新たな市場区分

PRIME	STANDARD	GROWTH
多くの機関投資家の投資対象になりうる規模の時価総額（流動性）を持ち，より高いガバナンス水準を備え，投資者との建設的な対話を中心に据えて持続的な成長と中長期的な企業価値の向上にコミットする企業向けの市場	公開された市場における投資対象として一定の時価総額（流動性）を持ち，上場企業としての基本的なガバナンス水準を備えつつ，持続的な成長と中長期的な企業価値の向上にコミットする企業向けの市場	高い成長可能性を実現するための事業計画及びその進捗の適時・適切な開示が行われ一定の市場評価が得られる一方，事業実績の観点から相対的にリスクが高い企業向けの市場

4. 新規上場制度　証券取引所は，投資者保護の観点から市場区分ごとに新規上場基準を設け，有価証券が基準に定める要件を満たしているかどうかについて審査を行っている。東証の各市場区分の新規上場基準は，形式要件と実質要件から構成されており，新規上場を希望する会社からの申請を受けて，提出された書類やヒアリング等をもとに審査を行っている。

プライム市場　形式要件においては，多様な機関投資家が安心して投資対象とすることができる潤沢な流動性の基礎として「流通株式時価総額100億円以上」，機関投資家との間の建設的な対話の実効性を担保する基盤として「流通株式比率35％以上」，安定的かつ優れた収益基盤の前提として「最近２年間の利益合計が25億円以上」又は「売上高100億円以上かつ想定時価総額1,000億円以上」等の基準が設けられている。他方，実質要件においては，企業の継続性及び収益性，企業のコーポレート・ガバナンス及び内部管理体制の有効性などの観点から基準が定められている。

スタンダード市場　形式要件においては，一般投資者が円滑に売買を行うことができる適切な流動性の基礎として「流通株式時価総額10億円以上」，上場会社としての最低限の公開性を求める観点から「流通株式比率25％以上」，安定的な収益基盤の前提として「最近１年間の利益が１億円以上」等の基準が設けられている。他方，実質要件においては，プライム市場と同様に企業の継続性及び収益性などの観点から基準が定められているが，プライム市場では安定的かつ優れた収益基盤を求めるのに対し，スタンダード市場では安定的な収益基盤を求めるといった差異が存在する。

グロース市場　形式要件においては，一般投資者の投資対象になりうる最低限の流動性の基礎として「流通株式時価総額５億円以上」，上場会社としての最低限の公開性を求めるため「流通株式比率25％以上」，成長を実現するための資金調達の実施という観点から「新規上場時における500単位以上の公募」等の基準が設けられている。なお，上場の間口を広くすることで新興企業が資本市場にアクセスしやすくするために，過去実績を示す経営成績・財政状態（利益・純資産）に係る基準は設けていない。また，実質要件においては，高い成長可能性を実現していくための事業計画の合理性や，その開示の適切性の観点から基準が定められていることが特徴的である。

新規上場基準（形式要件）

項　目		プライム市場	スタンダード市場	グロース市場
流動性	株主数[1]	800人以上	400人以上	150人以上
	流通株式数[2]	2万単位以上	2,000単位以上	1,000単位以上
	流通株式時価総額	100億円以上	10億円以上	5億円以上
	時価総額	250億円以上	－	－
ガバナンス	流通株式比率	35％以上	25％以上	25％以上
経営成績	収益基盤	以下A又はBを満たすこと A. 最近2年間の利益[3] 合計25億円以上 B. 売上高100億円かつ 時価総額1,000億円以上	最近1年間の利益 1億円以上	
	財政状態	純資産：50億円以上	純資産：正	－
	公募			500単位以上[4]
その他		事業継続年数，虚偽記載又は不適正意見等，登録上場会社等監査人[5]による監査， 株式事務代行機関の設置，単元株式数，株券の種類，株式の譲渡制限， 指定振替機関における取扱いなど		

(注)　1. 株主数とは，1単位以上の株式を所有する者の数をいう。
　　　2. 流通株式数とは，上場株式数から，その10％以上を保有する株主，役員等，自己（自己株式を所有している場合），国内の普通銀行・保険会社・事業法人以外が所有する株式及びその他当取引所が固定的と認める株式を控除した株式の数をいう。
　　　3. 利益とは，「経常利益（損失）金額」に，「非支配株主に帰属する当期純利益（損失）」を加減した金額をいう。
　　　4. 上場日における時価総額が250億円以上となる見込みのある場合等においては不要。
　　　5. 公認会計士法第34条の34の8第1項に規定する登録上場会社等監査人（日本公認会計士協会の品質管理レビューを受けた者に限る。）をいう。

新規上場基準（実質要件）

プライム市場	スタンダード市場	グロース市場
【企業の継続性及び収益性】 継続的に事業を営み，安定的かつ優れた収益基盤を有していること	【企業の継続性及び収益性】 継続的に事業を営み，かつ，安定的な収益基盤を有していること	【企業内容，リスク情報等の開示の適切性】 企業内容，リスク情報等の開示を適切に行うことができる状況にあること
【企業経営の健全性】 事業を公正かつ忠実に遂行していること	【企業経営の健全性】 事業を公正かつ忠実に遂行していること	【企業経営の健全性】 事業を公正かつ忠実に遂行していること
【企業のコーポレート・ガバナンス及び内部管理体制の有効性】 コーポレート・ガバナンス及び内部管理体制が適切に整備され，機能していること	【企業のコーポレート・ガバナンス及び内部管理体制の有効性】 コーポレート・ガバナンス及び内部管理体制が適切に整備され，機能していること	【企業のコーポレート・ガバナンス及び内部管理体制の有効性】 コーポレート・ガバナンス及び内部管理体制が，企業の規模や成熟度等に応じて整備され，適切に機能していること
【企業内容等の開示の適正性】 企業内容等の開示を適正に行うことができる状況にあること	【企業内容等の開示の適正性】 企業内容等の開示を適正に行うことができる状況にあること	【事業計画の合理性】 相応に合理的な事業計画を策定しており，当該事業計画を遂行するために必要な事業基盤を整備していること又は整備する合理的な見込みのあること
その他公益又は投資者保護の観点から当取引所が必要と認める事項		

5．上場管理制度　証券取引所は，上場有価証券の適切な管理を行い，投資者の保護を図る観点から，上場管理に係る規則を定めるとともに，上場会社との間で締結する上場契約において，証券取引所の規則を遵守する旨の記載を求め，規則の実効性の担保としている。東証では，「有価証券上場規程」において，重要な会社情報の適時開示，企業行動に適切な対応を求める企業行動規範および上場廃止等に関する規定が定められている。

会社情報の適時開示　流通市場における公正な価格形成を確保し，金融商品市場の健全な発展を図る上で，価格形成の基礎となる投資者の投資判断に影響を与える重要な会社情報が適時，適切に開示されることは，極めて重要である。東証は，決定事実，発生事実，決算情報など，重要な会社情報の適時開示を上場会社に義務づけている。なお，適時開示義務は，基本的には市場区分にかかわらず同一であるが，グロース市場においては「事業計画及び成長可能性に関する事項」を継続的に開示することが義務付けられている。

企業行動規範　上場会社は，金融商品市場を構成する一員としての自覚を持ち，会社情報の開示の充実を図ることにより透明性を確保することが求められるだけでなく，投資者保護および市場機能を適切に発揮する観点から，企業行動に対して適切な対応をとることを求められており，東証はこれを企業行動規範として定めている。

上場維持基準・上場廃止基準　新市場区分においては，市場区分ごとにコンセプトを踏まえた上場維持基準が設けられており，上場会社はその基準に適合した状態を継続的に維持することが求められる。当該基準に抵触し，改善期間内に改善が行われなかった場合には，上場が廃止される。上場廃止基準としては，そのほかにも各市場区分共通の基準が定められている。

なお，上場維持基準について，市場区分の見直し以前から上場していた会社には，経過措置として緩和された基準が適用されているが，2025年3月以降からは本来の上場維持基準が適用されることとなっている。

東証は，上場廃止基準に「該当するおそれがある」場合に，監理銘柄に指定してその旨を投資者に周知する。上場廃止基準に「該当した」場合には，整理銘柄に指定してその旨が周知される。その後，一定期間，売買が継続されたのちに，上場が廃止されることとなる。

企業行動規範の項目概要

遵守すべき事項（違反した場合，措置の適用対象）	望まれる事項（努力義務）
・第三者割当に係る遵守事項 ・流通市場に混乱をもたらすおそれのある株式分割等の禁止 ・MSCB等の発行に係る遵守事項 ・書面による議決権行使等の義務 ・上場外国会社における議決権行使を容易にするための環境整備 ・独立役員の確保義務 ・コーポレートガバナンス・コードを実施するか，実施しない場合の理由の説明 ・取締役会，監査役会又は委員会，会計監査人の設置義務 ・社外取締役の確保義務 ・会計監査人の監査証明等を行う公認会計士等への選任義務 ・業務の適正を確保するために必要な体制整備 ・買収防衛策の導入に係る遵守事項 ・MBOの開示に係る遵守事項 ・支配株主との重要な取引等に係る遵守事項 ・内部者取引の禁止 ・反社会的勢力の排除 ・流通市場の機能又は株主の権利の毀損行為の禁止	・望ましい投資単位の水準への移行及び維持 ・コーポレートガバナンス・コードの尊重 ・取締役である独立役員の確保 ・独立役員が機能するための環境整備 ・独立役員等に関する情報の提供 ・女性役員の選任 ・議決権行使を容易にするための環境整備 ・無議決権株式の株主への書類交付 ・内部者取引の未然防止に向けた体制整備 ・反社会的勢力排除に向けた体制整備等 ・会計基準等の変更等への的確な対応に向けた体制整備 ・決算内容に関する補足説明資料の公平な提供

上場維持基準

項　目		プライム市場	スタンダード市場	グロース市場
流動性	株主数	800人以上	400人以上	150人以上
	流通株式数	2万単位以上	2,000単位以上	1,000単位以上
	流通株式時価総額	100億円以上	10億円以上	5億円以上
	売買	1日平均売買代金 0.2億円以上	月平均売買高 10単位以上	月平均売買高 10単位以上
ガバナンス	流通株式比率	35％以上	25％以上	25％以上
財政状態	純資産	正であること	正であること	正であること
時価総額		－	－	40億円以上 ※上場10年経過後から適用

※改善期間は，原則として1年間（スタンダード市場・グロース市場の売買基準は6ヵ月）

上場廃止基準

項　目	
上場維持基準への不適合	株式事務代行機関への委託
銀行取引の停止	株式の譲渡制限
破産手続，再生手続又は更生手続	完全子会社化
事業活動の停止	指定振替機関における取扱い
不適当な合併等	株主の権利の不当な制限
支配株主との取引の健全性の毀損	全部取得
有価証券報告書又は四半期報告書の提出遅延	株式等売渡請求による取得
虚偽記載又は不適正意見等	株式併合
特設注意市場銘柄等	反社会的勢力の関与
上場契約違反等	その他（公益又は投資者保護）

６．コーポレートガバナンス・コード

コーポレートガバナンス・コードの概要　東証では上場会社の実効的なコーポレート・ガバナンスの実現に資する主要な原則を取りまとめた「コーポレートガバナンス・コード」（以下，コード）を策定し，2015年６月から上場会社に適用している。コードは基本原則，原則，補充原則の３層構造で，コンプライ・オア・エクスプレインの手法を採用しており，各原則の実施は一律には求められていないが，各社の個別事情に照らして実施しない原則があれば，その理由や代替策の実施状況などを適切に説明することが求められる。また，コードはプリンシプル・ベース（原則主義）に基づき策定されており，用語に明確な定義はおかれていないものの，関係者はコードの趣旨・精神に則って適切に解釈・対応することが期待されている。上場会社はコードの対応状況を「コーポレート・ガバナンスに関する報告書」に記載することとされており，当該報告書は証券取引所のウェブサイト等で公衆の縦覧に供される。

　なお，上場会社向けの行動原則であるコーポレートガバナンス・コードとは別に，機関投資家向けには「スチュワードシップ・コード」が策定されており，両者が車の両輪となることで，機関投資家との建設的な対話に基づき上場会社の持続的な成長が促されることが期待されている。また，2018年には，両コードの付属文書として，企業と投資家との対話において重点的に議論することが期待される事項を取りまとめた「投資家と企業の対話ガイドライン」が策定された。

コーポレートガバナンス・コードの改訂　コーポレートガバナンス・コードは2018年に改訂が行われたが，その後の2021年６月に再度の改訂が行われている。2021年の改訂における主要なポイントは，取締役会の機能発揮，企業の中核人材における多様性（ダイバーシティ）の確保，サステナビリティを巡る課題への取組みの３点である。プライム市場及びスタンダード市場の上場会社には改訂後の基本原則・原則・補充原則の全て，グロース市場の上場会社には基本原則のみが適用されるが，プライム市場はグローバルな投資家との建設的な対話を中心に据えた企業向けの市場区分であることを踏まえ，改訂後の原則・補充原則には，プライム市場の上場会社を対象に一段高いガバナンス水準を求める内容も含まれている。

２つのコードと対話ガイドライン

コーポレートガバナンス・コード (2015年6月策定，2018年6月改訂，2021年6月改訂)	投資家と企業の対話ガイドライン (2018年6月策定，2021年6月改訂)	スチュワードシップ・コード (2014年2月策定，2017年5月改訂，2020年3月改訂)
持続的な成長と中長期的な企業価値の向上を目的とする上場会社の的確な意思決定を支える実務的な枠組みを示したベストプラクティス	上場会社と投資家との建設的な対話を促し，より実効的なコーポレート・ガバナンスの実現を図るための事項	機関投資家が，スチュワードシップ責任を果たす（企業との建設的な対話を通じて企業の中長期的な企業価値向上を促し，投資リターンの拡大を図る）にあたり，有用と考えられる諸原則

上場会社	⇔ 中長期的な視点に立った建設的な対話 ⇔	機関投資家

コーポレートガバナンス・コードの概要

１．株主の権利・平等性の確保　上場会社は，株主の権利・平等性を確保すべき

➤株主の権利・平等性の実質的な確保
　⇒株主が総会議案の十分な検討時間を確保するための対応（招集通知の早期発送，議決権の電子行使，招集通知の英訳等）
➤資本政策についての説明
　⇒基本的な方針，買収防衛策・支配権の変動や大規模な希薄化の必要性・合理性，政策保有株式*等
　　*政策保有株式：保有方針の開示，経済合理性の検証に基づく保有のねらい・合理性の説明，議決権行使の基準の策定・開示

２．株主以外のステークホルダーとの適切な協働　上場会社は，企業の持続的成長は，従業員，顧客，取引先，地域社会などのステークホルダーの貢献の結果であることを認識し，適切な協働に努めるべき

➤社会・環境問題をはじめとするサステナビリティを巡る課題への適切な対応
➤企業の中核人材における多様性の確保（女性・外国人・中途採用者）

３．適切な情報開示と透明性の確保　上場会社は，財務情報や非財務情報について，法令に基づく開示を適切に行うとともに，それ以外の情報提供にも主体的に取り組むべきであり，利用者にとって分かりやすく有用性の高い情報を提供すべき

➤情報開示の拡充
　⇒経営戦略・計画，コーポレートガバナンスに関する基本方針，取締役等の指名・報酬に係る方針・手続，英文開示，サステナビリティについての取組み

４．取締役会等の責務　取締役会は会社の持続的成長を促し，収益力・資本効率等の改善を図るべく，以下の役割・責務を果たすべき
　　1．企業戦略等の大きな方向性を示すこと
　　2．経営陣の適切なリスクテイクを支える環境整備を行うこと
　　3．独立した客観的な立場から，実効性の高い監督を行うこと

➤独立社外取締役の活用
　⇒持続的な成長に寄与できる資質を備えた人物をプライム市場は3分の1以上（その他の市場は2名以上）選任，独立社外者のみの会合，筆頭独立社外取締役，指名・報酬などへの適切な関与
➤取締役会・監査役会の実効性確保
　⇒取締役会の実効性評価，会議運営（資料配布，審議事項など），情報入手（会社の支援体制の整備，研修機会の提供など）

５．株主との対話　上場会社は，持続的な成長の観点から，株主と建設的な対話を行うべき

7．株式売買制度（1）　　証券取引所の中心的な株式売買の制度は，個別競争売買方式により行われる売買立会による売買（立会取引）である。立会取引の制度概要としては，東京証券取引所を例にとると，取引時間は，午前9時から午前11時30分まで（午前立会「通称 "前場"」）と，午後0時30分から午後3時まで（午後立会「通称 "後場"」）の二つに区分されている。

注文の種類は，主に，値段を具体的に指定する指値注文と，その時の市場価格により売買が成立する成行注文の2種類があり，指値注文の値段は，その価格帯ごとに1円単位や10円単位など注文できる値段の単位が定められている。特に流動性の高い一部の銘柄（2023年6月より，対象銘柄を TOPIX 100構成銘柄から TOPIX 500構成銘柄に拡大）においては，約定値段の改善や約定までの順番待ちの緩和を目的として，より細かい値段の単位が定められている。また，指値注文で指定できる値段は，前日の終値等から一定の値段までと定められており，急激な株価の変動を抑止している。

立会取引の売買契約の締結は，価格優先の原則（最も値段の高い買注文と，最も値段が安い売注文が他の注文より優先される）と時間優先の原則（同じ値段であれば，先に発注された注文が優先される）という二つの原則に従い，以下に説明する板寄せ方式およびザラバ方式の2通りの方法によって行われる。

板寄せ方式

板寄せ方式とは，立会開始後最初の約定値段を決定する時等に行われる方式であり，成行注文の全量執行など，一定の合致要件を充足する単一の価格を約定値段として，売買成立前に発注されたすべての注文を，価格優先の原則に従い対当させるものである。

ザラバ方式

ザラバ方式とは，板寄せ方式により立会開始後の最初の約定値段が決定した後，立会終了値段決定の直前まで継続して行われる方式であり，価格優先および時間優先の原則に従って，新たに発注された買（売）注文を，既に発注されている最も優先される売（買）注文と対当させていくものである。

なお，取引所への発注等における識別子として使用される証券コードは，従来数字4桁で構成されていたが，銘柄数増加への対応として，2024年1月に証券コードが設定される銘柄より，英文字を組み入れることとなった。

売買契約の締結方法

板寄せ方式			ザラバ方式		
ある銘柄に対する始値決定時の注文控(板)			ある銘柄に対するザラバの注文控(板)		
(売呼値)	(値段)	(買呼値)	(売呼値)	(値段)	(買呼値)
H(2) I(4)	成行呼値	K(1)M(3)	成行呼値		
○○○	503円		○○○	503円	
○○○	502円	T(1)	○○○	502円	
○○	501円	P(5)N(2)	○D(2)C(4)	501円	
G(1)F(1)E(1)	500円	A(4)B(3)C(2)D(1)	B(3)A(3)	500円	
S(2)	499円	○○○		499円	F(3)G(2)○
R(4)	498円	○○○		498円	○○○
	497円			497円	○○○

(注) 1) アルファベットは取引参加者名を表す。
　　　2) ( ) 内の数字は株数で，単位は1単位の株式数100株とする。
　　　3) ○印は呼値の取引参加者名及び株数を省略。
　　　4) 板寄せ方式において，始値が決定するまでの呼値については，すべて同時に行われたもの
　　　　（同時呼値）とみなす。

[板寄せ方式]
a　まず，成行の売呼値600株（H証券200株，I証券400株）と，成行の買呼値400株（K証券
　　100株，M証券300株）を対当させる。この時点では，成行の売呼値が200株残る。
b　次に，始値を500円と仮定して，成行の売呼値の残りの200株および499円以下の売呼値
　　600株（S証券200株，R証券400株）と，501円以上の買呼値800株（P証券500株，N証券
　　200株，T証券100株）を対当させる。その結果，売呼値が1,200株，買呼値が1,200株で，
　　株数が合致する。
c　最後に，500円の売呼値300株（E証券100株，F証券100株，G証券100株）と，500円の買
　　呼値1,000株（A証券400株，B証券300株，C証券200株，D証券100株）を対当させる。
　　しかし，売呼値が300株，買呼値が1,000株なので，株数が合致しない。この場合，500円
　　の売呼値の全部300株と，500円の買呼値を行っているA証券，B証券，C証券の呼値に
　　ついて各100株，合計300株とを対当させる。この結果，始値が500円に決定され，その値
　　段で合計1,500株の売買契約が締結されることになる。

[ザラバ方式]
a　例えば，「板」の状態が図のような場合に，M証券が500円で200株買いたいという呼値を
　　すると，A証券の500円の売呼値300株のうち200株と対当させて売買契約が締結される。
b　次いで，N証券が1万株の成行の買呼値をすると，まず，A証券の500円の売呼値の残り
　　100株およびB証券の500円の売呼値300株と対当させて売買契約が締結され，次に，C証
　　券の501円の売呼値400株およびD証券の501円の売呼値200株を対当させて売買契約が締
　　結される。
c　その後，K証券が499円で500株の売呼値をすると，499円の買呼値をしているF証券の
　　300株およびG証券の200株を対当させて売買契約が締結される。
d　この結果，次のような売買契約が締結されたことになる。

売方証券	買方証券	約定値段(円)	株数(株)	売方証券	買方証券	約定値段(円)	株数(株)
A証券	M証券	500	200	D証券	N証券	501	200
A証券	N証券	500	100	K証券	F証券	499	300
B証券	N証券	500	300	K証券	G証券	499	200
C証券	N証券	501	400				

e　このように，売買立会時間中，間断なく呼値が行われ，値段が合致すると，つぎつぎに
　　売買契約が締結されてゆく。

8．株式売買制度（2）　証券取引所の売買の中心は立会取引であるが，大口取引やバスケット取引といった，立会取引では円滑な執行が困難な取引ニーズに対応するため，立会取引を補完する制度として，1990年代後半に立会外取引が導入された。

導入当初の当該制度は，発注方法がファックスに限定されていたこともあり，クロス注文（同一の取引参加者による売り注文及び買い注文）のみを対象としたが，東京証券取引所では，より一層の取引の効率化，利便性向上の観点から，1998年6月に電子取引システム（ToSTNeT）を稼働させるとともに，新たな取引の種類を追加するなど，取引制度を拡充してきた。

その後も，2008年1月には，さらなる取引の種類の追加や取引時間の拡大を行い，市場としても立会取引からは独立したものにするとともに，2020年8月と2021年5月には，単一銘柄取引及びバスケット取引について，指定可能な決済日の範囲を拡大するなど，投資者の取引ニーズの多様化にあわせて，適宜，制度等の改善を図っている。

なお，東京証券取引所の立会外取引（ToSTNeT取引）の制度概要は，以下のとおり，単一銘柄取引，バスケット取引，終値取引および自己株式立会外買付取引の4種類に分けられる。

単一銘柄取引　個別銘柄を対象とし，原則，立会取引における直前の約定値段等の上下7％（7％を乗じた値が5円未満の場合には一律5円）における価格での執行を行う取引制度である。

バスケット取引　15銘柄以上を同時に，かつ総売買代金で1億円以上を売り付ける（または買い付ける）取引を対象とし，バスケット構成銘柄の立会取引における直前の約定値段等に基づいて算出される基準売買代金の上下5％の売買代金での執行を可能とする取引制度である。

終値取引　午前立会，午後立会の開始前および午後立会の終了後の時間帯において，各立会区分の最終値段等により，原則，時間優先の原則に基づき売買を成立させる取引制度である。

自己株式立会外買付取引　午前立会開始前に，前日の最終値段等によって行われる自己株式取得のための取引制度である。なお，当該制度での買付者は，自己株式取得を行う上場会社に限定されている。

東京証券取引所の売買立会取引と立会外取引の 1 日平均売買代金の推移

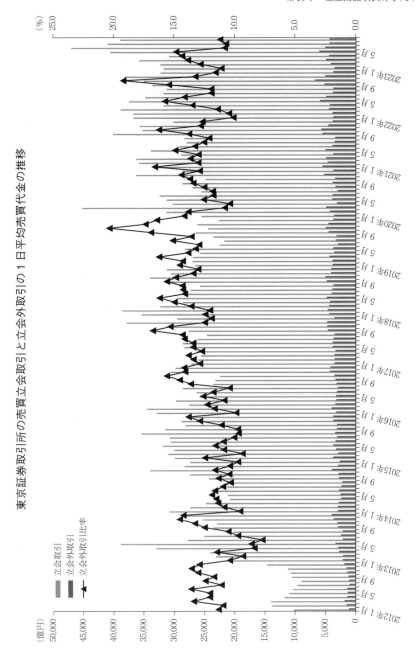

9．清算・決済制度(1)　　証券取引所で行われた有価証券の売買は，清算機関である日本証券クリアリング機構（JSCC）において，清算・決済が行われる。JSCC の業務開始（2003年1月）以降，それまで各市場で行われていた有価証券の売買の清算および決済は，JSCC の下で統一的に行われている。

JSCC の主要な機能としては，①債務引受け，②ネッティング，③振替指図，④決済保証の4つが挙げられる。

①債務引受け　JSCC は，証券取引所での売買が成立すると同時に，売方・買方の双方から相手方との間に発生した債務（証券の引渡しまたは売買代金の支払い）を引き受けるとともに，それに対応する債権を取得し，債権・債務の当事者となる。清算参加者（JSCC の清算資格を有する市場参加者）にとっては決済の相手方が JSCC に一元化されるため，決済事務の効率化が図られる。

②ネッティング　JSCC は，各清算参加者間の売付数量と買付数量，支払金額と受取金額を相互に相殺（ネッティング）し，その差額を決済する。これにより，決済に必要な金額や証券の移動を最小限にすることができる。

③振替指図　JSCC は，ネッティングによって決済数量を確定させたうえで，証券の振替を決済機関である証券保管振替機構に，資金の振替を日本銀行または JSCC の指定する資金決済銀行に対して指図する。

④決済保証　JSCC は，ある清算参加者に決済不履行が生じた場合でも，決済当事者として他の清算参加者との決済を履行する。この決済保証により，取引当事者は原始取引相手方の決済不履行リスクを意識することなく，売買を行うことが可能となる。

JSCC は，業務開始以降，清算機能の提供範囲を拡大しており，2010年7月には PTS での有価証券の売買を清算対象に加えた。また，金融危機を契機に，標準化された店頭デリバティブ取引について清算機関を通じた決済が義務付けられる（清算集中）など，各国で規制改革が進む中，2011年7月には CDS 取引，2012年10月には金利スワップ取引の清算を開始した。さらに，2013年10月に日本国債清算機関と統合し，国債店頭取引の清算を開始したほか，日本取引所グループの総合取引所化に合わせて2020年7月に日本商品清算機構と統合し，貴金属等の商品デリバティブ取引についても清算を開始した。

JSCC を利用した清算・決済のイメージ（取引所取引）

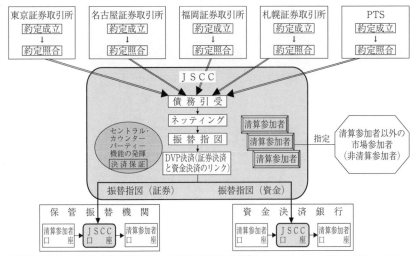

※清算機関は，売方と買方の間に入って双方の決済の相手方となることから，セントラル・カウンターパーティー（Central Counter Party；CCP）と称される。
※非清算参加者（清算資格をもたない市場参加者）が行った売買は，当該非清算参加者があらかじめ指定した清算参加者を通じて決済が行われる。

JSCC を利用した清算・決済のイメージ（店頭デリバティブ取引）

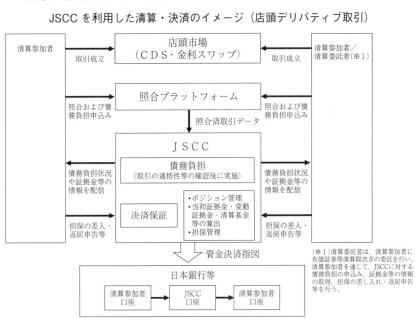

（※1）清算委託者は，清算参加者に有価証券等清算取次ぎの委託を行い，清算参加者を通じて，JSCCに対する債務負担の申込み，証拠金等の情報の取得，担保の差し入れ・返戻申告等を行う。

10. 清算・決済制度（2）　　JSCC が行う株式等の決済には，決済リスクの中でも主要な元本リスク（有価証券または資金を交付した後に，その対価を受け取れないリスク）を排除するため，DVP（Delivery Versus Payment）決済が採用されている。

DVP 決済とは，有価証券と資金の授受をリンクさせ，代金の支払いが行われることを条件に有価証券の引渡しを行うとともに，有価証券の引渡しが行われることを条件に代金の支払いを行うことにより，仮に決済不履行が生じても取りはぐれが生じない決済方法をいう。

JSCC による DVP 決済は，債務引受けを行った各証券取引所および PTS における株式等の取引のうち，証券保管振替機構の取扱銘柄である株式，転換社債型新株予約権付社債（CB）等を対象として，取引日から起算して 3 営業日目（T + 2）に行われる。

DVP 決済においては，原則として資金決済（支払い）の終了が確認できるまで有価証券を受領することはできないが，それだけでは，清算参加者と顧客との間の受渡しを含む証券決済全体でみた場合，決済の円滑性が損なわれるおそれがある。

そこで，JSCC では，有価証券を早期に受領するための仕組みを設けており，有価証券の受方清算参加者は，受領すべき有価証券の価値に相当する金銭または有価証券を担保として JSCC に預託することで，資金決済の終了以前に有価証券を受領することが可能となっている。

また，DVP 決済において，有価証券の渡方清算参加者がやむを得ない事由によって決済日の証券決済時限までに有価証券を引き渡すことができなかった場合には，フェイル（証券決済未了）として，当該有価証券およびこれに対応する決済代金の授受を翌日に繰り越し，翌日の決済分とネッティングしたうえで授受することとしている。

ただし，決済は，予定された決済日を遵守することが基本であることから，無制限にフェイルが継続されることのないよう，フェイルを起こした清算参加者に対する遅延損害金等のペナルティーや，バイイン（被フェイル参加者からの請求により，フェイルに係る有価証券の強制買付および引渡しを行う制度）といった仕組みを設けている。

DVP 決済（タイムテーブル）

＊受方清算参加者による証券の受領は，資金の支払い等JSCCに対する債務の履行や担保差入を条件として元本リスクを排除する形で実行

DVP スキームイメージ（通常の決済）

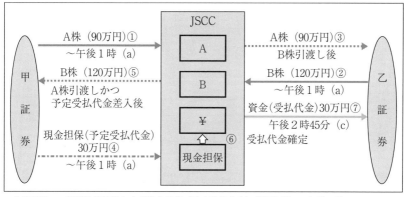

・決済時限　a 証券決済時限および現金担保（予定受払代金）差入時限：～午後１時
　　　　　　b 資金支払時限：～午後２時15分
　　　　　　c 資金受領時刻：午後２時45分
①甲証券はA株を，②乙証券はB株を午後１時までにJSCCに引き渡す。
③乙証券はB株をJSCCに引き渡した後，A株を受領できる。
④甲証券は予定受払代金を午後１時までにJSCCに差し入れる。
⑤甲証券はB株を①④実行後に受領できる。
⑥JSCCは予定受払代金を受払代金が確定した時点で資金決済に係る支払に充当する。
⑦乙証券は午後２時45分に資金（受払代金）を受領する。

11. 株式等振替制度　　上場会社の株式等に係る権利の管理は，振替機関である証券保管振替機構（保振）の株式等振替制度により，保振および口座管理機関である証券会社等に開設された振替口座において行われている。従前は株券等の存在を前提とした管理が行われていたが，2009年1月の株券電子化によって株券等が廃止されたため，現在は電子的に管理が行われている。

　株式等振替制度の対象有価証券は，証券取引所に上場されている株式，新株予約権，新株予約権付社債（CB），投資口（REIT等），協同組織金融機関の優先出資，投資信託受益権（ETF），受益証券発行信託の受益権（JDR）などである。

　株式等振替制度の概要は，次の通りである。

　①株式の権利の帰属は振替口座簿の記録により定まり，株式の移転は口座の振替により行われる。

　②口座管理機関は，基準日等の振替口座簿における株主の氏名や住所等および保有株式数の情報を振替機関に通知し，振替機関は当該情報を編集して，発行会社に対して通知（総株主通知）する。

　③株主総会の議決権行使や剰余金の分配等は，発行会社が総株主通知に基づき作成する株主名簿の記載に基づき行われる。

　④少数株主権等の行使は，株主の申出により，振替機関から発行者へ株主の保有株式数や継続保有期間の通知（個別株主通知）がされた後の一定期間に行うことができる。

　振替制度の主なメリットとしては，以下の点が挙げられる。

　①株主にとっては，株券を手元で保管することによる紛失や盗難，偽造株券取得のリスクが排除され，また発行会社の合併や商号変更の際に，発行会社に株券を提出する必要がなくなる。

　②発行会社にとっては，株券の発行に伴う印刷代や印紙税，企業再編（企業間の合併や株式交換，株式移転など）に伴う株券の回収・交付コストが削減できる。

　③証券会社にとっては，株券の保管や運搬に係るリスクやコスト等が削減できる。

株式等振替制度における加入者，振替機関および発行会社との関係

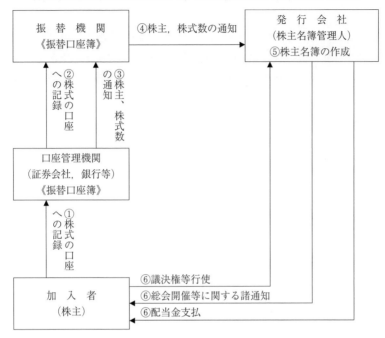

株券電子化前後の主な制度変更

	保管振替制度（電子化前）	振替制度（現行）
券面	・券面あり ・保振に預託された株券は保振で集中保管し，請求に応じ交付 ・保振制度外の株券は，所有者が個別に保管	・券面なし
権利の帰属	・株券の占有による株式の権利の推定（保振制度外） ・口座簿に記録された者を株券の占有者とみなす	・振替口座簿の記録による株式についての権利の推定
株主管理の形態	・株主名簿で管理（保振制度外） ・実質株主名簿で管理（保振制度内） ・株主の名寄せは株主名簿管理人が行う	・株主名簿で一元的に管理 ・振替機関が株主を名寄せし，株主名簿管理人に通知する
株式の譲渡	・券面の交付（保振制度外） ・口座振替（保振制度内）	・口座振替

12. 金融商品取引所（証券取引所）のシステム化（1）　株式市場を支える株式売買システムおよび清算システムについて概説する。

株式売買システムは，東京証券取引所の現物市場で，注文発注・注文の付け合せ・約定通知作成・板の問合わせ等を行うためのシステムで，立会内およびToSTNeT取引（立会外取引）の株式・CB（転換社債型新株予約権付社債券）等に係る売買取引を処理している。取引参加者からの注文入力等は，主に取引参加者の社内システムと，取引所の売買システムを直接接続して行われている。

東京証券取引所における売買のシステム化は，1982年1月に稼働した「市場第二部売買システム」（旧株式売買システム）から始まる。現在稼働している株式売買システムは，「arrowhead」および「ToSTNeT」である。「arrowhead」は，電子取引の更なる進展，注文件数の継続的な増加等の市場を取り巻く環境変化や，電子取引の進展が市場に与えるリスク等に対応するため，信頼性・利便性・処理能力の向上という3つの基本方針に基づいて，これまで3度のリニューアルが実施された。

また，2024年11月には市場利用者の利便性や国際競争力，レジリエンス（障害回復力）をさらに高めていくために，4回目のシステムリニューアルを予定している。

日本取引所グループが2013年1月に発足し，2013年7月に，現物市場が東京証券取引所に統合されたことに伴い，大阪証券取引所の株式・CBに係る売買システムも「arrowhead」および「ToSTNeT」に一本化された。

株式・CBの清算システムは，東京証券取引所および他市場での有価証券売買に関する受渡し等の清算業務を支援するシステムとして，2003年1月より，統一清算機関であるJSCCに利用されている。なお，株式等の決済期間短縮に伴い，2019年7月にリニューアルが実施された。

これらのシステムでの取引参加者等との通信は専用ネットワークである「arrownet」を経由して行われている。

日本取引所グループのシステムスケジュール

	2021年度	2022年度	2023年度	2024年度	2025年度～

売買系

arrowhead（現物）
- 2019.11 RP
- 2022.7 BCP対応／新セカンダリ対応
- 2024.11 RP

J-GATE（先物／オプション）
- 2021.9 RP（新セカンダリ対応含む）

ToSTNeTシステム（現物立会外）
- 2019.11 ハードウェアRP
- 2022.7 BCP対応／新セカンダリ対応
- 2024.11 RP

ISCシステム（指数算出）
- 2019.11 RP
- 2022.7 BCP対応／新セカンダリ対応
- 2024.11 RP

清算系

現物清算システム
- 2019.7 RP
- 2022.12 BCP対応／新セカンダリ対応
- 2024年度前半（想定）ハードウェアRP

派生清算システム
- 2018.2 稼働
- 2022.7 ハードウェアRP（新セカンダリ対応含む）

国債清算システム
- 2022.1 RP（新セカンダリ対応含む）

OTC清算システム
- 2018.2 RP
- 2022.12 BCP対応／新セカンダリ対応
- 2024年度前半（想定）ハードウェアRP

〔出所〕日本取引所グループ「ITマスタープラン」2023年3月版

13. 金融商品取引所（証券取引所）のシステム化（2）　デリバティブ市場を支える売買システムおよび清算システムについて概説する。

デリバティブ売買システムは，大阪取引所のデリバティブ市場で，注文発注・注文の付け合せ・約定通知の作成・板の問合わせ等を行うためのシステムで，先物・オプション等に係る立会内および立会外取引を処理している。取引参加者からの注文入力等は，主に取引参加者の社内システムと取引所の売買システムを直接接続して行われている。

大阪取引所のデリバティブ市場を担う売買システム「J-GATE」は，アルゴリズム取引をはじめとした投資家の取引手法の高度化・多様化を踏まえ，従来の日本特有の複雑な取引制度を見直し，海外主要市場で採用されている制度，機能，取引形態を備えたシステムとして2011年2月に稼働した。

日本取引所グループが2013年1月に発足し，2014年3月に，デリバティブ市場が大阪取引所に統合されたことに伴い，東京証券取引所に上場していたデリバティブ商品も「J-GATE」での処理に一本化された。また，「J-GATE」へのネットワークも，2014年9月に「arrownet」へ一本化されている。

2016年7月には，安定性および信頼性をより向上させ，流動性の向上を図るという観点から，NASDAQ社のGenium INET Tradingをベースとしたシステムにリニューアルを行った。

さらに，機動的な商品・機能追加を可能とし，かつシステムの信頼性・利便性の更なる向上を実現すべく，2021年9月にリニューアルを行っている。

デリバティブの清算システムは，大阪取引所が大証清算システム，東京証券取引所がJSCCの清算システムを利用していたが，2013年7月に清算機関がJSCCに統合され，デリバティブ取引に係る証拠金業務をJSCCの清算システムでの処理に一本化した。その後，2014年11月に残る清算・決済業務についても，JSCCの清算システムへ一本化された。2018年2月には，デリバティブ清算機能等の部分リプレースが実施された。

2020年7月には，東京商品取引所及び同清算機関である日本商品清算機構（JCCH）との統合に伴い，JSCCの清算システムにおいて商品デリバティブの清算・決済業務も一本化された。

日本取引所グループのシステムイメージ（2023年4月時点）

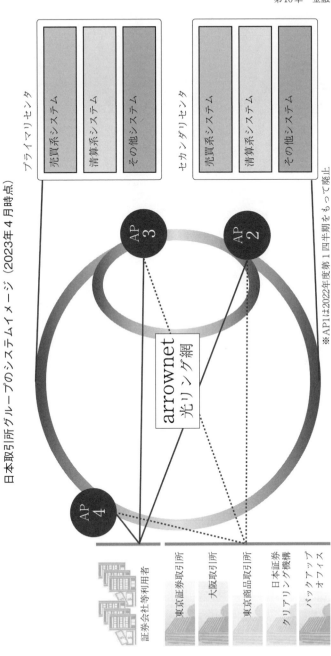

プライマリセンタ

売買系システム　清算系システム　その他システム

セカンダリセンタ

売買系システム　清算系システム　その他システム

※API は2022年度第1四半期をもって廃止

arrownet
光リンク網

AP3　AP2　AP4

証券会社等利用者

東京証券取引所
大阪取引所
東京商品取引所
日本証券クリアリング機構
バックアップオフィス

〔出所〕日本取引所グループ「IT マスタープラン」2023年3月版

第11章　金融商品取引所等（２）

1. 株式店頭市場の概要

①店頭取引とは　株式の流通市場には，証券取引所での取引（市場取引）のほかに店頭取引が存在する。証券取引所で売買される株式は上場基準を満たした上場株式に限られるので，上場株式以外の株式は証券取引所の外で売買されることとなる。こうした株式の取引は，通常，証券会社の店頭において証券会社間，あるいは顧客と証券会社での相対取引で行われることから「店頭取引」と呼ばれる。

なお，この店頭取引には未上場株式（上場企業の発行する未上場の種類株式も含む）の売買，店頭売買有価証券市場での売買および上場株式の取引所市場外取引における売買がある。

②株式店頭市場のあらまし　店頭取引が活発に行われると，複数の証券会社間で売買価格等の情報が交換されるとともに，投資者に情報が配信され「組織化」された市場となる。戦後わが国では証券取引所再開後も店頭取引が活発に行われ，61年にはこれらの銘柄を証券取引所市場第二部に昇格させたが，その後も店頭取引が行われたことから，63年２月に日証協の定める登録基準を満たした「店頭売買有価証券」の取引を組織的に行う株式店頭市場が誕生した。

株式店頭市場は，当初投資勧誘が規制されるなど，株式の換金市場的な側面が強かったが，71年の改正証券取引法により法制度面での整備も進み，さらに，83年には証券取引所の補完的市場として位置付けられ，ジャスダック市場として中堅中小企業の株式を売買する市場として抜本的な改革が行われた。ジャスダック市場は新興企業向け市場として成長し，98年には証券取引法上の「店頭売買有価証券市場」とされたが，04年12月にジャスダック証券取引所に改組されたため，現在店頭売買有価証券市場は法律上の存在でしかない。

なお，ジャスダック市場以外にも未上場株式の取引ニーズが生まれたことから，97年７月にはグリーンシート銘柄制度を発足させ（同制度は18年３月末をもって廃止），15年５月には，同制度に代わる株主コミュニティ制度のほか，株式投資型クラウドファンディング制度を発足させた。また，22年７月にはプロ投資家向けの特定投資家向け銘柄制度（J-Ships）を発足させた。

店頭市場の主な歴史

1945年　戦後自然発生的に集団売買が再開される。

1949年　6月　証券業協会の規則により店頭売買承認銘柄制度開始。

1961年　取引所二部市場創設　店頭売買承認銘柄が吸収され承認銘柄制度終了。

1963年　2月　店頭登録制度発足。

1976年　店頭市場を仲介する日本店頭証券㈱創設。

1983年　11月　新しい株式店頭市場（ジャスダック市場）発足。

1991年　JASDAQ システム稼動。

1992年　ジャスダック市場に行為規制ルール適用。

1997年　グリーンシート銘柄制度発足。

1998年　ジャスダック市場，証取法（現金商法）上の店頭売買有価証券市場となる。

2001年　日本店頭証券㈱，㈱ジャスダックに商号変更。市場運営会社となる。

2004年　12月　ジャスダック市場，取引所化　店頭売買有価証券市場を閉鎖。

2005年　4月　グリーンシート銘柄，証取法上の取扱有価証券となり，インサイダー取引規制が適用される。

2008年　グリーンシート銘柄制度からフェニックス銘柄制度を独立。

2015年　5月　株式投資型クラウドファンディングおよび株主コミュニティの制度を発足。

2018年　3月　グリーンシート銘柄制度廃止。

2022年　7月　特定投資家向け銘柄制度（J-Ships）を発足。

２．店頭有価証券等

①店頭有価証券　非上場，非登録の株券等については，企業内容開示が法的に行われないため日証協の規則によって証券会社等の投資勧誘が原則として禁止されている。この規制は，個人投資家を含む幅広い投資者に対して，情報を持たない状況のまま売り買いの注文を誘引する投資勧誘行為を行うことは，顧客に多大なリスクを負わせることになり投資者保護上問題が多いことから，古くから行われてきた自主規制であった。

しかし，顧客側からの売買注文を受託することは可能とされており，店頭有価証券として相対取引により売買が行われている。そのための売買ルール等（成行注文の受託，未発行有価証券の売買および信用取引の禁止）が日証協の「店頭有価証券に関する規則」に定められている。

04年４月の改正証券取引法においてエクイティ商品についても「プロ私募」が認められることになったことから，いわゆる適格機関投資家私募・私売出し等が行われる場合，適格機関投資家以外へ転売されることがないことを条件に，投資勧誘が解禁されている。

②店頭取扱有価証券　「会社内容説明書」により一定の開示が定期的に行える有価証券については，店頭有価証券のなかでもリスクが少ないことから，日証協の規則上「店頭取扱有価証券」とされ，投資勧誘を行うことができる銘柄予備軍とされている。

「会社内容説明書」は，金融商品取引法の有価証券報告書の記載様式にある「企業情報」に準拠して作成された日証協所定の開示資料であり，一事業年度の財務諸表に公認会計士等による金融商品取引法または会社法に準拠した総合意見が適正または適法である旨の監査報告書が添付されている財務諸表等が添付され，また事業計画の概要およびその実現性等将来に関する情報が追記されている必要がある。継続開示会社の場合は，総合意見が適正である旨の監査報告書が添付されている有価証券報告書または有価証券届出書をもって代替される。

現在，店頭取扱有価証券については「会社内容説明書」の作成を条件に，募集・売出しの取扱い等において投資勧誘を行うことを一部解禁しているが，上場会社の非上場有価証券は，流通時に「証券情報等説明書」の作成を条件に解禁している。

店頭有価証券と上場銘柄・登録銘柄との関係

取引所金融商品市場　上場銘柄
（東京，名古屋，札幌，福岡）

店頭売買有価証券市場　登録銘柄
（現在開設されていない）

店頭有価証券

店頭取扱有価証券

継続開示会社または一定の開示ができる会社の発行する株券等

フェニックス銘柄
（現在該当銘柄なし）

金商法上の
取扱有価証券

日証協の指定を受けた証券会社が気配提示等を行った上で投資勧誘を行うことができる銘柄

株式投資型クラウドファンディング

インターネットのウェブサイトおよび電子メールを通じてのみ投資勧誘を行うことができる仕組み

発行者一社当たりの資金調達額および投資者一人当たりの投資額に制限あり

株主コミュニティ

日証協の指定を受けた証券会社が株主コミュニティの参加者に対してのみ投資勧誘を行うことができる仕組み

特定投資家向け銘柄制度（J-Ships）

日証協の指定を受けた協会員を通じて，非上場企業の株式や投資信託等をプロの投資家である「特定投資家」向けに発行・流通することを可能にする仕組み

3．店頭有価証券に関する規則に基づく取引制度

①経営権の移転等を目的とした店頭有価証券の取引　前述のとおり，店頭有価証券については，日証協の規則によって証券会社等の投資勧誘が原則禁止されている。他方，事業承継が社会的課題となっている状況を踏まえ，19年8月，事業承継等を含む経営権の移転等を目的とした店頭有価証券の取引に係る投資勧誘が解禁されている。

「経営権の移転等を目的とした店頭有価証券の取引」とは，店頭有価証券の買付者が発行会社の「総株主の議決権又は発行済株式の総数の過半数を取得すること」を目的に行われる店頭有価証券の取引又は取引の媒介のことをいう。

当該取引を行う際の主な要件として，証券会社は，発行会社との間で買付候補者の属性等について同意を得ること，買付候補者に対し，発行会社について取引前調査を行うことができる旨を説明すること等がある。

②企業価値評価等が可能な特定投資家に対する店頭有価証券の投資勧誘　新規・成長企業等へのリスクマネーの供給促進のため，20年11月，企業価値評価等が可能な特定投資家に対する店頭有価証券の投資勧誘が解禁されている。

「企業価値評価等が可能な特定投資家に対する店頭有価証券の投資勧誘」とは，自ら企業価値評価等が可能な大規模投資家（コーポレートベンチャーキャピタルや海外ファンド等）向けに，証券会社等が一定の要件のもと，前述の大規模投資家に対して，私募（少人数私募）等の取扱いや売買の投資勧誘を認めるものである。

当該投資勧誘を行う際の主な要件として，証券会社は，顧客が自らの責任において企業価値評価を行う旨等の表明・確約書を得ること，発行者に関する情報を顧客に提供すること等がある。

日証協の自主規制規則「店頭有価証券に関する規則」第3条の2
（経営権の移転等を目的とした店頭有価証券の取引に係る投資勧誘）の主な内容

1. 経営権の移転等を目的とした店頭有価証券の取引について，投資勧誘が可能
2. 買付けに係る投資勧誘の対象となる顧客の属性等について，発行者から同意を取得
3. 取引前調査
   ・発行者による取引前調査の協力
   ・買付候補者に対し，取引前調査が可能であることを説明
   ・買付候補者が取引前調査を実施した場合は，他の投資勧誘の対象となる顧客に対し，証券会社等を通じて，当該調査の結果の概要を提供
4. 取引実施前の確認・事前説明
   ・経営権の移転等の目的を達成する見込みがあること等を，取引実施前に確認
   ・目的達成の見込みがない場合は取引の実行不可⇒その旨を顧客に事前説明
5. 日証協への事後の報告

日証協の自主規制規則「店頭有価証券に関する規則」第4条の2
（企業価値評価等が可能な特定投資家に対する店頭有価証券の投資勧誘）の主な内容

1. 自らの責任で企業価値評価等が可能な特定投資家に対して，店頭有価証券に係る投資勧誘を行うことが可能
2. 顧客が自らの責任において発行会社に関する企業価値評価等を行い，当該企業価値評価等に基づいて投資を行う旨等について書面による表明・確約を取得
3. 顧客への情報提供
   ・企業概要
   ・事業内容
   ・財務情報
   ・私募の取扱いを行う場合にあたっては，将来の見通しに関する事項
4. 日証協への事後の報告

４．特定投資家向け銘柄制度（J-Ships）（１）

①特定投資家向け銘柄制度（J-Ships）とは　2022年７月より，証券会社等を通じて，非上場企業の株式や投資信託等をプロの投資家である「特定投資家」向けに発行・流通することを可能にする特定投資家向け銘柄制度（J-Ships）が創設された。この制度創設により，非上場株式や投資信託等のいわゆる特定投資家私募，特定投資家私売出し及びそれらの取扱いが可能となった。また，2023年７月より，特定投資家向け有価証券のPTSにおける売買も可能となっている。

本制度の対象有価証券は，店頭有価証券（株券，新株予約権証券および新株予約権付社債券）と投資信託等（投資信託受益証券，投資証券および新投資口予約権証券）であり，外国株券等や外国投資信託等についても準用規定により国内有価証券と同様の規定が適用される。

②取扱協会員の指定　証券会社等が本制度に基づいて特定投資家向けに投資勧誘を行うためには，日証協に届出を行った上で取扱協会員の指定を受けなければならない。ただし，当該証券会社等が法令・自主規制規則に違反する等の事由により必要と認められる場合は，指定しないことができる。

なお，特定投資家向け有価証券のPTSにおける売買に係る投資勧誘のみを行う場合は，上記の取扱協会員の指定手続き等は不要となっている。

③業務管理体制の整備　取扱協会員および取扱協会員になろうとする証券会社等は，本制度に基づく業務の適切な遂行に必要な社内規則の作成および業務管理体制の整備をしなければならない。また，取扱協会員は，自社の業務方法等を示す取扱要領を作成し，これを公表しなければならない。

④審査及び検証　取扱協会員は，新たに特定投資家私募又は特定投資家私売出し等に係る投資勧誘を行おうとする株券等および投資信託等について審査を行った上で，その特性やリスクの内容を把握し，投資勧誘を行うことがふさわしいか否かおよび投資勧誘を行う顧客の範囲について検証しなければならない。また，反社会的勢力への該当性等も審査の上，発行者と排除のための契約を締結しなければならない。

特定投資家向け銘柄制度（J-Ships）とは

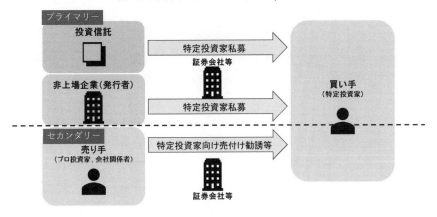

特定投資家向け銘柄制度（J-Ships）の取扱いフロー（PTS取引の場合を除く）

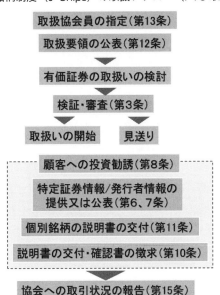

5．特定投資家向け銘柄制度（J-Ships）（2）

⑤**特定証券情報及び発行者情報**　本制度に基づき特定投資家私募，特定投資家私売出し等を行う場合には，顧客に対して特定証券情報を提供又は公表しなければならない。また，その勧誘の結果，有価証券を保有するに至った顧客に対して，事業年度ごとに1回以上，発行者情報を提供又は公表しなければならない。

　これらの書類は，日証協が有価証券の区分ごとに記載様式を定めており，特定証券情報は第一部の証券情報，第二部の企業情報（投資信託等の場合はファンド情報），第三部の委託会社等の概況（投資信託受益証券のみ）から構成される。発行者情報は，特定証券情報の第二部および第三部に相当する企業情報（投資信託受益証券の場合はファンド情報）と委託会社の概況（投資信託受益証券のみ）から構成される。

⑥**取引開始時の説明書の交付及び確認書の徴求**　取扱協会員は，本制度に基づき初めて株券等又は投資信託等を買い付ける顧客に対して，有価証券の区分に応じたリスクを記載した書面を交付の上リスク説明を行い，その内容を理解し顧客の判断と責任において取引を行う旨の確認書を徴求しなければならない。

　説明書の記載項目としては，例えば，株券等の場合，流通性が著しく低いことや市場価格がないため株価算定が困難であること，上場株式に比して倒産リスクが相対的に高いこと等が考えられる。また，投資信託等の場合は，商品によっては換金機会が限定されることや公募投信に比して組入れ資産の範囲が広いこと等が考えられる。

⑦**個別銘柄に係る説明書の交付**　取扱協会員は，本制度に基づき投資勧誘を行う際には，個別銘柄に係る説明書を交付の上，その内容を説明しなければならない。なお，説明書の記載項目としては，想定する顧客の範囲，損失が生じるリスクの内容等，換金・解約の条件等が自主規制規則で定められている。

特定証券情報の記載項目

区分	項目
店頭有価証券	【第一部　証券情報】 新規発行有価証券（発行数，種類），取得勧誘の方法及び条件（発行価額の総額，申込期間，資本組入額，取得勧誘の委託契約の内容等），手取金の使途，売付け有価証券（有価証券の種類，売付け価額の総額等），売付けの条件（売付け価格，申込期間，売付けの委託契約の内容等），事業等のリスク　等 【第二部　企業情報】 企業の概況（沿革，事業内容等），発行者の状況（株式等の状況，役員の状況，コーポレートガバナンスの状況），経理の状況（貸借対照表等），株主の状況
投資信託受益証券	【第一部　証券情報】 ファンドの名称，受益証券の形態，信託金の限度額，発行価格，申込手数料，申込単位，申込期間，申込払込取扱場所，払込期日，振替機関に関する事項，その他 【第二部　ファンド情報】 ファンドの性格（特色，仕組み），投資方針（投資対象，分配方針等），投資リスク，手数料及び税金，運用状況（運用資産，運用実績），申込・解約手続き等，資産管理等の概要，受益者の権利　等 【第三部　委託会社等の概況】
投資証券等	【第一部　証券情報】 投資法人の名称，投資証券の形態，発行数，発行価格，申込手数料，申込単位，申込期間，申込証拠金，申込払込取扱場所，払込期日，引受け等の概要，振替機関に関する事項，手取金の使途　等 【第二部　ファンド情報】 投資法人の概況（投資法人の特色，仕組み，機構，投資法人の出資総額，主要な投資主の状況），投資方針（投資対象，分配方針等），投資リスク，手数料及び税金，運用状況（投資資産，運用実績），手続等の概要，管理及び運営の概要

※発行者情報は，上記のうち第二部および第三部の内容と同様。

6．株式投資型クラウドファンディング（1）

①**株式投資型クラウドファンディングとは**　「クラウドファンディング」と
は，「群衆（crowd）」からの「資金調達（funding）」を意味し，これらの語を
結び付けた造語である。新規・成長企業等と資金提供者をインターネット経由
で結び付け，多数の資金提供者から少額ずつ資金を集める仕組みとされている。
クラウドファンディングは，インターネットを利用することにより，小規模の
資金調達でも，低コストかつ広範囲に，多数の資金提供者から少額ずつ資金を
集めることが可能となり，近年購入型や貸付型を中心に急速に普及が進んでい
る。これを受け，新規・成長企業に対するリスクマネーの供給促進の観点から，
15年5月，店頭有価証券の発行を通じた資金調達を可能とするため，株式投資
型についてもクラウドファンディングの制度が整備された。

　株式投資型クラウドファンディングは，証券会社および少額の株式投資型ク
ラウドファンディング専業業者（第一種少額電子募集取扱業者）のみが取り扱
うことができる（いずれも第一種金融商品取引業の登録が必要）。

②**少額要件および勧誘手法併用の禁止**　多数の投資者から少額ずつ資金を調
達するというクラウドファンディングの特徴に鑑み，少額要件として，発行者
一社当たりのクラウドファンディングでの資金調達額が年間1億円未満，投資
者（特定投資家を除く）一人当たりの同一発行者への投資額が年間50万円以下
という制限が設けられている。また，非上場の株式や社債をかたった投資詐欺
が後を絶たない状況に鑑み，投資勧誘の方法を①インターネットのウェブサイ
トによる方法および②当該ウェブサイトの利用を前提とする電子メールによる
方法に限定しており，電話および証券会社等の訪問による投資勧誘は禁止され
ている。

③**銘柄・発行者の審査**　証券会社等は，株式投資型クラウドファンディング
において取り扱う店頭有価証券につき，社内規則に従って，発行者とその事業
の実在性，発行者の財務状況，事業計画の妥当性および資金使途等を厳正に審
査し，適当と認めたもののみを取り扱うことができる。また，証券会社等は，
発行者が反社会的勢力でない旨を確約するなどの契約を発行者と締結するとと
もに，発行者が反社会的勢力に該当すると認められた場合等には，株式投資型
クラウドファンディングを行ってはならない。

株式投資型クラウドファンディングの概念図

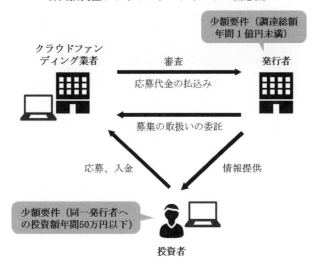

日証協の自主規制規則
「株式投資型クラウドファンディング業務に関する規則」の主な内容

1. 日証協の会員等（証券会社及び第一種少額電子募集取扱業者）が行う株式投資型クラウドファンディングにおける投資勧誘を，非上場株式に係る投資勧誘禁止の例外として認める。
2. 発行者についての審査及び反社会的勢力排除のための措置
3. 株式投資型クラウドファンディングの案件についてのウェブサイトにおける表示
4. 契約締結前交付書面の交付
5. 株式投資型クラウドファンディング業務により初めて非上場株式を取得する投資者からの確認書の徴求
6. 少額要件（一発行者によるクラウドファンディングでの調達総額：年間1億円未満，一投資家（特定投資家を除く）による同一発行者への投資：年間50万円以下）
7. インターネット以外（電話及び対面等）の勧誘手法との併用禁止
8. 終了後に発行者が事業の状況について投資者に定期的に適切な情報を提供することの契約の締結と，当該提供が行われていることの確認
9. 業務管理体制の整備
10. 月間実績の報告・公表

7．株式投資型クラウドファンディング（2）

④ウェブサイトにおける情報提供および書類の授受　証券会社等は，株式投資型クラウドファンディングを行っている期間中，発行者および資金調達に関する情報のほか，その発行者が発行する店頭有価証券の取得に係る特有のリスク等（金商法に基づく開示または証券取引所での適時開示と同等程度の開示は義務付けられていないことなど）についても，そのウェブサイトにおいて投資者による閲覧が可能な状態に置かなければならない。

また，証券会社等は，株式投資型クラウドファンディングによる店頭有価証券の取得を初めて行う投資者から，リスク，手数料等の内容を理解し，投資者の判断と責任において当該取得を行う旨の確認を得るため，あらかじめ，これらを説明した上で，確認書を徴求するとともに，投資者に対し，少なくともウェブサイトにおいて情報提供すべき事項を含む，個別銘柄に関する契約締結前交付書面を当該取得の都度交付しなければならない。

⑤発行者による事後の定期的な情報提供　株式投資型クラウドファンディング終了後において，証券会社等は，資金調達を行った発行者が店頭有価証券を取得した投資者に対して事業の状況について定期的に適切な情報を提供することに関し，当該発行者との間で契約を締結し，当該契約に基づき発行者により情報の提供が行われていることを確認しなければならない。

⑥取扱状況の報告・公表　証券会社等は，株式投資型クラウドファンディングの状況について，毎月定期的に日証協に報告しなければならず，日証協は，その報告された内容について公表することとしている。

⑦業務管理体制の整備等　証券会社等は，法令・自主規制規則を遵守しながら株式投資型クラウドファンディングを適切に遂行するために，必要な社内規則の作成および業務管理体制の整備をしなければならない。また，自社の株式投資型クラウドファンディングの取扱方法等を示す取扱要領を作成し，それを自社のウェブサイトにおいて投資者が閲覧可能な状態に置かなければならない。

なお，証券会社等は，法令・自主規制規則に違反する等の事由により業務管理体制の改善等を求められている間は，株式投資型クラウドファンディングを行ってはならない。

株式投資型クラウドファンディングに関する情報提供・書面の授受（取扱業者の行為）

1．投資者に対して：ウェブサイト上における**情報公表義務**

①銘柄・発行者に関する情報
②資金調達に関する情報
③リスク情報
④その他

2－1．申込みを行う投資者に対して：**契約締結前交付書面交付義務**

①銘柄・発行者に関する情報
②資金調達に関する情報
③リスク情報
④その他

2－2．初めて申込を行う参加する投資者に対して：**確認書徴求等の義務**

・リスク、手数料等の内容を理解し、その投資者の判断及び責任において取引を行う旨の確認を得るため、契約締結前交付書面の内容を記載した書面を交付したうえで確認書を徴求

3．株主となった投資者に対して：**情報提供義務**

・発行者は事業の状況について、株主となった投資者に対して定期的に適切な情報を提供
・取扱業者は、予め発行者と情報提供に係る契約を締結するとともに、実際に情報提供を行われていることを確認

募集期間中

募集終了後

株式投資型クラウドファンディングの取扱状況

2023年12月末現在

	取扱業者数 （単位：社）	取扱件数 （単位：件）	資金調達総額 （単位：千円）
2016年	－	－	－
2017年	3	18	514,740
2018年	3	59	1,470,395
2019年	3	54	951,590
2020年	6	100	2,179,624
2021年	5	159	3,736,570
2022年	5	164	2,506,901
2023年	5	84	1,896,110

8．株主コミュニティ（1）

①株主コミュニティとは　日証協では，18年3月末をもって廃止となった「グリーンシート銘柄制度」に代わる非上場株式の流通取引・資金調達の制度として，15年5月より「株主コミュニティ」の制度を整備している。

　株主コミュニティは，証券会社が店頭有価証券の銘柄ごとに株主コミュニティを組成し，これに自己申告により参加する投資者に対してのみ投資勧誘を認める仕組みである。また，株主コミュニティの制度は，投資勧誘・取引の範囲を株主コミュニティの参加者に限定することにより流通性が制限されるため，インサイダー取引規制の適用対象外とされている。

　②運営会員の指定　証券会社が，株主コミュニティを組成・運営するためには，日証協に届出を行った上で運営会員としての指定を受けなければならない。日証協は，当該証券会社が法令・自主規制規則に違反する等の事由により必要であると認める場合は，指定しないことができる。

　③業務管理体制の整備　運営会員および運営会員になろうとする証券会社は，株主コミュニティの適切な運営に必要な社内規則の作成および業務管理体制の整備をしなければならない。また，運営会員は，自社の株主コミュニティの運営方法等を示す取扱要領を作成し，これを公表しなければならない。

　④株主コミュニティへの参加に関する勧誘の禁止の例外　運営会員は，原則として株主コミュニティに参加していない投資者に対し，株主コミュニティへの参加に関する勧誘を行ってはならない。ただし，当該会社の①株主，②役職員，③元株主・元役職員，④役職員の親族，⑤グループ企業の役職員または⑥特定投資家に該当する場合は，当該株主コミュニティへの参加に関する勧誘を行うことができる。

　⑤銘柄・発行者の審査　運営会員は，株主コミュニティを組成しようとする店頭有価証券につき，社内規則に従って，発行者とその事業の実在性等について厳正に審査し，適当と認めたもののみを取り扱うこととされている。また，発行者が反社会的勢力でない旨を確約するなどの契約を発行者と締結する。

株主コミュニティの基本的な仕組み

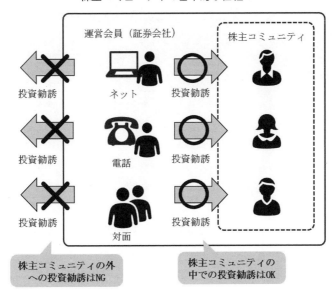

日証協の自主規制規則「株主コミュニティに関する規則」の主な内容

1．証券会社が非上場株式の「株主コミュニティ」を組成。その非上場株式等への投資意向を有する投資者がその株主コミュニティに参加。
 ・参加者として主に想定されるのは，発行者の役職員やその親族，株主，取引先，その発行者の事業の利用者・顧客など。
2．株主コミュニティを組成・運営する証券会社は，日証協から指定を受ける。
3．株主コミュニティに参加している投資者に対してのみ，投資勧誘を認める。
 ・株主コミュニティへの参加勧誘は，発行者の役職員や株主等の会社関係者と特定投資家に対してのみ認める。
 ・株主コミュニティに参加していない投資者に対しては，提供可能な情報が制限されている。
4．発行者についての審査及び反社会的勢力排除のための措置
5．発行者に関する，会社法に基づく計算書類・事業報告その他の情報を，株主コミュニティに参加している投資者に提供
6．契約締結前交付書面の交付
7．株主コミュニティに初めて参加する投資者からの確認書の徴求
8．業務管理体制の整備
9．週間実績の報告・公表

9．株主コミュニティ（2）

⑥株主コミュニティ銘柄に関する情報の提供および書類の授受　運営会員は，投資者の株主コミュニティへの関与度合い（株主コミュニティへの参加・申出の有無・情報提供依頼の有無）に応じて，株主コミュニティ銘柄に関して必要な情報を投資者に提供することとされている。

　加えて，運営会員は，株主コミュニティ銘柄の店頭取引を初めて行う投資者から，リスク，手数料等の内容を理解し，投資者の判断と責任において当該店頭取引を行う旨の確認を得るため，あらかじめ，これらを説明した上で，確認書を徴求するとともに，投資者に対し，少なくとも当該店頭取引に係る特有のリスク等を含む，個別銘柄に関する契約締結前交付書面を交付し，その内容について説明しなければならない。

⑦株主コミュニティ銘柄の投資勧誘の禁止の例外　運営会員は，原則として株主コミュニティに参加していない投資者に対し，株主コミュニティ銘柄への投資勧誘を行ってはならないが，以下の場合には例外として投資勧誘が可能となっている。

・④の参加勧誘可能な者に対して，株主コミュニティへの参加を当該銘柄の取得の条件として少人数私募の取扱いを行う場合

・会社関係者等に対して，株主コミュニティへの参加を当該銘柄の取得の条件として投資勧誘を行う場合

・既存株主に対して売付けに係る投資勧誘を行う場合

⑧株主コミュニティからの脱退および解散　運営会員は，株主コミュニティの参加者からの脱退の申出その他のあらかじめ取扱要領に定めた事由により，参加者に係る脱退の手続を行う。また，運営会員は，日証協により運営会員としての指定を取り消された場合には，直ちに自らが運営している全ての株主コミュニティを解散しなければならない。

⑨上場廃止銘柄の取次ぎ等に係る特例　上場廃止後，株主コミュニティ銘柄となった銘柄については，当該株主コミュニティを組成している運営会員以外の証券会社であっても，当該銘柄の運営会員に取次ぎ等を行うことを条件として，顧客に対し売付勧誘を行うことができる。

株主コミュニティ銘柄に関する情報提供・書面の授受（運営会員の行為）

1．全ての投資者に対して：情報公表義務／情報提供可能
①銘柄名
②発行者のウェブページのURL（ウェブサイトを持たない発行者にあっては、代表電話番号）
③株主に対する特典（株主優待）
④募集若しくは売出しの取扱い又は売出しを行っている場合は、その旨及び申込期間
⑤店頭取扱有価証券の参加勧誘を行う場合は、参加勧誘の相手方となる顧客の属性
⑥発行者の業種
⑦発行者の本店所在地
⑧発行者の事業概要
⑨有価証券報告書の提出義務の有無

2．情報提供を求める投資者に対して：情報提供可能
①発行者に関する公表情報
②発行者に関する非公表情報のうち、発行者が情報提供を承諾したもの
③過去の約定情報

3－1．株主コミュニティへの参加を申し出た投資者に対して：情報提供義務
①発行者の基本的な情報（事業年度、定時株主総会の時期、定時株主総会の議決権の基準日等）
②発行者に関する情報の提供を受ける方法又は当該情報を閲覧する方法

3－2．株主コミュニティへ初めて参加する投資者に対して：確認書徴求等の義務
・リスク、手数料等の内容を理解し、その投資者の判断及び責任において取引を行う旨の確認を
得るため、契約締結前交付書面の内容を記載した書面を交付・説明したうえで確認書を徴求

4．株主コミュニティ銘柄の取引を行う投資者に対して：契約締結前交付書面交付等の義務
①契約締結前交付書面の交付
②株主コミュニティに参加している投資者に提供される書類等（5．参照）の内容について説明
を求めることができる旨の伝達

5．株主コミュニティに参加している投資者に対して：情報提供又は閲覧可能な状態に置く義務
①有価証券届出書、有価証券報告書、半期報告書、四半期報告書、臨時報告書、会社内容説明書
②（①がない場合）会社法に基づく計算書類・事業報告※
　＋有価証券報告書の「事業等のリスク」・「提出会社の株式事務の概要」に準拠した情報
　＋（募集又は売出しの取扱い等を行う場合）有価証券届出書の「証券情報」に準拠した情報
③その他運営会員が必要と認める情報
※非公開会社であっても、公開会社が会社法に基づき作成する同書類の記載事項に準拠

株主コミュニティの取扱状況

2023年12月末現在

	運営会員数 （単位：社）	組成銘柄数 （単位：銘柄）	取引金額 （単位：千円）
2015年	2	11	71,149
2016年	3	13	441,599
2017年	3	16	551,013
2018年	5	20	499,065
2019年	6	19	500,798
2020年	6	21	2,497,624
2021年	7	29	1,182,991
2022年	8	39	1,554,241
2023年	9	41	1,441,147

10. プロ投資家向け市場「TOKYO PRO Market」　「TOKYO PRO Market」
は，東京証券取引所とロンドン証券取引所が共同で，2009年6月に創設した
「TOKYO AIM」を母体とし，現在は，東京証券取引所が運営するプロ投資家
向けマーケットである。TOKYO AIM は，株式会社 TOKYO AIM 取引所（出
資比率は東証51％，ロンドン証取49％）が運営していたが，2012年3月，東証
がロンドン証取の全持分を譲受け，7月に東証へ統合された。TOKYO AIM
（現 TOKYO PRO Market）は，2008年12月施行の改正金融商品取引法に盛り
込まれた，プロ向け市場制度に基づいて運営されている。

　従来の取引所市場では，売買注文を出せる投資家は特段に制限されていない
が，プロ向け市場制度では，その範囲は特定投資家および非居住者に限られる。
プロ投資家のみを対象に資金調達を行う場合，有価証券届出書等の提出は必要
なく，東証の定める様式・方法に従って財務情報等（「特定証券情報」と呼ば
れる）を公表すれば足りる。また，TOKYO PRO Market の上場会社は，有
価証券報告書を提出する必要はなく，これも東証の定める様式・方法に従って
財務情報等（「発行者情報」と呼ばれる）を公表すれば足り，内部統制報告書
の提出や四半期開示も任意とされる等，投資判断・分析の可能なプロ投資家の
みが投資することを前提として，従来の取引所市場よりも発行体の負担が一部
軽減されている。

　他方，プロ向け市場制度でも，財務情報等の虚偽記載やインサイダー取引に
対して，法律上の罰則が適用され，大量保有報告制度，TOB 制度等は他の市
場と同様に適用される。制度の詳細は右頁を参照されたいが，TOKYO PRO
Market ではこのような法的枠組みを利用して，J-Adviser 制度（認証アドバ
イザー制度）を採用し，柔軟かつ規律ある市場制度を発行体ならびに投資家に
提供することを目指している。J-Adviser を中心とする市場運営は，ロンドン
証取の運営する AIM（Alternative Investment Market）の Nomad（Nominated
Adviser）制度を参考に取り入れたもので，J-Adviser に属するコーポレート
ファイナンス等に係る専門家が，上場会社に対する新規上場手続きや上場後の
適時開示等の助言・指導義務を担う制度である。

　なお，TOKYO PRO Market では2023年12月末現在，J-Adviser が16社，上
場会社が90社を数える。

TOKYO PRO Market 上場制度の概要

開示言語	●日本語または英語		
上場基準	●数値基準はなし		
審査主体	● J-Adviser（取引所に代わって上場適格性の調査・確認を実施）		
上場申請から上場承認までの期間	●原則10営業日 ●ただし，申請30営業日前に，取引所からJ-Adviserへの確認手続きあり		
監査証明	●最近1年間		
内部統制報告書	●任意		
四半期開示	●任意		
投資家	●特定投資家（注）及び非居住者 （注）　特定投資家とは		
	特定投資家	適格機関投資家（金融機関など），国，日本銀行	
	特定投資家 （一般投資家へ移行可能）	上場会社，資本金5億円以上の株式会社	
	「みなし」特定投資家	上記の特定投資家以外の株式会社 一定の要件に該当する個人	

J-Adviser の役割

東京証券取引所

J-Adviser資格の認証
上場審査・上場管理業務の委託
J-Adviserに対する検査

J-Adviser

東証に代わって上場適格性の調査・確認を実施

ビジネスデューデリジェンス　法務デューデリジェンス　財務デューデリジェンス

J-Adviser 契約を締結（費用・解約事項等）

①上場適格性の判断
②上場後のモニタリング，継続的なサポート

申請会社/上場会社

TOKYO PRO Market

J-Adviser制度

■役割
・J-Adviserは，新規上場の際，上場適格性の調査・確認（いわゆる，上場審査）を実施
・上場後も上場適格性を維持できるよう，継続的な助言・指導サポートを実施
・上場会社には，常に1社の担当J-Adviserの確保を義務付け
■J-Adviser資格の要件
・資金調達（IPO/M&A）の助言業務，公開支援業務などに関する業務実績があり，これらの業務に精通している人材を要する法人で，取引所が認証

J-Adviserは現在16社

・㈱アイ・アールジャパン
・アイザワ証券㈱
・SMBC日興証券㈱
・㈱SBI証券
・G-FAS㈱
・Jトラストグローバル証券㈱
・㈱ジャパンインベストメントアドバイザー
・大和証券㈱
・宝印刷㈱
・㈱日本M&Aセンター
・野村証券㈱
・フィリップ証券㈱
・㈱船井総合研究所
・みずほ証券㈱
・三菱UFJモルガン・スタンレー証券㈱
・名南M&A㈱

（50音順）※2023年12月末時点

11. ETF市場におけるマーケットメイク制度 ETF（上場投資信託）の流動性の向上を目指して，東京証券取引所では，2018年7月2日より，ETF市場にマーケットメイク制度（以下「本制度」という。）を導入している。本制度は，取引所から指定を受けたマーケットメイカーが，所定の気配提示義務に基づいて継続的に注文を出すことで，投資家がより適切な価格で即時に売買ができるようになる制度である。本制度は，レバレッジ・インバース型ETFを除く，全てのETFを対象としており，マーケットメイカーは制度対象銘柄の中から5銘柄以上を自ら選択し気配提示を行う。

気配提示義務とインセンティブ

マーケットメイカーは，所定の気配提示義務に基づいて継続的に注文を出すことで，その対価としてインセンティブを得ることができる。気配提示義務には，(1)気配提示銘柄数，(2)気配提示時間及び(3)気配提示数量・スプレッドの3種類があり，マーケットメイカーはすべての義務を履行することで，売買代金比例のインセンティブ及び取引費用の一部免除等のインセンティブを得ることができる。なお，売買代金比例のインセンティブは，過去の日次売買代金が少ないほど高く設定されている一方，日次売買代金が50億円超の銘柄では支払わないことで，流動性が低い銘柄に対してマーケットメイカーの参加を促す仕組みにしている。

マーケットメイカーが気配提示義務に基づいて注文を出すことで，多数の銘柄で継続的に，立会市場におけるスプレッドが縮まり，注文数量が増えることになるため，投資家がより売買がしやすい環境が提供されることになる。

スポンサードETFマーケットメイク制度

東証が設定する気配提示義務・インセンティブは，銘柄間の公平性の観点から，同種のETFでは一律の条件を設定しているが，運用会社が独自の気配提示義務・インセンティブを上乗せで設定できる，スポンサードETFマーケットメイク制度も本制度に合わせて実施している。これにより，マーケットメイカーが参加しにくい銘柄への参加を促すことや，より高い水準の気配提示義務を設定することができるようになり，更なる流動性の向上が期待される。

ETF マーケットメイク制度の概要

項目	内容	説明
対象銘柄	ETF全銘柄	・ ETNは対象としない ※レバレッジ・インバース型ETF、アクティブ運用型ETFも対象とする
申請資格	取引参加者自己 もしくは 高速取引行為者として登録を受けた者	・ 取引参加者自己（第一種金融商品業者/外国証券業者） ・ 委託（高速取引行為者として登録を受けたもの） のいずれかが登録される。委託マーケットメイカーとして申請する場合には、取引参加者経由での申請が必要 ・ 仮想サーバの占有が必要
オブリゲーション（気配提示義務）	1．気配提示銘柄数	・ 定められた銘柄数以上の銘柄において気配提示義務を充足する必要がある
	2．気配提示時間	・ 立会内（計測対象時間）のうち80%以上の時間帯に気配提示を行う必要がある。なお売買停止等の期間中は計測対象時間から除外
	3．スプレッド・気配提示数量	・ 銘柄タイプ別に異なる最大スプレッド/最低気配提示数量を定める
インセンティブ	① 売買代金比例のインセンティブ	・ 流動性（日次売買代金）に応じて単価が異なる
	② アクセス料の一部免除	・ マーケットメイクを行う銘柄に対して、アクセス料を一部免除
	③ 仮想サーバ費用の一部免除	・ 一定以上の数の銘柄で気配提示義務を満たした場合、仮想サーバ費用を一部免除

スプレッド・気配提示数量に係る気配提示義務（2023年10月1日時点）

タイプ	銘柄群	スプレッド（売り買い注文の間隔：いずれか広い方）	気配提示数量
A	日経225・TOPIX・JPX日経400を対象指数とするETF（レバレッジ・インバース型を除く）	20 bps もしくは 2 ticks 以内	片側 3,000万円以上
B	その他国内株、国内のREIT・債券を連動対象とするETF、国内の株・REIT・債券を連動対象とするレバレッジ・インバース型ETF 及び国内の株式・REIT・債券を中心に構成されるアクティブ運用型ETF	50 bps もしくは 3 ticks 以内	片側 1,000万円以上
C	海外指数・コモディティETF、タイプBに該当しないレバレッジ・インバース型ETF 及び海外資産・コモディティを中心に構成されるアクティブ運用型ETF	50 bps もしくは 3 ticks 以内	片側 500万円以上
D	個別に指定したETF	80 bps もしくは 4 ticks 以内	片側 500万円以上

スプレッド・気配提示数量の考え方

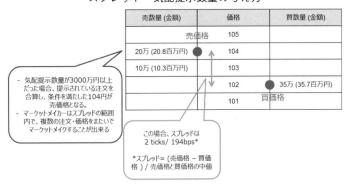

第12章　金融商品取引業（証券業）

1．金融商品取引業者（証券会社）の概説(1)　　証券取引法を統合した
「金融商品取引法」（以下，金商法と略）が2007年9月に全面施行された。金商
法は，金融商品取引業の業務種別として，第一種および第二種金融商品取引業，
投資助言・代理業，投資運用業の4つをあげる。証券会社は第一種金融商品取
引業の登録を受けなければならない（同法29条）。第一種業のうち有価証券関
連業（28条8項）が従来の「証券業」に相当する。有価証券関連業を除く第一
種業としては店頭金融先物業（店頭外為証拠金業など）があげられる。

　証券業の登録制は1948年証取法制定以来採られてきたが，68年4月以降，免
許制に移行した。免許制の運用は，過当競争の防止と専念義務（兼業の原則禁
止）によって証券会社の経営を安定させ，これを通じて投資家保護をはかると
いう理念に立脚している。この結果，証券行政は予防的性格を強め，証券業へ
の新規参入はほとんどみられなくなった。

　しかし，証券市場の発展につれ証券会社の取扱商品は多様化するだけではな
く，90年代に入ると産業構造の転換，高齢化社会への移行，日本的雇用慣行の
修正，インターネットなどIT革命等を背景にして，未公開株の取扱い，資産
の証券化，M&A（合併・買収）の仲介，資産管理，インターネット・ブロー
キングなど，証券サービスに対する顧客ニーズも変化・多様化しはじめた。

　免許制は，証券会社の経営安定効果をもつ反面，店舗設置，新商品・サービ
ス開発等の営業政策において創意工夫を殺ぎ，自己責任意識を希薄にするとい
う弊害が指摘されるようになった。そこで，「金融システム改革法」の一環と
して証取法が改正され，98年12月から証券業は再び「登録制」に移行した。

　その後，投資性の強い金融商品・サービスには横断的に同等の投資家保護規
制をかぶせるべき，との考えから集団投資スキームやデリバティブ取引など幅
広く規制対象に含めた金商法が成立した。同法は証取法，抵当証券業規制法，
金融先物取引法，投資顧問業法等を統合し，証券業，金融先物取引業，投資顧
問業などの縦割り型規制から，「金融商品取引業」という幅広い業概念を導入し，
横断的に業規制を行うこととなった。また2012年金商法改正により，商品関連
市場デリバティブ取引が第1種金融商品取引業に追加された。

証券会社（第一種金融商品取引業）の業務範囲とその要件

1．第一種金融商品取引業(金商法28条1項1－5)	有価証券関連業（金商法28条8項）
①有価証券の売買，市場デリバティブ取引，外国市場デリバティブ取引の「自己売買」，「媒介・取次ぎ・代理」，上記の「売買委託の媒介・取次ぎ・代理」，「有価証券等清算取次ぎ」，「有価証券の売出し」，「有価証券の募集・売出しの取扱い，私募の取扱い」。②商品関連市場デリバティブ取引の「媒介・取次ぎ・代理」，上記の「売買委託の媒介・取次ぎ・代理」，「清算取次ぎ」。③店頭デリバティブ取引の「媒介・取次ぎ・代理」とその「清算取次ぎ」。④有価証券の「引受」。⑤電子情報処理組織を利用して同時に多数の者を一方当事者または各当事者として有価証券の売買，媒介・取次・代理を行う業務（私設取引システム運営業務＝PTS業務）。⑥上記取引に関連して受ける顧客からの有価証券等の預託業務および社債・株式の口座振替に関する業務（有価証券等管理業務）	左記第1種金融商品取引業のうち，「有価証券」にかかる業務を指す。従来の「証券業」に該当する業務（金融機関が行うことを原則として禁止されている業務範囲を定義したもの）
	登録拒否事由（＝登録基準）（金商法29条の4第1項，金商法施行令15条）
注　⑤は認可を要する（30条1項）。なお，PTSはProprietary Trading System（私設取引システム）の頭文字。	①登録取消後5年未満，法令違反による罰金刑に処せられて5年未満。②役員等に破産者もしくは一定の刑事罰を受け，執行後5年未満の者がいる。③金融商品取引業を適確に遂行するに足る人的構成を有しない。④資本の額および純財産額が5,000万円に満たない。⑤株式会社でない者。⑥付随業務，兼職届出業務以外の業務が公益に反するかまたはリスク管理が困難である者。⑦主要株主〔議決権20％〕が不適格者である。⑧自己資本規制比率が120％未満。⑨他の金融商品取引業者と商号が同一または類似商号である者。
	最低資本金（金商法施行令15条7および11）
	①主幹事として元引受を行う場合，30億円。②上記以外の元引受，5億円以上。③PTS業務は，3億円。④上記以外の第一種金融商品取引業は，5,000万円（少額電子募集取扱業務は1,000万円）。
2．付随業務（35条1項1－15）	
①有価証券の貸借またはその媒介・代理②信用取引に付随する金銭の貸付③顧客からの保護預かり有価証券を担保とする金銭の貸付④有価証券に関する顧客の代理⑤投信の収益金・償還金・解約金の支払いに係る業務の代理⑥投資法人の投資証券（会社型投信）の配当金・払戻金・残余財産の分配に係る業務の代理⑦累積投資契約の締結⑧有価証券に関連する情報の提供・助言⑨他の金融商品取引業者等の業務の代理	（以下は，金融法で新たに付随業務として追加された業務）⑩登録投資法人の資産の保管⑪他の事業者の事業譲渡・合併・会社分割・株式交換・株式移転に関する相談またはこれに関する仲介⑫他の事業者の経営に関する相談⑬通貨その他のデリバティブ取引に関連する資産の売買およびその媒介・取次・代理⑭譲渡性預金その他の金銭債権の売買およびその媒介・取次・代理⑮投信法に規定する特定資産に対する投資として運用財産の運用を行うこと⑯顧客から取得した当該顧客に関する情報を当該顧客の同意を得て第三者に提供すること等⑰当該金融商品取引業者の保有する人材，情報通信技術，設備その他の当該金融商品取引業者の行う金融商品取引業に係る経営資源を主として活用して行う行為
3．届出業務（35条2項，3項，金融商品取引業等内閣府令68条）	
①商品取引所取引②商品等デリバティブ取引③貸金業その他，金銭の貸付およびその媒介④宅地建物取引業および宅地建物の賃貸業務⑤不動産特定共同事業⑥商品投資運用業務	⑦有価証券またはデリバティブ取引に係る権利以外の資産に対する投資として運用財産の運用を行う業務その他金融商品取引業等内閣府令68条で定める業務として24項目が届け出業務として列挙されている。

（注）　以上のほか，内閣総理大臣の承認を受けた業務（承認業務）を行うことが出来る（35条4項）。

２．金融商品取引業者（証券会社）の概説（２）

従来の証券仲介業は，金融商品取引法では「金融商品仲介業」と呼ばれることになった。当該仲介業は，第一種金融商品取引業，投資運用業，登録金融機関（12節）の委託を受けて，①有価証券の売買（PTSでの取引は除く）の媒介，②取引所市場における有価証券の売買または市場デリバティブ取引の媒介，③有価証券の募集・売出しまたは私募の取扱い，④投資顧問・投資一任契約の締結の媒介を行う業務をいう（金商法２条11項）。すなわち，自らは顧客口座を有さず顧客を勧誘しその取引の注文を所属業者に取次ぐ業務である。

これまでの証券仲介業と比べると，新たにデリバティブ取引の媒介，投資顧問・投資一任契約の締結の媒介が加わり，業務範囲が拡大した。他方，規制内容は基本的に変わらない。すなわちこの業務に携わろうとする者を登録制にして不適格者を排除し，金融商品取引業者に準じた行為規制（損失補てん禁止や適合性原則の遵守など）に服せしめ，所属業者の指揮命令関係を明確にしてその監督責任，賠償責任を法律上明記するとともに行政当局が検査・監督権限をもつことにして，投資家保護をはかろうとする法規定になっている。

また登録要件も旧証券仲介業とほぼ同様である。第１種金融商品取引業者とは別に緩やかな登録要件にして当該仲介業への参入を容易にする工夫が維持され，①仲介業者は個人，法人いずれでも良く，法人は株式会社でなくても良いこと，②最低資本金や純資産額，自己資本規制いずれについても不問とされている。また業務範囲は勧誘，注文取次ぎに限られており，顧客からの金銭・証券の預託を受けることは禁止される（従って投資者保護基金の加入も免除される）。仲介業者の営業員は金融商品取引業者の場合と同様に外務員資格を必要とし，その登録事務は日本証券業協会（認可金融商品取引業協会）が行う。

金融商品仲介先は複数社（者）でも良い。2021年５月末現在，金融商品仲介業者は実数で874（法人626社，個人248名）である（金融庁「金融商品仲介業者登録一覧」）。仲介先として販売網拡大を狙う中堅証券やネット証券に多い。

なお，2020年６月「金融サービス仲介業」制度が創設された（「金融商品販売法」を「金融サービス提供法」に改正，21年11月施行）。この制度は銀行・証券・保険すべてのサービスをワンストップで提供する仲介業であり（登録制），現行の金融商品仲介業と比べいくつか重要な点で異なる（右表）。

金融商品仲介業者の概要

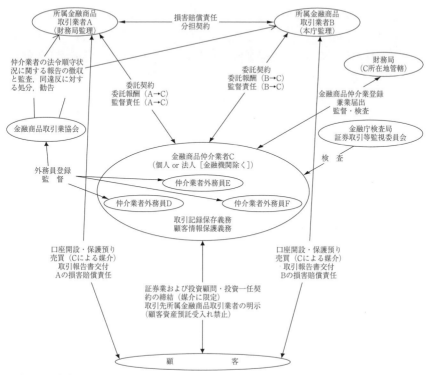

損害賠償責任
分担契約

所属金融商品
取引業者A
（財務局監理）

所属金融商品
取引業者B
（本庁監理）

仲介業者の法令順守状
況に関する報告の徴収
と監査，同違反に対す
る処分，勧告

委託契約
委託報酬（A→C）
監督責任（A→C）

委託契約
委託報酬（B→C）
監督責任（B→C）

財務局
（C所在地管轄）

金融商品仲介業登録
兼業届出
監督・検査

金融商品取引業協会

金融庁検査局
証券取引等監視委員会

外務員登録
監　督

金融商品仲介業者C
（個人 or 法人 ［金融機関除く］）

仲介業者外務員E

仲介業者外務員D

仲介業者外務員F

検　査

取引記録保存義務
顧客情報保護義務

口座開設・保護預り
売買（Cによる媒介）
取引報告書交付
Aの損害賠償責任

口座開設・保護預り
売買（Cによる媒介）
取引報告書交付
Bの損害賠償責任

証券業および投資顧問・投資一任契
約の締結（媒介に限定）
取引先所属金融商品取引業者の明示
（顧客資産預託受入れ禁止）

顧　　　　　客

（注）　複数の委託契約も可能
〔出所〕　金融庁資料より筆者作成

金融サービス仲介業

	金融サービス提供法	備考
11条	定義：預金等媒介業務，保険媒介業務，有価証券等仲介業務，貸金業貸付媒介業務のいずれかを業として行う。	一つの登録で，複数の媒介（仲介）業務を行うことができる（ワンストップ・サービス）。注1）
18条	電子決済等代行業の登録を免除	業務の適切かつ確実な遂行体制と財産的基礎の条件が整っていることが条件
22条	保証金の供託義務（賠償資力を担保するため）	金融商品仲介業と異なり所属制をとらないので，賠償責任は自ら負う。注2）

（注）　1．高度に専門的な説明を要するもの（仕組預金，非上場株，デリバティブなど）は不可。
　　　　2．保証金は最低1千万円と前年報酬の5％（施行令26条）。

3．金融商品取引業者（証券会社）の概説（3）　　戦後ながらく，わが国証券会社は収入源，業務量いずれからみても株式ブローカー業務に多くを依存するという共通性をもちながら，①経営組織的には日本的雇用慣行のもとで大量の社員を採用し，すべての証券業務を多角的に営む大規模「総合証券」と株式ブローカー業務を中心に歩合外務員に依存する小規模「中小証券」が二極的に併存し，②競争構造的には野村，大和，日興，山一の大手4社が証券業務のあらゆる分野で最大のシェアを占め，かつ多くの中小証券を系列化する「4社寡占」体制が確立してきた。この構図は，海外はもちろん戦前にもみられない戦後わが国証券業界の大きな特徴であり，若干の修正を加えられながらも90年代後半まで維持されてきた。

　しかしバブル崩壊後の90年代に証券不況が深化，この過程で97年以降山一証券をはじめ多くの証券会社の経営破綻が続いた。また大手証券が中小証券系列化政策を放棄し，証券会社の経営権も浮動化し始めた。他方，これと前後して大手銀行などが証券会社の経営権を取得し，加えて特定の分野に業務を絞った特色ある営業スタイルの業者が多数，証券業に新規参入をはじめた。

　このほか，外資系証券会社の進出も活発である。外資系証券会社の一部は，90年以降，既存の証券業務では海外投資家からの注文を中心に株式やデリバティブの売買シェアを上昇させる一方，資産の証券化，仕組み債の組成，M&Aなど新しい業務を主導しつつある。

　登録制と専業義務の撤廃（1998年），日本証券業協会の加入要件の拡大（2007年，9節参照）の結果，主たる業務が証券業ではない業者も第一種業に登録し，協会に加入するようになった。2007年4月〜23年3月までの16年間，協会員は169社が退出（合併・事業譲渡，自主廃業，登録取消による），134社が参入（変更登録を含む），業界の流動化は進んでいる。なお，外国証券会社在日支店は9社（2023年7月末）だが，日本法人設立や国内法人化，国内証券の買収により実質的な外資系はもっと多いと推定される（本章13節）。

　こうして，業界序列の面では4社中心，業務特性ではブローカー中心の画一的なあり方は激変し，わが国証券業界は外資系，銀行系など支配株主面で多様化した。また，証券業自体がブローカー業務以外へ多様化しているだけではなく，そもそも「非証券業プロパー」の業者の参入も多くなっている。

純資産額と業者数の推移

- ▨ 純資産（10億円，左軸）　━ 協会員数（右軸）

（注）　営業休止中の業者を除く。各年3月末現在。
〔出所〕　日本証券業協会「会員数および資本金の推移」より作成

証券業協会加盟業者分類　　　　　　　　　　　（2023年7月）

	証券業 プロパー	非証券業 プロパー	内訳		
			投資運用・ 販売業	FX（外為証 拠金取引）	その他
国内業者　　（194社）	153	41	16	20	5
外資系業者　（77社）	52	25	21	4	0

（注）　「非証券業プロパー」とは主業務が証券業ではない業者を言う。また「投資運用・販売」とは投
　　　　資運用，ファンド・証券化組成およびその販売をさす。なお，外資系業者は支配株主が外資で
　　　　あるもの（筆者推計）。

国内業者153社（証券業プロパー）の支配株主・規模・地域・業務特性分類

独立系大手（野村系2， 大和）　　　　　3社	銀行系 33社		中堅中小証券 74社		ネット専業 （スマホ証券含む） 16社
上場証券　　　　　14社	内 訳	メガバンク系　　3	内 訳	東京　26	PTS専業　　7社
		地銀系　　　　　27		大阪　　5	
		その他銀行系　　3		地方　43	そのほか　　6社

（注）　1．独立系大手には野村ファイナンシャルプロダクツサービシズを含む。
　　　　2．「上場証券」は株式を上場している証券会社。持株会社が上場している場合，その支配的子
　　　　　　会社であれば「上場証券」に含める。ただし独立系大手，ネット証券を除く。中堅・中小
　　　　　　証券には「上場証券」を含まない。「その他」はクラウドファンディング，プライベートエ
　　　　　　クィティ。

4．証券業務(1)—— 本来業務(1)　　金商法により証券会社は第一種金融商品取引業者と呼ばれるようになり，業務範囲は拡大した。このうち有価証券関連業は，株式，公社債，投資信託，デリバティブに係るものに分けられ，業務方法別に①自己売買－ディーリング業務，②委託売買－ブローカー業務，③引受－アンダーライティング業務，④募集－セリング業務に大別できる。

　流通市場における株式業務としては顧客注文に基づき証券取引所で執行するブローカー業務が中心であり，これと並んで自己の計算で行うディーラー業務がある。公社債については値段が株価に連動する転換社債等を除き証券取引所で執行することが少ないので，証券会社は顧客の注文を自己勘定と付け合わせる形で執行する場合が多い（公社債ディーラー業務）。ブローカー，ディーラー業務を通じて，証券会社は証券取引所と並んで有価証券の公正な価格形成，流動性提供の一翼を担っている。

　発行業務としては国債等の公共債，民間企業の普通社債，エクィティ証券（株式，新株予約権付き社債）の公募発行における引受のほか，証券取引所等への上場の際の株式公開に伴う引受業務がある。引受とは新規に発行（または売出し）される証券を他に取得させる目的で，または売れ残った場合に取得することによって発行を確実にさせる行為をいう。発行者から取得する行為を元引受（発行者と元引受契約を確定するため協議をおこなう業者を幹事証券会社という），元引受け業者から取得する行為を下引受という。募集とは新規発行証券の取得の勧誘・販売の業務をさし，対象としては上記の発行証券の他，投資信託等がある。売出しとは既発行証券の取得の勧誘・販売の業務をさし，大株主からの分売などがこれに当たる。

　1998年に認められた業務として店頭デリバティブ業務とPTS業務がある。前者は証券取引所外で株式や株価指数等の先渡取引，オプション取引，株価指数と金利とのスワップ取引等を顧客と締結またはその委託を行う業務である。PTSは電子情報処理組織を利用して投資家の注文を付合わせる業務だが，業務の専門性が高く，高度のリスク管理が必要なことから認可制である（1節参照）。なお，ITの進展によりインターネットを通じた資金調達業務（「クラウドファンディング」，11章4，5節参照）のほか，デジタル化された証券（「電子記録移転権利」）の取扱業務も出現している（右下を参照のこと）。

東京証券取引所および大阪取引所取引参加者による取引状況

年度	現物株式売買高 （金額ベース，兆円）			上場デリバティブ 取引状況 （金額ベース，兆円）
	自己売買	委託売買	うち信用取引受託 比率（％）	想定元本 （株式，債券など）
2018	317	1,349	13	3,152
2019	288	1,218	13	3,218
2020	280	1,514	16	2,778
2021	292	1,653	17	2,985
2022	293	1,815	17	3,046

（注）　1．決算年度は当年4月〜翌年3月まで。2．往復計算。3．現物は総合取引参加者88社（外
国証券会社含む，2023年3月期末）の取り扱い分。4．デリバティブは大阪取引所の先物取引
等取引参加者72社，国債先物取引参加者20社，商品先物取引等取引参加者6社。
〔出所〕　日本取引所グループ『取引総括表』および『取引総合参加者決算概況』

PTS の取引状況

（単位：10億円）

年度	取引所内 取引 (A)	取引所外 取引 (B)	合計 (A)＋(B)	PTS 取引 (C)	取引所外取引 に占める PTS 取引（C/B）	取引所銘柄取 引合計に占め る PTS 取引 (C/(A＋B))
2018	745,182	114,155	859,336	37,339	32.71%	4.35%
2019	671,051	116,223	787,275	44,140	37.98%	5.61%
2020	766,839	125,147	891,986	70,276	56.15%	7.88%
2021	833,316	160,911	994,227	93,489	58.10%	9.40%
2022	861,109	179,645	1,040,754	103,140	57.41%	9.91%

（注）　1．決算年度当年4月〜翌年3月まで。2．片道計算。3．PTS 大手としてジャパンネクスト
証券，Cboe ジャパン，大阪デジタルなど。4．ToSTNeT（立会外取引）は取引所内取引に入る。
〔出所〕　PTS Information Network の統計資料より作成

電子記録移転権利とその取扱業務（Securities Token Offering，STO）

STO とは（一般社団法人日本 STO 協会ホームページによる）

> 伝統的なエクイティファイナンス・デットファイナンスに代わる新しい資金調達方法，株
> 式や社債に代わる新しい金融商品の提供，これらのニーズをテクノロジーの進化を通じて，
> 法令に準拠した形でサービス提供する仕組みが STO と呼ばれる仕組みであり，日本では
> 「電子記録移転権利」と呼ばれる。

金融商品取引法（2019年改正，20年5月施行）

電子記録 移転権利	2条2項「みなし有価証券」のうち電子情報処理組織を用いて移転できる権利 をいい，2条1項「有価証券」に位置付けられる（2条3項等）。
取扱業務	電子記録移転権利は2条1項に該当するため，その売買，取次ぎ，募集・売出 しの取扱い，預託等は，第一種金融商品取引業に位置付けられる（28条1項1 号）。第一種業者が当該業務を扱う場合には「変更登録」が必要（31条4項）。

（注）　電子記録権利のうち流通性の乏しいものは2条2項「みなし有価証券」とされ，その取扱業務
は第二種業に位置付けられる。

5．証券業務（2）── 本来業務（2）

金商法は金融先物取引法も包含するため，第一種金融商品取引業には有価証券デリバティブ取引のほか金融先物取引等も含まれる。また，これまで要認可の店頭デリバティブ取引は認可不要となった（店頭デリバティブ取引の概況については8章9節を参照）。

デリバティブ取引の対象は，①有価証券，預金債権，通貨などの「金融商品」（金商法2条24項）および②金融商品の価格・利率，気象観測数値などの「金融指標」（2条25項）である。2012年には「金融商品」の定義に「コモディティ」（ただし米を除く）が，2019年には「暗号資産」が追加され，金商法の規制対象となった。デリバティブの顧客は金融機関や機関投資家が中心で取引先同士のスワップを媒介するほか，証券会社が仕組み債の甘味材として株式・通貨等の店頭オプションを利用し，また外債の引受において発行会社と金利や通貨スワップを締結する例が多い。

他方，個人投資家の利用頻度が比較的高いものとして，日経225ミニ先物（大取）のほか，店頭物として「外為証拠金取引（FX取引）」がある。店頭FX取引とは，証拠金（保証金）を業者に預託し，主に差金決済による為替の売買を行う取引であり，1998年の外為法改正により外貨取引が自由化されたことを受け，一部の商品先物業者が先鞭をつける形ではじまった。

当初，この取引に関する法律や規制がなく，トラブルが多発したため，2005年に改正金融先物取引法（現，金商法）が施行，業者は登録制となり，悪質な業者は排除された。この結果，右図に見られるようにFX取引は急速に拡大している。また，東京金融先物取引所が2005年にFX取引を上場させ（「くりっく365」），取引の透明性も図られている。なお，レバレッジの上限も2010年8月に50倍，11年8月には25倍に制限された。

現在，FX取引の中心は，対面からインターネット取引に移行しており，FX専業者（外為ドットコム，外為オンラインなど）のほか，ネット証券会社も積極的に手がけている。なお，外為に限らず証券・証券指数・金利・コモディティを対象資産とし，少額の証拠金で差金決済する店頭取引は，CFD取引（Contract for Difference）と呼ばれる。この取引はイギリスを発祥とするが，わが国でも一部の業者において手がけられている。2018年以降，口座数，証拠金残高，個別株や株価指数関連の取引，建玉が急速に増えている（右表）。

店頭外為証拠金取引

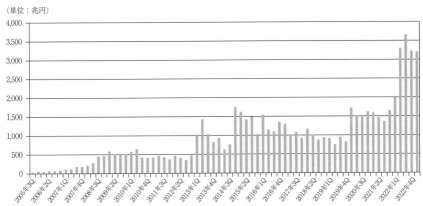

（単位：兆円）

（注）　1．当協会会員及び特別参加者からの報告に基づく集計。
　　　　2．出来高は，買付取引と売付取引の合計であり，媒介取引の計数を含む。
　　　　3．外国通貨は，各期末の外国為替レートで日本円に換算して計上。
〔出所〕　金融先物取引業協会調べ

証券を対象とする店頭 CFD 取引

	2015年3月末	2017年3月末	2019年3月末	2021年3月末	2023年3月末
口座数	105,790	148,692	248,497	409,729	836,038
証拠金等残高（億円）	107	161	309	678	1,305

（取引状況）

	個別株関連	株価指数関連	債券関連	その他有価証券関連	合計
2021年4月～2022年3月					
取引金額（億円）	8,900	743,264	5,446	1,439	759,049
取引件数	1,387,532	34,457,542	67,395	1,545,326	37,457,795
建玉（億円，2022年3月末）	161	1,341	130	34	1,666
2022年4月～2023年3月					
取引金額（億円）	9,134	1,153,394	21,388	1,815	1,185,731
取引件数	2,779,101	42,538,691	227,090	1,088,629	46,633,511
建玉（億円，2023年3月末）	119	1,671	220	33	2,043

（注）　取引金額，建玉は想定元本ベース。建玉は年度末。日本証券業協会の会員および特別会員の取引高等を合算したもの。
〔出所〕　日本証券業協会資料より作成

6．証券業務（３）──付随業務，兼業業務ほか　　以上の本来業務のほか証券会社が行いうる業務として付随業務，届出業務その他がある（本章１節）。投信運用，投資一任および集団投資スキームにかかる財産の運用は「投資運用業」（金商法28条４項）として別に登録を必要とする。本業以外の業務収入は「その他手数料」の計上されることが多い（右表，次節も参照）。

　株式委託注文のうち資金や株券を顧客に貸し付けて行う「信用取引」は，2000年代には委託高の14〜20％前後を占める（４節の表）。「有価証券貸借取引」とは株式や公社債を貸借する取引で，貸株取引，債券レポ（Repo）取引とも称する。担保として現金を徴収するため，見方を変えれば株券や債券を担保とする資金調達手段ともいえるので，債券レポ取引は経済的には債券現先取引と同等である。従って現物の株券，債券，資金の調達機能が向上し，証券会社は顧客からの大口注文やバスケット注文に応じやすくなり，公正な価格形成，市場流動性向上に資する効果がある。「他の事業者の事業譲渡・合併等に対する相談又はこれに関する仲介」とは取引先企業に対して事業部門の分社化，公開価格，買収価格の算定などM&Aに関連するアドバイザリーサービスである。

　他方，大手・準大手など主要証券会社は「投資運用業」の登録を併行させ，投資一任業務として「ラップ口座」を手掛けている。2023年３月末現在，ラップ口座は152万1,632件，14兆9,161億円の残高となり（日本投資顧問業協会調べ），順調に伸びている。またM&Aのアドバイザリーや未公開株，不動産ファンドの組成，証券化業務などは，これと連動する引受業務とあわせ「投資銀行業務」と総称され，大手・外資系・メガバンク系証券が注力している業務である。近年，投資運用業者の有価証券関連業への参入が増えており，委託者報酬その他が「その他手数料」として計上される割合が増えているが，証券業者プロパーにおいても，兼業が増えていることが収入面から確認できる。

　なお，委託手数料の全面自由化（99年10月）を受けて，株式ブローカー業務では手数料の低いインターネット取引サービスが出現，その取引シェアは急増している。同サービスの提供業者数は90社，口座数4,100万口座（2023年３月末），22年10月〜23年３月中の株式現金および信用取引は229兆2,457億円（委託売買代金の24.6％），投信販売２兆8,668億円となっている（日本証券業協会『証券業報』23年６月）。特にネット専業証券の伸張が著しい。

類型別に見た「その他手数料」の構成割合とシェア（2022年度）

その他手数料　　　　　　　13,458億円	社数	構成割合	シェア
全社（平均）	263	37.5%	100.0%
［大手総合およびホールセール主体］	51	38.7%	74.9%
独立系	2	38.9%	20.5%
メガバンク系	3	26.4%	17.7%
その他銀行系	3	58.7%	0.5%
外資系	43	76.1%	36.1%
［リテール主体］	132	14.9%	6.8%
上場証券	14	16.4%	2.8%
地銀系	27	11.8%	0.9%
中小証券	73	10.6%	0.7%
ネット証券（外資系を含む）	18	9.2%	2.7%
［新しい業務主体］	80	44.0%	19.0%
投資運用・ファンド販売等（日系）	13	92.8%	1.7%
投資運用・ファンド販売等（外資系）	21	110.2%	15.1%
FX（外資系を含む）	23	10.2%	0.6%
PTS（外資系を含む）	10	8.1%	0.1%
その他	13	7.2%	1.4%

（注）　1．区分基準は「株主構成」（株式公開企業＝独立系および上場証券，銀行系，外資系など）と
　　　　　「業務特性」による。上場証券は，持株会社が上場している場合に，支配的な子会社であれ
　　　　　ば含める。なお株主構成から見た外資系証券会社は74社（2022年度）。
　　　　2．「ネット証券」には外資系およびスマホ証券も含める。
　　　　3．「その他」には証券代行，店頭デリバティブ，プライベートエクィティ，クラウドファンディ
　　　　　ングなどを含む。
　　　　4．「構成割合」は，純営業収益に占める「その他手数料」の割合。外資系運用会社には「その
　　　　　他手数料」が「純業務収益」を上回る業者が複数みられ，100%を超えている。
〔出所〕　各社ディスクロージャー誌より集計

ラップ口座を利用する顧客との契約状況

（単位：億円）

	投資一任		投資助言		総合計	
	件数	金額	件数	金額	件数	金額
2015年3月末	307,346	38,973	0	0	307,346	38,973
2016年3月末	482,217	57,776	4	0	482,221	57,776
2017年3月末	564,620	65,700	0	0	564,622	65,702
2018年3月末	716,612	79,841	4	10	716,618	79,853
2019年3月末	868,091	88,271	5	15	868,097	88,287
2020年3月末	1,027,344	87,773	3	7	1,027,347	87,780
2021年3月末	1,178,394	112,079	2	6	1,178,396	112,085
2022年3月末	1,353,137	137,222	241	2,900	1,353,378	140,122
2023年3月末	1,521,367	146,472	265	2,689	1,521,632	149,161

（注）　ラップ口座は顧客が投資顧問業務に係る報酬，売買執行手数料，口座管理手数料等の手数料を
　　　　運用残高に応じて一括して支払う口座を言う。
〔出所〕　日本投資顧問業協会「統計資料」

7．金融商品取引業者（証券会社）の収支状況　　証券会社の証券業務を収入項目と関連させると，①ブローカー業務は「委託手数料」，②アンダーライティング業務は「引受・売出手数料」，③セリング業務は「募集・売出取扱手数料」，④ディーラー業務は「トレーディング損益」（売買益と売買損を相殺）となる。⑤「金融収益」は，顧客への信用取引供与に際して徴収する利子・品貸料，信用取引以外の方法（レポ取引など）で行う株券や債券の品貸料および株券や債券の借入れに伴い担保として差し入れた現金への利子，証券在庫から派生する利子・配当金その他からなる。⑥「その他手数料」には付随業務，兼業業務にかかる手数料（投信分配金等の支払い代理等にかかる代行手数料，資本政策やM&Aなどに関する取引先企業への情報提供・助言手数料）が含まれる。外資系業者の場合には，海外親会社からの収益分配金が多い。

　他方，費用をみると，①「販売費・一般管理費」（人件費，不動産関係費，事務費，取引関係費等），②「金融費用」（信用取引に要する資金や株券を証券金融会社等から借り入れた場合の利子・品借料，レポ取引に係る品借り料・利子，銀行借入金・社債発行利子等）よりなる。証券業務にかかる収益を営業収益，これから金融費用を控除したものを純営業収益さらに販売・一般管理費を控除したものを営業利益という。業務に関わらない営業外損益を加味して経常利益が算出される。投資有価証券や所有不動産の売却益，売却損，ノンバンクなど関連会社・子会社等への支援損は特別損益に計上される。

　平成の30年間をみると，絶対額や純業務収益に占める割合からみて委託手数料は傾向的に落ち込む一方，「その他手数料」は逆に増加している。募集手数料は営業収益の4％前後を占めるが，その多くは投信販売によるものである。「その他手数料」は今や最大の収益源であり，①外資系証券会社の海外親会社などからの収益配分や外債等の媒介手数料，②M&A等の助言手数料，③投信の代行手数料，④投信委託者報酬，一任運用投資顧問料などである。

　近年，証券業務はグローバル化し海外関連会社との協働が増えていること，国内投資家からの外債等の投資が増え，この取引を海外関連会社等との媒介によって執行していること，日本企業のM&Aの増加，内外合わせかなりの数の投資運用業，ファンド販売業者等が参入しており（13節），その収入の多くが「その他手数料」として計上されていることが，この収支状況に反映している。

日本証券業協会員の決算概況

（百万円）	1993年3月期	構成比	2022年度	構成比
会員数	260		269	
営業収益	2,262,800	100.0%	4,192,592	100.0%
受入手数料	1,454,300	64.3%	2,287,533	54.6%
委託手数料	888,500	39.3%	510,626	12.2%
引受手数料	107,200	4.7%	121,518	2.9%
募集手数料	133,300	5.9%	165,632	4.0%
その他手数料	325,300	14.4%	1,489,756	35.5%
売買損益	290,400	12.8%	861,187	20.5%
金融収入	518,100	22.9%	1,006,728	24.0%
信用取引	142,800	6.3%	105,424	2.5%
金融費用	236,800	10.5%	698,036	16.6%
信用取引	54,100	2.4%	10,895	0.3%
支払い利息	141,300	6.2%	100,457	2.4%
純営業収益	2,026,000	89.5%	3,494,556	83.4%
販売・一般管理費	2,521,300		3,029,071	
取引関係費	371,300		822,970	
人件費	1,101,100		1,031,453	
営業損益	−495,300		465,484	

その他受入手数料の内訳（2022年度）

	総額	1,489,756	構成比 35.5%
株式		138,422	3.3%
債券		141,771	3.4%
受益証券		320,054	7.6%
その他		889,507	21.2%
国際取引に関する日本法人等への収益分配金等		310,773	7.4%
ラップ関係収益		105,616	2.5%
M&A関係収益		105,059	2.5%
投資信託の委託者報酬		98,647	2.4%
投資一任契約の運用受託報酬		54,518	1.3%
保険関係収益		27,640	0.7%
事務手数料		25,319	0.6%
アドバイザリー／コンサルティング手数料		24,438	0.6%
投資助言・代理報酬		24,055	0.6%

（注）　1．協会員の決算年度は2014年4月以降3月決算を義務付けられなくなった。2022年度は従来の表記では2023年3月期に相当する。2022年度の営業収益には「その他業務収益」を含むが，表では省略している。

　　2．構成比は営業収益に占める割合。

　（注）商品別に分類できない「その他手数料」はさらに「その他」に細分されている。

〔出所〕　日本証券業協会『会員の決算概況』より作成

8．金融商品取引業者（証券会社）の財務状況　証券会社のバランスシートは，業務の特殊性を反映して実際以上に膨らんで見える。最も額の大きい項目として資産側の「有価証券担保貸付金」，負債側の「同借入金」がある。これは証券貸借取引（6節参照）に付随する担保金の処理項目であり，債券等の借り入れに対する担保金の差し入れは「同貸付金」，貸し付けに対する担保金の受入は「同借入金」となる。次に「トレーディング商品」はディーラー業務に関して生じる勘定であり，現物の買いポジションは「商品有価証券等」の借方に，空売りは貸方に計上される，また先物，オプション，スワップなどのデリバティブについては時価評価し，その評価益を「デリバティブ取引」の借方に，評価損を貸方に計上する。約定したが受渡しが未済の場合，売却にかかる代金相当額を約定見返勘定の借方に，買付けにかかる支払相当額を貸方に計上する。証券会社は現物，デリバティブ，債券レポにおいて顧客注文の迅速な執行，裁定利益追求の目的で両建てのポジションをもつが，リスク管理徹底のためリスクに焦点を当てた約定基準の経理処理をすることになっている。

　ついで，信用取引貸付金は，顧客の信用取引にかかる買付け代金相当額であり，同「借証券担保金」は貸借取引により証券金融会社に差し入れている担保金である。他方，信用取引借入金は証券金融会社からの貸借取引借入金であり，同「貸証券受入金」は顧客の信用取引にかかる売りつけ代金相当額である。

　顧客資産の分別保管に伴い，顧客分別金を社外に信託しなければならないが（11節参照），これが預託金の大部分を占める「顧客分別金信託」勘定である。

　なおリスク管理に関して従来は個別商品ごとに純財産額に対する保有割合の上限を画してきたが，新商品の増加，1987年のブラックマンデー（ウォール街の大暴落）等の経験を踏まえ総体的なリスク管理の必要性が痛感されたこと，国際証券監督者機構（IOSCO）でも規制の国際的調和が唱えられたことから，証券会社にも自己資本規制比率が導入された（1990年実施，92年法令化）。

　自己資本規制比率は，証券会社が相場商品を取り扱うことから，市況の急激な変動により収入が減少，保有資産の価格低下に直面した場合においても証券会社の財務の健全性が保たれ投資家保護に万全を期することができるよう，各種のリスクが顕在化した場合でも流動的な資産によって対応し得るような規制の枠組みとなっている。

全国証券会社（269社）主要勘定（2023年3月末）

資産	百万円	負債・資本	百万円
現金・預金	13,360,269	トレーディング商品	40,729,252
預託金	10,431,497	（商品有価証券等）	27,066,724
（顧客分別金信託）	9,084,626	（デリバティブ取引）	13,662,512
トレーディング商品	48,972,144	約定見返勘定	1,486,787
（商品有価証券等）	33,244,669	信用取引負債	1,616,073
（デリバティブ取引）	15,727,459	（信用取引借入金）	375,096
約定見返勘定	477,040	（信用取引貸証券受入金）	1,240,928
信用取引資産	4,246,650	有価証券担保借入金	103,580,683
（信用取引貸付金）	3,525,426	預り金	7,296,710
（信用取引借証券担保金）	721,170	受入保証金	7,864,541
有価証券担保貸付金	115,045,955	短期借入金	24,124,557
短期差入保証金	8,184,912	流動負債計	190,007,161
短期貸付金	1,354,678	固定負債計	8,298,784
流動資産その他とも計	203,825,108	負債その他とも計	198,483,695
有形固定資産	229,536	資本金	1,817,449
無形固定資産	386,045	資本剰余金	2,918,935
投資等	1,479,881	利益剰余金	2,854,492
（投資有価証券）	975,908		
固定資産計	2,095,665	純資産合計	7,437,405
資産その他とも合計	205,921,224	負債・純資産合計	205,921,224

〔出所〕　日本証券業協会資料より作成。営業休止中の会社を除く。合計数字が合わないがそのままにした。

東証総合取引参加者（86社）の自己資本規制比率（2023年3月末）

最小値	204.2%
最大値	3572.0%
中央値	425.0%
平均値	564.1%

分布	
100%台	0社
200%台	11社
300%台	27社
400%台	16社
500%台	7社
600%台	9社
700%台	6社
800%以上	10社

〔出所〕　東証資料より作成

第一種金融商品取引業者（証券会社）の自己資本規制比率の概要

（金商法46条の6第1項および「金融商品取引業等に関する内閣府令」178条）

自己資本規制比率＝（固定化されていない自己資本÷各種リスク相当額）×100%	
固定化されていない自己資本＝基本的項目（自己資本）＋補完的項目（劣後債務，引当金）－控除資産（固定的資産等）	各種リスク相当額＝市場リスク＋取引先リスク＋基礎的リスク
市場リスク＝相場の変動が保有有価証券等の価格変動をもたらすことにより発生しうる損失リスク 取引先リスク＝取引相手の契約不履行により生じる損失リスク 基礎的リスク＝事務部門の誤りなど日常的な業務の遂行上発生しうるリスク	

(注)　総資産規模1兆円を超える大規模業者は「特別金融商品取引業者」に指定され，連結ベースで自己資本比率規制が課せられる（金商法第57条の2第1項，2023年6月末現在，24社）。このうち野村，大和の2グループは，持株会社が同法第57条の12第1項にいう「指定親会社」に該当するため（いわゆる「川上連結」），バーゼルⅢに基づく連結自己資本規制比率との選択制となっている。

自己資本規制比率に基づく早期是正措置の発動

自己資本規制比率		
140%以下	届け出を要する	「金融商品取引業者に関する内閣府令」179条
120%以上	維持義務	金商法46条の6第2項
120%未満	・登録拒否 ・業務方法の変更，財産の供託	金商法29条の4第1項6号 金商法53条第1項
100%未満	3ヵ月以内の業務停止命令	金商法53条第2項
100%未満で回復の見込み無し	登録取り消し	金商法53条第3項

9. 金融商品取引業協会（1）　　旧証券業協会は金商法で「認可金融商品取引業協会」に改められた。第1種金融商品取引業者（店頭金融先物取引業者は除く）によって組織され，その設立は内閣総理大臣の認可を要する（67条の2第2項）。その目的は有価証券等の売買を公正・円滑ならしめ投資家保護に資することにあり，その目的のために店頭売買有価証券市場を開設することができる（67条第1，2項）。主たる業務は①自主規制業務，②金融商品取引業および金融商品市場の発展に資する業務，③国際業務と国際交流，④金融証券知識の普及啓発である（右表）。現在，「日本証券業協会」が同法に基づくわが国唯一の認可協会である。

　1940年，証券市場における戦時統制を円滑ならしめるため政府が1府県1団体の基準で各地証券業協会を設立させたのが始まりである。戦後49年に連合組織として日本証券業協会連合会が設立された。68年には33の証券業協会を10に統合，73年には10協会を地区協会とする単一組織の社団法人日本証券業協会が発足した。地区協会は北海道，東北，東京，名古屋，北陸，大阪，中国，四国，九州（95年に南九州を統合）の9地区となっている。

　証券不祥事をきっかけに自主規制機能強化の観点から協会は民法上の社団法人から証取法上の法人となり，外務員の登録事務は大蔵省（現在は内閣総理大臣）が協会に委任することとなった（1992年）。こうして自主規制機関としての位置づけが明確となった。98年7月に公社債引受協会を統合，2004年7月に「自主規制部門」，「証券戦略部門」及び「総括・管理部門」からなる新体制に移行，12月にはジャスダック証券取引所の創設に伴い（10章参照），店頭売買有価証券市場を閉鎖，05年4月，社団法人証券広報センターを統合している。

　2007年9月，金商法上の認可協会となり，協会員の資格が証券会社から第1種業者に拡大した。また協会員の行動規範を審議，建議するための「行動規範委員会」を設置（07年11月），証券取引の利用者からの相談，苦情および紛争解決のあっせん業務を「証券・金融商品あっせん相談センター」（FINMAC）に委託している（10年2月）。なお，金商法第33条の2に規定する登録金融機関（本章12節）は94年から協会に特別会員として加入している。会員数は273社，特定業務会員12社，特別会員数は201機関（うち銀行118行，外銀14行，信金38庫，生保9社，損保4社，その他18）である（2023年6月）。

日本証券業協会の主たる業務

<table>
<tr><td rowspan="6">1．
自主規制業務</td><td>①自主規制ルールの作成，実施</td><td>金融商品市場の円滑な運営を図るため金融商品取引業者等に適用される各種自主規制ルールを制定し，金融商品取引の公正，円滑化に努める。（主なものとして，「株式・公社債の店頭売買」，「有価証券の引受」，「上場株券の取引所外取引」，「外国証券取引」，「有価証券の保護預かり」，「役職員の行為基準」，「協会員の内部管理体制」，「証券外務員の資格・登録」，「協会員の広告」，「協会員の投資勧誘・顧客管理」，「金融商品仲介業」，「顧客資産の分別管理」，「顧客との紛争処理」，「有価証券関連業の統一経理基準」等に関する諸規則）。</td></tr>
<tr><td>②監査，モニタリング調査および自主制裁の発動</td><td>協会員の営業活動における法令，自主規制ルール等の遵守状況，内部管理体制の整備状況等について，監査を実施。協会員の経営状況，顧客資産の分別保管に関するモニタリング調査。協会員およびその役職員による法令，自主ルール違反に対する制裁の実施。</td></tr>
<tr><td>③資格試験，資格更新研修の実施と外務員の登録</td><td>外務員資格試験，内部管理責任者資格試験等の実施，資格更新研修の実施，外務員の登録に関する事務（内閣総理大臣から委任）。</td></tr>
<tr><td>④有価証券市場全般に亘る制度整備ならびに主要な市場管理業務等</td><td>1．公社債店頭市場の制度改善（公社債店頭取引にかかる制度・慣行の制定や見直し）。公社債店頭売買参考統計値等の発表。公社債市場に関する資料収集・統計作成。
2．証券化商品，金融派生商品市場の整備拡充。
3．上場株券等の公正かつ円滑な取引所外売買（PTSを含む）と投資家保護確保のための必要な制度の改善。取引所外売買に関する統計資料の作成（上場株券等の取引所外売買に係る売買高等のデータの集計および公表）。上場株券等に係るPTSにおける気配・約定情報等のリアルタイムでの公表。
4．非上場株券（株式投資型クラウドファンディング，株主コミュニティ等）に関する制度整備。</td></tr>
<tr><td>⑤斡旋による証券紛争処理，取引の苦情相談</td><td>顧客からの協会員及び金融商品仲介業者の業務に関する苦情相談。顧客と協会員との間の証券取引に関する紛争の解決を図るための斡旋（なお，苦情・相談およびあっせん業務については，特定非営利活動法人証券・金融商品あっせん相談センター（FINMAC）に業務委託）。</td></tr>
<tr><td>⑥認定個人情報保護団体の業務</td><td>「個人情報保護法」に基づく認定個人情報保護団体として，協会員の個人情報の適正な取扱いを確保するための業務。</td></tr>
<tr><td colspan="2">2．金融商品取引業・金融商品市場の健全な発展を推進する業務</td><td>1．金融商品市場に関する調査研究及び制度問題・税制問題などについての検討と意見表明。2．株式市場並びに公社債市場に関する統計資料等の公表。3．金融商品及び金融商品指標並びに金融商品市場に関する知識の普及及び啓発並びに広報。4．関係団体等との意思の疎通および意見の調整。5．反社会的勢力の排除に関する支援。6．金融商品市場全体の事業継続に関する支援。</td></tr>
<tr><td colspan="2">3．国際業務・国際交流</td><td>国際証券業協会会議（ICSA），アジア証券人フォーラム（ASF），証券監督者国際機構（IOSCO）等の国際会議に参加し，海外の証券関係団体等との情報交換，国際交流の促進を図る。</td></tr>
<tr><td colspan="2">4．金融・証券知識の普及・啓発</td><td>金融商品等に関する知識，情報を正しく理解し，自らが主体的に判断できる能力の向上を図るため，中立かつ公正な立場で，学校教育向け及び社会人向けに金融・証券知識の普及・啓発事業を展開。</td></tr>
</table>

（注）　自主規制業務等は「自主規制会議」，証券市場・証券業の健全な発展を推進する業務は「証券戦略会議」が担当。

証券外務員資格の内容（「協会員の外務員の資格，登録等に関する規則」2条）

一種外務員	特定店頭デリバティブ取引を除くすべての外務員職務。
二種外務員	新株予約権証券，カバードワラントを除く有価証券にかかる外務員職務（証券関連デリバティブ取引等および選択権付債券売買取引にかかるものは除き，信用取引に付いては細則で定めるものに限る）。
特別会員一種外務員	登録金融機関業務にかかるすべての外務員職務（ただし特定店頭デリバティブ取引，登録金融機関金融商品仲介行為，書面取次ぎを除く）。
特別会員二種外務員	公社債，CP，投信等の取引にかかる外務員職務（ただし証券関連デリバティブ取引等および選択権付き債券売買は除く）。
特別会員四種外務員	特定金融商品取引業務（保険会社等金融機関による投資信託の募集業務等）にかかる外務員職務。
信用取引外務員	二種外務員の職務および信用取引等（発行日取引を含む）にかかる外務員職務。

（注）　「特別会員四種外務員」および「信用取引外務員」の資格試験は，現在（2023年7月）行っていない。

10. 金融商品取引業協会（2）　　金商法は，旧証取法と異なって幅広く多様な集団投資スキーム（ファンド）や信託受益権販売業なども包括的に規制している。ファンドの自己募集や信託受益権販売業等は「第二種金融商品取引業（以下，第二種業と略）」と定義される。ファンド等の金融商品は流動性が高くないため業登録の基準を緩やかにし，法人のみならず個人も登録を可能にしている。ファンドや信託受益権の裏付けとなる資産は不動産や特定商品等多様であり，登録業者は証券会社のみならず不動産業からの参入も多い。

　この結果，第二種登録業者は「第一種金融商品取引業（第一種業と略）」（証券業や金融先物取引業）の約4倍の1,209を数える（2023年7月末）。しかし，登録基準が緩やかであるため，一部の第二種業者にはファンドの自己募集等に関して勧誘を巡る訴訟事件，法令違反による行政処分の事例が出てきた。

　そこで，第二種業の公正かつ円滑な業務運営と健全な発展，投資者保護に資することを目的として，すでに第一種業，投資運用業，投資助言・代理業等の分野で行われている自主規制を参考に「第二種金融商品取引業協会」が設立（2010年11月），「認定金融商品取引業協会」に認定された（78条1項）。

　「認可」協会は，設立それ自体に内閣総理大臣の認可が必要だが，「認定」協会は設立後に内閣総理大臣より認定される。「認可」協会は現在，日本証券業協会だけであるが，「認定」協会は第二種業協会のほか，金融先物取引業協会，日本投資顧問業協会，投資信託協会がある。「認可」協会が「認定」協会と異なる最大のポイントは店頭売買有価証券市場を開設できることである（9節）。

　市場開設業務の有無を除けば，「認可」協会と「認定」協会の自主規制業務は共通しており，それは①規則制定，②法令・自主規制規則等についての会員等の順守状況調査，③法令・自主規制規則違反の会員への制裁，④会員の業務に関する苦情の解決，⑤会員の行う取引に関する争いについてのあっせん，⑥行政庁から委任を受けた場合の外務員登録事務などがある。

　金融商品取引業登録業者は，1,958を数え，同一の業者が複数の業種に登録し，複数の協会に加入している業者もある。このほか第二種業と同様のファンドの自己募集を行いながら登録を免除されている「適格機関投資家等特例業者」が3,504（2023年6月末）ある。これらのほとんどは自主規制にも服しておらずトラブルが多かったので，2015年金商法改正により規制が強化された。

登録金融商品取引業者数と関連する金融商品取引業協会

業種別	登録業者数 （2023年7月末）	関連する金融商品取引業協会	
第一種	304	（認可）日本証券業協会	正会員273（2023年7月）
		（認定）金融先物業協会	正会員138（2023年7月）
		（認定）日本STO協会	正会員15　（2023年8月）
第二種	1,209	（認定）第二種金融商品 取引業協会	正会員631（2023年9月）
投資助言・代理業	994	（認定）日本投資顧問業 協会	投資助言・代理会員487社 （2023年3月）
投資運用業	428		投資運用会員345社 （2023年3月）
		（認定）投資信託協会	投資信託運用会社会員111社 （2023年9月）
			不動産投信運用会社会員100社 （2023年9月）
			インフラファンド運用会社会員6社 （2023年9月）
暗号資産交換業・ 同関連デリバティ ブ取引業		（認定）日本暗号資産取 引業協会	第1種会員34社（2023年8月）
	合計 1,958（実数）	2,875（延べ数）	

（注）　1．第1種業の304社のうち，日本証券業協会に未加入31社の大半は「FX専業者」であり，金融先物業協会には加入している。2．日本STO協会正会員のうち3社は登録金融機関で，日本証券業協会の特別会員である。3．日本証券業協会には正会員のほか「特定業務会員」がある。これは特定の業務だけを行っている第一種業者であり，特定店頭デリバティブ業，第一種少額電子募集取扱業，商品関連市場デリバティブ取引取次ぎ業の計11社である（2023年7月）。4．日本暗号資産取引業協会員の第1種会員のうち暗号資産交換業者（資金決済法2条8項）は29社である。5．同一の業者が複数の業種に登録し，複数の協会に加盟しているため合計は一致しない。

〔出所〕　金融庁「認定金融商品取引業協会一覧」，「金融商品取引業者登録一覧」ほか，各協会HPより作成

　このほか，登録を免除され，大部分が上記のいずれの金融商品取引業協会にも加盟していない業者が存在する。それが次の「適格機関投資家等特例業者」（いわゆる「プロ向けファンド業者」）である。

集団投資スキーム持分（ファンド）の出資者に，1名以上の適格機関投資家がおり，適格機関投資家以外の者（一般投資家）が49名以下である場合，適格機関投資家等特例業務に関する特例により，金融商品取引業の登録を免除され，「届出」をすればファンドの運用，自己募集を開業できる（63条1項，2項）。（金融庁「適格機関投資家等特例業務届出業者一覧」を参照）。

（備考）　本来は，独自の運用スキルをもった業者が，すぐれた投資運用商品をプロの機関投資家に低コストで提供できるようにすべく，登録を免除し，届出義務だけで参入できるようにしたのである。もちろん，この中には優れた運用成績を残し，上記いずれかの協会に加入して自主規制に服している業者もあるが，なかには，名目的に1人の適格機関投資家に募集し，残る49名については個人投資家を勧誘し，第二種業および投資運用業の登録を免れる脱法的な行為が見られる。そこで一定の条件を満たす富裕層に募集対象を制限する等を内容とする金商法改正が公布（2015年5月），施行された（16年3月）。その後，一定の条件を満たす富裕層は「特定投資家」として人数制限（49人以下）なく，投資できるようになった（内閣府令改正2022年7月）。

11. 投資者保護基金　　投資者保護基金の目的は破綻証券会社に対する一般顧客の債権保護にある。1998年改正証取法は，証券業の登録制，兼業制限緩和によって証券業への参入促進，証券会社の業務自由化を打ち出したが（本章1節），そのことは証券会社破綻の可能性を高めるため，破綻に際して顧客が不測の損害を被ることを防止する策が新たに必要とされた。そこで，改正証取法（現在の金商法）は，証券会社の破綻そのものを防止する枠組みとして①自己資本規制比率に基づく早期是正措置の発動（53条）を設けた（8節）ほか，破綻した場合の投資家保護の枠組みとして，②「顧客資産の分別管理の義務づけ」（43条の2，3）と③投資者保護基金の規定（79条の20〜80）を設けた。これに関連して金融機関の倒産処理に関する法律も改正され（「金融機関等の更生手続きの特例等に関する法律」），証券会社も同法の適用対象とされた。

　分別保管は，証券業にかかる顧客との取引において預託された証券，金銭を証券会社固有の財産と分離して保管することにより，証券会社が破綻した場合に他の債権者に優先して顧客が資産を取戻すことを目的とする。方法としては，①顧客の証券は分別場所を区分する，②現預金，信用取引等の証拠金として受け入れた代用有価証券など再担保に回されると物理的に分別が不可能な資産について顧客債務を相殺したネットの債権額に相当する金額を「顧客分別金」として社外に信託する。分別管理を徹底すれば，破綻時に際して顧客が被る不測の損害は防げるはずだが，顧客分別金の差替え計算基準日は週に1日でよいとされる。また顧客資産の流用等法令違反も全くないとは言い切れない。

　そこで顧客資産保護を目的に証取法（金商法）上の法人として投資者保護基金が設立された。同基金は，この目的を達するため，①破綻証券会社が顧客資産を弁済できなかった場合の支払い，②迅速な返還履行のための証券会社向け融資，の各業務を行う。支払い限度は一顧客につき1,000万円である。

　この業務を可能ならしめるため，基金は①顧客資産の保全に必要な一切を行う権限，②証券会社の信託管理人になる権限，③必要な資金を確保するため「投資者保護資金」を設けその負担金を会員証券会社から徴収する権限等を有する。基金の会員は金融商品取引業者でなければならない。基金は複数あってよいが，証券会社はどれかの基金に加入を義務づけられる。

投資者保護基金における補償対象，補償手続き，財源

<table>
<tr><td rowspan="2">補償対象</td><td>①人的範囲
（金商法79条の20
第1項）</td><td>有価証券関連業または商品関連市場デリバティブ取引取次ぎ等をおこなう金融商品取引業者と対象有価証券関連取引または対象商品デリバティブ取引関連取引を行った「一般顧客」（ただし適格機関投資家・国・地方公共団体その他政令で定めた者を除く）。</td></tr>
<tr><td>②顧客資産の範囲
（79条の20第3項）</td><td>①市場デリバティブ取引等の取引証拠金または信用取引等の委託証拠金として受け入れた金銭・有価証券，②証券業に係る取引に関し，顧客の計算に属する金銭または預託を受けた金銭（買付け委託の際の前受金やまだ引き出していない売付け売却代金など）および③有価証券（売付け委託の際に差し入れてある証券や保護預り証券），④そのほか政令で定めるもの。</td></tr>
<tr><td rowspan="4">補償手続き</td><td>通知と認定
（79条の53，54）</td><td>基金会員である金融商品取引業者からの通知または内閣総理大臣からの通知により顧客資産の返還に係る債務の円滑な履行が困難かどうかを認定する。</td></tr>
<tr><td>認定の公告
（79条の55）</td><td>返還が困難と認定された通知業者は「認定金融商品取引業者」と呼ばれ，その顧客に対し支払い請求を届け出れるよう公告を行う。</td></tr>
<tr><td>補償対象債権の支払い
（79条の57第4項）</td><td>一般顧客へ支払いをした金額に応じて基金は補償対象債権を取得する。基金は取得した補償対象債権を，倒産処理手続きを通じて破綻金融商品取引業者から回収する。</td></tr>
<tr><td>通知業者への貸付
（79条の59）</td><td>顧客資産の返還が困難なほど財務状態が悪くなっていないが，融資がなければ迅速な履行ができない場合に行われる。</td></tr>
<tr><td rowspan="2">財源</td><td>投資者保護資金
（79条の64，65）</td><td>会員金融商品取引業者からの負担金徴収による。</td></tr>
<tr><td>借り入れ
（79条の72）</td><td>内閣総理大臣および財務大臣の認可を受けて金融機関から借り入れをおこなうことができる。</td></tr>
</table>

新旧制度の比較

	旧制度	新制度
名称，設立年	寄託証券補償基金（1969年8月）	日本投資者保護基金（1998年12月）
根拠規定	法的根拠規定を持たない財団法人	証取法（現，金商法上）の法人（内閣総理大臣および財務大臣の認可）
加入義務	各証券会社の任意	強制加入
拠出金	寄付金（課税対象）	負担金（損金扱いで非課税）
補償限度金額（注）	破綻証券あたり20億円	一顧客あたり1,000万円
発動実績	1997年5月以降，7件 （1998年12月新基金に継承）	・南証券（2000年3月破綻）に発動，補償額約59億円（うち破産管財人からの返還額24億円） ・丸大証券（2012年3月破綻）補償額約1億7千万

（注）　ただし2001年3月までは全額補償の特例があった（証取法改正附則4条）。

投資者保護基金の概要

	日本投資者保護基金	証券投資者保護基金
会員数（設立時）	235社（国内系224社，外資系11社）	46社（国内系1社，外資系45社）
基金の規模	設立時300億円。 2001年3月末　500億円。	設立時100億円（現金30億円，銀行保証等70億円） 2001年4月以降（現金50億円，銀行保証等50億円）
会員負担金	定額および定率（営業収益と登録外務員数に基づく）負担金。年間負担金40億円。	顧客資産の1％，信用取引証拠金の50％相当額の銀行保証等を差し入れ。100億円を10億円以上下回った場合には追加拠出。
備考	寄託証券補償基金の補償業務及び一切の資産・負債を継承	会員に外部監査を義務づけ
2002年7月，両者は統合し，日本投資者保護基金が存続。2023年7月末会員数268社，資産規模584億円（同年3月末）。		

12. 金融機関の証券業務　　1948年，金融機関による証券業務は証取法65
条1項により原則禁止とされた。例外的に営みうる（65条2項）とされる公共
債に関する業務，書面による取次ぎ業務も銀行法に明定されていなかったので，
信託銀行による信託勘定を通じた取次ぎを除き行ってこなかった。75年以降の
国債大量発行を背景に81年新銀行法が制定，銀行等の公共債に関する証券業務
が明定され，改正証取法にも当該業務に関する規定が整備された。この結果，
公共債の窓口販売（83年），公共債のディーリング（84年）が開始された。

その後，①債券先物取引の取り次ぎ（88年），②CP，海外CD，住宅ローン
債権信託受益権などの売買等ならびに私募の取り扱い（92年），③有価証券店
頭デリバティブ，投資信託受益証券の募集（98年），④証券仲介業（2004年，
現「金融商品仲介業」）が金融機関の行いうる証券業務に追加された。98年の
証券業の登録制，一部証券業務の認可制は金融機関にも準用され，登録を受け
た金融機関は「登録金融機関」と呼ばれる。2007年の金商法は，原則禁止され
ている証券業務の範囲を「有価証券関連業」と再定義したが（1節），内容に
大きな変化はない（65条1項，2項は金商法33条1項，2項となった）。

他方，92年制度改革法は業態別子会社による銀行・証券・信託各業務への相
互参入を認め，金融機関の証券子会社設立が相次いだ。銀行の証券子会社は，
「証券専門会社」と定義され（銀行法16条の2，52条の23），その業務範囲は「有
価証券関連業」（金商法28条8項）と付随業務（同35条1項1〜8号），届出業
務（35条2項）とされた。当初は，新規参入に伴う弊害防止の観点から，①業
務範囲の制限（株式ブローカー業務の禁止など），②業務隔壁規制（ファイヤー
ウォール）の設置などの措置が採られた。

業務範囲の制限は，1999年10月に全廃された。ファイヤーウォールについて
も段階的に緩和された。2002年9月共同店舗設置の解禁，05年3月には新規公
開の斡旋など銀行顧客企業の証券会社への紹介業務（市場誘導業務）が可能に
なった。09年6月には証券会社・銀行間の役職員の兼職規制が撤廃，法人顧客
の非公開情報共有も可能となった。2022年には上場会社等につき非公開情報共
有の手続きが簡素化された。最近ではメガバンクグループのみならず地銀も証
券子会社と金融商品仲介業契約を結んで，顧客紹介，口座開設や注文の取り次
ぎなど「銀証連携ビジネス」を展開中である。

販売態別投信の残高とシェア（2023年6月末）

（百万円，％）

	証券会社		銀行（登録金融機関）		直接販売（投信委託会社）		合計
株式投信	132,138,787	76.97	38,237,769	22.27	1,302,380	0.76	171,678,936
公社債投信	15,632,587	99.09	143,293	0.91	305	0.00	15,776,185
合計	147,771,373	78.83	38,381,062	20.47	1,302,686	0.69	187,455,121

（注）　公募投信のみ。MMF は日本銀行のマイナス金利政策導入のため繰り上げ返済が続き，2017年5月以降，残高ゼロである。
〔出所〕　投資信託協会統計資料より作成

三菱 UFJMS 証券のリテール営業実績に占める仲介業効果（2023年3月期）

（億円）	預かり残高	有残口座数 （千件）	新規口座開設 数（千件）	株式投信販売	個人向け国債	リテール 外債販売
仲介業経由の総額	22,643	236	6	1,549	144	1,694
	23,508	255	4	1,771	151	3,154
比率	5.8%	21.5%	11.3%	12.6%	58.8%	13.6%
	6.1%	21.5%	7.1%	11.7%	49.7%	22.2%

（注）　預かり残高，有残口座数は2023年3月末。比率は全体に占める割合。預かり資産は国内営業部門（金融機関含む）。下段は2022年3月期。
〔出所〕　「三菱 UFJ ファイナンシャルグループ」2022度決算説明会「データブック」より作成。

主な地銀系証券子会社

社名	親銀行 （出資比率）	設立年（または 子会社化した年）	社名	親銀行 （出資比率）	設立年（または 子会社化した年）
静銀ティーエム証券	静岡銀行（100%）	2000年12月	とうほう証券	東邦銀行（100%）	2016年1月
第四北越証券 （旧新潟証券）	第四北越 FG （100%）	2006年3月	ぐんぎん証券	群馬銀行（100%）	2016年7月
八十二証券	八十二銀行 （100%）	2006年4月	ほくほく TT 証券	ほくほくファイナ ンシャルグループ （60%）	2016年10月
ワイエム証券	山口ファイナン シャルグループ （60%）	2007年7月	七十七証券	七十七銀行 （100%）	2017年1月
めぶき証券 （旧常陽証券）	めぶきファイナン シャルグループ （100%）	2007年11月	京銀証券	京都銀行（100%）	2017年3月
浜銀 TT 証券	横浜銀行（60%）	2008年7月	おきぎん証券	沖縄銀行（100%）	2017年3月
中銀証券	中国銀行（100%）	2009年6月	とちぎん TT 証券 （旧宇都宮証券）	栃木銀行（60%）	2017年4月
百五証券	百五銀行（100%）	2009年8月	ひろぎん証券 （旧ひろぎん ウツミ屋証券）	広島銀行（100%）	2017年6月
西日本シティ TT 証券	西日本ファイナン シャルグループ （60%）	2010年5月	九州 FG 証券	九州ファイナン シャルグループ （100%）	2017年12月
ちばぎん証券	千葉銀行（100%）	2011年1月	十六 TT 証券	十六銀行（60%）	2018年4月
四国アライアンス証券 （旧いよぎん証券）	伊予銀行（100%）	2012年2月	北洋証券 （旧上光証券）	北洋銀行（100%）	2018年10月
FFG 証券 （旧ふくおか証券）	福岡銀行（100%）	2012年4月	南都まほろば証券 （旧奈良証券）	南都銀行（100%）	2018年10月
池田泉州 TT 証券	池田泉州ホール ディング（60%）	2013年1月	OKB 証券	大垣共立銀行 （100%）	2019年3月
ごうぎん証券	山陰合同銀行 （100%）	2015年8月 （2020年10月廃業）	きらぼしライフ デザイン証券	東京きらぼし FG （100%）	2019年12月

〔出所〕　各社 HP および新聞報道より作成

13. 証券業界の競争構造　　日本の証券界の競争構造は，大手証券4社が最大シェアを占め，かつまた多数の中小証券を系列下に収めてきたので「4社寡占」と呼称されてきた。しかし，90年代に入り，①山一の破綻，②大和，日興がホールセール業務とリテール業務に社内組織を分社化（その後，大和は再統合），③野村，日興（のち日興コーディアルに商号変更），大和が系列証券の株式を売却，という経過を辿って4社寡占は崩壊した。次いで日興コーディアルがシティグループの傘下に入り，2009年10月にはシティグループから三井住友銀行が買い取って傘下に収め，現在のSMBC日興証券となった。

　従来の4社の経営戦略はブローカー業務でシェアを高め，株価関与度を背景にエクィティファイナンスの引受幹事の座を獲得していくというものである。その観点から，全国的な店舗網と忠誠心の高い従業員を大量に抱え，多くの証券取引所会員証券会社を系列下に収めてきた。ただし，これには多額のコストとリスクがかかり，業務の総合化（収益源の多様化）によってこれをカバーできる証券会社は少数に限られた。こうして日本的雇用慣行の人事制度を取り入れ，多くの系列証券を抱えた少数大規模総合証券会社が成立した。

　この経営戦略・体制は，産業界に大量かつ迅速に資金を供給するメカニズムとして高度成長期には有効だったが，資本過剰の時代には過大ファイナンスをもたらしやすく，これが80年代後半のバブル期に明らかとなった。バブル崩壊以後の90年代には，日本経済の基調変化（資本の過剰化）とともに従来の経営戦略・体制の変革に迫られた。この結果，大手証券は山一破綻後に中小証券の系列化戦略を放棄し，証券参入意欲を強めていた大銀行その他が4社系準大手・中小証券を傘下に収めていった。

　株式持合いの解消売りと株価下落が90年代を通じて進行し，企業経営者の財務行動は徐々に「資本コスト」を意識したものに変わり，過剰資本の削減（自社株買い），資本の再配分（部門売却やM&A）が進行した。また企業から排出された過剰資本は遊休資金となって機関投資家の資産を膨張させ，よりリターンの高い外債，仕組債などに流れこんだ。こうしたM&A仲介や海外証券取引のビジネスを狙って外資系証券会社が参入している。「株式出来高競争」は占有度の尺度としての意義を失った。これに代わるものとして純業務収益のシェア変化で競争の態様を見たのが右表である。

純営業収益の業態別シェアの変遷

			1991年3月期		1997年3月期	
純営業収益（億円）			37,509		24,317	
			社数	シェア	社数	シェア
国内証券			210	92.4%	225	85.3%
（取引所会員）		大手4社	4	44.6%	4	47.6%
		総合証券	42	37.2%	44	28.4%
		中小証券	83	8.5%	81	5.7%
取引所非会員		中小証券	81	2.1%	77	−0.1%
		銀行系証券子会社			19	3.6%
外国証券			50	7.6%	56	14.7%
		会員	25	6.3%	21	12.4%
		非会員	25	1.3%	35	2.3%

〔出所〕　大蔵省証券局年報各年盤（『4編　財務諸表』），日本証券業協会「協会員の決算概況」（『証券業報』）より作成

	2008年3月期		2021年度	
純営業収益（億円）	37,038		35,969	
	社数	シェア	社数	シェア
［大手総合およびホールセール主体］	54	78.7%	49	66.1%
独立系	4	31.4%	2	23.1%
メガバンク系	7	14.1%	3	25.1%
その他銀行系	3	0.2%	3	0.3%
外資系	40	33.0%	41	17.5%
［リテール主体］	173	17.5%	129	20.9%
上場証券	16	7.3%	14	6.5%
地銀系	6	0.4%	27	2.7%
中小証券	137	4.9%	69	2.4%
ネット証券（外資系を含む）	14	4.9%	19	9.3%
［新しい業務主体］	81	3.8%	86	12.9%
投資運用・ファンド販売等（日系）	17	0.3%	18	0.6%
投資運用・ファンド販売等（外資系）	22	1.5%	21	5.4%
FX（外資系を含む）	19	0.7%	23	2.3%
PTS（外資系を含む）	8	0.3%	9	0.4%
その他	15	1.0%	15	4.3%

（注）　区分基準などついては本章6節の表と同じ。

〔出所〕　拙稿『証券会社経営の時系列的分析』付属資料（日本証券業協会委託調査，2018年）より再引用（一部改変している）。2021年度は各社ディスクロージャー誌より集計。2014年以降，決算期間の義務付けを廃止

第13章　資産運用業

1．個人金融資産の運用　　日本銀行「資金循環の日米欧比較」によると，日本の個人金融資産（2023年3月末現在）は2,043兆円であり，そのうち，54.2％が現金・預金，16.7％が有価証券（債務証券，投資信託，株式等）で運用されている。欧米と比較すると，米国はもとよりユーロエリアに比べても，現金・預金に偏重する一方，収益性の高い有価証券の投資比率が低いといえよう。確かに，預貯金偏重の運用は，デフレ期においては結果的には良かったかも知れないが，インフレ期においては実質的価値が減価するというリスクを抱えることになる。もっとも，金融広報中央委員会「家計の金融行動に関する世論調査2022年」（二人以上世帯調査）によると，金融商品を選択する際に重視することとして，収益性（35.9％）が最も多く，安全性（29.7％）や流動性（20.2％）を上回っている。2020年までは収益性が最も少なかったが，2021年以降は収益性が最多となっており，意識としては，足元では変化しつつあるとも評価できよう。

　このような環境の下，2014年に「貯蓄から資産形成へ」の流れを促進するための投資優遇制度として導入されたNISA（少額投資非課税制度）において，2024年には，当初500万円だった非課税保有限度額が1,800万円まで引き上げられ，当初5年間だった非課税保有期間が無期限化される予定である。また，iDeCo（個人型確定拠出年金）の拠出可能年齢が，当初の60歳未満から70歳未満までに引き上げることが検討されている。NISAもiDeCoも運用益が非課税であり，さらにiDeCoでは積立時の掛金が全額所得控除対象である。

　資産運用業者には，将来の保障である保険・年金等の運用に携わる信託銀行，生命保険会社，投資一任業者や，投資信託の運用に携わる投資信託運用会社などがあり，間接・直接に，少子高齢化社会における個人の金融資産形成に寄与している。さらに，資産運用業者は，以下の2点において，企業の成長や健全な経済の発展に寄与し，社会に貢献している。まず，市場を通じ成長企業に資金を提供することにより，効率的な資金配分機能を果たしている。次に，顧客・受益者の中長期的な投資リターンの拡大のためのスチュワードシップ活動を通じ，投資先企業の企業価値の向上や持続的成長に貢献している。

家計の金融資産構成（2023年３月末）

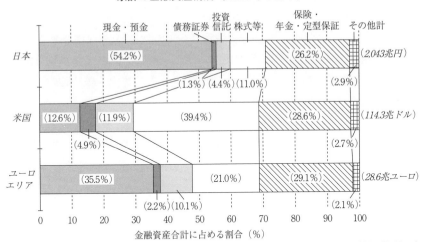

*「その他計」は，金融資産合計から，「現金・預金」，「債務証券」，「投資信託」，「株式等」，「保険・年金・定型保証」を控除した残差。

〔出所〕　日本銀行

金融商品を選択する際に重視すること

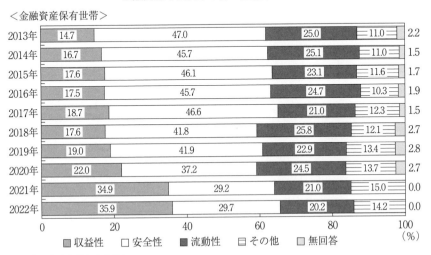

〔出所〕　金融広報中央委員会

２．年金資産の運用　　　わが国の年金制度は，①全国民に共通した国民年金（基礎年金）をベースに，②民間サラリーマンや公務員等を対象とした２階部分である厚生年金保険，③厚生年金保険の上乗せ給付を行う３階部分である私的年金（企業年金等）からなる３階建てとなっている。このうち，国民年金と厚生年金保険が公的年金として世代間扶養である賦課方式（修正賦課方式）を採用し，私的年金は積立方式を採用している。

私的年金は，①確定給付型と②確定拠出型に大別でき，①確定給付型は加入期間や掛金等に基づいて給付額が確定しているが，②確定拠出型は拠出された掛金が個人ごとに明確に区分され，掛金とその運用収益との合計額をもとに給付額が決定される。①確定給付型には，確定給付企業年金（規約型，基金型）や国民年金基金等があり，②確定拠出型には，企業型確定拠出年金と個人型確定拠出年金（iDeCo）がある。

年金資産の運用は，年金受給権保護の観点から，安全かつ効率的に行わなければならず（確定給付企業年金法第67条等），自家運用を行っている一部の大規模な年金を除き，外部の運用機関に委託されている。企業年金連合会が実施している「企業年金実態調査」（2021年度）によると，企業年金（厚生年金基金および確定給付企業年金）の運用委託先は，信託銀行46.8％，投資一任業者28.1％，生命保険会社25.1％となっている。また，資産構成割合は，国内債券19.1％，国内株式9.5％，外国債券17.8％，外国株式14.9％，生保一般勘定16.8％，短期資産4.8％，その他17.1％となっている。

公的年金である国民年金と厚生年金保険の積立金は，「年金積立金管理運用独立行政法人」（GPIF）によって管理・運用されている。GPIFの資産構成割合（2023年３月末）は，国内債券26.79％，外国債券24.39％，国内株式24.49％，外国株式24.32％となっている。以前は国内債券中心の運用であったが，①国内債券利回りがマイナスないし超低金利でありインカム・ゲイン期待に乏しいことに加え，②インフレ等により金利が高騰（債券価格は下落）した場合のキャピタル・ロスのリスクにも備えて，収益が期待できる株式や外貨建て資産にも分散投資したものになっている。また，積立方式である企業年金に比べ，修正賦課方式である公的年金は，リスク許容度が高く，積極的な運用が可能であるとも言える。

年金制度の体系

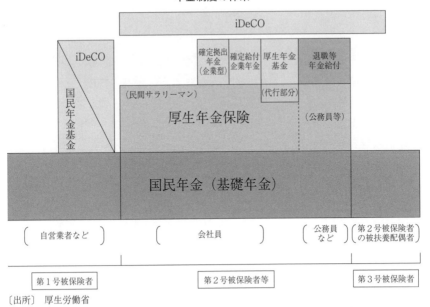

〔出所〕 厚生労働省

GPIFの運用資産額・構成割合（年金積立金全体）

内側：基本ポートフォリオ（カッコ内は乖離許容幅）
外側：2023年3月末時点

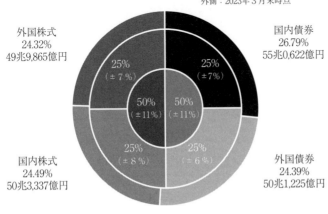

外国株式
24.32%
49兆9,865億円

国内債券
26.79%
55兆0,622億円

国内株式
24.49%
50兆3,337億円

外国債券
24.39%
50兆1,225億円

〔出所〕 GPIF

255

３．信託銀行の資産運用　　信託とは，①財産権を有する者（委託者）が信託契約等によって信頼できる者（受託者）に対し財産を移転し，②受託者は一定の目的（信託目的）にしたがって委託者本人または第三者（受益者）のために財産（信託財産）の管理・処分などをする制度である。基金型企業年金信託を例にすれば，企業年金基金が委託者兼受益者，信託銀行が受託者となる。信託制度は受託者への信頼が前提であるため，受託者である信託銀行には，善管注意義務，忠実義務，分別管理義務等が課されている。

信託銀行と年金基金との関係には，以下の３つのケースがある。①信託銀行が自らの裁量により資産を運用するケース（資産運用型信託），②信託銀行が運用を行わずに資産管理業務のみを行うケース（資産管理型信託），③年金基金が複数の運用機関に資産運用を委託する場合に複数の運用機関を取りまとめる総幹事会社となるケースである。信託銀行の運用の特徴としては，投資一任業者に比べて，パッシブ運用の比率が高いことが挙げられる。パッシブ運用とは，特定のベンチマーク（指標）の動きと連動した投資収益を達成することを目指す運用方法のことである。パッシブ運用は，個別の有価証券の投資価値を運用者が判断して売買を行うことによりベンチマークを上回る成績を目指すアクティブ運用と比較して，取引に関わるコストが少なくてすむこと，運用報酬が低く抑えられること等のメリットがある。

信託銀行は，一般の商業銀行と異なり，①銀行業務以外に②信託業務や③証券代行業務等の併営業務も営んでいる。例えば，企業との取引で言えば，①銀行業務としての法人融資，②信託業務としての企業年金信託，③併営業務としての株主名簿管理等の証券代行業務を行うことができ，企業と信託銀行の取引という面で見ればビジネス上のシナジーをもたらすとも言える。しかし，同時に，①貸し手として融資を行い，②株主として企業の株式を保有し，③企業に代わって企業のために証券代行業務を行うことは，利益相反の温床となりかねない。また，同じ金融グループの中の商業銀行や資産運用会社と法人融資や年金運用などの領域で業務が重複すると，グループ内競合など非効率の面もある。そこで，三菱UFJ信託銀行では法人融資を三菱UFJ銀行に集約し，みずほ信託銀行や三井住友信託銀行，りそな銀行（信託兼営金融機関）では資産運用機能をグループ内の資産運用会社に統合・集約している。

信託の仕組み

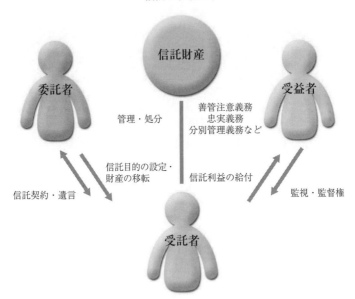

〔出所〕　信託協会

4．生命保険会社の資産運用　　生命保険とは，人の死亡または生存等に関し，保険金が支払わられる保険である。大別すれば，死亡保障を目的とする死亡保険と，老後の生活保障を目的とする年金保険がある。生命保険会社（生保）は，契約者から払い込まれた保険料を，将来の保険金支払いに備えて責任準備金として積み立て，運用を行っている。保険料を運用する勘定には，①個人保険や企業年金資産等を合同して一つの勘定で運用し元本と一定の利率の保証（保証利率）がされており生保が運用のリスクを負う一般勘定と，②一般勘定から分離し顧客が運用のリスクを負い運用実績に応じて給付が変動する特別勘定がある。

　一般勘定の生命保険契約は，生保が給付を約束し契約者がそれに見合った保険料を支払うというものである。保険料は契約期間における予定死亡率・予定事業費率・予定利率などの予定基礎率を前提において算出されている。予定基礎率は保守的に設定され，実績との間で差益が生じた場合は，一部を契約者に配当として返還している。

　生命保険協会「生命保険の動向」（2022年版）によると，生保の総資産（2021年度末）のうち，83.3％が有価証券である。さらに，有価証券のうち，46.5％が日本国債，31.9％が外国証券（公社債等30.2％，株式1.7％），7.8％が国内社債，7.0％が国内株式，2.2％が国内地方債となっている。マイナス金利政策により国内長短金利が低位で推移したことから，外国証券が一貫して増加している。外国証券の中でも，外国公社債が特に増加し，為替ヘッジなしのオープン外債や信用リスクの対価として高め利回りを得られる社債などのクレジット資産も選好されている。足元では，2025年から導入される新資本規制を睨み，ALM（資産・負債の総合管理）の観点から国内超長期債も増えつつある。

　年金基金等を対象とする団体年金保険の特別勘定には，②イ．生保の運用方針に基づいて複数の顧客の資産を合同で運用する第一特約と，②ロ．個別の顧客の意向を運用方針に反映し顧客の資産を独立して運用する第二特約がある。さらに，第一特約には，②イa．複数の資産クラスで運用し資産クラスの配分も生保が決定するバランス型の総合口と，②イb．どの合同運用口にどの位の割合で投資するかについて顧客が生保と協議して決める資産タイプ別の投資対象別口がある。

資産別構成比

（％）

	現金及び預貯金	コールローン	金銭の信託	有価証券	貸付金	有形固定資産	その他	総資産
2017年度	2.1	0.4	1.5	82.3	8.6	1.6	3.5	100.0
2018	2.3	0.4	1.6	82.6	8.2	1.6	3.3	100.0
2019	2.7	0.5	1.8	81.9	7.7	1.6	3.8	100.0
2020	2.6	0.4	2.1	83.2	7.2	1.5	3.0	100.0
2021	2.4	0.4	2.2	83.3	6.9	1.5	3.3	100.0

〔出所〕　生命保険協会

有価証券内訳の推移

（億円，％）

	国債		地方債		社債		株式		外国証券		その他の証券		合計
	金額	構成比	金額	構成比	金額	構成比	金額	構成比	金額	構成比	金額	構成比	金額
2017年度	1,473,650	47.0	120,817	3.9	261,876	8.3	231,820	7.4	889,987	28.4	159,314	5.1	3,137,466
2018	1,482,230	46.3	109,400	3.4	271,082	8.5	217,827	6.8	965,262	30.1	157,290	4.9	3,203,095
2019	1,512,024	47.0	101,342	3.1	283,830	8.8	187,661	5.8	981,283	30.5	152,239	4.7	3,218,383
2020	1,576,192	45.9	90,168	2.6	285,328	8.3	250,424	7.3	1,062,979	31.0	166,037	4.8	3,431,132
2021	1,624,246	46.5	78,043	2.2	273,538	7.8	243,158	7.0	1,115,312	31.9	160,761	4.6	3,495,060

〔出所〕　生命保険協会

5．投資一任業者の運用　　投資一任業者は，投資一任契約に基づき顧客から投資判断や投資に必要な権限を委任され顧客資産の運用を行っている。主な顧客としては，年金などの機関投資家（アセットオーナー）が挙げられる。投資一任業は，他業態や海外からの参入障壁が低く金融業界の中でも最も自由化・国際化が進んだ業態といえる。資産運用を専門とする投資運用業者には，投資一任業者の他に，投資信託運用会社や，ベンチャー企業の育成などを目的として組成された集団投資スキームの運用を行うファンド運用業者などがある。

　投資一任業者等の自主規制団体として日本投資顧問業協会がある。協会は，投資者保護を図るとともに，投資運用業等の健全な発展に寄与することを目的としている。また，協会は，投資運用業の資本市場における重要性に鑑み，持続的な企業価値の向上に貢献することを目的として，会員のスチュワードシップ・コードへの取組状況を取りまとめて公表したり，スチュワードシップ研究会を組成し議論を行うなどしている。また，資産運用業の社会的使命や果たすべき役割を再確認し，国民の理解を深める機会とするため，投資信託協会と共催で「資産運用業フォーラム」を開催している。

　投資一任業者の運用の特徴は，信託銀行と比較して，アクティブ運用の比率が高いこと，顧客の意向を反映した木目細やかなテーラーメイド的な運用サービスを提供することにある。なお，投資一任業者が資産運用を受託する場合，資産管理は信託銀行等が行うことになる。2012年に発覚した年金詐欺事件等を踏まえ，信託銀行による第三者チェック機能の強化など運用に関するチェックの仕組みが強化・充実されている。運用資産の配分については，年金基金等との協議の上で提示された運用ガイドライン等に基づいてなされている。近年の傾向としては，顧客の運用ニーズの多様化により，高い成長が見込まれる新興国への投資や，株式・債券などの伝統的な運用プロダクツ以外の絶対的収益獲得を目的とする不動産関連有価証券やヘッジファンド的運用などオルタナティブ（代替投資商品）への投資も注目されつつある。

　以上のような伝統的な投資一任以外にも，不動産私募ファンドを顧客とするスキームや，証券会社や信託銀行が個人投資家を対象に提供するラップ口座も注目されている。ラップ口座においては，運用を投資一任業者が行い，資産管理等を証券会社や登録金融機関が行うスキームも増えつつある。

投資一任業者による年金資産の運用

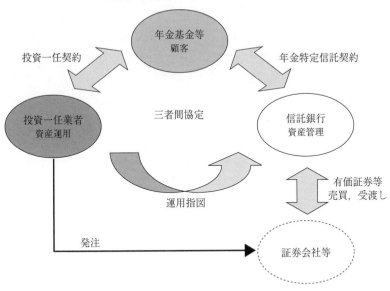

スキーム比較（典型例）

	伝統的投資一任契約	不動産私募ファンド	ラップ口座
顧客	機関投資家	ファンド	個人投資家
投資対象	伝統的有価証券等	不動産信託受益権	（投資信託を通じた）伝統的有価証券等
運営主体	専業運用会社	専業運用会社	証券業兼営会社

6．投資信託運用会社の運用　　投資信託は，小口資金を集めて運用する集団投資スキームの一種であり，①小口資金での分散投資，②専門家による運用，③透明性といった特徴を有している。①投資信託を利用することにより小口資金でも機関投資家と同様に分散投資によるリスク軽減が可能になる。例えば，世界40カ国以上，2000銘柄以上の株式に分散投資するような投資信託でも，100円程度から購入することも可能である。②マクロ経済や金融動向・企業価値等を分析し最適なポートフォリオを構築するには，高度な専門知識・分析能力・運用手法が必要であるが，投資信託の運用は専門家であるファンド・マネジャーが行っており，個人投資家でも投資信託を通じ専門家による運用のメリットを享受することができる。③投資信託は，日々，時価評価に基づいた基準価額が公表されており，法律に基づくディスクローズも充実している。

　わが国の投資信託の代表的なスキームである委託者指図型投資信託では，証券会社や登録金融機関などの販売会社（販社）経由で募集された受益者たる投資家の資金を，委託者たる投資信託運用会社（投資信託委託会社）が運用を行い，受託者たる信託銀行が保管・管理を行っている。

　投資信託制度発足時においては，運用対象は当局が承認した国内株式のみであったが，運用規制が徐々に緩和され，現在では組み入れるプロダクツによって多様な運用商品を作り出すことが可能となった。例えば，短期金融商品を組み入れることにより MRF などの預金類似商品を作ることもできる。さらに，不動産やコモディティなどへの投資が認められるようになり，投資信託を通じ，オフィスビルや金，原油，あるいは太陽光発電施設などのインフラ施設などに投資することも可能である。AI（人工知能）を運用に生かした投資信託なども設定されている。また，非上場株式の組入れも検討されている。

　かつては，免許を得た主要証券会社系列のみに限定されていた投資信託運用業への参入も登録制に緩和され一定の要件を満たす限り参入が可能となった。その結果，当初10社程度しかなかった投資信託運用会社が100社を超えるようになり，競争激化により機関投資家向け並みの低廉な運用報酬のパッシブファンドも人気を博している。さらに，運用の外部委託やファンド・オブ・ファンズ解禁により，間接的に海外の運用会社の運用サービスを享受することも可能になっている。

投資信託の運用規制緩和等の動向

1951年	証券会社が投資信託運用業務を開始
1959年	投資信託運用会社が証券会社から分離・独立
1961年	公社債組入解禁（公社債投信発足）
1970年	外国証券組入解禁
1978年	為替予約利用解禁
1986年	店頭登録株式組入解禁
1987年	ヘッジ目的でのデリバティブ利用解禁
1990年	外資系運用会社が参入
1993年	銀行系運用会社が参入
1995年	デリバティブのヘッジ目的外利用解禁（ブル・ベア型ファンド設定）
	上場投資信託（ETF）発足
	投資一任業務と投資信託委託業務の併営解禁
1998年	金融システム改革法施行（金融ビッグバン）
	投資信託運用会社が免許制から認可制に緩和
	運用の外部委託が解禁
	投資信託の銀行窓口販売開始
1999年	ファンド・オブ・ファンズ（FOFs）解禁
2001年	不動産投資信託（REIT）発足
2007年	投資信託運用会社が認可制から登録制に緩和
2008年	商品（コモディティ）組入解禁
2016年	インフラファンド発足
2023年	アクティブ運用型上場投資信託（ETF）発足

委託者指図型投資信託の仕組み

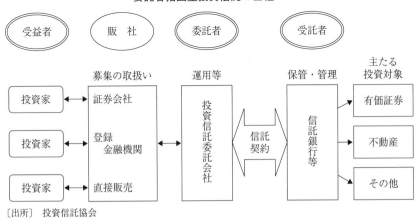

〔出所〕　投資信託協会

7．スチュワードシップ・コード（1）　　日本版スチュワードシップ・コードが参考とした英国のスチュワードシップ・コードは，リーマン・ショック時の金融危機に際して金融機関の救済のために国民負担による公的資金が投入されたにもかかわらず有限責任である株主は保護されたことに対する批判から，企業経営者の過度なリスクテイクを株主の責任として監視・抑制することを目的として，2010年に策定された。一方，日本においては，2013年6月に閣議決定された「日本再興戦略」を踏まえ，成長戦略の一環として，「日本版スチュワードシップ・コードに関する有識者検討会」（金融庁内に事務局を設置）が策定を進めてきた「責任ある機関投資家」の諸原則≪日本版スチュワードシップ・コード≫が2014年2月に策定・公表され，その後，改訂版が2017年5月に，再改訂版が2020年3月に公表された。

スチュワードシップ・コードは，機関投資家が投資先企業やその事業環境等に関する深い理解のほか運用戦略に応じたサステナビリティの考慮に基づく建設的な「目的を持った対話」などを通じて，投資先企業の企業価値の向上や持続的成長を促すことにより，顧客・受益者の中長期的な投資リターンの拡大を図る責任を果たすにあたり有用と考えられる諸原則を定めるものである。

スチュワードシップ・コードは，コーポレートガバナンス・コードと「車の両輪」をなし，両コードが幅広く普及・定着することにより日本における実効的なコーポレートガバナンスの実現に寄与することが期待されており，300団体を超える機関投資家に受け入れられている。スチュワードシップ・コードは，法令とは異なり法的拘束力を有する規範ではない。また，法令のような「ルールベース・アプローチ」（細則主義）を採らずに，「プリンシプルベース・アプローチ」（原則主義）を採用している。その上で，「コンプライ・オア・エクスプレイン」（原則を実施するか，実施しない場合にはその理由を説明するか）の手法を採用している。また，機関投資家の行動原則であるスチュワードシップ・コードと企業の行動原則であるコーポレートガバナンス・コードが求める持続的な成長と中長期的な企業価値の向上に向けた機関投資家と企業の対話において，重点的に議論することが期待される事項を取りまとめた「投資家と企業の対話ガイドライン」が，両コードの附属文書としての位置付けとして，2018年6月に策定・公表され，改訂版が2021年6月に公表された。

スチュワードシップ・コードの原則

投資先企業の持続的成長を促し，顧客・受益者の中長期的な投資リターンの拡大を図るために，

1. 機関投資家は，スチュワードシップ責任を果たすための明確な方針を策定し，これを公表すべきである。

2. 機関投資家は，スチュワードシップ責任を果たす上で管理すべき利益相反について，明確な方針を策定し，これを公表すべきである。

3. 機関投資家は，投資先企業の持続的成長に向けてスチュワードシップ責任を適切に果たすため，当該企業の状況を的確に把握すべきである。

4. 機関投資家は，投資先企業との建設的な「目的を持った対話」を通じて，投資先企業と認識の共有を図るとともに，問題の改善に努めるべきである。

5. 機関投資家は，議決権の行使と行使結果の公表について明確な方針を持つとともに，議決権行使の方針については，単に形式的な判断基準にとどまるのではなく，投資先企業の持続的成長に資するものとなるよう工夫すべきである。

6. 機関投資家は，議決権の行使も含め，スチュワードシップ責任をどのように果たしているのかについて，原則として，顧客・受益者に対して定期的に報告を行うべきである。

7. 機関投資家は，投資先企業の持続的成長に資するよう，投資先企業やその事業環境等に関する深い理解のほか運用戦略に応じたサステナビリティの考慮に基づき，当該企業との対話やスチュワードシップ活動に伴う判断を適切に行うための実力を備えるべきである。

8. 機関投資家向けサービス提供者は，機関投資家がスチュワードシップ責任を果たすに当たり，適切にサービスを提供し，インベストメント・チェーン全体の機能向上に資するものとなるよう努めるべきである。

〔出所〕　金融庁

8．スチュワードシップ・コード（2）　スチュワードシップ・コードにおいて機関投資家に求められている投資先企業に対するアクションは，①モニタリング（原則3），②エンゲージメント（原則4），③議決権行使（原則5）の3点である。①モニタリングとは，投資先企業の持続的成長に向けてスチュワードシップ責任を適切に果たすため，当該企業の状況を的確に把握することである。把握は継続的かつ実効的であることが求められ，把握する内容としてはESG（環境，社会，企業統治）情報等の非財務面の事項も含まれる。②エンゲージメントとは，投資先企業と認識の共有を図るとともに問題の改善に資するために投資先企業との建設的な「目的を持った対話」を行うことである。どのような対話を行うかなどについて，あらかじめ明確な方針を持つことが求められている。③議決権行使とは，保有株式について議決権を行使することである。議決権行使に当たっては投資先企業の状況や当該企業との対話の内容等を踏まえた上で議案に対する賛否を判断することが求められる。また，議決権行使についての明確な方針の策定と公表，個別議案ごとの議決権行使結果の公表が求められており，賛否の理由について対外的に明確に説明することも望まれている。

　その他，原則1の指針においては，年金基金等のアセットオーナーに対し，運用機関のスチュワードシップ活動を促すことを求めており，原則8においては，議決権行使助言会社や年金運用コンサルタントなど機関投資家向けサービス提供者の役割について定めている。

　かつては，機関投資家が投資先企業の経営に不満がある場合，その企業の株式を売却するという考え方（ウォール・ストリート・ルール）が主流である時代もあった。しかし，パッシブ運用や幅広く分散投資している巨大な年金基金（ユニバーサル・オーナー）においては，事実上，売却することが困難であることも多く，株式を保有した上で受託者責任の一環として議決権行使を行うという考え方が浸透した。さらには，スチュワードシップ・コードにおいては，議決権行使だけでなくエンゲージメントも求められている。同様に，ESG投資においても，ダイベストメント（投資撤退）するよりも，株式を保有した上で議決権行使やエンゲージメントにより機関投資家の考え方を企業に示すという考え方も広まりつつある。

両コードと対話ガイドラインの関係

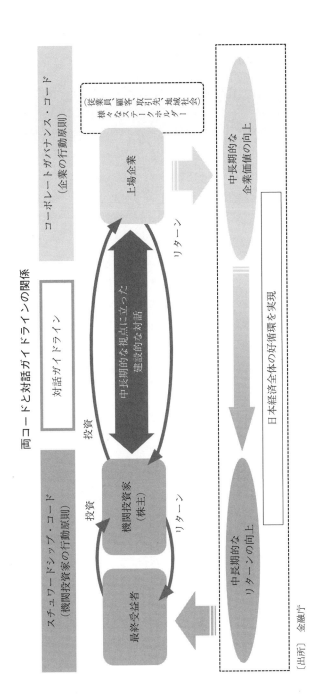

[出所] 金融庁

第14章　証券税制

1. 証券税制の変遷(1)　　わが国の所得税制は，基本的に総合所得税を建前としており，その源流は戦後のシャウプ勧告にまで遡る。1950年から実施されたシャウプ税制では，利子，配当だけでなく有価証券譲渡益も全額総合課税（譲渡損失は全額控除）の対象となった。しかし占領終了後，主に資本蓄積促進という政策的観点から，利子については分離課税が認められ，譲渡益にいたっては原則非課税となるなど，総合所得税の理想は急速に崩壊していった。そして1987－1989年の抜本的税制改革において，現行所得税制の基礎的枠組みが形成された。その際，10.5－70％の15段階であった所得税の税率構造が10－50％の５段階にフラット化されるとともに，利子所得に対する一律源泉分離課税の導入，非課税貯蓄制度の原則廃止，有価証券譲渡益の原則分離課税化など金融所得課税の抜本的な見直しが行われた。なお所得税率に関しては，1999年度税制改正において10－37％の４段階に，2006年度税制改正において５－40％の６段階に改正された。さらに2013年度税制改正では，格差の是正および所得再分配機能の回復の観点から，2015年分の所得税より，課税所得4,000万円超について45％の税率が設けられることになった。また，法人税の基本税率は2016年度税制改正により，2016年度には23.9％から23.4％に引き下げられ，さらに2018年度には23.2％に引き下げられた。これにより国と地方を合わせた法人所得に対する税率（法人実効税率）は29.74％になった。

　　1990年代後半から2000年代初頭における証券税制の主な動向としては，1998年にストック・オプション，特定目的会社，会社型投資信託等に対する税制が整備された。1999年４月からは長年の懸案事項であった有価証券取引税および取引所税（先物・オプション取引にかかる税）が廃止されている。2000年にはエンジェル税制が拡充され，2001年には長期保有株式の少額譲渡益非課税制度（１年超保有上場株式等の100万円特別控除）や緊急投資優遇措置（元本1,000万円までの非課税措置）が創設された。2002年度税制改正では2003年１月より特定口座制度が導入されることとなり，さらに老人等の少額貯蓄非課税制度（老人等のマル優制度）が障害者等の少額貯蓄非課税制度（障害者等のマル優制度）に改組された。

証券税制の変遷（1949年～2002年）

年	主な改正事項	所得税の税率構造
1949年	シャウプ勧告	
1950年	利子・配当・有価証券譲渡益の総合課税化	20-55%の8段階
1951年	利子の源泉分離選択課税（50%）の復活	↓
1952年	配当の源泉徴収（20%）復活	
1953年	有価証券譲渡益の原則非課税化	15-65%の11段階
	有価証券取引税の創設（株式等0.15%）	
	利子の一律源泉分離課税（10%）	
1954年	配当の源泉徴収税率の引下げ（20%→15%）	
1955年	利子非課税化	
	配当の源泉徴収税率の引下げ（15%→10%）	
1957年	短期貯蓄（1年未満）のみ源泉分離課税復活（10%）	10-70%の13段階
1959年	長期貯蓄の源泉分離課税復活（10%）	
1961年	有価証券譲渡益のうち一定の大口取引の課税化	
1962年		8-75%の15段階
1963年	利子・配当の源泉徴収税率の引下げ（10%→5%）	
1965年	利子・配当の源泉徴収税率の引上げ（5%→10%）	
	配当の源泉分離選択課税（15%），申告不要制度の導入	
1967年	利子・配当の源泉徴収税率の引上げ（10%→15%）	↓
	配当の源泉選択税率の引上げ（15%→20%）	
1969年		10-75%の16段階
1970年		10-75%の19段階
1971年	利子の源泉分離選択課税（20%）の復活	
1973年	利子・配当の源泉選択税率の引上げ（20%→25%）	↓
	有価証券取引税の税率引上げ（株式等0.15%→0.3%）	（1971年と1974年に，
1976年	利子・配当の源泉選択税率の引上げ（25%→30%）	税率ブラケットの適用
1978年	利子・配当の源泉徴収税率の引上げ（15%→20%）	課税所得額の引上げ）
	利子・配当の源泉選択税率の引上げ（30%→35%）	
	有価証券取引税の税率引上げ（株式等0.3%→0.45%）	
1981年	有価証券取引税の税率引上げ（株式等0.45%→0.55%）	↓
1984年		10.5-70%の15段階
1987年	抜本的税制改革	10.5-60%の12段階
1988年	・マル優原則廃止	↓
1989年	・利子一律源泉分離課税（20%）	10-50%の5段階
	（金融類似商品なども同様の課税）	
	・有価証券譲渡益の原則課税化	
	（譲渡代金の1%による源泉分離課税の導入）	
	・有価証券取引税の税率引下げ（株式等0.55%→0.3%）	
1995年		（1995年に，税率ブラ
1996年	有価証券譲渡益課税の適正化（みなし譲渡益5%→5.25%）	ケットの適用課税所得
	有価証券取引税の税率引下げ（株式等0.3%→0.12%）	額の引上げ）
1998年	有価証券取引税の税率引下げ（株式等0.12%→0.06%）	↓
1999年	有価証券取引税・取引所税の廃止	10-37%の4段階
2001年	長期保有株式の少額譲渡益非課税制度の創設（2003年度税制改正により廃止）	
	緊急投資優遇措置の創設	↓
2002年	特定口座制度の創設（2003年1月実施）	

２．証券税制の変遷（２）　　2003年以降の証券税制については，上場株式等の配当・譲渡所得等に対する優遇税率に関する改正，損益通算の範囲拡大に関する改正，非課税制度に関する改正などが行われている。

　優遇税率に関する改正としては，まず2003年度税制改正において，上場株式等の配当・譲渡益，公募株式投資信託の収益分配金について，20％（所得税15％，住民税５％）の源泉徴収のみで納税が完了する仕組み（申告不要制度）が導入されるのと同時に，これらについて，時限的に10％の優遇税率が適用されることになった。2004年度税制改正では公募株式投資信託の譲渡益課税にも優遇税率が適用されることになった。また，2007年度税制改正ではこうした上場株式等の配当・譲渡所得等に対する優遇税率の適用期限が１年延長された。さらに，2009年度税制改正により優遇税率の適用期限が３年延長された。2011年度税制改正においても２年延長され，優遇税率は結局2013年末まで適用された。なお東日本大震災からの復興のため，個人に対しては2013年から2037年まで，復興特別所得税が課されている。

　損益通算の範囲拡大に関する改正としては，2003年度税制改正において公募株式投資信託の償還（解約）損と株式等譲渡益との通算が可能となった。2004年度税制改正では公募株式投資信託の譲渡損失が繰越控除制度（３年）の対象に追加された。また，2008年度税制改正では個人投資家の株式投資リスクを軽減するため，2009年より，上場株式等の譲渡損失と配当との間の損益通算の仕組みを導入することになった。2009年は損益通算できる上場株式等の配当所得の金額は申告分離課税を選択したものに限られるが，2010年からは源泉徴収口座内における損益通算が可能になった。さらに2013年度税制改正により，2016年から公社債等に対する課税方式が変更され，特定公社債の利子・譲渡損益並びに上場株式等に係る所得等の損益通算が可能になっている。

　非課税制度については，NISA が2014年に，ジュニア NISA が2016年に，つみたて NISA が2018年に導入されている。2022年11月28日に新しい資本主義実現会議において策定された「資産所得倍増プラン」では，第一の柱としてNISA の抜本的拡充や恒久化が，第二の柱として iDeCo 制度の改革が掲げられた。そして2023年度税制改正により，NISA の抜本的拡充と恒久化が行われることになった（８節参照）。

証券税制の変遷（2003年～）

年	主な改正事項	所得税の税率構造
2003年	有価証券譲渡益課税の申告分離課税への一本化	
	上場株式等の配当・譲渡益に係る優遇措置を導入	
2004年	公募株式投資信託の収益分配金・譲渡益に係る優遇措置を導入	
	非上場株式の譲渡益課税の税率引下げ（26%→20%）	
2007年	上場株式等の配当・譲渡益に係る優遇税率の適用期限を1年間延長	5-40%の6段階
2009年	上場株式等の譲渡損失と配当との間の損益通算の仕組みを導入	
	上場株式等の配当・譲渡益に係る優遇税率の適用期限を3年間延長	
2011年	上場株式等の配当・譲渡益に係る優遇税率の適用期限を2年間延長	
2014年	NISAの導入	
2015年		5-45%の7段階
2016年	公社債等に対する課税方式の変更・損益通算の範囲拡大	
	ジュニアNISAの導入	
2018年	つみたてNISAの導入	
2020年	公募投資信託等の内外二重課税の調整措置（外国税額控除）の導入	
2023年	NISAの抜本的拡充・恒久化（2024年より）	

「資産所得倍増プラン」の方向性

３．プランの方向性

○金融庁の調査によれば，投資未経験者が投資を行わない理由として多いのは，第1位：「余裕資金がないから」（56.7%），第2位：「資産運用に関する知識がないから」（40.4%），第3位：「購入・保有することに不安を感じるから」（26.3%）である。

○こうした調査からは，簡素でわかりやすく，使い勝手のよい制度が重要であることや，小口（100円～1,000円）の投資も可能であることの重要性とともに，長期積立分散投資の有効性が幅広く周知されていないことがわかる。そして，知識不足の解消や不安の払拭に向けて家計の金融資産形成を支援するためには，消費者に対して中立的で信頼できるアドバイザー制度の整備が必要であることがわかる。

こうしたことを踏まえ，資産所得倍増に向けて，以下の7本柱の取組を一体として推進する。

① 家計金融資産を貯蓄から投資にシフトさせるNISAの抜本的拡充や恒久化
② 加入可能年齢の引上げなどiDeCo制度の改革
③ 消費者に対して中立的で信頼できるアドバイスの提供を促すための仕組みの創設
④ 雇用者に対する資産形成の強化
⑤ 安定的な資産形成の重要性を浸透させていくための金融経済教育の充実
⑥ 世界に開かれた国際金融センターの実現
⑦ 顧客本位の業務運営の確保

○なお，税制措置については，今後の税制改正過程において検討する。

〔出所〕　新しい資本主義実現会議「資産所得倍増プラン」より抜粋

3．利子課税　　2013年度税制改正により2016年から利子所得に対する税制が大きく変わった。現行制度の概要は以下のとおりである。特定公社債の利子，公募公社債投資信託及び公募公社債等運用投資信託の収益分配金については，20％（復興特別所得税を含めると20.315％）の税率で源泉徴収された後に申告分離課税又は申告不要が適用される。特定公社債とは，国債，地方債，外国国債，公募公社債，上場公社債などの一定の公社債のことである。また，預貯金の利子，特定公社債以外の公社債の利子，合同運用信託及び私募公社債投資信託の収益分配金は原則，利子所得として一律20％（復興特別所得税を含めると20.315％）の税率で源泉分離課税される。なお，納税貯蓄組合預金の利子，納税準備預金の利子やいわゆる子供銀行の預貯金等の利子は非課税である。

　また，金融類似商品の収益（定期積金の給付補てん金，銀行法第2条第4項の契約に基づく給付補てん金，一定の契約により支払われる抵当証券の利息，金投資口座の利益，外貨投資口座の為替差益，一時払養老保険や一時払損害保険などで一定の要件を満たすものの差益など）については，一律20％（復興特別所得税を含めると20.315％）の税率で源泉分離課税される。

　利子所得に対する非課税制度には，障害者等の少額貯蓄非課税制度と勤労者財産形成貯蓄の利子非課税制度（財形非課税制度）がある。

　障害者等の少額貯蓄非課税制度には，障害者等の少額預金の利子所得等の非課税制度（通称，障害者等のマル優），障害者等の少額公債の利子の非課税制度（通称，障害者等の特別マル優）があり，それぞれについて元本350万円が非課税限度額である。したがってこれら全てを利用すれば，一人元本700万円までの収益については非課税となる。なお障害者等の郵便貯金の利子所得の非課税制度は，郵政民営化に伴い廃止された。ここで障害者等に該当するのは，身体障害者手帳の交付を受けている人，障害年金を受けている人，遺族年金や寡婦年金を受けている妻などである。

　財形非課税制度には，勤労者財産形成住宅貯蓄（財形住宅貯蓄）と勤労者財産形成年金貯蓄（財形年金貯蓄）がある。これらは，それぞれ勤労者（55歳未満）の住宅取得の奨励，老後の生活の安定を目的とし，両者を合わせて元本550万円までの利子等が非課税となる。ただし生命保険，損害保険等を利用した財形年金貯蓄の非課税限度額は385万円となっている。

利子課税の概要

区　　分	概　　要
特定公社債の利子，公募公社債投資信託及び公募公社債等運用投資信託の収益分配金	申告分離課税又は申告不要 （20％の源泉徴収：住民税５％を含む）
預貯金の利子，特定公社債以外の公社債の利子，合同運用信託及び私募公社債投資信託の収益分配金^(注1)	源泉分離課税 （20％：住民税５％を含む）
非課税貯蓄制度	・障害者等の少額預金の利子所得等の非課税制度（元本350万円まで） ・障害者等の少額公債の利子の非課税制度（元本350万円まで） ・財形住宅貯蓄非課税制度，財形年金貯蓄非課税制度（元本550万円まで）

（注）　1．同族会社が発行した社債の利子でその株主である役員等が支払を受けるもの，同族会社が発行した社債の利子でその役員等が関係法人を同族会社との間に介在させて支払を受けるものは，総合課税の対象となる。
　　　　2．2013年から2037年までは復興特別所得税も課される。
〔出所〕　財務省，国税庁の各種資料より作成

利子所得等の課税状況（2022年）

（単位：百万円）

区　　分	支払金額	うち課税分	源泉徴収税額
公債	8,717,573	50,439	6,885
社債	1,678,011	266,126	40,505
預貯金（銀行預金）	319,617	268,525	40,718
預貯金（その他）	304,586	167,724	25,271
合同運用信託の収益の分配	14,093	8,273	1,254
公社債投資信託収益の分配等	65,328	61,193	8,465
特定公社債等の利子等（源泉徴収義務特例分）	621,962	143,631	22,009
割引債の償還差益	1,690	1,690	281
その他	967,756	796,616	153,970
合計	12,690,616	1,764,216	299,358

（注）　1．「課税分」には，個人のほか，法人の受取分も含まれている。
　　　　2．「特定公社債等の利子等（源泉徴収義務特例分）」は，支払の取扱者が所得の支払者に代わって源泉徴収を行い，国に納付する特例分である。
　　　　3．「割引債の償還差益」の「支払金額」及び「源泉徴収税額」は個人のほか，法人の受取分も含まれている。
　　　　4．四捨五入のため，合計が一致しない場合がある。
〔出所〕　国税庁ホームページより作成

4．配当課税　　株主や出資者が法人から受ける配当や公募株式投資信託の収益の分配などに係る所得は，復興特別所得税を考慮しなければ，配当所得として20％の税率で源泉徴収したうえで総合課税を行うことが原則となっている。総合課税となった場合は，法人税との二重課税を調整するために配当の一定割合を税額控除（配当控除）することができる。

　公募株式投資信託の収益の分配等および大口（株式等の保有割合が発行済株式等の総数等の3％以上である場合）以外の上場株式等の配当等については，総合課税，申告分離課税，申告不要（源泉徴収のみ）のいずれかを選択できる。源泉徴収税率は，時限的に10％（2013年は10.147％）の軽減税率であったが，2014年から2037年までは20.315％，それ以降は20％の税率が適用される。申告分離課税の税率も時限的に10％（2013年は10.147％）の軽減税率であったが，2014年から2037年までは20.315％，それ以降は20％の税率が適用される。なお，申告分離課税が選択できるようになったのは2009年からである。また，2010年から源泉徴収口座への上場株式等の配当等の受入れが可能となっている。ここでいう「上場株式等」には国内・国外の証券取引所等に上場している株式等のほか，ETF 等や特定公社債なども含まれる。

　一方，上場株式等以外の株式（非上場株式）の配当金および個人の大口株主の配当金については，20％（2013年から2037年までは20.42％）の源泉徴収のうえで総合課税の扱いを受ける。このとき，一回の支払配当の金額が10万円を配当計算期間であん分した金額以下のものについては申告不要を選択できる。ただし，住民税については総合課税となる。

　公募株式投資信託からの収益分配金については，総合課税を選択した場合には配当控除が認められる。ただし，株式投資信託の外貨建資産割合と非株式割合に応じて配当控除率が異なり，外貨建資産割合と非株式割合のうち少なくとも一方が75％超の場合には配当控除は認められない。また契約型の私募株式投資信託（10節参照）からの収益分配金は，原則として源泉徴収がなされたうえで総合課税となる（配当控除可）。

　配当所得金額を計算するにあたっては，株式等を取得するために必要とした負債にかかる支払い利子を控除することができる。ただし負債利子控除が認められるのは確定申告をする場合についてのみである。

配当課税の概要

区　　分			概　　要
公募株式投資信託の収益の分配等			・総合課税 　上場株式等の配当等×（所得税5～45％，住民税10％） 　（配当控除適用可） ・申告分離課税 　上場株式等の配当等×（所得税15％，住民税5％） 　のどちらかを選択 　（申告不要とすることも可）
剰余金の配当，利益の配当，剰余金の分配等	上場株式等の配当（大口以外）等^(注1)		
	上記以外		総合課税（配当控除）（所得税5～45％，住民税10％） 　　　　　　（20％の源泉徴収） 　　　　　　（所得税20％）
		1回の支払配当の金額が，10万円×配当計算期間／12以下のもの	確定申告不要 （20％の源泉徴収） （所得税20％）

(注)　1．上場株式等の配当等のうち，大口株主（株式等の保有割合が発行済株式又は出資の総数又は総額の3％以上である者）が支払を受ける配当等は，20％源泉徴収（所得税）の上，原則として総合課税の対象。また，2023年10月1日以後に上場株式等の配当等の支払を受ける者で，その者を判定の基礎となる株主として選定した場合に同族会社に該当することとなる法人と合算して発行済株式又は出資の総数又は総額の3％以上であるものについても同様となる。
　　　2．この他，2013年1月から2037年12月までの時限措置として，所得税額に対して2.1％の復興特別所得税が課される。
〔出所〕　財務省ホームページより作成

配当所得（源泉徴収分）の課税状況（2022年）

（単位：百万円）

区　　分	支払金額	うち課税分	うち非課税分	源泉徴収税額
剰余金又は利益の配当，剰余金の分配，基金利息の分配，特定投資法人の投資の配当等	43,353,662	28,646,866	14,706,796	5,301,990
投資信託および特定受益証券発行信託の収益の分配等	2,487,278	1,531,788	955,489	302,963
源泉徴収選択口座内配当等	2,236,652	2,236,652	－	339,045
合計	48,077,592	32,415,307	15,662,285	5,943,998

(注)　1．「投資信託」には公社債投資信託及び公募公社債等運用投資信託は含まない。
　　　2．「課税分」には，個人のほか，法人の受取分も含まれている。
　　　3．四捨五入のため，合計が一致しない場合がある。
〔出所〕　国税庁ホームページより作成

5．配当にかかる二重課税の調整　　法人企業がその事業活動によって得た利益は本来，当該法人の所有者に帰属すべきものである。しかし通常，法人所得に関連しては，法人税と個人所得税（配当課税・キャピタル・ゲイン課税）の二段階の課税が行われている。担税力を有するのは究極的には個人のみであることを考えれば，こうした二重課税を回避するために何らかの調整が必要になってくる。これが法人税と個人所得税の統合問題である。理想的には，留保・配当を問わずに全ての法人所得に関して二重課税調整を行うべきであるが，主に行われているのは配当部分の調整である。

　わが国では個人株主の受取配当については，配当控除制度があり，剰余金の配当等に係る配当所得（以下，配当所得）についてはその金額の10％（他に住民税として2.8％）が税額控除される。ただし課税総所得金額が1,000万円を超える場合，配当所得の金額のうち，課税総所得金額から1,000万円を差し引いた金額に達するまでの部分の金額については5％（同1.4％）が税額控除される。例えば，所得税に注目すると，配当所得が400万円，他の所得が900万円で合計1,300万円の課税総所得があった場合は，課税総所得金額から1,000万円を差し引いた金額に達するまでの部分の金額である300万円（＝1,300万円－1,000万円）の5％とそれ以外の部分の金額である100万円の10％が税額控除される。つまり，税額控除の額は15万円と10万円を合わせた25万円になる。

　諸外国の調整方法をみると，アメリカとドイツでは調整措置は講じられていない。イギリスとフランスでは，配当所得一部控除方式が採用されている。かつて諸外国においては，インピュテーション方式が二重課税調整法として広く採用されていた。この方式は，法人税込みの配当を一旦課税所得に算入して所得税額を計算し，その後算出税額から法人税相当額を控除する仕組みである。わが国の配当控除（配当所得税額控除方式）やイギリスでかつて導入されていた部分的インピュテーション方式はインピュテーション方式の不完全な一種といえる。これらは個人段階での調整方法であるが，その他企業段階での調整方法として支払配当控除方式（法人段階での支払配当に対して損金算入を認めるもの），包括的事業所得税（Comprehensive Business Income Tax：CBIT）方式（利子・配当ともに法人段階での損金算入を認めず，個人段階での課税は不要とするもの）などが挙げられる。

主要国の配当課税と二重課税調整

(2023年1月現在)

	日本(注2)	アメリカ(注3)	イギリス	ドイツ	フランス(注8)
課税方式	申告分離と総合課税の選択 [申告分離] 20.3% 所得税:15% + 復興特別所得税:所得税額の2.1% + 個人住民税(5%) 又は [総合課税] 10〜55.9% ※源泉徴収(20.3%)のみで申告不要を選択することも可能。	申告分離課税(連邦税) 段階的課税 3段階　0、15、20%(注4) + 総合課税(州・地方政府税)(注5) [ニューヨーク市の場合] 7.1〜14.8%	申告分離課税 段階的課税 3段階　8.8、33.8、39.4%(注6)	申告不要(源泉徴収)(注7) ※総合課税も選択可 26.4% 所得税:25% + 連帯付加税:税額の5.5%	申告分離課税と総合課税の選択 [申告分離課税] 30% 所得税:12.8% + 社会保障関連諸税:17.2% 又は [総合課税] 17.2〜62.2% 所得税:0〜45% + 社会保障関連諸税:17.2%
法人税との調整	配当所得税額控除方式 (総合課税選択の場合)	調整措置なし	配当所得一部控除方式 (配当所得を2,000ポンド控除)	調整措置なし	配当所得一部控除方式 (受取配当の60%を株主の課税所得に算入) ※総合課税選択の場合

(注)
1. 税率は小数点第二位を四捨五入している。
2. 上場株式等の配当(大口株主が支払を受けるもの以外)についてのものである。
3. 適格配当(配当支払日の前後60日の計121日間に60日を超えて保有する株式について、内国法人又は適格外国法人から受領した配当)についてのものである。
4. 給与所得、配当所得及び長期キャピタルゲインの順に所得を積み上げて、それぞれの所得ごとに適用税率が決定される。それぞれの所得(利子、配当、純投資所得)等)の範囲内で、追加。また、関連(単身者:20万ドル、夫婦合算:25万ドル)を超える純投資所得に対して、追加で3.8%の税が課される。
5. 州・地方政府税については、税率等は各々異なる。
6. 給与所得、利子所得、配当所得の順に所得を積み上げて、それぞれの所得ごとに適用税率が決定される。
7. 申告不要とすることで納税者にとって有利になる場合には、申告することも可能。ただし、申告により総合課税の適用が可能。ただし、申告所得において資本所得は申告されなかったものとして取り扱われる。
8. 2012年1月から財政赤字が解消するまでの時限措置として、課税所得に一定の控除等を足し戻す等の調整を加えた額が、26.375%相当、26.375%の源泉徴収税のみが課税される。課税所得に一定の調整を加えたものとして取り扱われる額が約50万ユーロ(単身者:25万ユーロ、夫婦:50万ユーロ)を超える場合、その超過分に対して、追加で3〜4%の税が課される。

[出所] 財務省ホームページより作成

6．キャピタル・ゲイン課税　　上場株式等の譲渡益については，以前は源泉分離課税と申告分離課税との選択制であったが，2003年から後者に一本化されている。すなわち，原則として上場株式等の譲渡による収入金額から取得価額・譲渡に要した費用・負債利子等を控除することによって計算される所得金額に対して，復興特別所得税を考慮しなければ，20％（所得税15％，住民税5％）の税率が適用される。ただし上場株式等の譲渡益については，後述する特定口座を利用して源泉徴収のみで課税関係を終了させることもできる。以前は株式等の譲渡損失は他の株式等の売却益からのみ控除可能で，控除しきれないロスの繰越しは認められなかったが，2003年より上場株式等のロスについては翌年以降3年間の繰越しが可能になった。また2009年より上場株式等の譲渡損を上場株式等の配当等から控除することができるようになった。さらに2016年から公社債等に対する課税方式が変更され，特定公社債等の利子・譲渡損益並びに上場株式等に係る所得等の損益通算が可能となった。なお，一般株式等については申告分離課税が適用される。

　また，源泉分離課税廃止に伴う投資者の申告事務負担を軽減する目的から「特定口座制度」が創設されている。特定口座とは，投資者がこの口座を通じて行った上場株式等の売買について証券会社等がその損益通算を行うもので，「源泉徴収口座（源泉徴収ありの口座）」と「簡易申告口座（源泉徴収なしの口座）」に区別される。仮に投資者が源泉徴収口座を利用すれば，証券会社等が源泉税額を納付するため，確定申告は不要となる。また2010年からは，特定口座を開設している証券会社等が源泉徴収を行う上場株式等の配当等を源泉徴収口座へ受け入れることが可能となった。ただしこの口座を利用していても，確定申告を行えば，他の口座で生じた損益との通算や損失の繰越しが可能となる。また源泉徴収口座を選択し，かつ確定申告を行わない場合には配偶者控除等への影響はない。投資者が簡易申告口座を選択した場合は，証券会社等から送付される特定口座年間取引報告書により，簡易な申告が可能となる（2019年4月1日以後は申告書に特定口座年間取引報告書を添付する必要がなくなった）。なお，どちらの口座を選択しても特定口座年間取引報告書は投資者だけでなく税務署にも送付される。また2016年からの公社債等に対する課税方式の変更などに伴い，特定口座の対象範囲が拡大している。

株式等譲渡益課税の概要

	概　　要
上場株式等 ・上場株式 ・ETF ・公募投資信託 ・特定公社債 等	申告分離課税 　上場株式等の譲渡益×20％（所得税15％，住民税5％） ※源泉徴収口座における確定申告不要の特例 　源泉徴収口座（源泉徴収を選択した特定口座）を通じて行われる上場株式等の譲渡による所得については，源泉徴収のみで課税関係を終了させることができる。 ※上場株式等に係る譲渡損失の損益通算，繰越控除 　上場株式等の譲渡損失の金額があるときは，その年の上場株式等の配当所得等の金額から控除可。 　上場株式等の譲渡損失の金額のうち，その年に控除しきれない金額については，翌年以後3年間にわたり，上場株式等に係る譲渡所得等の金額及び上場株式等の配当所得等の金額からの繰越控除可。
一般株式等 （上場株式等以外の株式等）	申告分離課税 　一般株式等の譲渡益×20％（所得税15％，住民税5％）

(注)　2013年1月から2037年12月までの時限措置として，別途，基準所得税額に対して2.1％の復興特別所得税が課される。
〔出所〕　財務省ホームページより作成

特定口座内保管上場株式等の譲渡所得等の源泉徴収税額

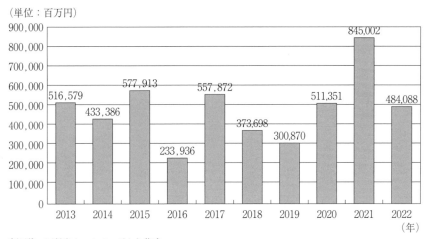

（単位：百万円）

〔出所〕　国税庁ホームページより作成

7．エンジェル税制　　エンジェル税制とは，スタートアップに対する個人投資家（エンジェル）の投資を支援することを目的として講じられる税制上の特例措置のことで，1997年度税制改正により創設されている。ここでのエンジェルとは，特定中小会社，特定株式会社及び特定新規中小会社（特定中小会社等）への投資を行った個人投資家のことである。特定中小会社とは，中小企業等経営強化法第6条に規定する特定新規中小企業者に該当する株式会社などのことをいう。特定株式会社とは，①中小企業等経営強化法第6条に規定する特定新規中小企業者に該当する株式会社，②その設立の日以後の期間が1年未満の株式会社であることその他の要件を満たすもの，という2つの要件を満たす法人のことをいう。特定新規中小会社とは，中小企業等経営強化法第6条に規定する特定新規中小企業者に該当する株式会社（その設立の日以後の期間が1年未満のものその他の一定のものに限る）などのことをいう。

　2023年3月31日までの投資については，投資時点での優遇措置として次のようにAとBの2つの措置がある。優遇措置A（設立5年未満の企業が対象）：対象企業への投資額から2,000円を控除した額をその年の総所得金額から控除する（Bと選択適用）。ただし，控除対象となる投資の上限額は，総所得金額の40％と1,000万円（2021年以降は800万円）のいずれか低い方である。優遇措置B（設立10年未満の企業が対象）：対象企業への投資額全額をその年の株式譲渡益から控除する。なお，控除対象となる投資額の上限はない。また，株式売却時点での優遇措置もある。具体的には，未上場ベンチャー企業株式の売却により生じた損失を，その年の他の株式譲渡益と通算（相殺）できるだけでなく，その年に通算（相殺）しきれなかった損失については，翌年以降3年にわたって，順次株式譲渡益と通算（相殺）ができる。

　2023年度税制改正では，スタートアップへの再投資に係る非課税措置が創設された。この新しい措置は，保有する株式を売却し，自己資金による創業やプレシード・シード期のスタートアップへの再投資を行う際に，再投資分については譲渡益に課税を行わないというもので，2023年4月1日以降の再投資について適用されている。対象となる譲渡益の上限は20億円で，上限を超えた分については課税の繰延が可能である。併せて，自己資金による創業とプレシード・シード期のスタートアップへの投資に関して，要件の緩和が行われた。

エンジェル税制の概要

①投資時点						
措置の種類	控除対象	控除先	措置内容	控除上限額	設立年数	外部資本比率
起業特例	企業設立時の自己資金による出資額全額	その年の株式譲渡益から控除	非課税	上限なし（非課税となるのは20億円の出資までで，それを超える分は課税繰延）	1年未満	1/100以上
優遇措置A	（対象企業への投資額全額−2,000円）	その年の総所得金額から控除	課税繰延	総所得金額×40％と800万円のいずれか低い方	5年未満	1/6以上
優遇措置A-2						1/20以上
優遇措置B	対象企業への投資額全額	その年の株式譲渡益から控除		上限なし	10年未満	1/6以上
プレシード・シード特例			非課税	上限なし（非課税となるのは20億円の出資までで，それを超える分は課税繰延）	5年未満	1/20以上

▼

②株式売却時点：譲渡損失の繰越控除
未上場スタートアップ株式の売却により生じた損失を，その年の他の株式譲渡益と通算（相殺）できるだけでなく，その年に通算（相殺）しきれなかった損失については，翌年以降3年にわたって，順次株式譲渡益と通算（相殺）ができる。 ※スタートアップが上場しないまま，破産，解散等をして株式の価値がなくなった場合にも，同様に翌年以降3年にわたって損失の繰越ができる。 ※スタートアップへ投資した年に優遇措置を受けた場合には，その控除対象金額のうち，課税繰延分を取得価額から差し引いて売却損失を計算する。

〔出所〕　経済産業省ホームページ

8．NISA　　2013年度税制改正によって，2014年1月より NISA（ニーサ）が導入された。NISA とは，少額投資非課税制度（非課税口座内の少額上場株式等に係る配当所得及び譲渡所得等の非課税措置）の愛称である。NISA は，1999年にイギリスで導入された投資と貯蓄に対する優遇税制である個人貯蓄口座（Individual Savings Account：ISA）をモデルとしており，当初は日本版 ISA と呼ばれていた。ちなみに NISA の N は Nippon の N を意味している。2016年4月にジュニア NISA が，2018年1月につみたて NISA が導入されたため，当初の制度を一般 NISA と呼ぶ。

2023年時点で，NISA には一般 NISA，つみたて NISA，ジュニア NISA の3種類がある。一般 NISA の非課税保有期間は5年間，年間非課税枠は120万円で，投資可能な商品は上場株式，公募株式投資信託などである。それに対して，つみたて NISA の非課税保有期間は20年間，年間非課税枠は40万円で，投資可能な商品は長期の積立・分散投資に適した一定の投資信託である。両者を併用することはできず，どちらかを選択しなければならない。一般 NISA とつみたて NISA は成年者が利用できるが，未成年者が利用できる制度としてジュニア NISA がある。ジュニア NISA の非課税保有期間は5年間，年間非課税枠は80万円で，投資可能な商品は一般 NISA と同じである。また18歳になるまで原則として払出しはできない。なおジュニア NISA については，2020年度税制改正によって2023年末で終了となり，2024年以降，新規購入ができない。

2023年度税制改正によって，NISA の抜本的拡充・恒久化が行われることとなった。2024年以降の NISA については，つみたて投資枠と成長投資枠が設けられ，両者を併用することができる。年間投資枠はつみたて投資枠が120万円，成長投資枠が240万円で，合計最大年間360万円まで投資可能となる。非課税保有限度額は両者合わせて1,800万円（うち成長投資枠1,200万円）で枠の再利用が可能である。非課税保有期間は無期限化され，口座開設期間は恒久化される。投資対象商品はつみたて投資枠は長期の積立・分散投資に適した一定の投資信託でつみたて NISA と同じである。一方，成長投資枠の方は上場株式や投資信託である。2023年末までに一般 NISA 及びつみたて NISA において投資した商品は，新制度の外枠で，旧制度における非課税措置を適用する。旧制度から新制度へのロールオーバーはできない。

2023年までの NISA（旧制度）

	一般 NISA	つみたて NISA	ジュニア NISA
制度開始	2014年1月から	2018年1月から	2016年4月から
非課税保有期間	5年間	20年間	5年間
年間非課税枠	120万円	40万円	80万円
投資可能商品	上場株式・ETF・公募株式投信・REIT 等	長期・積立・分散投資に適した一定の投資信託	一般 NISA と同じ
買付方法	通常の買付け・積立投資	積立投資（累積投資契約に基づく買付け）のみ	一般 NISA と同じ
払出し制限	なし	なし	あり
備考	一般とつみたて NISA は年単位で選択制		2023年末で終了

〔出所〕　金融庁ホームページより作成

2024年からの NISA（新制度）

	つみたて投資枠	成長投資枠
両制度の併用	併用可	
年間投資枠	120万円	240万円
非課税保有期間	無期限化	無期限化
非課税保有限度額（総枠）	1,800万円（枠の再利用が可能）	
		1,200万円（内数）
口座開設期間	恒久化	恒久化
投資対象商品	長期の積立・分散投資に適した一定の投資信託	上場株式・投資信託等
対象年齢	18歳以上	18歳以上
旧制度との関係	2023年末までに一般 NISA 及びつみたて NISA 制度において投資した商品は，新制度の外枠で，旧制度における非課税措置を適用（旧制度から新制度へのロールオーバーは不可）	

〔出所〕　金融庁ホームページより作成

9．非居住者に対する課税　　わが国の所得税法では，個人を居住者と非居住者に分けている。居住者とは国内に住所を有する個人または現在まで引き続き1年以上居所を有する個人のことで，非居住者とは居住者以外の個人のことである。また居住者のうち，日本国籍を有しておらず，かつ，過去10年以内において国内に住所又は居所を有していた期間の合計が5年以下である個人のことを非永住者という。非永住者以外の居住者は全ての所得（全世界所得）に対して課税される。非永住者は，国外源泉所得以外の所得および 国外源泉所得（国内払い・国内送金分に限る）に課税される。そして，非居住者は国内源泉所得のみに課税される。非居住者に対する課税方法は，恒久的施設（Permanent Establishment：PE）を有するかどうか，国内源泉所得が恒久的施設に帰せられるかどうかによって，総合課税の対象となるものと源泉分離課税の対象となるものに分けられる。また恒久的施設には，①支店PE（非居住者等の国内にある事業の管理を行う場所，支店，事務所，工場又は作業場，鉱山，石油又は天然ガスの坑井，採石場その他の天然資源を採取する場所など），②建設PE（非居住者等の国内にある長期建設工事現場等），③代理人PE（非居住者等が国内に置く代理人等で，一定の要件を満たす者）がある。

　例えば利子等と配当等についてみてみると，非居住者等の有する国内源泉所得のうち，非居住者等の恒久的施設に帰せられる所得（恒久的施設帰属所得）に対しては源泉徴収のうえ総合課税されるのに対して，恒久的施設帰属所得に該当する所得以外のものについては源泉分離課税が適用される。源泉徴収税率はそれぞれ15.315％と20.42％である。なお源泉徴収税率については，支払を受ける非居住者等の居住地国とわが国との間に租税条約が締結されている場合には，その条約で定められている税率に軽減される。

　なお国債に関しては，非居住者等に対して非課税措置が講じられている。すなわち，国内に恒久的施設を有しない非居住者等が国内の国債振替決済制度参加者や適格外国仲介業者に開設した振替口座により保有している国債の利子等については，一定の要件を満たしている場合には，非課税となる。また非課税とはならない場合でも，振替国債の利子については，非居住者等の居住国とわが国との間に租税条約が締結されていれば，源泉徴収税率が軽減される場合がある。

非居住者に対する課税関係の概要

所得の種類 ＼ 非居住者の区分	恒久的施設を有する者		恒久的施設を有しない者	源泉徴収
	恒久的施設帰属所得	その他の国内源泉所得		
（事業所得）	【総合課税】	【課税対象外】		無
①資産の運用・保有により生ずる所得 ※下記⑦～⑮に該当するものを除く。		【総合課税（一部）（注2）】		無
②資産の譲渡により生ずる所得				無
③組合契約事業利益の配分	【源泉徴収の上，総合課税】	【課税対象外】		20.42%
④土地等の譲渡対価		【源泉徴収の上，総合課税】		10.21%
⑤人的役務の提供事業の対価				20.42%
⑥不動産の賃貸料等				20.42%
⑦利子等		【源泉分離課税】		15.315%
⑧配当等				20.42%
⑨貸付金利子				20.42%
⑩使用料等				20.42%
⑪給与その他人的役務の提供に対する報酬，公的年金等，退職手当等				20.42%
⑫事業の広告宣伝のための賞金				20.42%
⑬生命保険契約に基づく年金等				20.42%
⑭定期積金の給付補塡金等				15.315%
⑮匿名組合契約等に基づく利益の分配				20.42%
⑯その他の国内源泉所得	【総合課税】	【総合課税】		無

(注) 1. 恒久的施設帰属所得が，上記の表①から⑯までに掲げる国内源泉所得に重複して該当する場合がある。
　　 2. 上記の表②資産の譲渡により生ずる所得のうち恒久的施設帰属所得に該当する所得以外のものについては，所得税法施行令第281条第1項第1号から第8号までに掲げるもののみ課税される。
　　 3. 租税特別措置法の規定により，上記の表において総合課税の対象とされる所得のうち一定のものについては，申告分離課税又は源泉分離課税の対象とされる場合がある。
　　 4. 租税特別措置法の規定により，上記の表における源泉徴収税率のうち一定の所得に係るものについては，軽減又は免除される場合がある。

〔出所〕 国税庁「令和5年版　源泉徴収のあらまし」より作成

10. 新しい商品に対する課税の扱い　(1)新しい形態の投資信託：私募株式投資信託（契約型）の収益分配金は，原則，配当所得として源泉徴収のうえで総合課税され，配当控除も適用される。ただし一定の要件を満たせば申告不要制度も選択できる。譲渡損益に対しては申告分離課税が適用される。私募公社債投資信託の収益分配金については源泉分離課税，譲渡損益は申告分離課税の対象である。会社型投資信託の課税については，オープンエンド型およびクローズドエンド型（上場）の場合は上場株式と同様である。すなわち，収益分配金に関しては20.315％で源泉徴収されたうえで総合課税，申告分離課税あるいは申告不要となる。ただし総合課税を選択しても配当控除は適用されない。譲渡損益については申告分離課税が適用される。一方クローズドエンド型（非上場）および私募の場合，収益分配金については20.42％で源泉徴収をされたうえで総合課税，一定の要件を満たせば申告不要制度も選択可となっている。ただし総合課税を選択しても配当控除は適用されない。譲渡損益については申告分離課税が適用される。なお不動産投資信託（REIT）については，上場されていればクローズドエンド型になり，収益分配金，譲渡損益に対する課税は上場株式の課税方法と同様である。ただし収益分配金に関して総合課税を選択しても配当控除は適用されない。

　(2)ストック・オプション：ストック・オプション制度とは，企業が将来の一定期間（権利行使期間）に一定の価額（権利行使価額）で自社の株式を購入することができる権利を役職員等に付与する制度である。企業は役職員等に対する報酬を自社の株価上昇に連動させて支払うことになる。ストック・オプションは税制上，租税特別措置法により定められている要件を満たす税制適格ストック・オプションと満たさない税制非適格ストック・オプションに分かれる。税制適格ストック・オプションについては，権利行使時の経済的利益（権利行使時の株式時価と権利行使価額の差額）に対しては課税されない。権利行使により得た株式を売却したときは，譲渡価額と権利行使価額の差額に対して申告分離課税が適用される。一方，税制非適格ストック・オプションについては，権利行使時の経済的利益に総合課税が適用され，権利行使により得た株式を売却したときは，譲渡価額から権利行使時の株式時価を差し引いた額に申告分離課税が適用される。

新しい形態の投資信託に対する課税の概要

区　分			分配金等	解約・償還差損益		譲渡損益
				配当(利子)所得部分	みなし譲渡損益部分	
契約型	私募株式投資信託		総合課税(一般株式等の配当所得)[1]		申告分離課税（一般株式等の譲渡所得等,20.315%）	
	私募公社債投資信託		源泉分離課税(20.315%)		申告分離課税（一般株式等の譲渡所得等,20.315%）	
会社型	公募型	オープンエンド型	総合課税・申告分離課税(上場株式等の配当所得)[2]		申告分離課税（上場株式等の譲渡所得等,20.315%）	
		クローズドエンド型　上場				
		非上場	総合課税(一般株式等の配当所得)		申告分離課税（一般株式等の譲渡所得等,20.315%）	
	私募型		総合課税(一般株式等の配当所得)[1]		申告分離課税（一般株式等の譲渡所得等,20.315%）	

(注)　1．受取時に20.42%で源泉徴収され，少額配当の場合を除き，確定申告が必要
　　　　2．受取時に20.315%で源泉徴収され，総合課税・申告分離課税のみならず確定申告不要とすることも可能

〔出所〕　SMBC日興証券㈱ソリューション・アドバイザリー部編『令和5年度版　税金の知識』中央経済社，122，129頁より作成

ストック・オプションに対する課税

	付　与　時	権利行使時	株式の譲渡時
税制適格ストック・オプション	－	－	（譲渡価額－権利行使価額）に対し申告分離課税[(注)]
税制非適格ストック・オプション	－	（権利行使時の株式時価－権利行使価額）に対し総合課税	（譲渡価額－権利行使時の株式時価）に対し申告分離課税[(注)]

(注)　株式の譲渡所得として課税

11. 年金型商品に対する課税の扱い　「確定拠出型年金制度（日本版401k）」は2001年10月に導入された。確定拠出年金（Defined Contribution：DC）は加入者自身が運用指図を行い，運用の実績に応じて給付額が変動する私的年金で，原則として個人が自ら掛金を拠出する「個人型」(iDeCo：イデコ)と原則として企業が従業員の掛金を負担する「企業型」に分かれる。こうした制度に基づく年金型商品の普及とその円滑な運営のためには，一定の税制上の優遇措置が不可欠であるが，その際，他の年金制度との課税バランスや離転職時における年金資産の移換可能性の問題等が十分配慮されなければならない。なお，2024年12月1日より企業型 DC，iDeCo の拠出限度額に DB 等の他制度ごとの掛金相当額が反映されることになっている。

確定拠出年金の課税上の措置は以下のようになっている。

(1)拠出段階：事業主負担分については，当該企業の損金算入扱いになる。また，本人負担分については所得控除（小規模企業共済等掛金控除）の対象となる。なお，2012年1月より企業型年金におけるマッチング拠出が導入されている。さらに，2018年5月より中小企業に勤める iDeCo 加入者について中小事業主掛金納付制度（iDeCo＋：イデコプラス）が導入されている。

(2)運用段階：企業年金の年金積立金に対しては，1.173%（国税1%，地方税0.173%）の特別法人税課税がある。ただし，課税は2026年3月末まで凍結されている。

(3)給付段階：①老齢給付金：積立金は5年以上に分割して年金として受け取るか，一時金で受け取るかを選択できる。分割払いの給付金については，公的年金等控除が適用される。なお公的年金等控除については，高所得の年金所得者にとって手厚い仕組みになっているとの指摘があり，2018年度税制改正で仕組みの見直しが行われている。一時金払いの給付金については，退職所得控除の対象となる。②障害給付金：一定の障害を負った場合，年金または一時金として受給できるが，これに対して所得税・住民税は課税されない。③死亡一時金：加入者が死亡した場合の遺族への死亡一時金については，みなし相続財産として相続税の課税対象となり，法定相続人1人当たり500万円まで非課税となる。④脱退一時金：一定の要件を満たせば脱退一時金を受給できるが，これに対しては所得税・住民税が課税される。

確定拠出年金の対象者と拠出限度額（2024年11月まで）

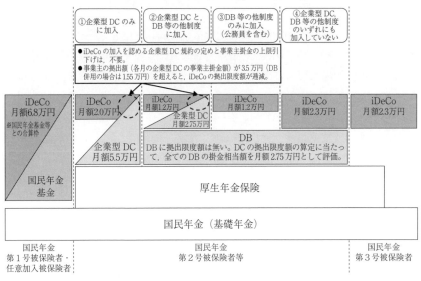

〔出所〕　厚生労働省ホームページ

確定拠出年金に関する税制上の取扱い

区　分			概　要
拠出段階	事業主負担分		事業主の損金に算入
	本人負担分		小規模企業共済等掛金控除
運用段階			特別法人税課税（2025年度末まで凍結）
給付段階	老齢給付金	年金	雑所得（公的年金等控除の適用あり）
		一時金	退職所得（退職所得控除の適用あり）
	障害給付金	年金	非課税
		一時金	
	死亡一時金		相続税課税
	脱退一時金		一時所得

第15章　証券取引の行為規制

1. 総　説　　金融商品取引法は，公正な有価証券市場を確立し，証券市場に対する信頼性を確保する観点から，証券取引についてさまざまな行為規制を定めている。相場操縦等の行為の禁止（第2節参照），会社関係者によるインサイダー取引規制（第3節参照）のほか，金融商品取引業者（証券会社）側にも，そうした不公正取引を防止するための売買管理体制の整備，法人関係情報管理体制の整備等の義務を課している（第4節参照）。さらに，取引行為に対する直接の規制だけではなく，大量保有報告書の提出等，取引に係る情報開示を義務付ける規定も設け，証券取引の公正の確保を図っている（第5節参照）。

しかし，取引の状況に応じて多種多様である証券取引についての不正な取引をすべてあらかじめ詳細に列挙するのは容易ではない。さらに，証券をめぐる取引は複雑であり変化も激しく，立法当時予想しなかった手法も現れることが考えられる。そこで，金融商品取引法第157条では，広く不正な行為が規制されており，第1号では，有価証券の売買その他の取引等について不正の手段，計画または技巧をなすことを禁じ，第2号では，有価証券の売買その他の取引等について重要な事項につき虚偽の表示をし，または誤解防止のため必要な重要な事実を表示しないで，金銭その他の財産を取得することを禁じている。さらに第3号では，有価証券の売買その他の取引等を誘引する目的で虚偽の相場を利用することを禁じている。この第157条は，新しい不正取引に対処するための包括的な一般規定としての意味があると考えられている。

これらの条文の他にも，金融商品取引法では，第158条で，有価証券の取引等のため，または相場の変動を図る目的をもって，風説の流布，偽計，暴行もしくは脅迫することを禁止するとともに，第168条で虚偽の相場の公示等の禁止，第169条で対価を受けて行う新聞等への意見表示の制限，第170条で有利買付け等の表示の禁止，第171条で一定の配当等の表示の禁止を定めている。

不公正取引の禁止に係る主な規定

	内　　　容	条　　文
一般規定	・不正行為の禁止	・金商法第157条
相場操縦関係	・仮装取引・馴合取引の禁止 ・相場操縦目的の現実の取引の禁止 ・表示による相場操縦の禁止 ・安定操作取引の原則禁止 ・安定操作期間中の自己買付けの禁止 ・風説の流布，偽計，暴行又は脅迫の禁止 ・証券会社の作為的相場形成への関与の禁止 ・自己株式取得に係る相場操縦の防止	・金商法第159条第1項 ・金商法第159条第2項第1号 ・金商法第159条第2項第2号，第3号 ・金商法第159条第3項，施行令第20条～26条 ・金融商品取引業府令第117条第1項第22号 ・金商法第158条 ・金融商品取引業府令第117条第1項第20号 ・金商法第162条の2
内部者取引関係	・インサイダー取引の禁止 ・役員等の売買報告義務，短期売買利益返還義務 ・役員等の空売りの禁止 ・情報伝達行為・取引推奨行為の禁止 ・インサイダー取引規制違反のおそれのある売買の受託の禁止	・金商法第166条，第167条 ・金商法第163条，第164条 ・金商法第165条 ・金商法第167条の2 ・金融商品取引業府令第117条第1項第13号
不実表示関係	・虚偽の相場の公示等の禁止 ・対価を受けて行う新聞等への意見表示の制限 ・有利買付け等の表示の禁止 ・一定の配当等の表示の禁止	・金商法第168条 ・金商法第169条 ・金商法第170条 ・金商法第171条
公開買付け関係	・公開買付けに係る規制 ・大量保有報告書の提出	・金商法第27条の2以下 ・金商法第27条の23以下
その他	・損失補填の禁止 ・自己計算取引・過当数量取引の制限 ・空売りに係る規制 ・大量推奨販売の禁止 ・フロントランニング規制 ・自己計算取引による作為的相場形成の禁止	・金商法第39条 ・金商法第161条 ・金商法第162条 ・金融商品取引業府令法第117条第1項第17号 ・金融商品取引業府令法第117条第1項第10号 ・金融商品取引業府令法第117条第1項第19号

２．相場操縦規制　　　相場操縦とは本来，自然の需給関係に基づき形成されるべき証券相場に，人為的な操作を加えて相場を変動させる行為である。金融商品取引法は，市場における公正な価格形成を確保し，投資者を保護する観点から，相場操縦を禁止する規定を置き，この違反に対して重い制裁を課す。

相場操縦行為として禁止される行為には，①仮装取引，②馴合取引，③変動取引，④表示による相場操縦，⑤安定操作の五つの類型がある（法159条）。

仮装取引とは，同一人が売り注文と買い注文の双方を同時期に発注するなどして，実質的な権利の移転を伴わない有価証券の売買であり，複数の者が通謀の上で行う同様の行為が馴合取引である。いずれも取引が繁盛に行われていると他人に誤解させる等，取引の状況に関し，他人に誤解を生じさせる目的を行為者が有していることも要件である。変動取引とは，人為的な操作を加えて相場を変動させるにもかかわらず，投資者にその相場が自然の需給関係により形成されているものであると誤認させて，有価証券市場における有価証券の売買に誘い込む目的（誘引目的）で，相場を変動させる可能性のある売買を行う行為である（協同飼料最高裁決定（1994年7月20日））。

安定操作とは，相場をくぎ付けし，固定し，または相場を安定させることを目的に有価証券の売買を行うことをいう。有価証券の募集・売出しをする場合には，大量の有価証券が市場に放出されることにより価格が下落し，募集・売出しが困難になるおそれがある。そのため，この場合に限り，政令に従った安定操作をすることは許容されている。

相場操縦に対しては，10年以下の懲役もしくは1,000万円以下の罰金，またはその両方が科され，相場操縦に当たる取引で取得した財産は没収され，没収ができないときにはその価額が追徴される。財産上の利益を得る目的で相場操縦をして，有価証券の売買をした場合には，10年以下の懲役及び3,000万円以下の罰金が科される。また，課徴金納付命令の対象ともなる。なお，相場操縦規制に違反した者の賠償責任についての規定もある（法160条）。

証券会社については，顧客の売買注文の受託等に関して，金融商品取引業等に関する内閣府令により，実勢を反映しない作為的な相場形成となることを知りながらの受託等が禁止され，それを防止するための売買管理体制の整備が義務づけられている。

相場操縦に係る金融商品取引法の規定

仮装取引	取引の状況に関して他人に誤解を生じさせる目的をもって，権利の移転を伴わない有価証券の売買を行ってはならない（第159条第1項第1〜3号）
馴合取引	取引の状況に関して他人に誤解を生じさせる目的をもって，他人と通謀の上で同時期に同価格などにおいて有価証券の売買を行ってはならない（第159条第1項第4号〜8号）
変動取引	有価証券市場における有価証券の売買等を誘引する目的で，当該有価証券等の相場を変動させるべき有価証券の売買を行ってはならない（第159条第2項第1号後段）
表示による相場操縦	有価証券市場における有価証券の売買等を誘引する目的で， ①有価証券の相場が自己または他人の操作により変動すべき旨を流布してはならない（第159条第2項第2号） ②有価証券の売買を行うにつき，重要な事項について虚偽または誤解を生じさせるべき表示を故意に行ってはならない（第159条第2項第3号）
安定操作	政令で定めるところに違反して，有価証券の相場をくぎ付けし，固定し，又は安定させる目的をもって，有価証券の売買を行ってはならない（第159条第3項）

3．会社関係者に係る行為規制　　会社関係者に係る行為規制は，インサイダー取引を禁止するものとその未然防止のための措置に分類される。

インサイダー取引の禁止

インサイダー取引（または内部者取引）とは，上場会社の関係者が，その職務や地位により，投資者の投資判断に重要な影響を与える未公表の会社情報を知った場合に，その情報の公表前に当該情報に係る有価証券の売買等を行うことをいう（法166条）。インサイダー取引は，そうした情報を知ることのできない一般投資家からすると著しく不公正であり，このような取引が行われれば，証券市場に対する信頼が失われることになりかねない。

わが国におけるインサイダー取引規制は，証券市場の近代化等に伴って，1989年４月の法改正で導入され，その後も諸制度の見直し等に対応し，法制面での整備が図られている。2013年には，①会社関係者による情報伝達行為・取引推奨行為を刑事罰・課徴金納付命令の対象にすること，②REITの取引を規制対象とすること等の法改正が行われた一方，2016年には，有価証券の取引等の規制に関する内閣府令が改正され，いわゆる「知る前契約・計画」に係るインサイダー取引規制の適用除外の範囲が拡大されている。

インサイダー取引に対しては，５年以下の懲役もしくは500万円以下の罰金，またはその両方が科され，法人に対しては５億円以下の罰金が科される。インサイダー取引により得た財産は没収・追徴される。また，課徴金納付命令が命ぜられた場合には，利益相当額（情報伝達者・取引推奨者は取引行為者が得た利益相当額の半分）を国庫に納付しなければならない。

インサイダー取引の未然防止のための措置

インサイダー取引の禁止とあわせて，上場会社等の役員及び主要株主に対しては，自社の株式等を売買した場合の売買報告書提出義務や，６ヵ月以内の短期売買で得た利益に関する会社の返還請求権，自らが有する株券等の額を超えての売付けの禁止が定められている。

証券会社における受託注文のチェックや，上場会社における社内体制（情報管理，自社株売買に係る手続き）の整備，J-IRISS（証券会社が定期的に自社の顧客情報と上場会社が登録した役員情報を照合確認するシステム）への情報登録も，インサイダー取引の防止に重要な役割を果たしている。

インサイダー取引に係る「規制対象者」,「重要事実」,「公表措置」概要

項　目	概　要
1．規制対象者 （1）　会社関係者	①会社の役員等（例：役員，代理人，使用人その他の従業員） 　→その職務に関し知ったとき ②帳簿閲覧権等を有する者（例：会社の発行済株式数の３％以上を保有する株主） 　→帳簿閲覧権等の行使に関し知ったとき ③上場会社に対し法令に基づく権限を有する者（例：監督官庁の職員） 　→権限の行使に関し知ったとき ④上場会社と契約を締結している者等（例：取引銀行，証券会社，公認会計士，弁護士等） 　→契約の締結若しくはその交渉または履行に関し知ったとき ⑤上記②又は④の者が法人の場合のその法人の役員等 　→その者の職務に関し知ったとき
（2）　情報受領者	①会社関係者から重要事実の伝達を受けた者 ②会社関係者から重要事実を職務上伝達を受けた者が所属する法人の役員等であってその職務に関し知った者
2．重要事実 （1）　決定事実	・業務執行を決定する機関が，次の事項を行うことを決定したことまたは行わないことを決定したこと （株式等の発行，資本の減少，自己株式の取得または処分，株式の分割，配当の異動，合併，営業譲渡，解散，新製品または新技術の企業化，固定資産の譲渡または取得など）
（2）　発生事実	・会社に次の事項が発生したこと （災害に起因する損害等，主要株主の異動，上場株券等の上場廃止の原因となる事実，財産権上の請求に係る訴え等営業の停止等の行政処分，親会社の異動，破産の申立て等，手形の不渡りまたは銀行停止処分，資源の発見など）
（3）　決算情報	・会社の決算情報の予想値または実績値に比較して，新たに算出した予想値または実績値に差異が生じた場合 （売上高（10％以上の変動），経常利益（30％以上の変動かつ純資産額比５％以上の変動），純利益（30％以上の変動かつ純資産額比2.5％以上の変動）など）
（4）　その他	・(1)～(3)を除く，上場会社等の運営，業務または財産に関する重要な事実であって投資者の投資判断に著しい影響を及ぼすもの
（5）　子会社に係る 　　　重要事実	・(1)から(4)に対応
3．公表措置	・会社が上場する証券取引所に重要事実を通知し，通知を受けた証券取引所のホームページにおいて公衆縦覧に供された場合 ・会社が重要事実を２つ以上の報道機関に公開し，12時間経過した場合 ・重要事実に係る事項の記載のある有価証券報告書等が公衆縦覧に供された場合

（注）　会社関係者でなくなった１年以内においても，会社関係者であったときに重要事実を知っていた場合は規制対象となる。

4．金融商品取引業者（証券会社）の行為規制等　証券会社の行為規制については様々なものがあるが（右図参照），ここでは，不公正取引の防止に係る行為規制等について触れる。

　売買管理体制整備　証券会社は，実勢を反映しない作為的相場が形成されることとなること，あるいはインサイダー取引のおそれがあることを知りながら有価証券の売買等及びその受託をする行為が禁止され，また，これらを適切に防止することで，投資者に対するチェック機能を発揮することが求められている。具体的には，モニタリング等により投資者の売買動機等の適時的確な把握を行うとともに，策定した基準に基づき不公正取引のおそれのある取引（自己売買を含む）を抽出・審査し，問題が認められた取引については適切な措置（照会，注意喚起，取引停止等）を講じること，及びそれらの基準や措置状況について実効性を確保する体制を整備する必要がある。

　法人関係情報管理体制整備　証券会社は，引受業務・M&A に係る助言・証券分析等を通して，投資者の投資判断に影響を及ぼすと認められる未公開情報（法人関係情報）を取得しうる立場にある。そのため証券会社は，自己売買も含め，これらの情報に基づく不公正な取引が行われることを防止するよう，適切な措置（法人関係情報を取得する部門等と，それ以外の部門との間に情報隔壁を設ける等）を講じることが求められている。また，投資者に対し法人関係情報を提供しての勧誘を行うことや，法人関係情報を利用しての売買を行うことは，禁止行為とされている。

　誤発注防止管理体制整備　証券会社は，誤発注（銘柄，数量，価格等に過誤のある注文）の発生を防止するために，注文制限の設定のシステムへの組込み等，適切な注文管理体制を整備することが求められている。

　高速取引行為に係る管理体制整備　証券会社は，内閣総理大臣の登録を受けていない者などからの高速取引行為に係る取引を受託することが禁止されている。また，高速取引行為者に対しても，異常注文の防止のためのシステムの設定や十分なモニタリング体制等の規制が設けられている。

　これらの他にも金融商品取引業者等に関する内閣府令第117条第1項及び第123条第1項，また日本証券業協会及び各金融商品取引所の自主ルール等で証券会社が備えるべき様々な管理体制及び禁止行為等が定められている。

証券会社の主な行為規制等（義務及び禁止行為）

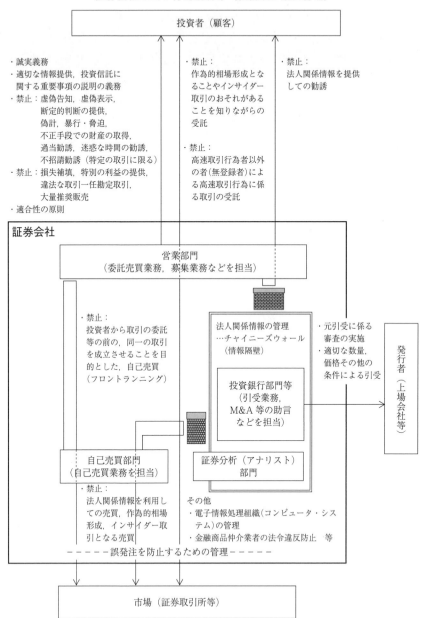

投資者（顧客）

・誠実義務
・適切な情報提供，投資信託に
　関する重要事項の説明の義務
・禁止：虚偽告知，虚偽表示，
　　　　断定的判断の提供，
　　　　偽計，暴行・脅迫，
　　　　不正手段での財産の取得，
　　　　過当勧誘，迷惑な時間の勧誘，
　　　　不招請勧誘（特定の取引に限る）
・禁止：損失補填，特別の利益の提供，
　　　　違法な取引一任勘定取引，
　　　　大量推奨販売
・適合性の原則

・禁止：
　作為的相場形成とな
　ることやインサイダー
　取引のおそれがある
　ことを知りながらの
　受託

・禁止：
　高速取引行為者以外
　の者（無登録者）によ
　る高速取引行為に係
　る取引の受託

・禁止：
　法人関係情報を提供
　しての勧誘

証券会社

営業部門
（委託売買業務，募集業務などを担当）

・禁止：
　投資者から取引の委託
　等の前の，同一の取引
　を成立させることを目
　的とした，自己売買
　（フロントランニング）

法人関係情報の管理
…チャイニーズウォール
（情報隔壁）

投資銀行部門等
（引受業務，
M&A等の助言
などを担当）

・元引受に係る
　審査の実施
・適切な数量，
　価格その他の
　条件による引受

発行者（上場会社等）

自己売買部門
（自己売買業務を担当）

・禁止：
　法人関係情報を利用し
　ての売買，作為的相場
　形成，インサイダー取
　引となる売買

証券分析（アナリスト）
部門

その他
・電子情報処理組織（コンピュータ・シス
　テム）の管理
・金融商品仲介業者の法令違反防止　等

－－－－－誤発注を防止するための管理－－－－－

市場（証券取引所等）

5．その他の行為規制 —— 取引の公正を確保するための情報開示　　公開
買付け（Take Over Bid）とは，ある会社の支配権の取得等を目的として，一
定数量の株券等を，一定期間に，一定価格で買い付けることを公表して行う行
為であるが，こうした行為は，不特定多数の投資者から取引所市場外で株券等
を買い付けることとなるため，投資者に対してその対象となっている証券を提
供すべきかどうかの判断のための情報を開示するとともに，株主が公正かつ平
等に扱われることを確保することが求められる。また，公開買付けの結果とし
て支配権が異動することも予想されるため，買付者に関する情報開示も必要と
なる。こうしたことを受け，公開買付者には，①目的，買付価格，買付予定株
式数，買付期間等の公告，②公開買付届出書の提出，③応募株主への公開買付
説明書の交付，④買付期間終了後の結果の公告等が義務付けられている。公開
買付けについては，相場操縦への利用や濫用防止のため，公開買付けの撤回は
原則禁止され，買付条件の変更も一定の制限がなされる。一方，公開買付けの
対象となる会社が，当該公開買付けについてどのように考えるかということは，
株主が公開買付に応ずるかどうかについて非常に重要な情報となる。そのため，
公開買付対象会社は，意見表明報告書を直ちに内閣総理大臣に提出することと
なっている。

　また，株券等を大量に買い付ける行為は，それ自体が直ちに問題となるわけ
ではないが，これに伴って株価の乱高下を生じさせることや会社の支配関係に
影響を与えることが多く，一般投資家に不測の損害を発生させる可能性がある。
そのため，上場会社等の発行済株式総数の5％を超えてその株式等を実質的に
保有する者は，その保有状況について大量保有報告書を，また，大量保有者と
なった後，株券の保有割合が株券の処分や取得により100分の1以上増加また
は減少した場合等はその変更事項について変更報告書を，内閣総理大臣に提出
しなければならず，この報告書は公衆縦覧に供される。こうしたことにより，
株券等の大量の取得，保有，放出に関する情報が迅速且つ正確に投資者に開示
され，証券市場の公正性，透明性が高い水準に維持されることとなり，投資者
保護が一層徹底されるのである。

公開買付けの流れ

①買付開始
- 公開買付開始公告（買付けの目的，買付価格，買付予定株券数，買付期間等を日刊新聞紙に掲載して公告）
- 公告日に公開買付届出書を内閣総理大臣に提出，その写しを公開買付対象会社，証券取引所，当該会社について公開買付届出書を提出している者に送付

②買付期間（原則20日以上60日以内）
- 株券等の売付け等を行おうとする者に公開買付説明書を公布
- 買付価格は均一の条件，買付は価格の引き下げ，買付期間の短縮等は原則禁止
- 買付申込みの撤回，契約の解除は原則禁止。買付け後の株券等所有割当が2/3を超える場合には全部買付義務
- 売付け等を行おうとする者は，いつでも契約解除が可能
- 対象会社は，内閣総理大臣に意見表明報告書を提出，その写しを公開買付者，証券取引所に対して送付
- 公開買付けを行う者は，公開買付けによらない当該株券等の買付けの原則禁止

③買付終了
- 公開買付けに係る株券等の数等について公告又は公表，公開買付報告書を内閣総理大臣に提出
- 買付けを行う株券数等を記載した通知書を応募株主に送付
- 遅滞なく，買付けの決済

株券大量保有開示の流れ

①大量保有報告書提出義務の発生
- 株券等の保有割合が，発行済株式数の５％を超えた株式保有者及び共同保有者は，その事実発生から５営業日以内に内閣総理大臣に大量保有報告書（保有者及び共同保有者の住所・氏名，事業内容，株券保有割合に関する事項，保有目的，取得資金に関する事項等の記載）を提出，その写しを，証券取引所，発行会社に送付
- 但し，機関投資家等は，その保有株券等が発行済株式数の10％を超えない場合は，その事実の発生する基準日（毎月２回以上）から５営業日以内に提出すればよい（特例報告制度）

②その後の報告義務
- 大量保有者が，大量保有報告書提出後，株券等保有割合が１％以上増加又は減少した場合等は，原則としてその日から５営業日以内に内閣総理大臣に変更報告書を提出，その写しを，証券取引所，発行会社に送付
- 大量保有報告書又は変更報告書を提出した者は，記載内容に不備があった場合等は，内閣総理大臣に訂正報告書を提出

③報告書の公衆縦覧
- 内閣総理大臣，証券取引所は，各報告書を５年間公衆の縦覧に供する

(注)　2007年４月以降はEDINETを使用して報告書を提出することが義務付けられている。

第16章　情報開示制度と投資者保護

1. 証券市場における情報開示制度　　証券取引所の開設する金融商品市場に有価証券を上場する場合，有価証券の発行者（上場会社）には，金融商品取引法および証券取引所の定める規則により，企業内容に係る一定の事項を開示することが求められる。このような規制を開示（ディスクロージャー）規制といい，金融商品取引法により求められる法定開示と，証券取引所により求められる適時開示（タイムリー・ディスクロージャー）に区分される。

このうち，法定開示は，有価証券の発行者が，①発行市場において一定の内容の企業情報を開示することを義務付ける発行開示と，②定期的，継続的に一定の内容を開示することを義務付ける継続開示に区分される。このほか，有価証券の発行者を開示義務者とするものではないが，金融商品取引法により開示が義務付けられる法定開示として，③公開買付けに関する開示と，④株券等の大量保有の状況に関する開示がある。

一方，証券取引所が求める適時開示は，有価証券を上場した後に，継続的に求められる開示であり，情報の主体別には，①上場会社に係る情報，②子会社等に係る情報，③その他の情報（支配株主等に関する事項等）に区分される。また，情報の種類別には，①決定事実，②発生事実，③決算情報に大別される。現在では，法定開示，適時開示ともにインターネット等を利用した電子開示システムにより行われており，法定開示は EDINET（Electronic Disclosure for Investors' NETwork），適時開示は TDnet（Timely Disclosure network）を利用して行われている。

なお，発行開示および継続開示を求められる企業は，同時に会社法によっても一定の情報開示が求められているが，会社法に基づく計算書類等の開示は，株主や会社債権者の利益を保護し，また配当可能額を規制するという目的を有している。これに対し，金融商品取引法や証券取引所の規則による情報開示は，投資者全般を対象に会社の経営状況を開示して，合理的な投資判断に資することを目的とするものであるなど，制度の趣旨に違いがある。

証券市場における開示制度の体系

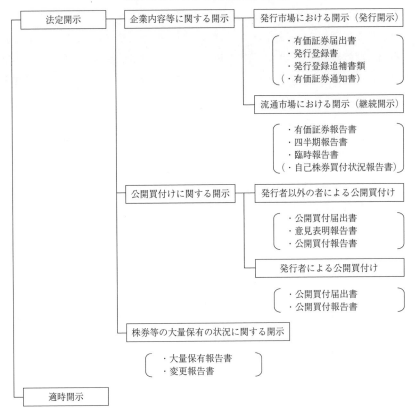

金融商品取引法上の開示制度と会社法上の開示制度

金融商品取引法上の開示制度		会社法上の開示制度
投資者の投資判断に必要な情報の提供	開示の目的	配当可能利益と企業の担保能力（支払能力）の報告
投資者（現時点で株主でない者を含む）	開示の対象	株主，債権者
EDINET での縦覧，証券取引所における備置，申込者への交付等	開示の方法	計算書類の作成と本店における備置，決算の要旨の公告等

２．金融商品取引法による企業内容等の開示

発行開示　発行価額または売出価額の総額が１億円以上の有価証券の募集また売出しに関しては，原則として発行者が，有価証券届出書を内閣総理大臣に提出しなければならない。発行市場における情報開示は，この有価証券届出書等の提出により行われ，同届出書においては①当該募集または売出しに関する事項，②当該会社の情報（後述の有価証券報告書と同様の内容）などが記載事項とされる。また，証券の勧誘の際は，投資者が当該有価証券の価値を把握し，投資に必要な判断を行うことができるよう，目論見書を投資者に交付することとなっている。

継続開示　証券取引所に上場している有価証券の発行者は，事業年度ごとに有価証券報告書を，当該事業年度経過後３ヵ月以内に，内閣総理大臣に提出しなければならない。流通市場における法定開示の中核をなすのがこの有価証券報告書であり，具体的には①当該会社の概況（主要な経営指標等の推移や沿革など），②当該会社の事業の状況（経営方針，経営環境および対処すべき課題，サステナビリティに関する考え方及び取組や事業等のリスクなど），③当該会社の状況（株式等の状況やコーポレート・ガバナンスの状況等など），④当該会社の経理の状況などが記載事項とされる。このほか，こうした継続開示義務を負う会社は，各四半期終了後45日以内に四半期報告書を，また，必要に応じて，臨時報告書，自己株券買付状況報告書を提出しなければならない。

金融商品市場においては，投資判断に必要な情報が十分に開示されたうえで，当該情報に基づいて公正な価格が形成されることが予定されている。しかし，証券の発行者が自らに不利な情報を開示しない場合には，当該情報を織り込まない，誤った評価に基づいて，価格形成が行われることとなってしまう。法が有価証券報告書等により継続開示を求めるのは，こうした考慮に基づくものであり，併せて虚偽の内容を開示した場合の制裁手段も設けられている。

法定開示書類の提出要件

区分		提出書類	提出が必要となる場合等（概要）
企業内容等の開示	発行開示	有価証券届出書	発行価額または売出価額の総額が1億円以上の有価証券の募集（50名以上の者を相手方として新たに発行される有価証券の取得の申込みの勧誘を行うこと等）または売出し（50名以上の者を相手方として既に発行された有価証券の売付けまたは買付けの申込みの勧誘を行うこと等）を行う場合。 ※少額募集 … 発行価額または売出価額の総額が5億円未満の募集または売出しで一定の要件を満たすものについては，有価証券届出書の記載内容が簡素化される。 ※組込方式 … 既に1年間継続して有価証券報告書を提出している場合には，有価証券報告書および四半期報告書等を綴じ込むことで募集・売出しに関する事項を除き有価証券届出書の記載に代えることができる。 ※参照方式 … 既に1年間継続して有価証券報告書を提出しており，かつ，発行会社に関する企業情報が既に公衆に広範に提供されたものとして，既に発行された有価証券の取引状況が一定の要件を満たす場合には，直前の有価証券報告書等を参照すべき旨を記載することで募集・売出しに関する事項を除き有価証券届出書の記載に代えることができる。
		発行登録書	参照方式により有価証券届出書を提出することのできる発行者が，将来，発行価額または売出価額の総額が1億円以上の有価証券の募集または売出しを予定している場合には，あらかじめ発行登録を行うことができる。
		発行登録追補書類	発行登録の効力が生じている場合に，発行価額または売出価額の総額が1億円以上の有価証券の募集または売出しを行う場合。
	継続開示	有価証券報告書	①証券取引所に上場する有価証券，②流通状況が①に準ずるものとして政令で定める有価証券，③募集または売出しに際して有価証券届出書の提出が義務づけられた有価証券もしくは④最近5年間のいずれかの事業年度末における所有者数が1,000名以上である有価証券の発行者である等の場合（一定の場合を除く）。
		四半期報告書	有価証券報告書の提出会社のうち，①証券取引所に上場する有価証券，②流通状況が①に準ずるものとして政令で定める有価証券，の発行者。
		臨時報告書	有価証券報告書の提出会社に重要な事実が発生した場合。
		自己株券買付状況報告書	①証券取引所に上場する有価証券，②流通状況が①に準ずるものとして政令で定める有価証券の発行者が，自己株式の取得に関する定時総会の決議または取締役会決議を行った場合。

3．金融商品取引法によるその他の開示

公開買付けに関する開示　不特定かつ多数の者に対し，公告により株券等の買付け等の申込みまたは売付け等の申込みの勧誘を行い，取引所市場外で株券等の買付け等を行うことを「公開買付け」という。有価証券報告書を提出する義務のある発行者が発行する株券等を発行者以外の者が証券取引所の市場以外で買い付ける場合であって，買付けの後，株券等の所有割合が５％を超えるなど一定の要件に該当する場合には，公開買付けによらなければならないこととなっている。公開買付者は，①公開買付けの目的，②買付け等の価格，③買付予定の株券等の数，④買付け等の期間その他の内閣府令で定める事項につき公告（「公開買付開始公告」）を行うとともに，公開買付届出書を内閣総理大臣に提出することが義務付けられている。また，公開買付者は，買付期間終了日の翌日に当該公開買付けに係る応募株券等の数，買付け等を行う株券等の数及び決済の方法等を公告又は公表するほか，その内容等を記載した公開買付報告書を内閣総理大臣に提出しなければならないこととなっている。

　公開買付規制は，会社支配権に影響を及ぼす取引等が行われる場合に，市場外における取引の透明性・公正性を確保する観点から，投資者にあらかじめ情報開示を行うとともに，株主に対して平等に株式売却の機会を与えることを目的としている。

株券等の大量保有の状況に関する開示　証券取引所に上場している株券等の保有者で，その株券等の保有割合が５％を超える者（大量保有者）は，原則として，保有割合が５％を超えることとなった日から起算して５日（日曜日その他政令で定める休日は算入しない。）以内に，大量保有報告書を内閣総理大臣に提出しなければならないこととなっている（いわゆる「５％ルール」）。大量保有報告書に記載すべき事項は，①株券等保有割合に関する事項，②取得資金に関する事項，③保有の目的等であり，同報告書を提出すべき者は，その後の保有割合が１％以上増加し又は減少した場合等に，変更報告書を提出する義務を負う。特定の者が大量に株券等を保有している場合には，かかる大量保有者の行動が当該株券等の市場における価格形成に大きな影響を与えることから，こうした開示制度が設けられている。

公開買付け制度（TOB）の変遷

	主な改正内容
1971（昭和46）年	・公開買付制度の導入
1990（平成 2 ）年	・強制公開買付の原則化 ・公開買付けが義務付けられる買付け後の株券所有割合の引下げ 　（10%→ 5 %） ・事前届出制の撤廃 ・買付期間の延長 ・応募株主の撤回権の拡充
2001（平成13）年	・自己株式取得の原則自由化に伴う自己株券公開買付制度の導入
2003（平成15）年	・公開買付け制度の適用除外範囲の拡大
2004（平成16）年	・公開買付け対象をエクイティ証券発行会社に限定 ・電子公告制度の導入
2005（平成17）年	・ToSTNeT 取引を市場取引から除外
2006（平成18）年	・公開買付けに係る開示の充実 　（買付け等の目的，買付価格の算定根拠，MBO の場合の開示） ・市場内外の取引の組合せ買付けの規制 ・公開買付期間中に他の者が買付けを進める場合の公開買付けの義務付け ・株式分割がなされた場合の公開買付価格の引下げの許容 ・公開買付けの撤回事由の拡大 ・対象会社に意見表明報告書の提出を義務付け ・対象会社による意見表明報告書における質問とそれに対する買付者の対応義務（対質問回答報告書） ・公開買付期間の営業日による計算 ・対象会社による買付期間の延長請求 ・買付者の応募株式の全部買付義務
2008（平成20）年	・公開買付け対象に特定上場有価証券を追加 ・公開買付規制に係る課徴金制度の導入

4．金融商品取引所（証券取引所）における適時開示制度（タイムリー・ディスクロージャー）　　冒頭に示したように，証券取引所においても，その定める規則に基づき，上場会社に対して情報開示を求めている。例えば，東京証券取引所の場合，有価証券上場規程を定め，上場会社に対して，投資者の投資判断に影響を及ぼす情報の適時開示等を行うことを義務付けるとともに，具体的に開示すべき事項や手続等を定めている（右表を参照）。上場会社は，決定事実については，業務執行決定機関によって決議・決定が行われた時点，また外的要因によって生ずる発生事実については，当該情報を認識した時点において，開示することが求められている。

　適時開示の特徴は，その迅速性にある。例えば，証券取引所では，決算の内容が定まった場合に，直ちにその内容を開示することを義務付けており，上場会社は決算短信として，決算内容の概要を開示している。決算短信は，有価証券報告書よりも早い段階で開示されるため，投資者が決算内容を最も早く認識するための手段として，重要な意義を有していることなどが特徴として挙げられる。

　このほか，上場会社は，会社情報に関し証券取引所から照会があった場合には，直ちに照会事項について，正確に報告することが義務付けられるとともに，証券取引所が必要かつ適当と認める場合には，直ちにその内容を開示することが義務付けられている。例えば，開示前の会社情報についての報道または噂が流布されているなど，その真偽が不明確な情報が発生している場合においては，証券取引所は，流布されている情報の真偽等について照会を行い，当該照会に対する回答内容について開示を求めることがある。

　また，東京証券取引所では，「注意喚起制度」を設け，上場会社において，投資者の投資判断に重要な影響を与えるおそれがあると認められる情報のうち，その内容が不明確であるものが発生した場合で，不明確な情報に関する適切な情報開示までに時間を要するときや，直ちに開示できる情報が限定されるときなどには，投資者に注意喚起を行うこととしている。

適時開示が求められる主な会社情報（東京証券取引所の場合）

1．上場会社に係る 決定事実	1．発行する株式，処分する自己株式，発行する新株予約権，処分する新株予約権を引き受ける者の募集又は株式，新株予約権の売出し 2．発行登録および需要状況調査の開始 3．資本金の額の減少 4．資本準備金又は利益準備金の額の減少 5．自己株式の取得 6．株式無償割当て又は新株予約権無償割当て 7．新株予約権無償割当てに係る発行登録および需要状況・権利行使の見込み調査の開始 8．株式の分割又は併合 9．剰余金の配当 10．合併等の組織再編行為 11．公開買付け又は自己株式の公開買付け 12．公開買付け等に関する意見表明等 13．事業の全部又は一部の譲渡又は譲受け 14．解散（合併による解散を除く。） 15．新製品又は新技術の企業化 16．業務上の提携又は業務上の提携の解消 17．子会社等の異動を伴う株式又は持分の譲渡又は取得その他の子会社等の異動を伴う事項 18．固定資産の譲渡又は取得，リースによる固定資産の賃貸借 19．事業の全部又は一部の休止又は廃止 20．上場廃止申請 21．破産手続開始，再生手続開始又は更生手続開始の申立て 22．新たな事業の開始 23．代表取締役又は代表執行役の異動 24．人員削減等の合理化 25．商号又は名称の変更 26．単元株式数の変更又は単元株式数の定めの廃止若しくは新設 27．決算期変更（事業年度の末日の変更） 28．債務超過又は預金等の払戻の停止のおそれがある旨の内閣総理大臣への申出（預金保険法第74条第5項の規定による申出） 29．特定調停法に基づく特定調停手続による調停の申立て 30．上場債券等の繰上償還又は社債権者集会の招集その他上場債券等に関する権利に係る重要な事項 31．公認会計士等の異動 32．継続企業の前提に関する事項の注記 33．有価証券報告書・四半期報告書の提出期限延長に関する承認申請書の提出 34．株式事務代行機関への株式事務の委託の取止め 35．開示すべき重要な不備，評価結果不表明の旨を記載する内部統制報告書の提出 36．定款の変更 37．全部取得条項付種類株式の全部の取得 38．特別支配株主による株式等売渡請求に係る承認又は不承認 39．その他上場会社の運営，業務若しくは財産又は当該上場株券等に関する重要な事項
2．上場会社に係る 発生事実	1．災害に起因する損害又は業務遂行の過程で生じた損害 2．主要株主又は主要株主である筆頭株主の異動 3．上場廃止の原因となる事実 4．訴訟の提起又は判決等 5．仮処分命令の申立て又は決定等 6．免許の取消し，事業の停止その他これらに準ずる行政庁による法令等に基づく処分又は行政庁による法令違反に係る告発 7．親会社の異動，支配株主（親会社を除く。）の異動又はその他の関係会社の異動 8．破産手続開始，再生手続開始，更生手続開始又は企業担保権の実行の申立て 9．手形等の不渡り又は手形交換所による取引停止処分 10．親会社等に係る破産手続開始，再生手続開始，更生手続開始又は企業担保権の実行の申立て 11．債権の取立不能又は取立遅延 12．取引先との取引停止 13．債務免除等の金融支援 14．資源の発見 15．特別支配株主による株式等売渡請求等 16．株式又は新株予約権の発行差止請求 17．株主総会の招集請求 18．保有有価証券の含み損 19．社債に係る期限の利益の喪失 20．上場債券等の社債権者集会の招集その他上場債券等に関する権利に係る重要な事実 21．公認会計士等の異動 22．有価証券報告書・四半期報告書の提出遅延 23．有価証券報告書・四半期報告書の提出期限延長申請に係る承認等 24．財務諸表等の監査報告書における不適正意見，意見不表明，継続企業の前提に関する事項を除外事項とした限定付適正意見 25．内部統制監査報告書における不適正意見，意見不表明 26．株式事務代行委託契約の解除通知の受領等 27．その他上場会社の運営，業務若しくは財産又は当該上場株券等に関する重要な事実
3．上場会社に係る 決算情報等	1．決算内容（本決算，四半期決算） 2．業績予想の修正，予想値と決算値との差異等 3．配当予想，配当予想の修正等

　上記のほか，子会社等に係る重要な決定事実・発生事実，その他支配株主等に関する事項の開示等が求められる。

〔出所〕　㈱東京証券取引所「有価証券上場規程」，「会社情報適時開示ガイドブック」

5．情報開示の適正性の確保　　証券取引所は，適時開示に係る規定を含む有価証券上場規程の実効性を確保するため，虚偽の内容の情報開示を行った場合や，企業行動規範の遵守すべき事項に違反した場合などの違反行為に対して，所定の措置を講ずることができる。こうした実効性確保手段としての措置には，上場会社に対して改善を求める「改善措置」と，上場会社に対して罰則を科す「ペナルティー的措置」がある。

改善措置は特別注意銘柄への指定及び改善報告書・改善状況報告書の提出に区分され，例えば，上場会社が有価証券報告書等に虚偽記載を行った場合で，当該上場会社の内部管理体制等について改善の必要性が高いと認められるときには，当該上場会社を特別注意銘柄に指定することとなる。特別注意銘柄に指定された場合，所定の改善期間内に内部管理体制等が適切に整備され，運用されていると認められた場合には原則として当該指定は解除されるが，改善期間内に適切に整備され，運用されていると認められない場合や，適切に整備され，運用される見込みがなくなった場合等には，上場廃止となる。また，事業の継続性・収益性が確保されていない場合などは，経過観察のため，改善後も最長3事業年度の間当該指定を継続し，内部管理体制等の整備・運用状況について継続的に審査を行うこととしている。なお，直ちに上場を廃止しなければ市場の秩序を維持することが困難であることが明らかであると認められるときは，特別注意銘柄の指定を経ずに上場廃止となる。

また，上場廃止に準ずる措置である特別注意銘柄への指定までには至らないと判断される場合であっても，改善の必要性が高いと認められるときには，証券取引所は，上場会社に対して，違反行為の経緯及び改善措置を記載した改善報告書の提出を求めることができる。改善報告書を提出した上場会社は，その提出から6か月経過後速やかに，改善措置の実施状況及び運用状況を記載した改善状況報告書の提出を行わなければならない。なお，提出された改善報告書及び改善状況報告書は，各証券取引所のウェブサイトにおいて公衆縦覧に供される。

一方，ペナルティー的措置は，上場契約違約金及び公表措置に区分され，市場に対する株主及び投資者の信頼を毀損したかどうかで，より重い措置である上場契約違反金の徴求が適用されるか否かが判断される。

実効性を確保するための措置

○ペナルティー的措置	○改善措置
・公表措置	・改善報告書・改善状況報告書
・上場契約違約金	・特別注意銘柄への指定

特別注意銘柄への指定から解除までの流れ

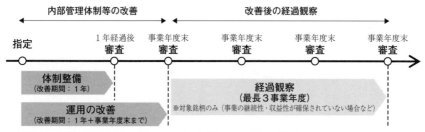

※改善期間内に内部管理体制等が適切に整備・運用されていると認められない場合は，上場廃止となる
※また，内部管理体制等が適切に整備・運用される見込みがなくなった場合には，改善期間中であっても上場廃止となる

※経過観察期間中に，内部管理体制等が再び適切に整備・運用されていると認められない状態となった場合は，上場廃止となる

６．最近の情報開示に関する動き

四半期開示の見直し　現状，上場会社は，四半期ごとに業績等の開示を行うことが義務付けられている。歴史的には，1999年に東証の規則においてマザーズ上場会社を対象に四半期決算短信の開示が義務付けられたことに始まり（2003年には他の市場にも拡大），その後，2006年の金融商品取引法制定に伴い，四半期報告書の開示が法制化されている。

　一方，2022年６月の金融審議会ディスクロージャーワーキング・グループ報告においては，取引所規則に基づく四半期決算短信と金融商品取引法に基づく四半期報告書について，内容面での重複や開示タイミングの近接が指摘され，コスト削減や効率化の観点から，第１・第３四半期に係る開示を取引所規則に基づく四半期決算短信に一本化する方針が示された。また，同年12月の同グループ報告においては，一本化後の四半期決算短信の内容やレビューを義務付ける要件などの論点について，具体化に向けた方向性が示された。2023年９月現在は，その方向性を踏まえ，東証が更なる検討を進めている。

　サステナビリティ情報開示の充実　昨今，中長期的な企業価値向上の観点から，サステナビリティに関する取組みが企業経営の中心的な課題となるとともに，それらの取組みに対する投資家の関心が世界的に高まっている。

　こうした流れを受けて，2021年６月に改訂されたコーポレートガバナンス・コードにおいては，自社のサステナビリティについての取組みを適切に開示すべき旨を定めた原則が新設された。また，2023年１月には，企業内容等の開示に関する内閣府令等が改正され，有価証券報告書等に「サステナビリティに関する考え方及び取組」の記載欄が新設されたほか，「従業員の状況」において，女性管理職比率等の指標の開示が求められることとなった。

　英文開示の充実　海外投資家による株式の売買比率や保有比率が高まる中で，英語による開示の充実がますます期待されるようになっている。2022年12月末時点で東証が実施した調査においては，プライム市場上場会社のうち，決算短信の英文開示を行っていると回答した会社は88.8％（前年比＋21.0％）となり，各社の取組みは大きく進展しつつある。一方，海外投資家からはその他の資料を含めて更なる充実を望む声も聞かれており，現在，東証は，プライム市場における英文開示の義務化に向けた検討を進めている。

四半期開示の見直しに係る各論点の方向性

四半期決算 短信の内容	今回の見直しが**情報開示の後退と受け取られないようにする観点**からは，**原則として速報性を確保**しつつ，投資家の要望が特に強い事項（**セグメント情報，キャッシュ・フ**ローの情報等）について，**四半期決算短信の開示内容を追加する方向で**，取引所において具体的に検討を進めることが考えられる
レビューの 一部義務 付け	速報性の観点等から，**監査人によるレビューを一律には義務付けない**ことが考えられる 例えば，会計不正が起こった場合（これに伴い，法定開示書類の提出が遅延した場合を含む）や企業の内部統制の不備が判明した場合，**信頼性確保の観点**から，**取引所規則により一定期間，監査人によるレビューを義務付ける**ことが考えられる
虚偽記載に 対するエン フォース メント	取引所において，**エンフォースメントをより適切に実施**していくことが考えられる 法令上のエンフォースメントについては，～（中略）～これまで四半期報告書のみを対象とした課徴金納付命令は極めて少ないことや，第1・第3四半期報告書廃止後の半期報告書及び有価証券報告書において法令上のエンフォースメントが維持されることを踏まえると，現時点では，これを不要とすることが考えられる

〔出所〕　金融庁『金融審議会「ディスクロージャーワーキング・グループ報告」（令和4年度）』より東京証券取引所作成

資料別の英文開示実施率

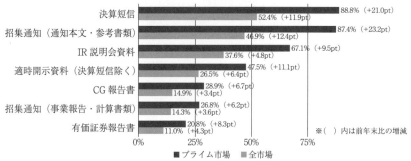

〔出所〕　東京証券取引所『英文開示実施状況調査集計レポート』（2023年1月）

英文開示に関する海外投資家アンケート

（1）近年の上場会社の英文開示への評価　　（2）投資を行うにあたって必要な資料

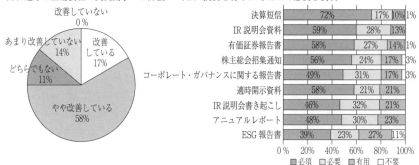

〔出所〕　東京証券取引所『英文開示に関する海外投資家アンケート調査結果』（2023年8月）

第17章　証券行政

1．金融商品取引法　2006年に証券取引法は大きく改正され，名称も金融商品取引法（金商法）へと変更された。この改正の主な目的は，規制の横断化と柔軟化の実現である。規制の横断化とは，これまでの縦割り規制を見直し，類似した経済的機能やリスクを有する商品に対する同様な規則の適用であり，金商法の適用範囲の拡大と関連法規の改正によって行われた。同法の適用範囲には信託受益権一般や抵当証券等が含められ，集団投資スキーム持分もその対象とされ，包括的な規制が可能になった。さらに金商法の適用対象ではなくとも，同法の適用対象と多くの要素を共有する商品にも同様な規則が適用できるよう，関連法規の改正による法整備も進められた。また，販売・勧誘，投資助言，投資運用，資産管理等を業として行う場合，一律に金融商品取引業者としての登録を課すことで，できるだけ共通の行為規制が適用されるようになった。

　他方，柔軟化は，①開示規制，②業規制，③投資者の属性に着目した行為規制について行われた。すなわち，①流通性の高い証券には厳しい開示規制を要求するが，流通性の乏しい証券は原則として開示規制の適用除外とした，②金融商品取引業者については業規制の包括化で登録を要求する一方で，第一種・第二種金融商品取引業，投資助言・代理業，投資運用業に分け，それぞれの業務に応じた参入規制を課した，③顧客を特定投資家（プロ）と一般投資家（アマ）に分け，前者に対しては業者の行為規制を一部免除した等である。

　08年改正で証券・銀行・保険会社の間のファイアーウォール規制の見直し，09年改正で信用格付業者に対する公的規制の導入，金融 ADR 制度の創設，金融商品取引所と商品取引所の相互乗入れ等，11年改正でライツ・オファリングに係る開示制度等の整備がなされた。15年改正ではプロ向け（適格機関投資家等特例業務）ファンド規制の見直し，17年改正では高速取引行為者に対する登録制やフェア・ディスクロージャー・ルールの導入，19年改正では①暗号資産を用いたデリバティブ取引規制の整備とともに，②電子記録移転権利を第一項有価証券としてその売買を第一種金融商品取引業に係る規制の対象とし，21年改正では海外投資家等向けの投資運用業に係る届出制度が整備された。

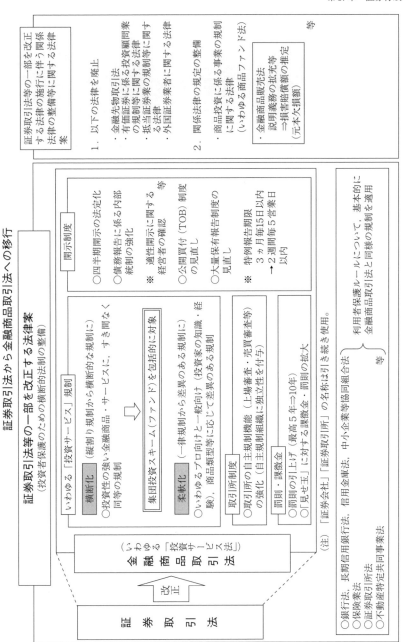

証券取引法から金融商品取引法への移行

証券取引法等の一部を改正する法律案
(投資者保護のための横断的法制の整備)

関係法律の整備等に関する法律案

[出所]　金融庁資料

313

2．証券市場の関連法規　　証券・証券業者・証券市場における取引等に関して最も基本的な法規は金融商品取引法（金商法）であるが，その他にも多くの法規が関係してくる。金商法の成立とともに，投資者保護の観点から金商法に取り込まれなかったが同じ経済的機能を有する金融商品については，それぞれの法律で可能な限り金商法と共通する規則を適用できるようにする改正が行われた。例えば関連法規として銀行法（13条の4），保険業法（300条の2），信託業法（24条の2）には金商法の規則（広告等の規制，取引態様の事前明示義務，契約締結前の書面の交付，禁止行為，損失補填等の禁止，最良執行方針等）を準用する規定が置かれた。

　金融商品の販売等に関する法律（20年改正により金融サービスの提供に関する法律（金融サービス提供法）に改称）は，預貯金・信託・保険・有価証券等の販売・勧誘に関する規則を横断的に定めた法規であるが，金商法施行にあわせて販売・勧誘者の民事責任を問いやすくする方向で改正が06年になされた。例えば，顧客に対する説明義務の範囲の拡充（4条1項2，4，6号）や，適合性原則（4条2項）の規定の追加である。この改正によって，適合性原則の違反には元本欠損額がその損害の額として推定された上で（7条），損害賠償責任が課せられることとなった。また商品取引所法（現商品先物取引法）における金融商品についても，広告規制や顧客の適合性に沿った説明義務が規定され，さらに罰則をもって損失補てん等が禁じられる等の改正が行われた。20年改正は，新たに金融サービス仲介業（11条1項）を設けた（第12章参照）。

　他方，投資信託及び投資法人に関する法律（投信法）は，投資信託委託業と投資法人資産運用業における業務規制・行為規制の大部分が金商法に取り込まれる一方，投信法には独自の規定が残され，金商法と二本立ての規制とされた。

　証券の発行に関しても複数の法規がある。公共債では財政法，地方財政法による発行承認を前提に，歳入補填国債に関しては年度毎の特別法（21年の特例公債法により特例公債の発行期間を25年度までとし，12年度から採用する複数年度の枠組みを維持），発行実務段階では国債に関する法律等がある。会社については会社法が株式会社の発行する株式，社債等について定め，社債等の債券については別途，担保について担保附社債信託法及び企業担保法がある。この他，資産担保型証券の発行については資産の流動化に関する法律などがある。

銀行法・保険業法・信託業法関係

① 「投資性の強い預金・保険・信託」について，金融商品取引法と同等の販売・勧誘ルールを整備。

（各業法固有の観点から規制が整備されている点など）

	銀行法（特定預金等）	保険業法（特定保険契約）	信託業法（特定信託契約）
広告等の規制	●デリバティブ預金の場合，「銀行が預入期間延長権を行使した場合に，預入金利が市場金利を下回り，顧客の不利になるおそれがある旨」を表示。		
書面交付義務	●書面交付義務の適用除外 ・1年以内に「外貨預金等書面」を交付している場合 ・1年以内に同一内容契約につき書面を交付している場合　など （注）施行時の経過措置を整備（施行前の交付可。施行後3月以内の交付可。） ●デリバティブ預金の場合，契約締結前書面に広告等の表示事項と同内容を記載。	●契約締結前書面は，監督指針に規定する「契約概要」「注意喚起情報」との関係を踏まえて記載事項を整理。 （例）「契約概要」は法律レベル，「注意喚起情報」は内閣府令レベルの記載事項として整理。 ●契約締結時書面の記載事項は，保険証券の記載事項と調整。 （例）契約の種類・内容などは，保険証券等に記載があれば，契約締結時書面への記載省略可。	●契約締結前書面交付義務の適用除外（同一内容契約について書面を交付しており，交付を要しない旨の意思表明がある場合　など）
禁止行為	●銀行業務に関する一般的禁止行為 ●「契約締結前書面」「外貨預金等書面」を理解されるため必要な程度・方法により説明しないで契約を締結すること。	●保険契約締結・保険募集に関する一般的禁止行為 ●「契約締結前書面」を理解されるため必要な程度・方法により説明しないで契約を締結すること。	●信託の引受けに関する一般的禁止行為 ●「契約締結前書面」を理解されるため必要な程度・方法により説明しないで契約を締結すること。
特定投資家（契約の種類）	●1種類（特定預金等契約）	●1種類（特定保険契約等）	●1種類（特定信託契約）

② 銀行・保険会社の業務範囲（付随業務）

③ 銀行子会社・保険子会社の業務範囲

・投資顧問契約・投資一任契約の締結の代理・媒介を追加（銀行のみ）。
・排出権デリバティブ取引を追加。
　（排出権取引の媒介・コンサルティング業務も付随業務として容認。）

・証券専門会社の業務範囲拡大（金融商品取引業の全般を対象化）。
・金融関連業務の範囲拡大（自己募集，投資助言・代理業，自己運用，排出権取引・排出権デリバティブ取引等）。

〔出所〕　金融庁資料

金融商品販売法の拡充

民事上の損害賠償請求の原則（民法709条）
　　　①～④の要件を被害者が立証する必要

金融商品販売法（2000年制定）
　　預貯金，保険，有価証券等の幅広い金融商品の
　　販売に関する，民法の損害賠償の規程の特則

業者の説明業務
○（説明対象）
　元本欠損のおそれ
○（説明事項）
　リスクの所在

〔①に相当〕

説明義務違反 →

業者に損害賠償責任
元本欠損額
　≒損害の額
と推定する。
（②，③，④は被害者が立証する必要なし。）

（参考）

（不法行為による損害賠償）

民法709条　"故意又は過失によって他人の権利又は
　　　　　　法律上保護される利益を侵害した者は，
　　　　　　これによって生じた損害を賠償する責
　　　　　　任を負う。"

金融商品販売法の拡充
○説明対象：「当初元本を上回る損失が生ずるおそれ」を追加。
○説明事項：「取引の仕組みのうちの重要な部分」を追加。
○業者による断定的判断の提供を禁止
　　　⇒　違反に対し，損害額を推定

〔出所〕　金融庁資料

3. 証券行政の組織　　戦後の証券取引法の下で, 米証券取引委員会 (SEC) に倣って大蔵省の外局として設立された証券取引委員会が証券行政を担った時代があったものの, 占領が終了した1952年に証券行政は大蔵省理財局証券課に差し戻された。その後64年に大蔵省証券局が創設され, 65年の改正証券取引法の下で, 同局は証券業者の免許制度行政を展開する中核的機構として約30年間にわたり証券行政を担っていた。バブル経済期にわが国の証券市場は世界的に有数の規模にまで成長した。その半面, 閉鎖的で不祥事が絶えないとの批判も強まった。特に91年の金融・証券不祥事は, 市場改革と並んで証券行政の改革を強く進める動機となった。

92年に大蔵省に証券取引等監視委員会 (監視委員会) が設置され, 証券市場の監視機能が同委員会に移管された。さらに, 98年6月には総理府の外局 (国家行政組織法の3条委員会) として金融監督庁が新設されるとともに, 監視委員会は同庁の傘下へ移行された。また98年12月の金融システム改革法の施行により金融監督庁が証券行政を担うとともに, 同時期に設立された金融再生委員会が金融・証券行政の最高責任を持つ形式とされた。

その後, 00年に金融監督庁は金融庁に改組され, 01年には金融再生委員会の金融庁への改組移行および金融制度の企画・立案部分が大蔵省 (同年財務省へと改組) から金融庁へ移管され, また監視委員会は金融庁の下に置かれることになった。この結果, 現在のわが国の証券行政の中核は金融庁と監視委員会が担う体制となっている。証券行政の方針も事前予防行政から事後監視行政へと転換した。この背景には, バブル経済崩壊後の不良債権問題等への対応が収束したことを受けて, 行政の目標が企業・経済の持続的成長と安定的な資産形成等による国民の厚生の増大へと明確化されたこともある。

さらに金融庁は, 行政の戦略立案機能の強化や行政の専門性の向上, フィンテックへの対応強化等をはかるべく18年7月に「総合政策局」・「企画市場局」・「監督局」の3局体制へと組織を再編した。この体制の下で①事業者支援, ②資産運用立国の実現に向けた資産所得倍増プランの推進, ③スタートアップの資金調達の円滑化, ④コーポレートガバナンス改革の実質化や企業情報の開示の充実, ⑤サステナブルファイナンスの推進などとともに, マネーロンダリング等のリスクへの備えへの取り組みがなされている (23年8月)。

証券行政および証券取引等の監視体制

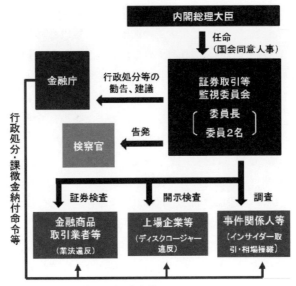

〔出所〕　証券取引等監視委員会資料

証券行政の組織

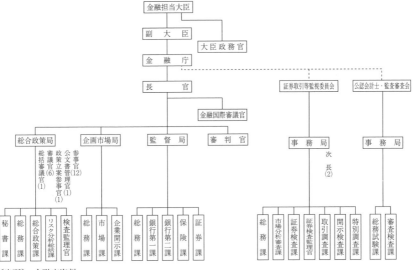

〔出所〕　金融庁資料

4．金融庁による法執行　　金商法の執行権限は金融庁が属する内閣府の主任大臣である内閣総理大臣が担うものであるが，同法は194条の7「金融庁長官への権限の委任」で，内閣総理大臣の法律による権限（認可その他処分等の権限を除く）を金融庁長官に委任している。委任される主な権限には，金融商品取引業者および登録金融機関に対して発する業務改善命令（51条，51条の2），それらに対する業務停止命令，登録取消・認可取消処分（52条，52条の2）などがある。また金融庁長官は，一定の要件の下で課徴金納付命令を発出することが要求されている。その代表例としては，有価証券届出書・報告書等の不提出，その虚偽記載等（172条，172条の2，172条の3，172条の4），公開買付開始公告・公開買付届出書等の不提出・虚偽記載等（172条の5，172条の6）などが挙げられる。風説の流布または偽計，相場操縦行為，インサイダー取引といった不公正取引（173条，174条，174条の2，174条の3，175条）の事実があると認められる場合には，原則として審判手続を経て，審判官の作成した課徴金納付命令決定案に基づいて，課徴金納付命令の決定が下される（178条，185条の6，185条の7）。

　さらに，金融庁による命令および処分のための以下の検査権限等は，金融庁長官から証券取引等監視委員会に委任されている。他の一部および委員会委任事項の一部は財務局長または財務支局長に委任しうる。また財務局長は各地の証券取引等監視官と連携する。

　①金融商品取引業者およびそれと取引する者等に対する当該業者等の業務・財産関連の報告の徴取および検査権，金融商品仲介業者への同様の権限
　②取引所取引許可業者（外国証券業者）等への同様の権限
　③認可・認定協会またはそこから業務委託を受けたものに対する同様の権限
　④店頭売買有価証券または取扱有価証券の発行者に対する同様の権限
　⑤金融商品取引所，その子会社，当該取引所に上場されている有価証券の発行者および外国金融商品取引所等に対する報告の徴取および検査権
　⑥課徴金事件の関係者に対する報告の徴取および検査権等

　監視委員会は与えられた権限の下で検査を行ない，その結果必要と認められる場合には，内閣総理大臣および金融庁長官に対して行政処分その他措置について勧告することが出来る（金融庁設置法20条）。

課徴金納付までの流れ

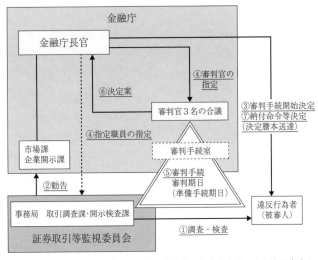

(注)　指定職員は，審判手続きで違反事実等の存在を主張・立証する者とし
　　　て金融庁長官により職員の中から指定され，準備書類の提出や証拠の
　　　申出等を行います。
〔出所〕　証券取引等監視委員会資料

金融庁による検査・監督の主な法的根拠

金融商品取引法	56条の2	金融商品取引業者等
	60条の11	取引所取引許可業者等
	63条の6	特例業務届出者等
	66条の22	金融商品仲介業者等
	75条	認可金融商品取引業協会等
	79条の77	投資者保護基金等
	106条の6，106条の20	金融商品取引所・同持株会社の主要株主等
	151条	金融商品取引所等
	153条の4	自主規制法人
	155条の9	外国金融商品取引所等
	156条の5の8	清算機関の主要株主等
投資信託法	22条	投信委託会社・受託会社等
	213条	投資法人等

5．証券取引等監視委員会　　衆・参議院の同意を得て，内閣総理大臣が任命する委員長および委員2人によって組織される証券取引等監視委員会は（金融庁設置法10条-12条），前節で述べたように，金融商品取引業者・登録金融機関等の広範な関係者に対する報告・資料の徴取や検査の権限（金商法56条の2，60条の11，63条の6，66条の22，75条，79条の4，79条の77，151条，156条の15，156条の34等）および有価証券届出書や大量保有報告書等の提出者，公開買付者に対する報告・資料の徴取や検査の権限（26条，27条の22，27条の30等）が金融庁長官から委任されている。

また監視委員会は，①金融商品取引業者等に対して有価証券の売買取引の内容を審査する市場分析審査（日常的な市場監視），②金融商品取引業者・登録金融機関等に対して広範囲にかつ詳細に臨店により行う証券検査，③有価証券届出書・報告書の提出者等に対して開示の適正性を確保するために行う開示検査，④不公正取引やディスクロージャー違反等課徴金納付命令が規定されている一定の行為に該当するかを調査する課徴金調査，などを主な任務としている。さらに監視委員会には，取引の公正を害するものとして政令に定められている，重要事項に虚偽記載のある有価証券届出書・報告書の提出や相場操縦といった犯則事件調査のための，質問・検査・領置等の任意調査権限（210条）と裁判官の発する許可状による臨検・捜索および差押えの強制捜査権限（211条等）も認められている。

前節で述べたように，監視委員会が証券検査の結果に基づいて勧告を行うと，金融庁長官によって業務改善命令，登録取消および業務停止命令等が発せられ得る。また，課徴金調査の結果に基づいて勧告を行うと，金融庁長官により規定事実があると認められた場合，課徴金納付命令が発せられる。さらに金商法の226条1項の定めに従い，監視委員会は，犯則事件調査の結果に基づいて犯則の心証を得たときには告発しなければならない。

また，08年の金商法改正で裁判所による禁止または停止命令（192条1項）の申立権限が監視委員会に委任され，10年にはじめて金融商品取引業の登録をうけていない者の取締りに利用された。直近では，22年に Thousand Ventures，23年に S DIVISION HOLDINGS INC. 等の違反行為に係る裁判所への禁止および停止命令発出の申立てが行われている。

事務年度ごとの犯則事件の告発件数（2022年度末時点）

事務年度	92～17	2018	2019	2020	2021	2022
開示書類の虚偽記載等	41	3	1	0	0	0
風説の流布・偽計	28	0	0	0	2	0
相場操縦	31	0	0	1	1	1
インサイダー取引	81	5	1	1	5	7
その他	11	0	1	0	0	0
合計	192	8	3	2	8	8

〔出所〕　証券取引等監視委員会「証券取引等監視委員会の取組み」（2023年8月）

証券取引等監視委員会の活動内容

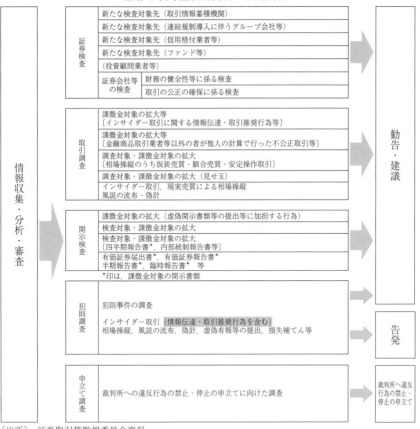

〔出所〕　証券取引等監視委員会資料

6．自主規制機関　　自主規制機関とは，有価証券の売買その他の取引を公正ならしめ，かつ投資者の保護に資する目的で，法律の規制に基づき仲介者等が自主的に組織した団体であり，証券市場の公共性を，国の法令規則と共に仲介業者自らが制定する規則で担保する役割を持つ。

金融庁は金融商品取引業協会の他に，貸金業協会や認定資金決済事業者協会，指定紛争解決機関を自主規制機関として捉えている。このうち金融商品取引業協会は，金商法の定めにより認可金融商品取引業協会と認定金融商品取引業協会に分類され，それぞれが内閣総理大臣から認可（67条の２）や認定（78条）を受けた法人である。現時点で認可金融商品取引業協会であるのは日本証券業協会のみであり，金融商品取引業者および登録金融機関によって組織されている。同協会は定款，公正慣習規則，統一慣習規則，理事会決議，紛争処理規則を持ち，会員はこれらを遵守して有価証券等の取引を行なわなければならない。会員がこれらに違反したときは，処分（譴責・過怠金の賦課・会員権の停止若しくは制限または除名）および勧告がなされ得る（日証協・定款28条，29条）。

また，認定金融商品取引業協会には，投資信託委託業者，委託者非指図型投資信託の受託会社となる信託会社等，投資信託の受益証券の売買その他の取引を行なう証券会社および登録金融機関を会員とする投資信託協会や，投資顧問業者を会員とする日本投資顧問業協会などがある。

金商法は「取引所金融商品市場を開設する株式会社」と「自主規制法人」を区別しており，取引所業に関しては「金融商品取引所」または「その自主規制法人」が自主規制機関として把握される。日本取引所の自主規制業務は，内閣総理大臣の認可を受けて，日本取引所自主規制法人に委託されている（85条）。この業務は，金融商品等の上場および上場廃止に関する業務，会員等の法令等の遵守状況調査，その他取引の公正確保のために必要として内閣府令で定めるものとされ（84条２項），当該自主規制法人には，上場適格性を判断する上場審査部，上場している金融商品等の品質の維持・向上を図る上場管理部，不公正取引の審査・防止に取組む売買審査部，取引参加者の遵法状況の調査，処分等を行う考査部が設けられている。取引参加者による法令や規則等に違反する行為に対しては，取引資格の取消し・売買等の停止または制限・過怠金の賦課・戒告等が命じられる（取引参加者規程（東京証券取引所）34条）。

金商法を根拠とする自主規制機関一覧（2023年９月）

	設立規則等	組織
金融商品取引所	免許	日本取引所自主規制法人（本文参照）
	〃	名古屋証券取引所
	〃	福岡証券取引所
	〃	札幌証券取引所
金融商品取引業協会	認可	日本証券業協会
	認定	投資信託協会
	〃	日本投資顧問業協会
	〃	金融先物取引業協会
	〃	第二種金融商品取引業協会
	〃	日本暗号資産取引業協会
	〃	日本 STO 協会
投資者保護団体	認定	特定非営利活動法人証券・金融商品あっせん相談センター（FINMAC）

〔出所〕　金融庁 HP 等より作成

日本証券業協会の代表的な諸規則（2023年９月時点）

自主規制規則	協会員の投資勧誘，顧客管理等に関する規則
	協会員における法人関係情報の管理態勢の整備に関する規則
	協会員における注文管理体制の整備に関する規則
	事故の確認申請，調査及び確認等に関する規則
	金融商品仲介業者に関する規則
	反社会的勢力との関係遮断に関する規則
	協会員の外務員の資格，登録等に関する規則
	個人情報の保護に関する指針
	協会員における倫理コードの保有及び遵守に関する規則
統一慣習規則	店頭売買事故証券の処理に関する規則
	株式の名義書換失念の場合における権利の処理に関する規則
	店頭売買における抽選償還当選債券等の引換処理に関する規則
	債券等のフェイルの解消に関する規則
紛争処理規則	協会員と顧客の紛争等の解決のための業務委託等に関する規則
	協会員間の紛争の調停に関する規則

7．証券規制の国際機関　証券監督者国際機構（IOSCO）は，諸国の証券セクターにとっての国際基準を設定する国際機関である。特に証券規制において，国際的に認知された基準の発展，履行や遵守の促進を担う。金融危機後の世界的な規制の改革においては，G20や下記の金融安定理事会（FSB）と連携して活動する。IOSCO は1974年に米州証券監督者協会として設立された。83年の規約改正によって米州域外の国も加盟が可能となり，86年のパリ総会で現在の名称となっている。23年10月時点での加盟機関数は総数で238に上るが，これらの加盟機関で世界の証券市場の95％以上を規制していると言われている。わが国は88年に大蔵省証券局が普通会員として加盟し，現在は金融庁が加盟地位を継承して普通会員となっている。金融庁以外でも，証券取引等監視委員会が準会員として，商品先物を所掌する経済産業省と農林水産省が普通会員として加盟している。また日本取引所グループおよび日本証券業協会は協力会員である。IOSCO は，証券取引に関する数多くの原則（principle），方針（policy），基準（standard），指針（guidance），規約（code），勧告（recommendation），慣例（practice）を公にし，各国にその実施を促してきた。これらはわが国にとっても重要であり，その実現のために，法令ないし自主規制等による手当てがなされている（金融庁はその動向をフォローし HP で公開している）。

　FSB は，99年に設立された金融安定化フォーラム（FSF）を前身に，金融危機を経て09年4月に FSF の機能を拡大・強化した国際機関として設立された。FSB には日本を含む主要25か国・地域の金融監督機関や中央銀行などが加盟する他，IOSCO，IMF および世界銀行，国際決済銀行（BIS），バーゼル銀行監督委員会（BCBS）などの国際機関も加盟している。わが国では，日本銀行，金融庁，財務省が参加メンバーである。FSB が定める憲章によれば，FSB は国際金融システムに影響をおよぼす脆弱性の評価や，その影響へ対処するために必要な規制・監督等の見直しを業務とする。特に，国境を越えて活動するシステム上重要な金融機関（G-SIFI）の認定や，監督カレッジを設置するためのガイドラインの策定は重要な業務となる。また，影の銀行システム（シャドウ・バンキングシステム）など，これまで規制の対象とならなかった領域に関する国際基準や原則を検討する他，関連する諸機関の調整役としても機能する。FSB の活動結果は G20サミットへ報告・提言される。

IOSCO 組織図

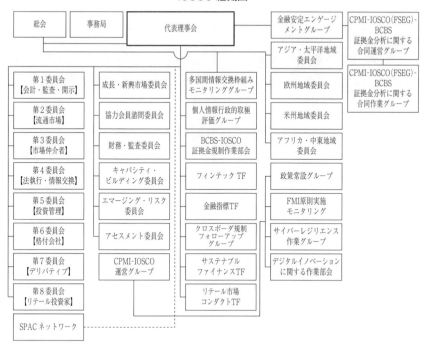

IOSCO における主な委員会等

総会 (Presidents Committee)	すべての普通会員及び準会員の代表者によって構成され，IOSCO の目的達成のために必要なすべての事項についての決定権限を有する。年1回，年次総会時に開催される。
代表理事会 (IOSCO Board)	金融庁を含む34の国の規制当局で構成される。証券分野における国際的な規制上の課題への対処などを行う。代表理事会の下には，①政策課題に関する議論を行う複数の「政策委員会（Policy Committee）」，②新興市場国の規制当局により構成され，原則等の策定や教育訓練等を通じて新興市場の効率性を向上させることを目的とする「成長・新興市場委員会（Growth and Emerging Markets Committee）」等が設置されている。
地域委員会 (Regional Committees)	4つの地域委員会（アジア・太平洋地域委員会，米州地域委員会，欧州地域委員会，アフリカ・中東地域委員会）があり，それぞれの地域における課題が議論されている。 日本は，「アジア・太平洋地域委員会（Asia-Pacific Regional Committee）」に属している。

〔出所〕　IOSCO・金融庁の HP

証 券 年 表 （1870年－2023年9月）

年	西暦年月日	事　　　　　　　項
明治3	1870・4・23	9分利公債ロンドンで公募（わが国最初の公債）
	1874・10・13	株式取引条例（わが国最初の証券法規，未実施）
11	1878・5・4	株式取引所条例布告
11	1878・5・15	東京株式取引所創立
11	1878・6・17	大阪株式取引所創立
26	1893・3・4	取引所法公布
27	1894・8・1	日清戦争勃発
32	1899・3・9	新商法公布（現在に至る株式会社法の基本）
37	1904・2・10	日露戦争勃発
38	1905・3・13	担保附社債信託法公布
43	1910・2	第1回4分利付公債発行に際し，証券業者が初の下引受け
大正3	1914・7・28	第1次世界大戦勃発
7	1918・4・1	有価証券割賦販売業法公布
9	1920・3・15	東株市場大暴落，反動恐慌の発端に
11	1922・4・20	取引所法改正，会員組織取引所の育成，実物取引と清算取引の2本制等
11	1922・9・1	大株，短期清算取引開始
12	1923・9・1	関東大震災，9・7モラトリアム実施（9月中）
13	1924・6・2	東株，短期清算取引開始
昭和2	1927・3・15	金融恐慌，始まる
2	1927・3・30	銀行法公布
2	1927・4・22	恐慌継続で，3週間のモラトリアム実施
3	1928	東株・大株，創立50周年，東株は初の株価指数（フィッシャー理想算式，月中平均）算出・発表開始
4	1929・10・24	ニューヨーク株式市場大暴落（暗黒の木曜日），世界恐慌の発端に

昭和5	1930・1・11	金輸出解禁実施，巨額の正貨流出が生じ，産業不況で金解禁恐慌（昭和恐慌）に
6	1931・9・18	満州事変勃発
6	1931・9・21	英，金本位制停止決定，世界的金融恐慌へ
6	1931・12・13	金輸出再禁止断行
7	1932・5・15	歳入補填国債（赤字国債）の日銀引受発行開始
8	1933・5・5	社債受託の銀行・信託，社債浄化運動を申し合わせ，無担保社債の発行認めず
8	1933・5・27	米，証券法制定
9	1934・6・6	米，証券取引所法制定
12	1937・7・7	盧溝橋事件勃発，日華事変の発端に
12	1937・7・17	藤本ビルブローカー証券，有価証券投資組合結成，初の投資信託
13	1938・3・29	有価証券業取締法公布
13	1938・3・31	有価証券引受業法公布
14	1939・9・3	第2次世界大戦勃発
16	1941・8・30	株式価格統制令公布
16	1941・12・8	太平洋戦争勃発
17	1942・2・18	社債等登録法公布
18	1943・3・11	日本証券取引所法公布，6・30日本証券取引所設立，東株・大株・名株等11の取引所（株式会社）は幕を閉じ，日証の支所となる
18	1943・10・19	取引員業整備実施要綱，12・17有価証券業整備要綱発表
20	1945・3・10	東京大空襲の後，戦時金融金庫は3・9価格による無制限買い支え決定
20	1945・8・10	日本証券取引所全国市場，一斉に臨時休会
20	1945・8・15	敗戦
20	1945・9・26	GHQ，証券取引所再開禁止覚書（25日付）発表
20	1945・12	東京・大阪で株式の集団売買開始
21	1946・4・17	新日本興業株式公募，戦後初の株式公募
21	1946・8・8	持株会社整理委員会発足，持株会社指定開始
22	1947・1・18	有価証券の処分の調整等に関する法律公布
22	1947・3・28	日本証券取引所解散等に関する法律公布，4・16日証解散

昭和22	1947・3・28	証券取引法公布（昭和22年法）
22	1947・4・14	独占禁止法公布
22	1947・7・23	証券取引委員会設置
22	1947・10－	年末にかけて証券民主化運動全国に広まる
23	1948・4・13	証券取引法改正公布（昭和23年法），証券業者登録制に
23	1948・11・7	証券取引法第65条施行
24	1949・1・31	GHQ，証券取引の再開許可発表
24	1949・2・12	東京，2・15大阪，3・7名古屋各証券取引所創立総会
24	1949・4・20	アダムス GHQ 証券担当官，証券取引3原則を指示
24	1949・5・9	日本証券業協会連合会創立
24	1949・5・16	東証，大証，名証，売買立会い開始
24	1949・7・4	広島，福岡，京都，神戸，新潟各証券取引所，売買立会い開始
25	1950・4・1	札幌証券取引所売買立会い開始
25	1950・6・25	朝鮮動乱勃発
26	1951・6・1	信用取引開始
26	1951・6・1	証券投資信託法公布施行，6・15株式投資信託開始
27	1952・1・4	ダウ・ジョーンズ修正方式による株価平均（東証修正株価平均）を開所に遡り採用，発表
27	1952・4・28	対日平和条約・日米安全保障条約，発効
27	1952・8・1	証券取引委員会廃止，証券行政は大蔵省理財局証券課に
27	1952・9・10	証券取引審議会発足
28	1953・3・5	全国株式市場，スターリン・ソ連首相の重体発表で大暴落
29	1954・10・26	東証労組，待遇改善要求でスト突入
30	1955・6	定期（清算）取引復活運動，最高潮に
31	1956・4・2	東証，大証，債券売買市場開設
33	1958・10・7	東証市場，売買高，初の1億株突破
34	1959・2・18	戦後初の外貨債（米貨公債）発行
36	1961・1・11	公社債投資信託開始
36	1961・7・18	ダウ平均株価，1829.74とピークに
36	1961・10・2	東証，大証，名証，市場第2部開設
38	1963・7・18	ケネディ米大統領，利子平衡税創設を提案，7・19東証市場大暴落

昭和39	1964・1・20	日本共同証券創立, 秋から年末にかけて連日株を買い出動
39	1964・9・25	増資等調整懇談会, 65・2以降の増資抑制申合せ
40	1965・1・12	日本証券保有組合創立, 投信保有株式を肩代わり
40	1965・5・21	山一証券再建問題の報道, 以後市場は半恐慌状態に
40	1965・5・28	日銀, 山一証券等運用預かり19社に対し, 日銀特融を決定
40	1965・7・27	歳入補填国債の発行方針を含む景気振興策決定
40	1965・10・1	改正証券取引法施行, 証券業者免許制を規定
42	1967・7・1	資本取引自由化実施（第1次）
43	1968・4・1	証券会社, 免許制へ全面移行
43	1968・6・4	東証第1部株式時価総額10兆円に
44	1969・1・31	日本楽器, 株主優先募入で時価発行, 以後時価発行盛行
44	1969・7・1	東証株価指数（TOPIX）, 発表開始
46	1971・3・3	外国証券業者に関する法律公布
48	1973・1・24	ダウ平均株価5359.74とピークに
48	1973・2・13	円, 変動相場制に移行
48	1973・6・2	OPECと国際石油資本, 原油価格値上げで合意, 第1次石油ショックの開始
50	1975	大量国債発行時代始まる, 公社債店頭売買高急増
53	1978・5・15	東証, 取引所開設100周年記念式典, 証券第2世紀へ
54	1979・3・30	戦後初の無担保社債発行（シアーズローバック社）
55	1980・12・1	新外為法施行, 内外証券投資を原則自由化
57	1982・10・1	改正商法施行, 単位株制度創設, 新規設立会社株式の額面は5万円に
58	1983・4・9	都銀等の金融機関, 国債窓販業務開始
59	1984・4・20	株券等の保管および振替に関する法律公布施行
6	1985・10・19	東証, 債券先物取引開始, 戦後初の証券先物取引
6	1985・12・24	メリルリンチ等外国証券6社, 東証に初の会員加入
61	1986・10・11	NTT, 株式の一般放出開始
61	1986・11・25	有価証券に係る投資顧問業の規制等に関する法律施行
62	1987・6・9	大証, 株先50立会い開始, 戦後初の株式先物取引
62	1987・10・20	東証市場, NY市場の大暴落に続き戦後最大の下落率を記録（14.9%）, ブラックマンデー, 株価下落の世界的波及
62	1987・12・15	抵当証券業の規制等に関する法律公布施行

昭和63	1988・9・3	東証（TOPIX），大証（日経225），ともに本格的な株価指数先物取引開始
平成1	1989・6・12	大証（日経225），10・17名証（オプション25），東証（TOPIX），それぞれ株価指数先物オプション取引を開始
1	1989・12・29	日経平均株価，38,915.87と史上最高記録
2	1990・3・20	株価急落で，株式の公募時価発行は事実上停止に
3	1991・6・24	大手証券4社を中心とする法人顧客等への損失補填問題や暴力団関係取引で，野村証券と日興証券の社長が引責辞任，以後数カ月に及ぶ証券不祥事となる
3	1991・10・3	改正証券取引法成立，一任勘定取引の禁止・損失補填の授受の禁止等
4	1992・6・26	金融制度及び証券取引制度の改革のための関係法律の整備等に関する法律（金融制度改革法）公布，7・20証券取引等監視委員会発足
4	1992・8・18	日経平均株価14,309.41への大幅下落で，急遽緊急対策発表，8・28公的資金導入を含む総合経済対策発表
5	1993・7・2	興銀証券等金融機関の証券子会社，初の設立
6	1994・4・1	大口取引に係わる株券委託手数料の自由化
6	1994・10・1	自己株式取得規制緩和の商法改正，施行
7	1995・2・26	英ベアリングズ証券，事実上の倒産
7	1995・8・30	兵庫銀行，戦後初の銀行法に基づく銀行破綻，日銀特融実施へ
7	1995・9・8	公定歩合，史上最低の0.5%に引下げ
8	1996・1・1	社債発行規則の完全撤廃
8	1996・6・21	住専処理・金融関連6法公布
8	1996・11・11	橋本総理，2001年東京市場の再生に向けて包括的な金融システム改革案を指示（日本版ビッグバン）
9	1997・4・25	日産生命保険，生保として戦後初の破綻
9	1997・6・20	金融監督庁設置法公布
9	1997・11・3	三洋証券，11・17北海道拓殖銀行，11・22山一証券，それぞれ事実上の破綻
10	1998・4・1	ビッグバン改革実施，改正外為法施行，5,000万円超10億円未満の株券売買委託手数料の自由化

平成10	1998・ 6 ・22	金融監督庁発足
10	1998・ 9 ・ 1	SPC 法施行
10	1998・10・16	金融再生関連 8 法公布
10	1998・10・23	日本長期信用銀行, 12・13日本債券信用銀行, 特別公的管理決定
10	1998・12・ 1	金融システム改革法施行
10	1998・12・15	金融再生委員会発足
11	1999・ 4 ・ 1	証券業者の顧客資産分別管理完全実施
11	1999・10・ 1	株券売買委託手数料完全自由化
11	1999・11・11	東証マザーズ市場開設
12	2000・ 3 ・ 1	新潟証券取引所と広島証券取引所, 東京証券取引所に統合
12	2000・ 3 ・17	南証券に初の登録取消し
12	2000・ 5 ・ 8	大証, ナスダックジャパン市場開設, 2002・12・16ヘラクレスに
12	2000・ 5 ・31	証券取引法等の一部改正法公布, 12・ 1 証券取引所の株式会社化等に関する部分施行
12	2000・ 5 ・31	金融商品の販売等に関する法律公布
12	2000・ 7 ・ 1	金融庁発足
13	2001・ 3 ・ 1	京都証券取引所, 大阪証券取引所に統合
13	2001・ 6 ・ 1	有価証券報告書等の電子開示システム (EDINET) 稼働
13	2001・10・ 1	改正商法施行, 金庫株解禁, 単元株制度等
13	2001・11・30	証券税制改正法施行, 個人の株式譲渡益課税の軽減
13	2001・12・17	野村ホールディングス, NYSE に上場
14	2002・ 1 ・30	銀行等保有株式取得機構設立
14	2002・ 6 ・ 5	証券決済システム改革法, 成立
14	2002・11・29	日銀, 銀行保有株式の買取り開始
16	2004・12・ 1	証券仲介業, 金融機関に解禁
16	2004・12・13	ジャスダック証券取引所, 業務開始
18	2006・ 6 ・14	金融商品取引法公布, 07・ 9 ・30全面施行
20	2008・ 9 ・15	米リーマン・ブラザーズ・ホールディングス, 連邦破産法11条適用申請
21	2009・ 1 ・ 5	株券電子化実施

証券年表

平成23	2011・3・11	東日本大震災発生，13日には東京電力福島第一原子力発電所で水素爆発発生
23	2011・8・5	S&P，米国債長期信用格付を「トリプルA」から「ダブルA＋」に引下げ
25	2013・1・1	東証グループと大証が経営統合し，日本取引所グループ発足
25	2013・4・4	日銀，2年間で前年比2％の物価上昇率を目指す「量的・質的金融緩和」導入
27	2015・3・5	金融庁と東証，コーポレートガバナンス・コードを決定
27	2015・11・27	財務省，2年物国債の入札で，最高落札利回りが初めてマイナスに
28	2016・1・29	日銀，金融政策決定会合で，超過準備の一部にマイナス金利を適用する追加金融緩和策を決定
28	2016・8・31	野村アセットマネジメント，MMFの運用を終了
29	2017・5・29	金融庁，機関投資家向けの議決権行使結果の個別開示を推奨
30	2018・4・1	金融庁，高頻度取引（HFT）の登録制度開始
令和1	2019・7・30	JPX，総合取引所設立のため東京商品取引所買収を最終合意
1	2019・10・1	チャールズ・シュワブ，株式，ETF，オプションの取引手数料を無料に
1	2019・10・25	トヨタファイナンス，利回り0％の社債を発行
2	2020・2・25	野村證券，信託報酬0％の投資信託設定を発表
2	2020・3・30	野村証券と野村総合研究所，ブロックチェーン技術を活用した債券を発行
3	2021・4・20	SBI証券，社債型のデジタル証券を発行，一般投資家向けに発行するのは国内初
3	2021・11・1	金融サービス仲介業の開始
令和4	2022・4・4	東証，既存4市場をプライム，スタンダード，グロースの3市場に改編
4	2022・12・23	政府，2024年1月1日からの少額投資非課税制度の恒久化と大幅拡充を閣議決定
5	2023・9・30	SBI証券，国内株式の委託売買手数料を無料に

1945年以降の詳しい「証券年表」については，当研究所のホームページ（http://www.jsri.or.jp/）にも掲載しており，記事名での検索も可能です。

　なお，「証券年表」は，当研究所発行の下記出版物に掲載されておりますので，ご利用ください。

　『証券年表（明治・大正・昭和)』（1595年〜1989年1月7日）

　　　　　　　　　　　　1989年9月刊行　B5判1026頁　本体価格11,650円

　1989年以降2011年までは，毎年，『証券資料』に「証券年表」として前年1年間分を掲載。

索　引

図説　**日本の証券市場**　2024年版

令和6年3月11日　　Ⓒ

定価：1,980円（本体1,800円＋税10％）

編集兼
発行者　　公益財団法人　日本証券経済研究所
　　　　　東京都中央区日本橋2-11-2
　　　　　太陽生命日本橋ビル12階
　　　　　〒103-0027
　　　　　電話　03（6225）2326　代表
　　　　　URL：https://www.jsri.or.jp

印刷所　　昭 和 情 報 プ ロ セ ス 株 式 会 社
　　　　　東京都港区三田5-14-3　〒108-0073

ISBN978-4-89032-543-6